비난받는 교사

실패한 미국 교사 전문직화 정책의 역사

비난받는 교사

초판 1쇄 인쇄 2022년 11월 29일
초판 1쇄 발행 2022년 12월 12일

지은이 다이애나 폴레비치
옮긴이 유성상, 김민조
펴낸이 김승희
펴낸곳 도서출판 살림터

기획 정광일
편집 송승호, 조현주
북디자인 꼬리별

인쇄·제본 (주)신화프린팅
종이 (주)명동지류

주소 서울시 양천구 목동동로 293 2215-1호
전화 02-3141-6553
팩스 02-3141-6555
출판등록 2008년 3월 18일 제313-1990-12호
이메일 gwang80@hanmail.net
블로그 http://blog.naver.com/dkffk1020

ISBN 979-11-5930-241-1 93370

비난받는 교사

실패한 미국 교사 전문직화 정책의 역사

다이애나 폴레비치 지음 | 유성상, 김민조 옮김

살림터

벤저민 저스티스(Benjamin Justice), 시리즈 편집자

〈교육사의 새로운 방향New Directions in the History of Education〉시리즈는 교육사의 전통적인 경계를 허무는 혁신적인 책들을 발간하려고 한다. 이 시리즈가 담으려는 책의 주제는 교육의 사회운동, 학교와 학교교육의 문화사, 공간의 사회적 생산과 관련한 공립학교의 역할, 소수 집단(흑인, 멕시코계, 여성, 동성애자 및 기타)의 교육에 대한 관점과 경험등이다. 이 시리즈는 미국의 형식교육 상황을 포괄적이고 통합적인 방식으로 바라보려고 한다. 여기서 형식교육이란 유치원 이전 단계부터 고등교육 단계까지를 가리키는데, 물론 학교 바깥 상황과 무형식적 맥락도포함된다. 이 시리즈는 교육정책 및 정책 입안 과정의 전통적이고 일반적인 관념을 도전적으로 비판하거나 혹 이를 보여 줄 수 있는 역사학자들을 환영하며, 이를 통해 사회정의, 형평성, 민주주의, 민중 지식의 형성을 둘러싼 문제들을 제기하려고 한다.

지금까지 이 책『Blaming Teachers: Professionalization Policies and the Failure of Reform in American History』와 함께 카일 P. 스틸Kyle P. Steele의 『Making a Mass Institution: Indianapolis and the American High School』을 펴냈다.

이 책을 로버트에게 바친다.

차례

서문

미국에서 가장 볼품없는 전문직, 학교 교사다. 교사와 동일한 수
준의 훈련과 능력을 요구하는 어떠한 직업도 이렇게 보수가 형편없
지는 않다. 상당한 수준의 정신적 훈련과 계발을 요구하는 어떠한
직업도 이렇게 대우가 낮거나 대중에게 존경받지 못하지는 않는다.
목회자를 제외한 어떠한 학식 있는 직업도 이렇게까지 굴욕적인 조
건에서 일하지는 않는다.

– 「학교 희생자」, 〈새터데이이브닝포스트(Saturday Evening Post)〉, 1918년 4월 6일 자

1891년 1월, 〈뉴욕타임스〉는 뉴욕시 교육위원회의 "가장 수구적이고
보수적인 위원들"조차도 학교 시스템을 우려하는 대중적 정서에 공감하
고 있다고 보도했다. 당시에 "학교 시스템이 잘못된 방향으로 표류하고
있고, 개선은커녕 학교 시스템에 있던 그나마의 활력과 성장 추세마저
도 잃어 가고 있다"는 우려가 커지고 있었다.[1] 지역 지도자들은 7인 위원
회를 소집했는데, 뉴욕시 공립학교의 당면 과제들을 점검해 온 학교위원
회 위원들이 대상이었다. 위원들은 "도심 학교의 실패에 대한 책임을 교
사들의 탓으로 돌렸다". 이들은 "학교 시스템의 해악과 문제는 교사들의
지적 능력과 효율성 부족에서 기인한다"고 입을 모았다. 한 위원은 뉴욕
시 교사들을 "교육받은 멍청이"라고 무시했고, 또 다른 위원은 뉴욕시

학교의 근원적인 문제로 "노쇠한 여성"을 지목했다. 7인 위원회 위원이자 학교위원회 위원은 "내 생각에 학교 시스템에서 가장 필요한 개혁 과제는 당연히 교사의 질을 높이는 것"[2]이라고 언급했다. 낙담한 한 교사는 익명으로 신문 편집자에게 편지를 보냈다. 자신을 "한 명의 교사"라고만 소개한 기고자는, "뉴욕 공립학교 교사를 그렇게 만든 장본인"은 뉴욕 공립학교 시스템이라며 한탄했다. 교사가 비난을 받고 있기는 하지만, 뉴욕시 교사들은 "결코 (높은 수준의 교사가 될 수 있는) 그런 기회를 가져 본 적조차 없었다".[3]

19세기 공교육이 팽창하고 도심의 학교 시스템이 성장하면서 정책결정자, 교육자, 납세자들은 공교육을 복잡한 심정으로 바라봤다. 미국인들은 공립학교가 국가 목표를 수호하고 고무할 수 있는 강력한 사회적 제도라며 희망을 노래했다. 한 예로 레로우Caroline LeRow는 1890년 〈레이디스홈저널Ladies' Home Journal〉 독자들에게 "모든 문명은 교육이 만들어 낸 산물"[4]이라고 설명했다. 이런 견해는 던컨Arne Duncan이 교육부장관으로 재임한 시기인 21세기까지 이어졌다. 그는 공교육을 "우리 세대 시민권의 문제"라고 칭했다.[5] 이와 더불어, 미국인들은 미국화, 경제적 안정, 사회정의를 국가 목표로 규정하고, 지역 공립학교는 개별 학생에 대한 교육을 통해 이런 국가 목표에 기여할 수 있다고 주장해 왔다. 반면, 공교육 낙관론에 분노한 학부모와 전문가를 포함한 대중은 공립학교가 자신의 높은 사명을 제대로 수행하지 못하고 있다며 실망감을 표출했다. 1949년, 한 비평가는 "미국 교육은 이론적으로나 실천적으로나 아주 많은 결함을 가지고 있고, 미국이 오랜 기간 발전시켜 온 것을 심각하게 위협하고 있다"라고 비난했다.[6] 미국기업연구소American Enterprise Institute의 헤스Frederick Hess는 2001년에 공교육 실태를 둘러싼 논란을 검토하면서 "비판가들의 입을 자유롭게 하라"고[7] 촉구했다.

이렇게 희망과 절망이 교차하는 역사 속에 공립학교 교사들은 자리하고 있다. 뉴욕주 교육부장관 이튼John Eaton은 1870년 "교사들이 국가를 건설한다"면서 "모든 교육 개선(개혁)은 교사들 스스로 교사의 일에 집중할 수 있게 해야 한다"고 말했다. 이런 관점이 이후 100년 넘게 이어져 온 미국 공립학교개혁에 대한 국가의 정책 담론을 이끌었다. 이튼이 추정하기에, "미국 교사의 특성은 ⋯ 국가의 정치 역학과 아주 깊이 관련되어 있"었다.[8] 루스벨트Franklin Delano Roosevelt 대통령은 1938년 봄, 중요한 정책 담화를 발표한다. 당시 그는 "미국에서 민주주의가 살아남으려면 교사는 사회적 분담을 감당하도록 길러져야 할 국가자산, 즉 인적 자본의 수호자가 되어야 한다"[9]며 교사의 역할을 추켜세웠다. 미국인들은 공립학교의 역사에서 교사가 국가와 공립학교의 성공에 아주 중요하다는 점에 이견이 없었다. 미국 공립학교 실패에 대한 책임이 공립학교 교사들에게 있다는 점에도 역시 동의해 왔다. 1879년에 한 사회 평론가는 "교육 이론과 방법이 발전하고 교육에 대한 기대 수준이 높아졌음에도 불구하고, 미국의 학교 수업은 여전히 전 세계에서 가장 형편없는 수준"[10]이라며 한탄했다. 던컨도 2012년에 이와 유사한 견해를 내놓았다. 그는 교육자들을 향해 아주 "똑똑하고 젊은 사람들이 장래 직업으로 교직을 고려조차 하지 않는다"고 설명하면서 개탄했다. 또 다른 개혁 구상을 밝히는 자리에서는 "교직의 대변혁"[11]을 요청하기도 했다. 트럼프Donald Trump Jr.는 텍사스 엘파소 집회의 연설에서 청중들에게 약간 퉁명스러운 말투로 "실패자 교사"[12]를 경계하라고 조언하기도 했다.

기초단계 공립학교 교육은 뉴잉글랜드 지역에서부터 시작되었다. 이즈음부터 교사들은 비난의 대상이자 개혁의 대상으로 교육정책의 중심에 자리하게 됐다. 19세기 중반으로 거슬러 올라가, 사회비평가, 교육자, 개혁가들은 학업성취수준이 낮은 학교는 국가적 문제이고, 이런 공립학교의 낮은 학업성취수준은 곧 교사에서 비롯된다고 못 박았다. 이러한 역사의 수레바퀴 속에서 교사들은 비난의 대상이었고, 그 해결책은 교사의 전문직화였다. 그러나 교육정책은 처음부터 사회정책과 처음부터 뒤엉켜 있었다. 개혁가들은 학교를 위한 개혁이라기보다는 국가안보, 경제적 지불 능력, 국가경쟁력을 위한 공립학교 개선의 수단으로 교사 전문직화 조치들을 발표했다. (교사에 대한) 비난 담론은 미국의 독특한 교육개혁 브랜드를 형성하는 정책 서사로 변화되었다. 교사 관련 문제는 사실에 기반한 확증이기보다는 역사적 가공물이었다. 특정 시간과 장소에 대한 성찰, 정책과 연계된 문제 정의, 그리고 이들 문제를 해결하기 위해 설계된 개혁들은, 인간이 복잡한 상황을 단순화해서 이해하려는 의도로 만든, 서사에서 비롯되었다.[13] 베닛과 에덜먼Bennett & Edelman이 설명하고 있듯, "서사들은 존경받거나 그렇지 못한 인물, 영웅과 악당이 존재하는 특정 사회상을 만들어 내고 사회문제에 대한 구성물에 의해 정당화되는 일련의 공공정책을 형성하게 된다. 이 공공정책들은 사회문제의 해결책이 된다".[14] 이 책은 교사 비난 담론에 뿌리를 둔 정책 서사의 발전과 존속의 역사, 이런 정책 서사가 탄생시킨 전문직화 개혁과 그 개혁의 결과들을 추적한다.

미국 공립학교 교사들은 늘 비난과 개혁의 대상이 되어 왔다. 여기에 아이러니한 점이 있다. 비난 담론이 일종의 징후로 계속 제기되었지만, 이후 이어지는 개혁의 결과들은 개혁의 성취감은 고사하고 일종의 개선 의식조차 보여 주지 못하고 있다는 점이다. 오랜 역사 속에서 교사에 대한 부정적인 평가는 계속되었고 새로운 방안으로 위장된 전문직화 개혁 방안들이 넘쳐났다. 이 책에서는 지역 공립학교 체제가 부상한 19세기 중반부터 현대적 교원노조가 발전한 1980년대에 걸친 기념비적 시기에 추진된 교사 전문직화 정책과 이를 둘러싼 논쟁을 사료에 기반하여 분석하였다. 『비난받는 교사Blaming Teachers』는 역사기록학적이고 현대적 함의를 가지고 시시포스의 아이러니(끝없고 헛된)를 파헤친다. 즉, 공립학교 교사에 적용된 전문직주의라는 역사적 언어는 전문가의 정당성을 훼손하는 개혁들을 만들어 냈다. 전문직주의는 표면적으로 권위, 전문성, 지위를 함축적으로 담고 있다. 그러나 공립학교 교사들은 교사를 둘러싼 일명 전문직화 개혁 방안들로부터 권위, 전문성, 지위 중 그 어떤 것도 결코 성취하지 못하였다. 이 책은 공립학교 교사들이 왜 권위, 전문성, 지위를 얻지 못하였는지를 고증한다.

1890년 인구통계 조사에 따르면 농업, 어업, 광산업, 가사와 개인 서비스, 무역과 대중교통 서비스와 전문직 서비스가 구분되어 있고, 전문직 서비스 범주에는 20개의 직업이 포함되어 있다. 인구통계 조사자들은 12개 직업 분야와 함께 배우, 건축가, 기자, 법률가, 의사, 교수, 교사, 수의사를 전문직으로 분류했다. 전체 직업의 단지 4%만이 전문직에 해당했는데, 교사는 전체 전문직의 1/3 이상을 차지했다.[15] 1970년 인구통계 조사에서는 교사와 함께 사서, 간호사, 항공기 비행사를 포함한 18개 이상의 직업이 전문직에 포함됐는데, 이들이 전체 고용노동자의 15%를 차지했다. 교사는 미국 전체 전문직 노동자의 거의 1/4을 차지했다.[16] 이론가들은 오랫동안 기능주의 관점에서 전문직을 규정해 왔고, 전문직과 다른 직업을 구분하는 중요한 기준이 대학기반 양성, 전문적 기술, 자율성, 권위라고 인정해 왔다.[17] 일부 학자들은 전문직에 대한 이런 정의를 들이대며, 교사는 전문직이 아니라 사실상 준전문직이라고 결론 내렸다. 전문직 중에서 교사가 가장 규모가 크다는 점을 이유로 들기도 했다.[18] 역사학자들은 분류학적이고 사회학적 개념 정의를 넘어서 전문직의 사회적 측면들을 탐색해 왔다. 전문직성professionalism이라는 후광이 직업을 넘어 문화적이고 경제적인 특권을 누리게 하고 보다 넓은 공동체에서 전문적 식견으로 명성을 얻게 한다. 19세기 이래 교사의 전문가적 정체성은, 성차별적이고 인종차별적인 편견에 바탕을 둔, 객관성과 합리성에 근거를 두었다. 이런 생각들은 여성과 다른 소수자 그룹을 주변부에 머물게 하는 백인 중심, 중간계층 남성 중심이라는 만들어진 경계에 기반해 있었다.[19] 비록 여성이 다수를 차지하는 교직은 여전히 가장 큰 규모의 전문직으로 남아 있기는 하지만, 역사적으로 교사들이 전문가적 신뢰와 존경을 받기는 어려웠다.

그 당시, 교사 전문직화는 당연히 학교의 근무 환경 개선 및 교사 지위 향상과 그것을 넘어서려는 야심 찬 과정이었다. 특정 직업집단의 역사적 발전 과정의 경우 직업 구성원들이 자신들의 직업을 전문직화해 왔는데, 근무조건을 규정하고, 직업 관련 지식 공유 체계를 난해하게 만들고, 직업 진입 장벽을 높이고, 이를 무시하는 사람들을 내쫓기 위해 구성원들끼리 협력하면서 말이다. 즉, 직업의 구성원들이 대학과 전문직 단체 내부에서 이루어지는 일련의 과정들을 이끌었다. 그러나 교사 전문직화는 이런 방향으로 진행되지 않았다. 교사 전문직화는 오히려 비난 담론이 연료가 되어 교직 외부의 힘에 의해 진행되었으며, 교사가 아닌 사람들이 교사의 결함을 규정하고 정책 해결책을 제안했다. 이런 공식 속에서, 교사 전문직화는 교사의 근무 환경 개선과 교사 지위를 향상시키려는 과정이면서 동시에 다양한 제도적 이해관계를 가진 여러 사람이 교묘하게 통제권을 차지하려는 권력을 위한 투쟁이었다.

미국 공립학교의 오랜 역사 속에서 개혁가들은 교사 전문직화에 주력해 왔다. 1917년, 남부 캐롤라이나 지역사회의 학교지도자들school leaders은 "교육 이슈에서 가장 큰 관심사는 교사의 지위 문제"[20]라고 전하면서, 전국의 동료들에게 (교사의 지위 문제에) 관심을 가져 달라고 호소했다. 하지만 교사 전문직화라는 이름으로 행해진 정책과 계획들은 다른 분야 전문직이 경험한 실제와는 말할 것도 없고 학자들의 이론과도 닮은 점이 거의 없었다. 공립학교 개혁가들은 전문직화라는 용어를, 문화적·사회적 보상을 제공하는, 기본적으로 긍정적인 방안으로 간주했다. 하지만 실질적으로 정책결정자, 학교지도자, 그리고 그 밖의 사람들은 전문직화 개혁 방안들을 규정과 표준화를 통해 공립학교의 관료적 질서를 점점 강화하는 효율적이고 효과적인 방법이라고 이해했다. 메타 Jal Mehta는 "실패한 교사 전문직화가 (교사들에 대한) 외적 합리화를 초래했다"[21]고 주장했다. 그러나 역사적으로 교사 전문직화와 합리화는 서로 대립된 것이기보다는 처음부터 단일한 것이자 동일한 것이었다. 의사, 법률가 및 이와 유사한 전문직 그룹에 그랬던 것처럼, 전문직, 전문직성, 그리고 전문직화라는 (전문직종에서 사용되는) 어휘가 교사집단을 휩쓸었다. 그렇지만 전문직화는 단 하나의, 단일한 과정이 아니었다. 대중적으로 전문직화라는 서사가 긍정적 함의를 가진다는 공감대가 존재하기는 했다. 하지만 개혁가, 학교지도자, 그리고 사람들은 공립학교 노동력(여성이 지배적인)에 대한 요구와 목적을 생각하면서, 지위, 전문성, 권위를 남성이 지배적인 직업에 부여하는 전문직화 과정과는 다른 방식의 개혁 방안과 정책을 내놓았다. 설계상으로, 교사 전문직화의 역사는 이런 개혁 과정을 합리화하는 역사였다고 할 수 있다.

전국 각지의 교육자들이 국가적 토론에 참여했다. 이들은 정책을 통해 교사 전문직성을 규정하고 교사들이 비전문적 행위를 하지 못하게 하는 규정을 만들었다. 예를 들어, 1916년 12월, 오리건주 매리언 카운티Marion County의 학교지도자들은 교직 윤리 규정을 만들었는데, "전문가적 이상을 수립하고, 전문직을 품위 있게 보이고, 전문적 행위를 표준화하고, 전문가적 정신을 고양하고, 다른 사람들이 전문직에 대한 깊은 존경심을 갖게 하기 위해서"였다. 윤리 규정은 교사의 불성실함을 경계하고 임금협상과 타인에 대한 비판적 태도를 "전문가의 품위를 손상하는 비전문적이고 불명예스러운 행위"[22]로 여기도록 했다. 보스턴의 학교지도자들도 1927년에 이와 유사한 규정을 만들었다. 학교 교육감 버크 Jeremiah E. Burke에 따르면, "학교는 교사가 아니라 학생 때문에 존재한다. … 교사들이 학교 관계자에 대한 부정적인 견해를 공개적으로 표명하는 것은 정당하지 않다."[23] 역사적으로 볼 때, 학교 정책들은 공식적,

비공식적으로 순응을 교사 전문직성의 핵심 내용으로 규정했다.

분명, 교사들이 이런 상황을 가만히 지켜보기만 한 것은 아니었다. 많은 교사가 자신들이 불공정하다고 생각하는 현실에 대항하는 편지를 작성하여 익명으로 지역 신문 및 교육위원회에 보냈다. 공개 발언의 결과가 어떨지 잘 알았기 때문이다. 하지만 뉴욕시 교사 데일리Emma L. Daly는 1922년 익명이 보호장치가 되지 못한다는 것을 깨닫게 되었다. 교장과 학교 지도층의 태도에 우려를 표명하기 위해 그녀는 두 차례에 걸쳐 시 교육감 에팅거William Ettinger에게 편지를 보냈다. 익명으로 말이다. 그녀는 한 편지에는 "공립학교 교사Teacher of P. S.[Public school] 38"라고 서명하고 또 다른 편지에는 "PS 38의 교사 일원Teachers' League of P.S. 38."라고 서명했다. 그러자 에팅거는 학구 교육감이었던 테일러Joseph J. Taylor에게 편지 작성자를 찾아내라고 지시했다. 테일러는 '38가 초등학교'의 교사들과 면담을 하고도 편지 작성자와 관련된 별다른 정보를 얻지 못하자 두 명의 필적 전문가에게 감정을 의뢰하여 데일리의 신원을 밝혀냈다. 그녀는 필적 조사 결과를 근거로 금고형 처벌을 받을 수 있는 위조죄로 기소되자 눈물을 머금고 편지 작성자라고 시인했다. 데일리는 구치소 구금은 피하게 됐지만 대중적 웃음거리가 될 수밖에 없었다.[24]

서문 앞머리의 인용문에서 볼 수 있듯, 공립학교에 대한 대중들의 정서를 반영한 전문가적 행위 규칙이 꽤 오래전부터 존재해 왔다. 이로써 교사들은 다방면으로부터의 공격에 취약했고, 결과적으로 교사는 대중적 비난의 대상이 되었다. 1949년 자신의 비평서 『그리고 미친 듯이 가르치다: 비전문가가 바라본 공립학교 교육And Madly Teach: A Layman Looks at Public School Education』에서, 스미스Mortimer Smith는 모든 시민이 공립학교 교육의 이해관계자이고, 따라서 누구나 학교교육에 대한 발언권을 가진다고 주장했다. 그는 "'비전문가'라는 용어는 무시하고 조금 깔보는 듯한 뭔가가 있다"고 말했다. 스미스는 "전문가집단"이 그 우월성을 주장하지만, "교육이 전문가에게만 그 비밀을 양도해야 할 만큼 그렇게 비밀스러운 것은 아니"라고 주장했다. 이어서 "무엇보다, 모든 성인은 일정 수준의 공식 교육을 받아 왔다"[25]라고 말했다. 다음 해 홀먼 Mary Holman은 "교사는 적어도 5명의 주인에 봉사하는 사람이 되어야 한다. 사회는 교사가 완전히 적응할 수 있도록 돕기보다는 오히려 교사를 괴롭히는 상황을 만들고 있다"[26]고 주장했다. 1946년에, 맥팔랜드 Lois MacFarland는 〈새터데이이브닝포스트Saturday Evening Post〉 독자들에게 자신의 퇴직 사유를 설명했다. "교사는 지역사회의 자산으로 간주된다. 그래서 교사가 제대로 일을 하지 않는 경우 사람들은 교사에게 신랄하게 말하고 교사를 비판하고 발언한다."[27] 한편, 또 다른 교사는 1977년 〈시카고트리뷴Chicago Tribune〉 편집자에게 익명의 편지를 보냈다. "나는 세상의 모든 문제를 해결하려고 교직에 싸구려 처방을 하는 칼럼니스트들에 지쳤다."[28] 비난과 전문직화라는 동시다발적 담론이 교사들을 집어삼켰는데, 이런 담론이 교사의 권한을 약화시키고 교사를 개혁의 역사 속으로 밀어넣었다.

교사 전문직화라는 개념은 공립학교의 오랜 역사 속에서 광범위하게 지지받아 왔고 또 매력을 불러일으켰다. 하지만 이 이야기에는 이면이 존재한다. 이 책에서 그 문제를 집중적으로 다룰 것이다. 우선, 전문가 교사라는 개념에 대해 납세자, 정치인, 학교지도자, 교사교육자, 노동조합 지도자, 그리고 교사를 포함한 이해 당사자들 모두 서로 다른, 그리고 다양한 관점을 가지고 있었다는 점이다. 개혁가와 비평가들은 교사의 전문직화에 대한 논의를 공간적으로 가까운 지역에서 시작하여 전국으로 확산시켜 나갔다. 이런 지역 기반 논의는 교사들이 아직 전문가는 아니지만 교사는 전문가가 되어야 하고 그 결과 많이 개선될 것이라는 내용이 핵심을 이루었다. 하지만 의견 일치는 거기까지였다. 사람들의 교육적 배경이 다양한 만큼, 미 전역의 교육 관계자들은 서로 상반된 방식으로, 그리고 교사 전문성 이론과 유사점이라고는 찾아볼 수 없는 그런 방식으로 교사들의 전문적 지위를 둘러싼 장벽과 이점을 이해했다. 교육정책 환경에서 이들 전문가 교사에 대한 다양한 관점들이 권력과 권위를 얻기 위한 은유로 자리 잡았다.[29]

중요한 건, 평범한 학교 교사는 이런 역사에서 별 목소리를 내지 않았다는 점이다. 역사에 이들의 목소리가 담기지 않았다는 사실이 역사적 증거의 본질이 무엇인지, 더 중요하게는 학교개혁의 본질이 무엇인지를 잘 보여 준다. 교사들에게 적용되고 따라야 할 정책이 쏟아지면서 교사를 둘러싼 논쟁 역시 이어졌다. 반직관적으로 판단해 보면, 직업집단의 규모가 클수록 직업집단을 형성하는 개인의 권력은 약화되고 집단을 구성하는 개인은 차별성 없고 대체 가능하면서 무표정한 군중의 일원으로 끌어내려졌다. 이 책은 정책결정자들이 전문직화 개혁을 어떻게 하향식으로 만들고 추진했는지를 보여 준다. 물론 이 책에는 이런 개혁 방안들이 많은 논쟁 속에서 추진되었다는 점도 담겨 있다. 또 노조 조합원인 교사와 교사교육자들은 교사들을 대변했는데, 이것은 자신의 제도적 이해에 따른 행동이었다. 이들은 교직 전문직화 개혁 정책의 논쟁에 참여하여 전문직화 개혁에 대한 비판과 수정 의견을 제시하였다. 그러나 이런 대응들은 다양한 방식의 제도적 압력에 의해 뒷받침되었는데, (기관의) 재정 문제를 해결하기 위한 것에서부터 자신들의 권위를 관철시키려는 욕구에 이르기까지 다양했다. 결과적으로 이러한 대응은 흔히 교사의 탈전문화를 초래하였다. 이 책은 변화의 역사를 담고 있다. 경제, 사회, 정치적 맥락의 변화가 누가 전문가 교사이고, 전문가인지 아닌지에 따른 문화적 보상과 그런 집단이 어떻게 만들어질 수 있었는지에 대한 다양한 생각들을 만들어 냈다는 점에서 그렇다.

동시에, 이 책은 연속성에 대한 이야기이기도 하다. 구조, 이데올로기, 젠더, 인종 등 네 가지 중요한 요인들은 역사적으로 늘 존재해 왔고 이들 요인을 통해 전문직화와 이에 따른 개혁 방안을 둘러싼 정책 서사의 특징을 확인할 수 있다. 공교육의 제도적 구조가 교사의 직업 생활에 영향을 미치는 장애물과 경계를 만들었다. 관료주의가 거의 모든 직업의 경계를 설정했다. 어떤 직업은 관료적 구조가 특권을 존속시키는 데 반해 또 다른 직업의 경우는 경영상의 통제권을 약화시켰다.[30] 교사의 역사는 관료적 구조가 만들어 내는 다양한 결과들을 설명하도록 돕는다. 공립학교의 제도적 발전은 다른 전문직과는 다른 경로를 밟았다. 한 예로, 의사는 병원이 발달하기 전에 이미 존재하였고 독립적으로 일을 했다.[31] 의사직은 교직과 달리 제도화되기 전에 직업적 토대, 즉 가장 중요하게 대학기반 양성 교육이 존재하였다. 그러나 공립학교 교사라는 직업보다 공립학교 제도가 앞서 존재했고, 따라서 학교 제도가 교사의 직업 생활을 둘러싼 조건들을 정했다. 분명히, 19세기 중반 이전에도 교사는 존재했었다. 그들은 가정교사로서 집에서, 마담학교와 자선학교에서, 느슨하게 조직된 보통학교와 단칸교실 학교에서, 그리고 사립학교에서 가르쳤다. 그러나 분명한 것은 지역사회 학교 시스템이 부상하면서 공교육의 제도화가 교직의 업무 성격을 바꾸었다는 점이다. 공립학교 부상 전후로 가르치는 일, 즉 교직이란 이름만 유지한 채 말이다. 초기 학교지도자들은 학교의 필요를 채울 공립학교 교사를 모집했다. 이로써 새로운 학교 노동자 집단이 형성되었다. 이 책은 오랜 시간에 걸친 공교육제도의 역사적 전개 과정(지역의 K-12 학교, 고등교육, 그리고 노동조합)과 이 조직들이 교사 비난 담론과 개혁 담론을 형성해 온 방식을 추적한다.

공립학교는 국가의 가장 중요한 사회제도이다. 그러나 공립학교의 가치는 아동에게 기본적인 학문적 기술을 가르치는 데만 있는 것은 아니었다. 그보다 공교육의 목적과 학교교육의 사회적 가치에 대한 이데올로기가, 비록 시대에 따라 변화해 왔지만, 대체로 학교의 잠재적 (혹은 감추어진) 교육과정을 구성했다. 이러한 이데올로기가 교사 전문직화 정책에 내재되어 있다. 역사적으로 교사 전문직화를 내세운 개혁은, 전문가적 정체성의 분류학적 요소들보다는, 동화, 글로벌 경쟁, 국가안보를 둘러싼 대중적 담론에 순응하는 교사집단을 육성하는 데 주목했다. 이러한 공립학교 교육 이데올로기는 교사에게 한때 큰 사회적 의미를 부여했고 교사의 전문적 권위를 압도하였다. 정책결정자들과 다수 대중은 교사 과업의 중요성에 대해 결코 의심하지 않았다. 그렇지만 이들이 교사 업무가 무엇인지 혹은 어떻게 수행되어야 하는지를 결정해야 할 경우 결코 교사들을 신뢰하지 않았다. 이 책에서 드러난 역사는 민주주의의 고양에서부터 국가적 안보에 이르는 국가 차원의 아이디어들이 지역의 정책으로 어떻게 변화되었는지를 보여 준다.

마지막으로, 교사 전문직화의 구조적·이념적 토대가 성차별적이지 않고 인종차별적이지 않다고 이해해서는 안 된다. 즉, 교사의 대다수는 백인 여성이었고 반대로 교사의 일을 통제하는 사람은 대부분 백인 남성이었다는 사실을 간과해서는 안 된다는 말이다. 19세기 중반 지역 공립학교 시스템이 부상한 이래 현재까지, 가르치는 일은 주로 여성의 직업이었다. 어떤 단일 직업에 종사하는 사람보다도 많은 여성이 교사로서 가르치는 일을 한다. 게다가 유색인종 사람들이 오랫동안 전국의 공립학교에서 교사로 일하고 싶어 했지만, 공립학교 교직은 오로지 백인 여성을 위한 직업이었다. 암묵적이고 명시적인 성차별적이고 인종차별적인 가정들이 뿌리 깊게 박힌 공식적이고 비공식적인 정책들과 관행들은 전국 공립학교에서 교사의 역사를 써 나가기 위해 (유색인종 사람들이) 교직에 진입하려는 것조차 어렵게 만들었다. 특히 교직이 제도화된 인종차별주의와 백인 여성의 역사로 작동하던 뉴욕시처럼 대규모 도심 학구 및 공립학교에서는 더 어려웠다.[32] 한마디로 성차별적이고 인종차별적인 인식이 공립학교 교육제도의 구조적이고 이념적인 토대를 형성했다. 초기 학교지도자들은 책임감과 순종이라는 전형적인 여성의 특징을 훌륭한 교사 수준을 판단하는 척도로 삼았다. 또한 백인다움이라는 인종차별적 아이디어는 훌륭한 교사의 수준 및 미국주의라는 개념과 동일한 것으로 여기게 했다. 초기 정책결정자들은 백인 여성이 임금이 낮은 데다 조직의 규칙들을 잘 따르고 다양한 사람들의 역할 모델로 적절하다고 주장했다. 19세기 중반 이래 인종 간 정치적 역학이 변화해 온 것처럼, 여성의 사회적, 정치적, 경제적 지위 또한 변화해 왔다. 그럼에도 공립학교의 목표를 실현할 대규모의 실천가들을 양성해야 한다는 책무와 더불어 성차별적, 인종차별적 관점에 의해 주로 야기된 역사적 구조는 바뀌지 않고 여전하다. 물론 구조, 이데올로기, 젠더, 인종이라는 네 가지 요소가 오랜 역사 속에서 각 시대에 모두 일관되게 나타난 것은 아니었다. 하지만 이들 요소 간의 역동성이 비난 담론, 교사개혁, 교사 전문직화에 대한 아이디어의 하위 담화를 구성했다.

20세기 초의 전문직화는 정책결정자와 교육연구자 같은 "교육 엘리트"에 적용되는 것으로 흔히 이해되었고, 학교 관료제와 함께 진행되었다.[33] 학교지도자의 전문직화가 교사들에게 상당한 파급효과를 가져왔다는 점은 의심의 여지가 없다. 그러나 20세기 초의 전문직화는 19세기 중반에 시작되어 현재까지 이어지고 있는 공립학교 교사들의 전문직화와는 다른 방식으로 진행되었다. 전문직과 전문직화를 연구한 역사학자들은 교사들에게는 거의 주의를 기울이지 않았는데, 이들은 사회학자들의 주류 기능주의 관점을 지녔기 때문이었다. 물론, 교육사학자들이 교사에 대한 광범위하고 심도 깊은 분석을 제공해 왔지만, 이들도 별반 다르지 않게 기능주의 관점에 휘둘렸다. 따라서 교육사학자들 또한 교사의 전문가적 권위 부족을 당연하게 받아들이고, 그 결과 나타난 지위상의 긴장에만 주목하였다. 예를 들어, 일부 역사학자들은 교사교육과 종합대학 내 교육대학의 지위에 초점을 뒀다.[34] 또 다른 학자들은 학교 공간을 형성하는 성차별적 규범과 위계에 주목했다.[35] 그리고 교수법 개선과 관료적 개혁들이 교사들의 직업적 삶을 어떻게 형성하는지를 검토하는 데 초점을 맞추기도 했다.[36] 여기에 전문직 단체, 조합주의, 전문직주의 간의 긴장 관계를 탐구하는 학자들도 있었다.[37] 하지만 지금까지 교사의 전문직화 개혁과 정책들에 대한 역사적 접근, 이들 정책 방안을 둘러싼 논쟁, 교육대학 교수, 노동조합원, 지도자, 학교관리자, 정책결정자, 대중 간의 상호작용을 탐색한 연구는 없다. 전문직화 개혁이 (이해 당사자들 간에) 만장일치로 추진되어 왔다는 허울을 둘러쓰고 있는지도 모른다. 하지만 정책결정자, 교사교육자, 노동조합원 교사들은 (교사 전문직화의) 세부적인 것에 대해 논쟁하고 각자 모순적인 용어로 이를 실현할 방안과 이를 둘러싼 근본적 문제들을 이해했다. 이 용어들의 충돌과 긴장은 각자가 이해하고 있는 학교교육 제도에 대한 차별적인 관점을 그대로 반영한 것이었다.

이 책은 뉴욕시 도심을 배경으로 펼쳐진 역사를 담고 있다. 어떤 면에서는 학교개혁의 독특한 특성을 보여 주는 지역 차원의 거대 담론이라 할 수 있다. 지역 정치인, 개혁가, 교사교육자, 교원노조 지도자, 그리고 대중과 더불어 지역의 학교지도자들은 개별적인 정치, 경제, 사회적 환경에 놓인 그 지역의 교사를 개선함으로써 지역의 공립학교를 개선하려고 하였다. 그렇다고 이들 지역의 담론이 고립된 채, 즉 해당 지역에만 한정되어 진행된 것은 아니었다. 뉴욕시는 뉴욕주의 카운티 중 가장 큰 공립학교 시스템을 갖춘 대규모 도시로서 오랫동안 전국의 주목을 받았다. 뉴욕시는 중앙집권화된 관료적 통제 모델을 갖고 있고, 교원노조의 개척자이자 다양한 교사 훈련기관의 산실로 기능하고 있었다. 따라서 뉴욕시는 연방 차원의 교육정책 논쟁을 이끌면서 전국적인 교육개혁의 선구자가 되어 왔다. 지역 공립학교 시스템은 뉴욕 및 보스턴과 필라델피아와 같은 북부 도심 지역의 대도시에서 앞서 발전하고 성장했다. 학교가 필요하다는 지역의 긴급한 요구가 반영된 결과였다.

　교사 전문직화 개혁에 대한 이런 지역 차원의 역사에는 국가 교육정책의 본질과 연방-지자체 간 상호작용에 대한 복잡한 이야기가 가득 들어 있다. 연방정부는 1965년 초·중등교육법이 통과되면서, 다양한 개혁 방안을 추진하고 지역 중심의 공교육체제에서 연방정부의 입지를 강화했다. 그러나 이 책에서 밝히고 있는 것처럼, 교육에서 연방정부 역할의 역사는 1960년대 중반부터 점차 하향식 개입을 확대해 나갔다는 주류 서사 속 이야기보다 앞서 시작되었다. 초기 교육정책의 역사는 대체로 연방정부-지자체 간의 쌍방향 방식이었고, 국가 교육의 우선순위 결정에서 대도시 학교체제의 독특성을 강조하고 인정했다. 뉴욕시와 같은 대규모 공립학교 시스템은 개혁의 시험장으로 기능하였고 따라서 국가 차원의 관심을 받았다. 20세기 초부터, 정책결정자들은 여러 개혁 방안 중에서 교사자격증, 교사교육과 도시의 파트너십, 정년보장 개혁과 같은 지역의 학교개혁 실험을 국가의 교육정책으로 전환하기 시작했다.[38]

　그렇다고 뉴욕시 이야기가 모든 점에서 전국적 서사였다는 말은 아니다. 사실 그렇지도 않다. 예를 들어, 미국 공교육 역사의 이정표라고 할 만한 1954년 '브라운 대 교육위원회Brown vs. Board of Education, Topeka' 판결이 있기 전에 흑인 교사들은 북부, 특히 뉴욕시가 아닌 미국 남부에 광범위하게 자리 잡고 있었다. 흑인 교사의 중요성, 흑인 교사 모집과 임금평준화를 둘러싼 개혁에 대한 논의가 다른 지역에서는 활발히 진행되었지만 뉴욕시에서는 그렇지 않았다. 오히려 인종차별을 금지한 뉴욕주 의회는 교원정책을 포함한 교육정책에 마치 인종차별적 요소가 전혀 없는 것처럼 프레임을 구성했다. 그러한 허울 아래 시행되는 공식적인, 혹은 비공식적 교육 실천과 정책들로 흑인 학생들은 인종적으로 분리되고 재정이 한참 열악한 학교에 다녔고 흑인 예비교사들은 바리케이드가 설치되고 횡단하기조차 어려운 도심 학교에서 교사가 되는 길을 찾아야 했다. 암묵적이기는 했어도, 뉴욕시의 교사 정책은 처음부터 백인 여성에 관한 것이었다. 브라운 판결과 남부지역 흑인 교사들의 대규모 해고 이후, 학교개혁에 대한 뉴욕시의 접근이 전국적으로 이루어졌다. 21세기 후반기에, 연방정부의 개입이 증가하고 전미교사연맹American Federation of Teachers, AFT 같은 전국 단위 조직이 우위를 점하게 되면서, 뉴욕시와 타 지역 간 거리는 가까워졌고 교사 비난 담론과 그 담론이 만들어 낸 개혁들은 다양하기보다는 점점 유사해졌다.

이 책의 각 장은 연속성과 변화의 지점을 보여 주기 위해 시간순으로 구성하였고, 비난 담론, 교사 전문직화 개혁을 둘러싼 정책 서사, 그리고 변화하고 복잡한 역사적 환경의 맥락 내에서 이 개혁 방안들을 둘러싼 논쟁과 개혁 방안의 결과를 탐구해 나간다.

제1장은 19세기 중반의 교사 비난(담론)과 교직 전문직화가 뒤엉킨 정책 서사의 탄생과 공적으로 지원되는 대도시 지역 학교체제의 부상을 추적한다. 지역 공교육은 맨Horace Mann, 비처Catherine Beecher, 버나드 Bernard 같은 지도자들에 의해 이런저런 형태로 혼란스럽고 무질서하게 존재했다. 하지만 공교육이 전국으로 확산되고 중앙집권적인 도심 학교 시스템이 구축되면서 도시 지역에서 공립학교 교육이 중요하다는 사회적 가치는 점점 더 커졌다. 학교개혁가들은 이 새로운 기관은 새로운 유형의 학교노동자가 필요하다고 누차 강조하고, 새로운 유형의 학교노동자는 바로 젊은 백인 여성이라는 입장을 분명히 했다. 공립학교 교사에 대한 학교지도자들의 관점은 백인 여성의 단정함을 강조한 빅토리아식 사상에 근거했다. 그리고 백인 여성은 본성적으로 어머니 같고 순종적인 것으로 인식되어 생물학적으로 (우월하지는 않더라도) 학교를 위해 태어났다는 근거를 댔다. 도시가 점차 성장하고 다양해지면서 백인 여성의 역할이 학교교육의 교육 현실과 결합되어 사회적 치료제가 될 것이라는 기대가 높았다. 이러한 기대는 곧 교사들 때문에 학교가 실패하고

있다는 우려로 바뀌었다. 사회비평가와 개혁가들은, 당시 의사와 법률가가 신뢰를 얻게 된 동일한 언어를 그대로 반복하면서, 교사의 전문직화를 내세웠다. 그러나 교사에 대해 전문직종과 겉으로만 유사한 개혁 방안들을 설계했을 뿐이다. 교직 전문직화라는 이름으로, 개혁가들은 교사들을 개선하고 더 나아가 학교와 사회를 개선하려는 의도로 세 가지 개혁 방안을 제안했다. 교사교육을 위한 지역사회와의 협력체계 구축, 표준과 자격체계 마련, 임용시험 도입이다. 다른 전문직종의 전문직화가 약속한 사회적 지위 및 전문성과는 달리, 교사 전문직화는 여성의 인성과 지적 능력이라는 깊숙이 자리한 성차별적 인식에 근거를 둔 채 체계화와 규정에 집중했다. 이 과정에서 초기 교사들은 빠르게 발전하는 관료적 구조에 종속되었다.

　제2장은 진보주의 시대 근대 학교 관료주의의 발달과 정년보장정책의 도입에 집중한다. 이민자의 쇄도, 1차 세계대전, 100% 미국주의가 부상하면서, 비평가들은 뉴욕시와 전국 각지의 공립학교가 사명을 다하지 못하고 있다며 다시 한번 맹공격을 퍼부었다. 그리고 공립학교 실패의 결과가 비참하고 광범위하다고 주장했다. 제2장에서는 교사 전문직화 개혁의 방안으로 근대 학교 관료제의 부상을 규정한다. 과학적 효율성을 신봉하는 학교지도자들은 새로운 공립학교 시스템이 교사의 자격수준을 높일 것이라고 장담했다. 그러나 학교 관료제는 교사를 가만히 침묵하고 공격당하기 쉬운 가장 낮은 직급에 자리하게 했다. 교육개혁가들은 지역 공립학교 시스템이 수립되는 동안 만들어진 정책 서사를 통해 교사가 학교와 사회문제의 주범이라며 비난했다. 이민자 출신의 학교교사들이 증가하는 상황이 문제시되면서, 학교 개선을 위한 교사개혁은 미국화와 전문직화를 서로 연계하는 일이 되었다. 한편, 교사개혁 프로젝트의 요체는 교사 정년보장이었다. 말할 필요 없이 교사들은 정년보장 방안을 지지하였는데, 초등학교 여교사들이 가장 먼저 이 문제를 제

기했다. 그런데 교사들의 목소리는 단일하지 않았다. 시간이 지나면서 정년보장이라는 보상과 전문직성에 대한 교사들의 이해는 점점 다양해졌다. 정년보장을 둘러싸고 벌어지는 교사집단의 내부 균열과 상관없이, 정책결정자들과 지역 학교지도자들은 각자 자신들의 논리로 정년보장정책을 단행했다. 이 과정에서 교사들의 요구를 반영한 지도자는 어디에도 없었다. 실제로, 정년보장정책은 동부 해안의 도시(보스턴, 뉴욕 등)에서 시작하여 주정부의 정책으로 채택되고, 다시 전국으로 확산되어 진보주의 시대에 번성했다. 하지만 정책결정자들이 입법화한 정년보장정책은 교사들이 지지한 시나리오를 반영한 것이 아니었다. 유사한 점이라곤 거의 없을 정도였다. 정년보장 개혁 방안들은 교사들에게 명목상으로 지위와 권위를 제공했다. 물론 이 역시 일종의 환상이었다. 실제로 이런 개혁들은 교사를 오히려 문제로 규정하고, 전문직화를 통한 교사 규제를 해결책으로 규정하는 정책 서사의 역사를 구성하는 요소들이었다.

대공황 시기, 사회비평가들은 미국 공립학교가 실패하고 있고 교사에게 그 책임이 있다는 점에 다시 한번 동조하면서, 이번에는 (유능한 교사를 길러 내는 문제, 즉) 교사양성 교육의 본질이 무엇인지를 캐물었다. 20세기 초반, 뉴욕시에는 전문가 교사 양성을 위한 두 가지 모델이 있었다. 사범대학과 종합대학교 내 교사대학이다. 사범대학/사범학교normal college/normal school는 실천적 교수법에 뿌리를 두고 교육하였는데, 공립학교 교실에서 효과적으로 직무를 수행할 젊은 여성을 훈련시키도록 설계되었다. 종합대학교 기반 교육대학은 컬럼비아대학교와 뉴욕대학교에 있었는데, 학문의 자유교양 전통 내에 자신들의 과업을 두고 학교지도자와 그 외 사람들에게 교육학 분야의 심화 교과를 제공했다. 제3장에서 살펴보겠지만, 경제공황 이후 시장의 힘, 외생적 정책, 성차별적 가정들이 교육대학으로 수렴되면서 한때 이 두 모델 사이에서 보였던 극명한 차이는 사라지게 되었다. 심지어 20세기에 접어들어 사범학교가 교육 지형에서 쇠퇴하면서, 종합대학교 기반 교사교육 프로그램은 응용학습을 적극 수용하면서 교육과학은 버리고 활용 가능한 교수법 전수 방식을 채택했다. 교사양성과정이 실천적 지식으로 기울면서 학교체제의 필요에 맞춰 교사를 양성하게 되었고, 교사들은 일종의 학문 분야의 전문적 지식을 빼앗기게 되었다. 이런 전문적 지식은 다른 전문직종의 경우 전문성을 드러내 주는 토대였다. 교사들의 전문가적 정체성은 이런 전문적 지식 대신, 대공황 시기 미국 중산층 가정의 성차별적이고 인종차별적인 규범에 근거한 교사의 권위에서 찾았다.

2차 세계대전 후 능력주의 담론이 국가와 공립학교를 휩쓸면서, 학교 지도자와 사회비평가들은 교사 수급 비상사태에 직면했다. 냉전 체제가 급속도로 가열되면서 인구 증가, 인구 분포의 다양화, 대규모 이민과 교외화를 포함한 인구 재분배 현상이 발생했고, 그 결과 도심 학교의 교사 고용 문제가 복잡해지게 되었다. 더욱이 교사 고용 시 인종 문제가 전면에 부각되었다. 제4장에서 연대기적으로 기술된 것처럼, 정책결정자들은 더 많은 교사를 고용해 교사 부족 문제에 대처하자는 데 의견을 모았다. 하지만 도대체 왜 교사가 부족한 것인지, 그래서 누가 교사로 고용되어야 하고 어떻게 교사를 채용할 것인지, 이를 위한 최선의 방법은 무엇인지에 대해서는 합의하지 못했다. 문제의 원인이 무엇이고 어떤 해법을 채택할 것인지에 관한 복잡한 논의가 진행되면서 속성면허증emergency licensure과 자격증, 임금개혁과 성과급, 교사교육 개선 등이 해결책으로 등장하며 경쟁하게 되었다. 각 개혁 방안은 능력과 교사 전문직성에 대한 다양한 관점들이 결합되어 있는데, 무엇보다 훌륭한 교사에 대한 인종차별적 아이디어가 국가의 정책 논쟁에서 중심적 위치를 차지했다. 물론 각 방안은 전혀 인종차별적이지 않다고 그것과 아주 거리가 멀다고 공식적으로 표명하였지만 말이다. "전문가 교사"라는 허울 좋은 단어를 두고 정책결정자, 노동조합지도자, 교사교육자들은 서로 모순적인 아이디어들을 제안했고, 다양한 방식으로 교사 비난의 중심적 담론을 형성했다. 일부 개혁가들이 전문가 교사의 양성 확대와 경쟁 강화를 통한 전문직화를 요구했지만, 교사의 직업 생활을 규제하고 표준화하는 기본 구조는 그대로 작동됐다. 고도로 잘 관리되고 일상화된 이런 근무 환경으로 교원노조가 번성할 수 있었다.

1960년대 단체교섭이 부상하고 뉴욕시와 뉴욕주, 미 전역에서 진행된 교사 투쟁은 현대 교원노조의 상승세를 보여 주는 것이었다. 노동조합 지도자들은, 사회비평가들과 정책결정자들과 마찬가지로, 교사 전문직화를 통한 학교 개선을 요구했다. 하지만 노동조합 지도자들 역시 교사 교육자와 마찬가지로 자신들의 제도적·조직적 이해관계를 통해 교사에게 무엇이 최선인지를 규정하고 전문직성을 향한 경로를 제안했다. 제5장에서 다루고 있듯이, 뉴욕시와 다른 지역 교원노조는 유명한 정책 형성 논의의 장에서 의석을 차지하면서 존재감을 드러내고 명성을 얻었다. 교원노조가 성장함에 따라 교사들은, 자신들을 대변한다기보다 자신들에 대해 발언하는, 노조 내부에서 다시 한번 가장 낮은 위치에 놓이게 되고, 교원노조라는 새로운 교육 관료주의 속에서 비틀거려야 했다. 고교교사연합회High School Teachers Association, HSTA와 교사길드Teachers Guild의 합병으로 뉴욕교사연맹United Federation fo Teachers, UFT이 설립되었다. 이 두 단체의 합병으로 노동조합화의 역설이 두드러지게 나타나게 되었는데, 개별 교사들(이 경우 초등학교의 여성들)이 교사 권력과 집단 행동이라는 명분 앞에 종속되고 만 것이다. 샨커Albert Shanker 같은 노동계 지도자들에게 (권위와 성공에 대한 성차별적이고 인종차별적인 인식을 통해 이해되는) 교사 전문직성과 노동조합 권력은 동일한 문제였다. 하지만 전문직성과 노동조합 권력이라는 명분 아래 개별 교사들은 점점 고립되고 학교지도자, 자신들이 봉사하는 유색인종공동체, 교사교육자들과 분리되고 있음을 깨닫게 되었다.

역사적 정책 서사는 교사 비난 담론을 통해 힘을 갖게 되었다. 이런 정책 서사가 각 지역과 미 전역에서 교육개혁을 추진하게 했다. 이 책의 중심에는 본질적인 역사적 딜레마가 자리한다. 교사 전문직화 방안들은 개별 교사의 지위, 근무 여건, 혹은 일반적 직무환경을 개선하는 데 있지 않았다. 그보다는 국익이라는 이름으로 지역 공교육 기관의 목적과 기능을 지원하기 위한 것이었다. 이러한 점에서 교사들의 운명은 단순히 역사적 우연이 아니다. 그보다는 이 책의 연대기적 기록에서 볼 수 있 듯, 여성 노동자가 직면하는 문제들은 지역 공립학교 시스템 초창기부터 천천히, 하지만 명확하게 만들어진 것이다. 많은 사람이 학교 교사들의 발언권이 미약하고 그들은 고립된 상태로 일하고 있다는 점에 동의한다. 이 책은 교사의 전문적 권위에 어떤 장벽이 드리워 있는지 검토하고, 이 로써 전문적 권위에 대한 장벽이 정책과 개혁을 통해 왜 만들어지고 유 지되어 왔는지를 이해하도록 도울 것이다.

교사의 역사는 학교와 교육정책 차원의 논의를 넘어 미국 여성 노동 자의 경험과 성차별적인 일터 개혁을 이해하는 데도 중요하다. 역사적으 로, 어떠한 단일 직종의 피고용자 수보다 많은 여성이 미국 공립학교 시 스템에서 교사로서 일해 왔다. 교사들은 구멍가게 점원도, 그렇다고 전 통적인 전문직 구성원도 아닌 아주 넓은 중간지대를 형성해 왔다. 노동 자도 전문가도 아닌 교사 정체성의 모호함은 직업의 성차별적 요소와 결합되었고, 교사 노동의 사회적 의미는 고도로 규제되고 경쟁적인 작업 장에 그 자리를 양보했다. 사회비평가들, 정책결정자들, 노동조합 지도 자들, 그리고 종합대학 교수들이 나서 제각각 교사에 대해 통제권을 행 사하려고 하고, 그 과정에서 그들은 비난 담론을 쏟아내며 교사들을 집 어삼키려고 했다. 교사를 향한 이런 역사적 비판들은 본질적으로 성차 별적인 것으로, 이 여성 노동자들을 개혁의 바다에 표류하게 했다. 전문 직화는 교직 사회의 등대가 될 수도 있었다. 하지만 교사 전문직화는 등대가 되어 노동자들을 해변 가까운 데로 인도하지 못하였고, 오히려 개혁의 본질을 내세운 바다 한가운데로 내몰아 요동치게 했다. 간단히 말해, 이 책은 여성 노동자의 역사이고 성차별적인 전문직화가 가지는 한계를 탐구한 것이다.

한편, 이 책은 인종차별적인 학교개혁과 교사정책의 역사이자 전문직화에 담긴 인종차별적 한계를 동시에 설명한다. 뉴욕시 학교지도자들은 교사에 관한 한 명시적으로 인종 이야기를 언급하지는 않았다. 한 뉴욕시 교육감이 1903년에 설명하고 있듯이 "공립학교에는 인종 관련 문제가 전혀 없"[39]었다. 그 대신에 공립학교들은 표면적으로는 인종차별적이지 않은 개혁 담론들만 채택했다. 공립학교 교직은 오랜 역사 속에서 백인이 지배하는 전문직으로 형성되어 왔다. 그렇다고 백인 여성만이 이 직업에 관심을 가졌기 때문만은 아니다. 그보다는, 이 책에서 연대순으로 기술한 것처럼, 교육정책과 정책 이행을 통해 유색인종이 교직에 입문하는 것을 명시적으로 혹은 암묵적으로 방해하였고, 결국 뉴욕시와 전국의 공립학교 교직은 백인 여성의 일로 변해 갔다. 개혁가들은 백인다움을 탁월함, 성공, 미국주의와 하나로 통합하면서 백인 여교사를 존경할 만한 역할 모델로 제시했고, 다양한 도시와 지역의 운영을 조력하는 데 누구보다 적합한 전문가라고 그려 냈다. 이런 [역사] 순환의 이면에는 흑인다움을 열등감과 타자성으로 바라보는 관점이 자리하고 있었다. (미국) 공교육의 역사는 미국 사회의 역사이다. 그리고 뉴욕시 학교개혁의 역사는 미국사에서 정책을 통한 권력 분배와 불평등의 지속을 확대해 보여 주는 렌즈이다.

비난받는 교사, 한국이라고 다른가?

매년 2학기 중반이 되면 아이들로부터 교원평가를 위한 학교의 안내문을 받는다. 아이가 세 명이다 보니 학교급이 달라 각 학교급의 안내문을 받아보게 되는데, 학교급별 교원평가 방식의 차이섬은 없다. 교원평가를 안내하는 문건에는, 학부모가 아이들을 담당하고 가르치는 교사 1인의 교육활동에 대한 전문성(학습지도, 생활지도, 학생 지원, 교수 연구 활동 지원, 학교 경영 등) 및 교육 관련 사안에 대한 학교-학부모 간 매개자로서의 교사 태도에 대한 생각을 종합해 답하도록 초대한다며 평가 방법을 안내해 준다. 초대되는 과정이 복잡하다거나 긴 시간이 요구된다면 초대받은 사람은 그 초대가 반갑지 않을 것이다. 따라서 이 '교원평가'에의 초대는 절차도, 방법도 간단하고, 그 과정에 소요되는 시간도 짧다. "애걔, 이게 전부야?" 하는 정도의 방법과 그에 따른 시간 정도랄까? 2022년의 경우 답해야 할 문항 수는 6개(혹은 그 이상) 정도로 그리 많지 않다.

그런데 답할 시간이 짧고 문항 수가 적다고 이 일이 결코 쉽지는 않다. 아이를 통해 주기적으로 전달되는 학교 안내문을 확인하고 학기별로 담임교사가 실시하는 아이 상담을 다녀와 봐도, 그리고 아이들이 가끔 학교에서 생긴 일이라며 말하는 이야기에 귀 기울여 들어 보아도 '평가'라는 이름으로 답해야 하는 아이들의 교사에 대한 판단은 여간 어려운 것이 아니다. 그렇다고 전부 '우수하다'거나 전부 '미흡하다'고 답할 수는 없지 않은가? 겨우 취하는 다음 행동은 아이에게 "너는 선생님에 대해 어떻게 생각해? 좋아? 싫어? … 왜?"를 묻는 정도다. 그러나 내 아이들만 그런지는 잘 모르겠지만 아이들의 답변은 '좋아', '싫어'도 아닌, 대략 '그냥…', '중간 정도?' 등에 머무르기 십상이다. 그러다 보니, 교원평가를 앞두고 학부모로서 나는 평가항목에 대한 고민과 어떤 결정이 타당한지의 수순으로 넘어가지 못하고, "아니, 무슨 대답이 그래?" 하며 아이의 이도 저도 아닌 답변을 두고 아이와 감정 다툼을 벌이는 것으로 옮겨 간다. 결국, 이후 교원평가를 위한 구체적인 항목에 어떻게 답변했는지는 잘 기억나지 않는다. 내가 선택한 교사에 대한 평가를 마치기는 했지만, 이렇게 해도 되나 하는 생각이 미련처럼 남는다.

도대체 교원평가란 뭔가? 교원평가가 필요한가? 필요하다면 교원평가는 무엇을 누구에게 어떻게 묻고 어떻게 진행되는 것이 좋은가? 교원평가 결과는 교원의 어떤 모습을 평가받은 것으로 간주되고, 그래서 교원의 교사로서의 삶과 전문성이라는 측면에서 어떻게 반영되어야 하는가? 글쎄, 잘 모르겠다. 교사와 평가라는 이 두 개념을 연결하는 과정에서 답하기 어려운 질문과 생각이 꼬리에 꼬리를 물고 이어진다.

우리나라에서 교원평가는 2005년 시범 도입되어 2010년 3월부터 전면 시행되었다. 마치 별도의 내용으로 보이지만, 교원평가 결과는 학교 단위 성과급제도와 연동되어 학교의 교육력을 판별하는 기준으로 작동하고 있고, 특히 평가 결과가 나쁜 교원은 6개월의 장기 연수 대상이 된다. 평가 결과가 좋은 교원의 경우에는 높은 수준의 성과급과 함께 학습연구년제 혜택이 주어진다. 교원평가가 전면 시행되고 벌써 10년도 더 지났다. 학교교육 내실화와 교원의 수업 전문성 제고라는 교원평가의 궁극적인 목표가 얼마나 실현되었는지는 모르겠지만, 교원평가 방식 및 항목을 둘러싼 논의 양상도 달라졌고, 평가 결과와 연동되어 있는 성과급에 대한 반발도 많이 잦아들었다. 마치 교원평가가 완전히 정착한 것인지 착각이 들 정도다. 그러나 다양한 지형을 만들고 있는 교원단체들을 중심으로 지금도 교원평가를 둘러싼 논란은 계속되고 있다.

도대체 이 교원평가란 게 왜 도입되어, 시행하게 된 것일까? 사실 교원평가가 전면 시행된 것은 2010년, 시범 도입은 2005년으로 거슬러 올라가지만 교원평가에 대한 정책적 그림이 완성된 것은 그보다 약 10년 정도 앞선 5·31 교육개혁 청사진1995에 등장한다. 5·31 교육개혁 방안에 대한 정책적 밑그림을 담은 〈신교육체제 수립을 위한 교육개혁 보고서〉1996에는 교원의 능력을 평가하고, 이를 기준으로 교원의 승진, 업무 환경, 인센티브를 합리적으로 민들어야 한다는 내용이 담겨 있다. 즉, "학교 경영의 결과를 종합적으로 평가하여 능력 있는 교원이 우대받도록 하고 승진 기준을 재조정하여 능력 중시의 승진체계를 마련한다"라고 명시되어 있다.[1] 또한 교사를 대상으로 한 평가는 교육에 대한 책무성의 일환으로 학생들의 학업에 충실한 교직으로서의 정체성을 분명히 해야 한다는 점이 강조되고 있다.

현 교육부장관이 대표 저자로 참여한 『평준화를 넘어 다양화로』라는 책이주호 외, 2006에서 이런 평가를 통해 어떤 교원을 바람직한 교사상으로 판단하는지에 대한 생각을 읽을 수 있다. "학교와 교원이 교육청을 위해서가 아니라 학생을 위해 더 고민하고 열정을 보이도록 인사제도를 고쳐야 한다. … 수업 준비에 최선을 다하고 노력하는 교사, 학생들에게 더 많은 관심을 갖고 지도를 잘하는 교사가 우대받는 인사제도를 갖추어야 한다."[2] 즉, 교사는 인사제도를 갖춘 조직의 일원으로 학생의 학업 능

---

1. 교육개혁위원회(1996). "신교육체제 수립을 위한 교육개혁 보고서". 서울: 교육개혁위원회.
2. 이주호 외 (2006). 평준화를 넘어 다양화로. 서울: 학지사.

력을 위해 관심, 열정, 준비에 만전을 기하는 직업인이다. 각 교사가 이를 적절히 수행하고 있는지는 평가를 통해 판명되며, 그 결과에 따라 특별 연수를 포함한 다양한 인사 처리 방안이 체계적으로 강구되어야 했다.

이를 위한 시행이 조용히 진행될 리 만무하지 않은가? 교원평가를 둘러싼 찬반이 첨예하게 대립하게 되고, 특히 1999년 합법화된 전교조의 강경한 교사 측 반발로 정책 이행이 쉽지 않았다. 5·31 교육개혁 방안이 발표된 이후 각 정부는 교육정책에서 그다지 이념적으로 차이가 없었다는 점에서 교육정책을 둘러싼 '다른' 목소리는 대체로 묵살되기 마련이었고, 큰 틀에서 발표된 교원평가 정책의 밑그림은 '개혁'과 '혁신'이란 이름으로 실행되게 된다. 물론 이 과정에서 국책 연구소의 과제로 대국민 여론조사(2010년)를 실시하고 정책 담당자가 아니라 국민 대부분이 '공교육의 질 향상', '학부모 신뢰 회복', '교직사회의 자정' 등을 요구한다며 교원평가 정책 이행을 옹호하는 대의명분으로 따라붙었다. 그런데 도대체 정책을 추진하는 사람들에게 정당성을 부여했던 국민 대다수의 요구란 무엇이었을까? 그 핵심은 간단히 말해 '공교육의 질 향상'이라는 큰 대의 속에 이를 현장에서 실천해야 하는 직업인으로서의 교사 전문성을 높여야 한다는 것이었다. 즉, "교원들에 대한 공정한 평가를 통해 능력개발 및 전문성을 신장하고 학교교육의 질을 높여야 한다"라거나, "지식기반 사회에서 필요한 다양한 능력, 창의적인 사고력을 기를 수 있도록 교사의 교실 교수법을 혁신해야 한다", 그래서 "학생 교육에 최선을 다하는 새로운 교원상을 정립해야 한다"는 용어들이 교사 전문성 제고를 내세운 교원평가 정책의 추진을 강력히 지원했다.

듣기 좋은 말들의 잔치다. 그런데 여전히 의문은 남는다. 교원의 전문성이 무엇인지, 혹은 무엇이어야 하는지를 국민들에게 물어 판단받는 것이 적절했나? 아니 타당했는가? 혹 그것이 적절하다, 혹은 타당하다고 한들 국민들은 어떤 생각(기준, 의도, 방법)으로 교사들의 전문성에 문제가 있다거나 변화가 필요하다고 한 것일까? 더욱이 이 평가를 통해 교원 전문성이 제고될 수 있다는 것은 어떻게 알 수 있었을까? 기존의 교사 인사체제가 교원 전문성을 제대로 반영하지 못한다는 것은 어떻게 알 수 있었을까? 도대체 국민들이 교사들의 전문성 향상을 통해 높이고 싶어 했던 교육의 질이란 무엇이었을까? 다양한 학교급의 교육재정 확대, 교육 거버넌스의 민주화, 교육과정 개편, 교과서의 질 개선, 학습환경 개선, 대입제도 개편, 사교육비 경감 방안, 학교교육 이후 평생학습체제 강화 등 교사 개개인의 질적 수준을 넘어서는 체제/구조적 모순과 문제보다 교사의 전문성 향상과 이를 위한 교원평가가 교육의 질을 향상시키는 데 더 효과적이라거나 혹 효율적이라는 것은 어떻게 판단할 수 있었을까? 2000년, 아니 좀 더 구체적으로 말하면 1995년 이전 시기 교사들의 전문성 향상에 대한 국민적 요구 또한 10명 중 8, 9명이 동의할 만큼 그렇게 높았는가? (사실 제대로 된 조사 결과를 참고할 수 없어 그렇다거나 그렇지 않다고 단정할 수 없지만) 만약 교사들의 전문성 향상에 대한 요구가 마찬가지로 높았다면 왜 그때는 이런 평가 방식이 도입되지 않았을까? 방법이 없어서였을까? 혹은 교사들의 전문성 향상에 대한 요구가 그리 높지 않았다면, 1995년 이전 교사의 전문성이 2000년 이후보다 더 높았던 것일까? 뭐, 나열할 수 있는 궁금한 질문들은 얼마든지 더 늘어놓을 수 있다. 문제는 이어지는 질문에 제대로 된 답변을 들을 수 있을지 알 수 없다는 점이다.

한국 사회에서 교사 되기는 하늘의 별 따기만큼이나 어렵다. 교대·사대 입학 자체가 어려울 뿐만 아니라 교원임용고사에 합격하는 것 또한 쉽지 않으니 누구를 교사로 선발할 것인지 평가하는 시험을 '고시'라고 부르는 것도 이해가 된다. 이런 과정을 거친 교사는 전문가로 불리며 높은 도덕성을 가진 자율적인 지식인 집단으로 지칭된다. 그러면서 '지식 기반 사회'로의 진입 이후 '4차 산업혁명'과 '인공지능'을 앞세운 기술혁신의 시대 교사는 안내자, 촉진자, 동기유발자, 학습기획자, 멘토, 소통자, 선각자, 적응자, 지도자, 모델 되기, 협업자, 위험감수자 등을 공히 수행할 것이라고 기대된다. 사실 이런 표현은 얼마든지 더 열거할 수 있다. 이런 표현은 어떤가? "지식전달자에서 학습하는 방법을 알려 주는 학습 전략의 안내자", "학생과의 정서적 교감과 소통에 집중하고 학생 성장에 관심을 갖는 교사", "학습자의 세계와 학습을 연관 짓는 맥락 전문가", "배움의 장면을 연출하는 큐레이터", "학습에 대한 개별 피드백을 제공하는 평가 전문가", "학생들이 정보의 진실성과 전문성에 대해 비판적 사고를 할 수 있는지를 평가", "디지털 미디어 리터러시에 대한 적응 및 비판적 이해", "생태적 전환을 위한 실천가", "네트워크 사회 속에서 관계 역량의 네트워킹 전문가", "삶의 통찰을 제공하는 파수꾼으로서의 스승".[3] 멋지지 않은가? 이런 능력을 지닌 교사로 일하는 것이. 한마디로 교사는 교육의 성패를 가늠하는 기준 그 자체다.

그러니 '교육의 질은 교사의 질을 넘어설 수 없다.' 어디서 많이 들어 본 명제 아닌가? 교육의 잘 되고 잘되지 않음을 판단하는 준거가 될 만큼 교사의 능력과 이를 지칭하는 교사의 전문성이 얼마나 중요한지를 강조하는 말로 인용된다. 그럴듯해 보이는 이 말은 사실 양날의 칼이다. 한편으로 교사가 중요하다는 말을 통해 전문가 교사라는 사회 직업적 지위를 재확인하는 것이기도 하지만, 다른 한편으로는 그렇게 중요한 일을 제대로 해내지 못하는 교사들이 있는 교직은 그럴만한 사회적 지위에 부합하지 않을 뿐만 아니라, 실제 그렇지 못하다고 판명된 교사는 교

---

3. 조윤정(2021). "포스트 코로나 시대 요구되는 교사전문성과 교사상". 서울교육 2021년 봄호(242). 서울시교육청. https://webzine-serii.re.kr/포스트-코로나-시대-요구되는-교사전문성과-교사상/

사로서의 직업적 지위를 '강제로라도' 빼앗아야 한다는 말이 된다. 교육이 얼마나 중요한가? 교육이 사회 발전과 변화에 얼마나 중요한 역할을 하는가? 교육은 한 아이의 삶을 풍성하게 가꿀 수 있도록 인도하고 중요한 사회문화적 지식을 채워 다음 세대로의 사회 재생산을 완수해야 하는 절체절명의 사명을 가진 것이 아닌가? 그런 일을 하는 데 그토록 중요한 지위가 부여된 교사가 무능력하다니? 당연히 그런 무능력한 교사, 기준에 부합하지 않는 교사들은 '퇴출'되어야 하지 않겠는가? 교육의 중요성만큼이나 강조되는 전문가 교사로서의 중요성은 다시 교사의 무능력과 사회적 요구에 부합하지 못한다는 비난으로 되돌아온다. 기대가 큰 만큼 실망도 큰 셈이고, 실망으로 머물지 말고 행동으로 기대를 저버린 자들을 벌히는 것이 필요하다. 참 역설적이지 않을 수 없다.

사실 국가 차원의 거창한 교육개혁과 학교혁신을 내세운 교원평가정책은 교사들에 대한 국민의 불신으로부터 시작되었다. 당시 교육계에서는 교직 사회를 '부적격 교사', '지도력 부족 교사', '철밥통 교사'가 판치는 직군으로 부르며 국민의 교육에 대한 불만이 표출되는 최대의 적으로 교사를 지목하고 있었다. '실력 없고', '교사답지 않은 교사'에게 아이들을 맡기고 있는 학부모들은 교사를 지칭해 비난하는 '부적격', '철밥통'이라는 말들을 통해 왜 국민의 이름으로 교사들이 평가되어야 하는지, 평가 결과가 교사들의 직업적 안정성을 뒤흔드는 수단으로 사용되어 교사들이 좀 더 열정적으로 교직에 임할 수 있도록 강제해야 할 것인지 요구하고 있었다.

그런데 부적격 교사를 평가해 걸러내 공교육의 질을 제고하자는 어법, 어딘가 익숙하지 않은가? 이런 교사를 지칭하는 비난조의 표현들은 교육 세계를 아는 사람들이라면 아주 익숙한 화법의 변용임을 알아챌 수 있을 것이다. 최근 박용진 의원은 "철밥통에 기댄 능력 없는 부적격 교사를 퇴출해야 한다. … 수업과 생활지도, 학급 운영 등에서 자질과 전문성이 떨어지거나 정신질환이 있는 교원은 장기 연수와 휴직 등 기회를 부여하고 그럼에도 개선되지 않으면 퇴출이 불가피하다"며 이 화법을 다시 대중에게 각인시켰다.[4] 이렇게 교사는 전문성 부족이라는 표현을 넘어 '촌지 교사'라느니, '폭력 교사', '비리 교사', '클릭 교사', '빨갱이 교사', '페미 교사' 등의 말을 통해 비난의 대상이 되어 왔다. 그러니 다음과 같은 신문 기사 내용이 전혀 낯설지 않을 것이다.

"시험지 유출과 성적 조작, 내신 성적 부풀리기, 성추행과 성희롱, 학생 체벌과 인권 침해, 촌지 및 금품수수, 뇌물 및 각종 비리 등 부적격 교사 문제는 교사집단의 신뢰 회복에 크게 기여할 수는 있어도 공교육 정상화의 필요조건은 아니다."[5]

그럼 이것은 어떤가?

"(교사들은) 열정과 전문성은 사라진 채 17일 월급일만 기다리며, 오르는 호봉만큼의 기여는 거의 하지 못하는 '월급 루팡'이 되어 '폭탄 교사'의 삶을 살면서 누군가에게 비난을 받고 있는지도 모른다."[6]

어쩌면 교사는 뜨거워지는 냄비 물 속에서 안주하고 있는, 변화하기를 거부하는 고집쟁이기도 하다.

---

4. "'철밥통 기댄 능력 없는 부적격 교사 퇴출'… 박용진 발언 논란". 에듀프레스(2021년 5월 20일), http://www.edupress.kr/news/articleView.html?idxno=7441
5. "교육정책 실패는 교사 탓이 아니다". 한겨레신문(2005년 10월 10일), https://www.hani.co.kr/arti/opinion/because/70201.html
6. 김성천(2021). "자질 없고 노력 안 하는 교사, 과감한 결단이 필요하다: [넥스트브릿지] 교사자격갱신제 도입해 공교육 혁신해야". 오마이뉴스(2021년 10월 27일), http://www.ohmynews.com/NWS_Web/Series/series_premium_pg.aspx?CNTN_CD=A0002782319

"지금 학교가 처한 상황은 차츰 데워지고 있는 물 항아리 속의 개구리와 같다. 현재에 안주하다가 죽음을 맞이하는 개구리가 되지 않기 위해서는 더 늦기 전에 과감히 점프해서 항아리를 뛰쳐나와야 한다. … 교사들이 이런 변화를 적극 수용할 때 잠자는 아이들도 줄어들고 더 이상 매일 자괴감과 무력감에 빠지지 않을 수 있을 것이다."[7]

표현하는 말이 다르기는 하지만, 하나같이 학교교육에 부적합한 '부적격 교사'를 지칭하는 말들이다. 이런 교사들에 대한 비난의 말들은 도대체 어디서 오는 것일까? 전체 국민의 80~90% 정도가 교사들을 '부석격 판정'을 내릴 만큼 비난할 만한 근거는 어디에 있었을까? 당장 이 책의 옮긴이 서문을 쓰는 상황에서 '어디', '누구'라는 말을 할 수는 없다. 하지만 (누군가 이런 연구주제에 관심을 기울이고) 이런 말들의 근원을 찾아 추적해 보는 일은 정말 흥미로운 일이 아닐 수 없다.

우리 주변에서 유통되는 교사를 비난하는 말들은 대략 다음의 두 가지 경로를 통해 생산, 재생산되고 있다. 우선 학생 배움의 책임에 대한 강한 비난에서 비롯된다. 교육의 효과를 학생의 배움이라고 한다면 학생의 배움은 곧 교사의 교육력과 학생지도력의 결과라고 연결하기 때문이다. 학생들의 배움과 배움에 대한 태도에 가장 결정적인 영향을 미치는 궁극의 원인, 그것이 바로 교사다. 아니, 그 원인이 교사라고 전제한다. 그러니 학생의 다양한 문제와 이들의 사회에 대한 태도를 비난하고 수정할 수 있는 가장 효과적인 방법이 교사들을 싸잡아 비난하거나 이들에게 쉼 없는 긴장을 줘 교사들의 열정을 통제, 관리할 수 있다고 생각한다. 교사를 비난하는 말들은 이렇게 만들어진다.

---

7. 이찬승(2016). "미래 사회 이런 교사만 생존한다". 공교육희망칼럼 #238, 교육을 바꾸는 사람들. https://21erick.org/column/445/

교사를 비난하는 말들이 만들어지는 한 가지 경로가 또 있다. 누구든 희망하는 교육을 직접 나서 실현시킬 수는 없다. 그것이 자기 자녀 개인의 진로, 진학과 관련된 문제라고 해도 마찬가지다. 하물며 교육이란 이름으로 수행되는 사회 전반의 교육활동은 누군가의 권위주의적 리더십이나 정책 한두 개로 이리저리 휘둘리지 않는다. 더욱이 교육정책의 효과는 당장 성과를 드러내기 어려운 것으로 짧지 않은 시간이 소요되어야 어렴풋하게 확인할 수 있다. 그러니 뭔가 성과다운 성과를 바라는 교육정책은 늘 눈에 보이지 않는 수사법과 전쟁을 치러야 하고 그 전쟁의 결과는 다시 눈에 보이지 않는 또 다른 수사법으로 표현되기 마련이다. 그 전쟁에서 직접 싸움에 나서야 하는 주체이자 비난의 대상이 바로 교사다. 원하는 교육의 상과 목표를 정하고 이를 실현할 교사들의 능력을 표준화해 기준으로 삼는다. 사실 이 표준화된 능력의 기준은 대체로 높아 그 누구라도 쉽게 이행하기 어려운 내용이 많다. 물론 예외는 있다. 훌륭한 교사라 불리는 교사, 감히 따라 하기 어려울 정도의 헌신과 열정으로 교사다움을 표상하는 교사, 불굴의 의지로 학생들의 배움에 혼신을 다한 교사 등의 사례는 교사다운 교사의 귀감이 될 뿐만 아니라 다른 교사들이 반드시 따라 성취해야 할 기준으로 작동한다. 물론 교사 중 다수가 이를 실현하지 못한다. 어쩌면 애초에 실현하기 어려운 목표를 기준으로 제시했다고 봐야 할 정도다. 그 결과는 뻔하다. 목표를 달성하지 못한 교사들을 향해 '무능', '부적격', '비전문적', '열정 부족', '헌신적이지 않'다며 교사를 공공의 적으로 비난한다.

이런 비난받는 교사는 어제오늘의 일이 아니었고, 작금의 한국 사회에 국한되는 사례가 아니다. 미국에서도 이런 일이 계속 일어나고 있고, 이미 교사가 국가의 중요한 제도로 편입되는 순간 이후 지난 200여 년 동안 쉼 없이 교사에 대한 비난은 계속되어 왔다. 이 책은 이런 교사를 향한 비난이 지난 200여 년 동안 미국, 좀 더 구체적으로 말해 뉴욕주 및 뉴욕시의 교육정책에서 어떻게 생산, 유통, 소비, 재생산되고 있는지를 역사적 사료를 근거해 찬찬히 보여 주고 있다. 앞서 한국의 교원평가 정책의 도입, 시행을 통해 한국 교사에 대한 기대와 비난의 간략한 서술만큼이나 미국 뉴욕에서의 교사에 대한 기대와 비난은 '전문성' 담론을 통해 뚜렷하게 나타난다.

미국 교사들 또한 다양한 방식으로 비난받았다. '돈 때문에' 가르치는 이기적이고 '멍청한 영혼', '너무 게을러 다른 직장에서 일할 수 없는 사람들', '나쁜 태도, 경박한 성격이나 불안정한 도덕관'을 지닌 사람들, '훈련이 덜 되어 있고, 영감이라고는 찾아볼 수 없는' 사람들, '개인적 편의와 편안함만을 우선시하는' 사람들 등. 이와 달리 비난받는 교사들이 갖춰야 할 이상적인 교사상은 이렇다. "훌륭한 목소리, 상냥한 매너, 천성적인 재치, 재빠른 눈치, 불굴의 인내심, 아동에 대한 놀라운 사랑 등과 같은 타고난 성품"본문, p. 86을 지닌 사람, 교사라면 이런 타고난 성품을 보여 줘야 했다. 교사에 대한 미국적 맥락에서 꼭 발견되는 것은 이런 비난의 내용은 성차별적일 뿐만 아니라 인종차별적이었다는 점이다. 따라서 흑인 여성 교사는 이런 다양한 사회, 문화, 경제적인 모순이 교차하는 비난과 차별의 대상으로 자리했다. 안타깝게 2020년을 살아가는 지금도 교사들을 향한 비난의 내용은 이런 차별적인 시선과 시혜적인 태도가 숨어 있다.

교육개혁을 내세운 미국의 국가 지도자들은 교사들이 교육문제를 해결하는 만병통치약이라고 치켜세우며 교사의 사회적 역할을 강조했다. "전문가 교사"라는 화두는 곧 (우리에게 아주 익숙한) 교육의 질은 교사의 질을 넘어설 수 없다는 말의 어원이 우리가 생각하는 것보다 훨씬 앞서 있음을 깨닫게 한다. 그러나 교사의 질을 따지고, 또 교사의 질을 구분해 내고, 또 질 높은 교사를 길러 내는 일이 어디 쉬운가? 지난

19~20세기를 거쳐오며 교육정책의 리더십을 보여 주었던 지도자들은 "교사 전문직성"이란 개념을 통해 잘 가르치는 교사란 누구를 의미하는지, 이들이 지닌 능력을 구체화해 보여 주고자 애썼다. 더욱이 이렇게 규정된 교사의 능력을 전문직화 정책을 통해, 공적 재원을 투입한 교사교육/훈련 시스템을 통해 길러 내고자 애썼다. 그러나 교사가 짊어진 사회적 역할이 강조되면 될수록, 교사의 질과 이를 표현하는 전문가로서의 어법이 분명해지면 분명해질수록, 또 누가 제대로 된 교사인지를 둘러싼 교사 책무성 논쟁이 깊어지면 깊어질수록 교사는 청사진 속 멋진 전문가와는 거리가 멀어지게 되었고, 종국에는 사회적 기대에 미치지 못하는 무능력한 월급쟁이 정도로 비난받게 되었다. 앞서 잠시 이야기했던 한국의 교사 담론 유통 방식과 어째 유사하지 않은가?

미국의 교직 역사를 비판적으로 탐색하는 이 책에서 꼭 짚고 넘어가야 할 부분이 있다. 미국에서 교직은 주로 초등학교 교사들의 직업적 지위를 의미하는 것이었다. 교사들의 직업으로서 교직이 전문직으로 여겨지느냐는 대답에 대해 저자는 분명하지는 않지만, 부정적인 뉘앙스를 풍긴다. "전문가 교사? 전혀 그렇게 보이지 않는다." 저자는 왜 삐딱한 시선으로 전문가 교사라는 지위에 부정적인 태도를 보일까? 원래 교사를 전문가라 전제할 만한 성격의 것이 아니어서 이렇게 된 것인가? 도대체 왜 교사는 지난 200여 년 동안 전문가로서의 사회경제적 지위를 획득하자고 싸워 왔는데, 그 성과가 이토록 미미하단 말인가? 지금의 이 모습은 이해 당사자들 간의 꽤 복잡한 긴장과 갈등이 만들어 낸 결과라고 해야 한다. 하지만 좀 더 진솔하게 정리해 보자면, 전문가 교사가 아직 요원해 보이도록 한 가장 큰 이유는 교사를 제외한 누구도 교사의 전문가적 지위를 원하지 않았기 때문이다. 아니 누구도 원하지 않았는데, 도대체 왜 우리는 교사를 전문가여야 한다거나 교사의 전문성을 향상, 제고해야 한다는 수사법을 계속 듣고 있는가? 그것도 교사 이외의 고위정책결정자들이라거나, 연구자들, 교육계 지도자들 모두의 입에서 똑같은 말을 듣게 되느냔 말이다. 안타깝지만, 이들의 의도는 교사의 전문가적 지위를 진전시키는 것이 목표가 아니라, 각자의 이해관계를 관철시키기 위해 집단으로서의 교사를 대상화하고 활용하는 것이 전부다. 안타깝게 교사들은 누군가의 교육적 목표를 실현하도록 하는 수단화된 존재, 부수적인 존재로 절대 힘 있는 전문가 집단이 되어서는 안 되는 존재로 자리매김해 왔다. 따라서 교사들의 전문성 부족은 교사들의 의지 부족이라거나 능력 부족, 교사들의 열정 부족, 교사들의 배움에 대한 내공의 부족에 기인하는 것이 아니라 이들의 전문가적 지위를 결코 원하지 않는 사람들의 공동 전략에 의도적으로 만들어진 결과다.

아니 도대체 왜 교사들은 자신의 전문성 향상을 원하지 않는 이들의 기획에 아무런 일도 하지 않았던가? 자기와 관련된 일에 뒷짐 진 채 손 놓고 있었다고? 그렇지 않다. 안타깝지만 이 과정에 교사들은 제대로 자신의 목소리를 낼 수 있는 상황도, 그럴 만한 지위도, 또 그럴 수 있는 능력을 갖추었다는 사회적 인정도 받지 못했다. "교사들은 의견을 개진할 만한 실질적 영향력이 전혀 없었다."본문 p. 82 여교사가 대부분인 초등학교 교사들은 자신의 목소리를 낼 수 있는 정치참여의 기회가 제한되었다. 학교지도자들은 교사들의 집단적 전문성 부족이 이들의 태생적 특징("여성")과 인종적 배경("흑인")에서 유래한다고 추론하며, 교사들을 대신해 교사다움을 정의하고 또 그런 모습을 만들어 낼 수 있다고 생각했다. 저자의 표현처럼 교사의 이해관계와 교사의 직업적 정체성을 대변한다는 개혁세력들의 행동은 오히려 "교사의 탈전문화를 초래"했다. "교사 전문직화는 당연히 학교의 근무 환경 개선 및 교사 지위 향상과 그 것을 넘어서려는 야심 찬 과정이었다. … (그러나) 교사 전문직화는 오히려 비난 담론이 연료가 되어 교직 외부의 힘에 의해 진행되었으며… 동시에 다양한 제도적 이해관계를 가진 여러 사람이 교묘하게 통제권을 차지하려는 권력을 위한 투쟁이었다."본문, p. 15 이런 탈전문화 과정이 교사의 전문직화라는 정책적 방향과 의도 속에서 이뤄져 왔다는 것은 그 자체로 역설이 아닐 수 없다. 즉, "학교개혁을 추동하는 교사 전문직성이란 언어는 학교 노동자들을 위한 지위 보장, 권위, 존경을 의미하는 듯했지만 실제로는 속 빈 강정이었다."본문, p. 105 나는 이런 저자의 결론에 공감하지 않을 수 없다.

이 책은 교직을 둘러싼 사회정치적 논쟁을 역사사회학적으로 기술함으로써 교직 내에 상식적으로 통용되는 그럴듯한 화법과 수사에 대한 비판을 담고 있다. 나는 이런 교직에 대한 비판적 연구가 한국 맥락에서도 고스란히 이뤄지기를 기대한다. 우리는 교사를 '전문가 교사'라고 부르는가? 전문가 교사라고 하면 우리는 어떤 의미로 이런 말들을 사용하고 또 어떻게 정책화, 현실화, 통용되는가? 통상적인 전문가, 전문성, 전문직성이라는 말이 교사에게 적용되는가? 이와는 다른 것인가? 왜 그런가? 한국에서 교사를 전문가로 지칭한 말을 흔히 듣지만, 도대체 언제부터 교사를 전문가로 불러야 한다거나, 교사의 전문성이 필요하다는 논의가 시작되었는가? 왜 그런가? 우리나라 교사들의 사회경제적, 혹은 사회문화적 지위가 높다고 하는데 과연 사실인가? 만약 사실이라면 다른 국가와의 비교 속에서 이런 일이 가능하게 된 역사사회적 동인은 무엇인가? 어떤 사회, 문화, 경제, 정치, 이념적 동인이 교사들의 현재 실천적 지위를 가능하게 했는가? 교원노조는 있는데, 정치적 의견 표명은 안 된다? 도대체 무엇이, 왜 이런 현재의 교사 정치적 입지를 만들어 냈는가? 미국과 비교해 보면 한국의 교사들은 직업적 안정성을 획득하고자 애쓴 투쟁사가 잘 보이지 않는데, 이 과정과 결과는 어떻게 해석될 수 있는가? 도대체 왜 한국의 교사교육은 이런 모습이 되었는가? 한국의 교

사교육기관에서 가르치는 교육과정은 이토록 변화하지 않는가? 혹 교육
과정이 바뀌었다면 그 변화 지점은 무엇인가? 혹 바뀌지 않았다면 어떤
힘이 이를 바뀌지 않도록 부여잡고 있는가? 교사의 정치적 참여는 가능
할까? 미국의 교직사회에서 전문직성 개념을 둘러싼 화법에 성차별적이
고 인종차별적인 관점이 강하게 노성된 것을 볼 때 한국의 교사, 교직에
서 드러낼 수 있는 사회적 모순은 없는가? 어떤 차별적인 세계관이 한
국 교사와 교직사회 내에서 똬리를 틀고 있는가? 한국 교사의 비난은
정당한가? 왜 이에 대한 교사의 목소리는 잘 들리지 않는가? … 질문만
으로 연구가 되지는 않을 것이다. 그러나 교사와 교직사회를 둘러싼 논
쟁이 어떠하고 이를 대상으로 한 이해와 분석틀, 방안들은 어떻게 복잡
하게 자리하고 있는지 역사사회적 시형을 그려 보는 것은 정말 흥미로
운 일이 될 것이다.

　이런 흥미로운 질문에 답하려는 연구의 장/영역을 어떻게 불러야 할
지 잘 모르겠지만, '한국 교사사회학' 정도로 시작할 수 있지 않을까 싶
다. 월너Willard Waller, 1932는 『교직 사회학Sociology of Teaching』[8]이란 책에
서 미국 교사들의 직업적 상황을 사회학적 방법으로 연구한다는 것이
어떤 것인지를 사례로 보여 주었다. 그러나 그의 책에서는 교사가 처한
상황을 입체적으로 이해하고 설명하고 있지는 않다. 더욱이 역사사회적
방법론과 접근은 결여되어 있다. 그래서 한국의 독특한 교육적 상황과
학교교육을 둘러싼 비교 불가능한 상황적 맥락을 역사사회학적으로 접
근할 수 있는 일련의 연구가 진행되어야 할 것이다. 교육의 질이 교사의
질에 달려 있다는 말이 일면 진실을 담고 있다면, '교육의 질'까지는 모
르더라도 '교사의 질'에 대해 제대로 된 연구와 조명, 이해와 설명, 해석
과 논쟁이 이어져야 할 것이다. 그래야 교육의 질에 대한 논쟁 또한 이
토대 위에서, 이 토대와 병렬적으로 진행될 수 있을 것이다. 이런 점에서

---

8. Waller, Willard(1932). *The Sociology of Teaching*.

한국의 '교사사회학'을 위한 다양한 연구자, 교육실천가들의 참여와 논쟁을 환영한다. 그래서 '교사사회학'이 교육행정학 분야의 하위 연구주제로, 교육사회학의 하위 연구주제로, 혹은 교육과정 및 교수법을 제안하는 다양한 정책연구의 하위 연구주제로 식민화된 연구 행태를 탈피하기를 바란다. 오로지 교사의 교사다운 교육적 주체로서의 정체성을 갖춰 나가기를 기대하기 때문이다. 교사들이 교육행정 시스템의 가장 밑단계에서 주어진 교육정책을 얼마나 이행하고 있는지 평가받는 것에서 벗어나기를 바라기 때문이다. 어쩌면 이 일은 미국 교사 전문직화 정책의 실패 사례를 역사사회학적으로 다룬 이 책의 한국 사례를 꼼꼼하게 다뤄 주는 일로 시작할 수도 있지 않을까 생각한다.

이 책은 한국의 '교사사회학'이란 학문적 논쟁을 기대하며 번역해 내놓은 이전의 두 책을 잇는 세 번째 책이다. 『교사 전쟁』Dana Goldstein 지음, 유성상·김민조·박미희·임영신 공역, 2019, 살림터이 그 첫 번째 책이고, 『교사교육의 딜레마』David F. Labaree 지음, 유성상·김민조·정바울·이정민 공역, 2020, 박영스토리가 두 번째 책이다. 이 두 권의 책 또한 미국의 교사와 교직을 둘러싼 논쟁을 역사사회학적으로 설명하는 책으로, 『교사 전쟁』은 교직을 두고 왜 미국 사회가 그토록 논쟁을 이어 왔는지에 대해, 『교사교육의 딜레마』에서는 '바람직한' 교직전문성을 기르는 일이 얼마나 어렵고 또 논쟁적인지를 다루고 있다. 이제 『비난받는 교사: 실패한 미국 교사 전문직화 정책의 역사』를 더해 지난 200년 동안 미국에서 있었던 교사와 교직을 둘러싼 논쟁의 내용과 성격이 무엇인지 이해하고, 그토록 교사가 중요하다고 하면서 왜 전혀 교사를 존중하지 않았는지, 모두 훌륭한 교사를 길러 내는 일이 중요하다고 하지만 왜 이 일이 전혀 쉽지 않은지 이해할 수 있으리라 기대한다. 이 책 모두 교육의 질은 교사에게 달려 있다고 하는 명제에 동의하면서, 이를 위해서는 교사가 제대로 가르칠 수 있는 환경을 마련해 주고 이들을 진정한 교육 전문가로 인정해 주어야 한다고 결론짓고 있기 때문이다. 어딘가에서 교사가 누군지, 교사의 훌륭함은 어떠해야 하는지, 교사의 지역성과 실천성의 동질성과 차이성은 어떻게 이해해야 하는지를 이해하고 설명하는 강좌에서 이 세 가지 책이 함께 논의될 수 있기를 기대한다. 그러다 보면 '한국 교사사회학'의 학문적 성과가 축적되고 있지 않겠는가?

외국어를 자연스러운 우리 말로 표현해 전달해야 하는 번역자의 마음은 늘 무거울 수밖에 없다. 그래서 번역은 어렵다. 더욱이 번역이란 이름으로 내가 중요하다고 생각하는 이야기를 공유하는 것만으로 소임을 다했다고 하기에는 이 일을 직업으로 삼는 사람이 아니라는 한계가 너무도 분명하다. 그럼에도 불구하고 낯선 지역의 낯선 이름들 속에서 익숙한 화법과 익숙한 이야기의 구조를 발견할 기회를 만드는 일은 꼭 필요하다. 중요하다는 말보다 필요하다는 말에 이끌려 늘 부족한 번역서를 내놓는다. 혹 제대로 고쳐지지 않은 오역과 편집상의 오류는 오롯이 우리 번역자들이 감당해야 할 책임임을 밝힌다.

이 번역의 길에 함께한 삶의 동반자이자 든든한 학문의 동지인 김민조 선생에게 감사의 마음을 전한다. 우리 둘은 앞서 소개한 두 권의 교사사회학 관련된 책을 함께 번역한 경험이 있다. 이 책을 공역한 우리 둘은 공부하는 방식과 글쓰기 스타일이 다르고, 일에 몰두하는 방식이나 시간대, 그리고 경중을 가려 일을 처리하는 과정조차 서로 다르다. 한 사람은 초등교육기관에서 일하고, 다른 한 사람은 중등교육기관에서 일한다. 한 사람은 교육행정 영역에서 연구와 전문성을 쌓고 있고, 다른 한 사람은 교육사회학과 국제비교교육 분야에서 활동한다. 이것 이외에도 차이점으로 지적할 만한 것들이 많다. 그럼에도 불구하고 한국 사회의 교육과 교사, 그리고 교사교육에 대한 논의를 계속 이어 오면서 서로의 학문적 관심사를 모아 오고 비슷한 학문적 연구주제를 함께 고민하게 되었다. 어쩌면 위에서 이야기한 한국의 교사사회학에 대한 관점은 우리 두 사람의 공동 관심사에서 시작해 어떻게 풀어 나가야 할지를 고민하는 단계로 나가고 있는 게 아닌가 싶다. 서로 읽어 주고 고쳐 주는 것은 쉽지 않다. 더욱이 각자의 학문적 내공을 건드리지 않으면서 이 일을 하기란 쉽지 않다. 삶을 공유하면서 학문적 관심사를 심화시켜 나가는 일은 늘 도전거리가 아닐 수 없다. 그래서 이렇게 공동작업으로 내놓는 번역서는 번역의 어려움에 더해 공동작업의 난점을 함께 갖는다. 그렇지만 한번 쓰고 나면 제대로 읽고 검토하지 않는 내 스타일의 난점을 김민조 선생의 꼼꼼함과 끈질김이 잘 덮어 준다. 난점을 덮을 수 있는 충분한 장점임이 분명하다. 다시 한번 공동작업의 장점을 깨닫게 해 준 것에 고맙게 생각한다.

마지막으로 불황의 시대에 잘 팔리지 않을 것 같은 연구 번역서를 출판해 주겠다고 짐을 짊어지신 살림터에 감사를 드린다. 연구자로 잘 팔릴 만한 책을 쓴다는 것은 쉽지 않다. 어쩌면 그 길을 외면하고 있다는 말이 맞을 게다. 그래서 미안하다. 하지만 다른 한편으로는 교육다운 교육을 위한 출판인의 역할을 자임하는 살림터의 노고에 감사하다. 번역자의 한 사람으로 이 책을 통해 한국 사회의 교육 대전환과 전문가 교사의 바로 세움을 위한 논의의 장에 작은 불씨라도 던져지게 된다면 오랜 번역의 수고로움에 큰 위로가 될 것이다.

번역자를 대표해 유성상 쓰다

2022년 11월 10일

제1장

혼돈의 국가

지역 공립학교 시스템의 등장과
교직의 제도화

호러스 맨Horace Mann은 연방의회 의원으로 역사적 족적을 남긴 애덤스John Quincy Adams의 뒤를 이어 연방의회 의원에 당선됐다. 그는 연방의회 의원으로 매사추세츠주뿐만 아니라 그야말로 전국에서 보통학교 교육의 여건이 어떤지, 그리고 이 일이 왜 중요한지에 관한 내용을 담은 〈제12차 연례 보고서Twelfth Annual Report〉를 발간했다. 그는 이 보고서에서 아주 분명하고 또 확고한 어조로, 무상 공립학교가 "정치적이고 경제적으로 난해한 법적 문제를 해결해 줄 것"이라고 선언했다. 그를 포함해 (보통학교 운동을) 지지하는 지도자 그룹은 지방, 주, 연방 차원에서 점차 확대되었는데, 이들은 "개선되고 강력해진" 공립학교 교육이 아이들에게 기본적인 산술 및 문해 능력을 널리 가르치는 것보다 훨씬 많은 것을 성취할 것이라고 주장했다. 사실, 이런 사회제도는 "모든 문명의 힘 중에서 가장 효과적이고 유익한 것"으로 작동할 수 있을 터였다.¹ 그런데 공립학교 지지자들에게 공히 분명한 문젯거리가 하나 있었다. 즉, 이런 국가적으로 중차대한 새로운 제도에서 누가 일할 것인가, 구체적으로 누가 가르칠 것인가였다. 이전의 관행을 보면, 학교 교사는 곧 남자의 일이었다. 그런데 맨은 1853년 이런 관행에서 벗어나 공립학교 교직은 "여성의 일"이라고 강조해 말하기 시작했다. 교직은 "여성 왕국의 영토이자 권력의 장이며, 영광을 나타내는 왕관"²이라면서 말이다. 개혁가들이 말하는 이상적인 교사란 빅토리아 시대의 여성다움과 탁월성으로 백인다움을 의미하는 것이었다.

대도시의 역할과 지역 공립학교 시스템의 등장에 관한 광범위한 이야기가 바로 국가 교육정책의 역사에 자리하고 있다. 19세기 중반까지 교육이 어떻고 또 어떠해야 하는지에 관한 대중들의 인식에는 그다지 새로운 게 없었다. 토머스 제퍼슨Thomas Jefferson과 벤저민 프랭클린Benjamin Franklin 같은 위인들은 꽤 오랫동안 공립학교 교육을 찬양해 왔다. 그러나 큰 정부와 세금을 경계하는 초기 미국 사회에서 보통학교에 대한 지지와 관심은 초라하기 그지없었다.[3] 최초의 공립학교 교육은 1805년 뉴욕시에 자유학교협회Free School Society[1]가 설립되면서 등장했다. 이 단체는 뉴욕시의 가난한 아이들에게 교육을 제공하려고 노력했다. 하지만 학교교육을 무상화해 뉴욕시의 더 많은 아동에게 학교교육을 제공하기 시작한 것은 공립학교협회Public School Society가 등장한 1826년이 되어서였다. 당시는 공립학교에 대한 규제 조치란 아무것도 없었고, 학생들의 학교 참여율은 저조했으며, 학교 조직은 상당히 느슨했다. 여기에 더해, 뉴욕의 가톨릭 신자들은 공교육이 자신들의 종교의 자유를 훼손한다고 주장하며 (교육과 종교에 관한) 긴 논쟁을 이어 갔다. 지역 공립학교 시스템의 발달에서 중요한 전환점이 1842년에 있었는데, 그해 뉴욕주 의회는 뉴욕시의 교육위원회Board of Education를 만들었다. 이후 15년에 걸쳐, 교육위원 및 정치인들은 점차 단일 학교와 소규모 학구의 조직과 관리를 뉴욕시 통합학교 시스템으로 일원화했다. 이 거대

---

1. [옮긴이 주] 뉴욕자유교육협회는 뉴욕시의 공교육 시스템의 시작으로, 민간의 후원과 시정의 예산 지원으로 1805년 시작되었다. 뉴욕시 시장이었던 클린턴(DeWitt Clinton)은 사회 각계 인사들에게 후원을 요청해 당시 사적 영역으로 존재하던 학교교육을 무상으로 제공하자는 구상을 내세웠다. 이들이 학교교육을 무상으로 제공하자는 핵심 취지는 모두에게 필요한 종교교육을 해야 한다는 의무감이었다(참조: https://www.encyclopedia.com/history/news-wires-white-papers-and-books/new-york-free-school-society-1805).

한 학교 시스템을 누가 통제해야 하는지를 둘러싸고 뉴욕 사람들 사이에 논쟁이 지속됐다. 즉, 납세자들이 지방선거나 이사회를 통해 학교를 통제할 것인지, 아니면 정치적 위임권을 가진 선출된 시장이 통제할 것인지를 두고 논쟁이 벌어졌다. 하지만 공립학교 조직을 단일한 시스템으로 만들자는 데에는 이견이 없었다. 공교육의 지역화에 대한 열렬한 지지는 남북전쟁 종료, 미 서부 개척, 비문해율 급증, 이민자 및 노예 해방에 따른 인구 증가 및 다양화 등 지방과 전국 수준의 사회적이고 정치적인 변화 속에서 이루어졌다. 뉴욕시와 뉴욕주 지도자들은 교육 시스템의 통일성과 효율성을 제고하기 위해 1898년에 뉴욕의 5개 독립구[맨해튼, 브롱크스, 브루클린, 퀸스, 리치먼드(나중에 스태튼섬Staten Island이라고 이름을 바꾼다)]의 공립학교들을 중앙교육위원회 산하의 단일 교육 시스템으로 통합했다. 이 사건은 19세기 후반기에 뉴욕시와 뉴욕의 공립학교에서 일어난 예외적인 일로, 이로써 뉴욕의 공립학교는 미 전역의 다른 어떤 곳과 비교하여 상당히 다른 면모를 갖게 되었다. 특히 뉴욕주 시골 지역에서는 그 차이가 더 심했다. 뉴욕시의 교육개혁 브랜드는 아주 예외적인 상황으로 치부되기보다는 일종의 촉매제 역할을 했다. 뉴욕의 학구가 통합되고 수십 년이 흐르면서 유사한 프로젝트가 전국의 각 지역사회로 퍼져 나갔기 때문이다. 즉, 각 주정부 및 연방 차원의 지도자들은 뉴욕시의 학교교육에서 일어나는 일에 경계의 눈초리를 보내면서도 뉴욕시와 유사한 개혁 방안을 실현하고 확산하는 데 재정을 지원했다.[4]

공교육의 사회적 가치와 백인 여교사에 대한 합의가 미 북부 도심 지역으로 확대되었다. 이와 동시에 마땅히 사회적으로 요구하는 기대 수준에 학교가 부응하지 못하고 있으며 미 전역의 교사 수준 역시 비난받을 만하다는 공감대가 조성되고 있었다. 뉴욕주 교육부장관US commissioner of Education 이튼John Eaton은 1870년에 "미국이 인간 진보의 과정에서 앞서 끌고 갈 건지 아니면 뒤처질지는" 교사에 달려 있음에도 흔히 "미국에서 가르치는 일은 할 수 있는 것이 아무것도 없는 상황에서 호소하게 되는 단순히 임시변통인 경우가 너무 많다"고 설명했다.[5] 당대 사회비평가 및 개혁가들은 의료 및 법률과 같이 남성이 지배적인 분야를 모델로 삼아 만병통치약으로 교직의 전문직화를 제안했다. 유명한 교육개혁가 라이스Joseph Mayer Rice는 "미국 학교의 가장 큰 문제는 교사들의 전문성 부족에 있다"고 경고했다. 라이스를 포함한 일부 사람들은 "우리 학교의 수준을 높이기 위해 교사들의 전문가적 힘을 길러야 한다"고 주장했다.[6] 교육개혁가들은 당시 의사 및 법조인들의 직무와 양성 교육을 개혁하면서 내건 전문직화라는 언어를 채택했고, 이들은 이 언어가 지닌 원래 의미에 다른 의미를 덧씌웠다. 뉴욕시 및 전국의 학교 지도자들은 여성이 공립학교 교사의 다수를 차지하는 상황과 공립학교가 짊어져야 할 시민적 책임을 뒤섞었다. 결국, 교직은 이런 시도로 인해 다른 전문직과는 본질상 다른 직업이 되었고, 교사 전문직화는 어쩔 수 없이 다른 경로를 밟게 되었다. 개혁가들은 학교 교사의 전문직화를 새롭고 보잘것없이 빈약한 공립학교 시스템을 강화하는 중요한 방법으로 활용했다. 19세기 후반 동안 진행된 전통적인 전문직화는 직업 종사자들에게 사회적 지위, 권위, 자율성을 부여해 줄 것이라고 믿으면서 난해한 대학기반의 지식에 근거를 두고 (집단적 전문직화가 아닌) 개인주의적 전문직화라는 경향을 띠었다. 이러한 전통적 전문직화의 형태에서 교사 전문직화는 벗어나 있었다. 비난 담론이 전문직화 개혁 방안을 촉발했고 이런 개혁 방안에서 전문가 교사professional teacher는 빠르게 성장하였는데, 굉장히 비조직화된 사회제도의 필요에 잘 들어맞았다. 일명 교사의 전문직화는 지역 공립학교 시스템의 초기 제도화와 함께 나란히 등장했고 두 프로젝트는 서로를 지지해 주었다.

이 장은 세 부분으로 구성되어 있다. 우선 "지역 공립학교, 백인 여교사, 국가 공공정책"이라는 주제로 시작할 것이다. 여기서는 두 가지 축의 상호 교차점을 검토할 것이다. 한 축은 공립학교 교육을 국가적으로 중요한 사회제도로 다루는 지역 및 연방 차원의 정책 논의이고, 또 다른 축은 교사에 대한 성차별적이고 인종차별적인 요구이다. 전문직과 전문직화라는 당시의 요란한 말들은 질quality, 자격기준standardization, 신뢰받는 실천가 집단을 의미하는 말이었다. 이어서 "도시 학교와 교사의 질에 대한 우려"라는 주제로, 공교육에 대한 격렬한 비판에 대응해 뉴욕시와 여타 다른 지역의 교육개혁가들이 전문직이라는 수사를 어떻게 채택하게 되었는지를 시기별로 살펴볼 것이다. 개혁가들은 학교 교사의 다수를 차지하는 여교사를 남성 전문가와는 근본적으로 다른 부류로 정의했다. 그 결과는 사회문제와 교육문제의 원인과 해결책을 교사들에게 돌리는 교사를 비난하는 정책 서사의 지속이었다. 이 장의 마지막 주제는 "'행정 관료주의'의 부상"으로, 교사 전문직화를 위한 세 가지 핵심적 개혁 방안을 다룰 것이다. 교사교육을 위한 지역사회와의 협력체계 구축, 표준과 자격 체계 마련, 임용시험 도입 등이다. 이러한 개혁 내용은 공립학교 교직의 제도화 과정의 요소이고 다른 전문직과는 차별적인 경로에 교사가 자리하게 했다. 교사 전문직화 개혁 정책 형성 시기에 성차별적이고 인종차별적인 요소, 공립학교 교육의 사회적 중요성을 강조하는 이데올로기 확대, 초창기이면서도 빠르게 발전하는 교육 구조들이 한데 모여 미국 공립학교 교육 및 교사개혁의 성격을 규정하는 기초적인 정책 담론을 형성했다.

지역 공립학교, 백인 여교사, 국가 공공정책

19세기 후반 50여 년 동안, 뉴욕시는 전국 교사개혁의 선구자였으며 일종의 거울이었다. 뉴욕시는 교육 실천과 교육개혁에 관한 담론을 형성했을 뿐만 아니라 교육 변화에 대한 국가 차원의 요구에 적극 부응했다.[7] 뉴욕시는 빠른 속도로 개발되어 도시 경관이 바뀌고 전국에서 가장 큰 도시로 크게 주목받았다. 당시에 이미 인구 400만 명에 육박했던 뉴욕시는 제2의 도시로 도약하려는 필라델피아에 비해 거주 인구가 100만 명이나 더 많았다.[8] 뉴욕과 이와 유사한 상황의 다른 도시들에서 펼쳐지는 인구 증가, 도시 확장, 건축물의 근대화는 지역 공립학교 시스템이 제도적 발전을 이뤄야 하는 배경이자 동기로 작용했다. 또한 공립학교 교직이 근대적 의미의 전문직이 되게 하고 여성들이 이 직종에 입문하도록 이끌었다. 뉴욕시 공립학교의 목표와 성격은 지역적이면서 동시에 독특했다. 그리고 이것은 해결하기 어려운 사회문제의 치료제로 지역 학교 시스템을 바라보는 국가 차원의 렌즈를 통해 굴절되었다.

전국의 비평가들은 세금으로 학교교육이 운영된다는 점에서 학교교육은 계급 간 긴장을 완화하고 이민자를 통합하며, 경제성장을 촉진해야 한다고 주장했다. 지역의 학교지도자들도 이에 동의했다. 공공 병원, 지역 상하수도, 경찰, 소방서 등의 개발을 촉진한 것과 아주 동일한 자극이 지역 공립학교 시스템의 확산을 촉발했다. 꽤 오랫동안 뉴욕시 교육위원회 위원장이었던 닐슨William H. Neilson은 1855년 뉴욕시 사범학교 졸업생 대상 연설에서, 뉴욕시 학교의 사명은 기초 문해 및 산술 능력을 가르치는 것을 넘어선 훨씬 더 대단한 일이라고 밝혔다. 그는 향후 교사가 될 졸업생들에게 "여러분이 우리 아이들에게 할 첫 수업은 준법 정신, 권위에 대한 존중, 도덕적이고 종교적인 책임감을 지니게 하는 것"이어야 한다고 조언했다. 닐슨이 추정하기에, "뉴욕주라는 우리 배가 대중의 열망이라는 거센 폭풍우 앞에서 파손될 만큼 이리저리 떠밀리지 않고 지켜질 수 있게 하는 유일한 닻은 공교육을 자유롭고, 계몽적이며, 인간주의적이고 기독교적인 시스템으로 만드는 것"이었다.[9]

1860년, 뉴욕시에 거주하는 거의 절반에 해당하는 사람들이 외국에서 태어난 이주민이었다.[10] 이민자 폭증은 기존 인프라의 문제와 원래 뉴욕시에 거주했던 사람들의 감정을 악화시켰다. 뉴욕시와 전국의 많은 정책결정자와 납세자들은 이 상황을 두 가지 시선, 즉 신기함과 두려움이 뒤섞인 시선으로 바라봤다. 돈 많은 구경꾼들은 이런 도심 생활의 새로운 모습을 자기 눈으로 직접 보기 위해 "빈민가 투어"를 한다며 여기저기서 떼로 모여들었다. 빈민가 투어에 참여한 한 시의회 의원은 한 공동 주택에 떼로 모여 사는 이민자들을 보고 "언덕처럼 생긴 개미집에서 쏟아져 나오는 개미들"이 연상된다고 했다. 뉴욕시를 가득 채우고 있는 "빈민가 주민들"은 "땀 냄새 쩌는 인간" 혹은 "형편없는 사회계층"이라고 손가락질받았으며, 이들은 허약하고 불안정한 채 집으로 돌아갔다.[11] 전 세계 사람들이 거대한 도시(메트로폴리스)의 성장을 지켜보는 가운데, 부유한 뉴욕 사람들은 스스로를 선봉에 선 엘리트 지도자라고 생각했다.[12] 그러나 도심의 험악한 삶의 현실은 이런 사람들이 주장하던 근대성과 사회적 지위 모두를 불안정하게 했다.

[그림 1]은 프레더릭 버 오퍼Frederick Burr Opper가 1883년 풍자적이고 시사적인 잡지 〈퍼크Puck〉에 실어 상당히 폭넓게 읽힌 카툰인데, 여성다움에 대해 꽤 오랜 기간 지속된 관점을 두 가지 모습의 대비를 통해 보여 준다.

이 그림을 보면, 오른쪽에는 아일랜드 출신 가정부가 있다. 울퉁불퉁한 근육과 원숭이처럼 생긴 얼굴을 한 남성스러운 여자는 당시 잘 알려진 짐 크로의 만화 장면²을 연상시킨다. 이 여자는 권투 선수처럼 주먹을 굳게 움켜쥐어 들어 올리고 공격적인 자세를 취하고 있는데, 클로버 잎으로 뒤덮여 터질 듯한 옷의 단추들이 이런 이미지를 부각시킨다. 그림 아래의 내용에서 볼 수 있듯, "우리 모두에게 익숙한 아일랜드인들의 독립선언"이란 말을 외친다. 그런데 이 가정부가 자기를 고용한 가족

[그림 1] 우리 모두에게 익숙한 아일랜드인들의 독립선언
Frederick Burr Opper, 〈Puck〉, 1883년 5월 9일
출처: Library of Congress, LC-DIG-ppmsca-28386.

을 위해 준비하던 저녁 음식은 스토브탑에서 끓어 넘치고 오븐에서 검게 타 버렸다. 그리고 바로 옆에, 여리고 경건한 옷차림을 하고 곡선미를 드러낸 이 집 여주인이 (우락부락한) 가정부의 모습과 나란히 그려져 있다. 이는 인종과 젠더를 딱 붙여 구분하지 않던 빅토리아 시대의 이상적인 여성상을 시각적으로 표현해 주는 장면이다. 여주인은 빨간 입술, 여성스러운 눈매를 띠고 머리부터 발까지 단추가 채워진 옷을 입은 채 잔뜩 겁에 질려 움츠러들어 있고, 두 손은 살려 달라는 듯 간청하는 자세를 취하고 있다. 이 장면은 그림을 본 사람들에게 강한 인상을 주었는데, (여주인이 드러내는) 근본적인 두려움을 잘 담아내고 있기 때문이었다. 아일랜드에서 건너온 (대체로) 가톨릭교 이민자들은 단지 수만 많은게 아니었다. 새로운 이민자들은 원래 이 지역에 거주해 왔던 뉴욕 주민들과 인종적으로, 문화적으로, 도덕적으로, 종교적으로 반목하는 관계였으며, 이들이 갖고 들어 온 차이로 인해 기존 사회, 정치, 경제적 질서가 위협받았다.[13]

미국 사회에서 가정은 국가의 뿌리 깊은 전통을 전수하는 사회정책의 최전선에서 기능했다. 어머니가 시민으로서 갖춰야 할 기술, 도덕, 덕목 등을 가르쳐야 할 책임을 짊어지는 식으로 말이다. 그러나 국가의 규범을 전수하는 가정의 능력과 공화주의적 어머니다움이란 이상을 향한 신념은 점차 약화되었다. 파도처럼 밀려드는 이민자들과 노예 해방 1세대의 등장이 이런 변화를 추동했다.[14] 호러스 맨이 경고하듯, "공화주의

---

2. [옮긴이 주] 다음 이미지 참조. 1828년 희극인이었던 라이스(Thomas Dartmouth "Daddy" Rice)가 얼굴에 검은색 분장을 하고 신체장애가 있는 흑인 역할을 한 이래 '짐 크로'는 흑인을 비하하는 이미지로 굳어졌다. 이 쇼는 19세기 내내 큰 인기를 끌었으며 다양한 방식의 쇼와 이미지로 확산되었다(참조: https://www.blackpast.org/african-american-history/jim-crow/).

정부에서 의회는 유권자들의 도덕적 용모를 비추는 거울"이다. 그는 "모두를 위한 보편교육을 시행하는 데 필요한 제대로 된, 그리고 효율적인 수단" 없이 미국 민주주의를 유지 및 존속하려는 시도는 "인류가 지금까지 시도해 온 실험 중에서 가장 무모하고 바보 같은 실험"이라고 내다봤다.[15] 그는 공립학교에 자녀를 보내는 학부모가 아니라 학교에 세금으로 재정을 지원하는 사람들을 대상으로 글을 썼다. 그는 만약 사회가 중재에 나서지 않는다면, 자녀들은 부모가 훈련시킨 대로 자란 성인이 될 것이라고 설명했다. 또 다른 보편교육 옹호자인 메이휴Ira Mayhew도 이와 유사한 의견을 제시했는데, 1855년, 공립학교는 "보다 효과적이고 돈을 덜 들이면서 전체 이웃의 모든 아이를 위해" 가르칠 수 있다고 썼다.[16] 뉴욕시의 공립학교 교육감은 1856년 연례 보고서에서 이 말에 농의를 표하고, 교사는 부모를 대신하는 사람이라고 설명했다.[17] 정책결정자들과 사회 개혁가들은 공립학교 교육을 현대의 많은 가정과 어머니들이 방치한 공백 상태를 메꿔 줄 수 있는 사회적 필요라고 여겼다. 이로써 사회문제를 빈곤, 불평등, 혹은 사회 구조가 아닌 개인 및 가정에서 초래된 것으로 돌리는 정책 담론을 작동시켰다.

공교육 팽창 이전에는 교직을 법조계 및 의료계, 성직으로 나가려는 디딤돌로 여기거나 잠시 잠깐의 일시적인 일 정도로 여기는 남성들이 교직을 지배했다.[18] 19세기 중반, 공립학교에 필요한 교사 수가 점차 늘어나고 인구 증가와 다양화, 새로운 미국 가정에 대한 걱정거리가 많아지게 되는데, 정책결정자와 개혁가들은 지원할 수 있는 재정이 한정된 상황에서 이전 수십 년에 걸쳐 논의되어 왔던 새로운 교사, 즉 여교사가 필요하다는 사회적 요구를 확대해 나갔다. 역사학자들은 교직이 왜 여성화되었는지를 설명하기 위해 여성을 학교로 끌어들이고 남성을 학교에서 밀어낸 경제적 요인을 밝혀냈다. 그렇다고 다른 요인이 작동하지 않았다는 말은 아니다.[19] 정책결정자들이 당시 사회문제와 공립학교의 필요를 규정한 방식들이 명백하게 여성들이 학교로 들어가도록 부추겼다.

호러스 맨이나 캐서린 비처Catherine Beecher, 그리고 다른 많은 전국의 개혁가들은 여성과 남성의 영역이라는 빅토리아 시대의 신화를 파괴하지 않고 보존하면서 이민자가 아닌 백인 여성으로 눈을 돌렸고, 가정의 박식한 사람인 이들이 학교 교사로 딱 맞아떨어진다고 강력히 주장했다. 1855년 뉴욕시 교육위원회 위원장으로 재선된 베네딕트Erastus C. Benedict, Esq.는 자랑스러운 듯 이렇게 썼다. "우리의 공교육public instruction 시스템은 정말로 아동의 돌봄과 교육이라는 타고난 공감 능력 및 특유의 본성과 직결되는 직업을 [여교사들] 그들에게 열어 줬다. 만약 이런 표현이 그리 부적절한 것이 아니라면 말이다."[20] 일할 수 있는 여성은 많았지만 교직을 제외하고 교육받은 여성들의 취업 기회는 아주 적었다. 게다가 여성은 점차 결핍된 가정을 위한 대리인 노릇을 하는 학교에서 일하기에 기질 면에서 딱 맞았다. 캘리포니아 주교육감state superintendent은 이 의견에 동의하면서, 여성들은 "젊은이들을 위한 타고난 교육가"라고 했다.[21] 뉴욕시 교육감New York City Superintendent이었던 랜달Randall 또한 1856년 연례 보고서에서 다른 교육 사상가들을 끌어들이면서 여성과 잘 가르치는 교사의 타고난 특성이 서로 "동일하다"라고 말했다. 그는 "자연이 이 위대한 일을 위해 여성을 점지해 두었다"라는 말로 전국의 학교지도자들을 일깨우기도 했다. "가정 바깥의 그 어디에서도 여성은 자신에게 맞는 적절한 영역을 진정으로 발견하지 못할 것이다. 여성들의 모든 공적과 권력은 이곳(학교)에서 적극적으로 또 정직하게 활용될 수 있다. 가르치는 일로서의 교직은 여성의 정신적이고 도덕적인 성향과 맞아떨어지는 것이다. 그 어떤 직업도 여성의 성격과 더 잘 조화되고 여성의 진정한 즐거움을 자아내지 못할 것이다."[22] 비처는 단적으로 교직을 어머니가 아이를 양육하는 것에 투영하면서, 여교사의 임금 노동자 대열 참여가 이들로 하여금 타고난 책임감에서 딴 데로 주의를 돌리거나 산만하게 하는 것이 아니라 오히려 더 큰 책임감을 지니게 할 것이라고 설명했다. 비처는 〈여성 문제에 대한 진정한 치료 The True Remedy for the Wrongs of Woman〉에서 "모든 여성은 교육가로 훈련받아야 한다"라고 밝히고, 계속해서 "어떤 여성이라도 한 가정의 가장이 될 수 있다고 여겨져서는 안 된다. 적어도 고도의 전문가적 책임감을 가지고 실질적인 일을 행하기(원문강조) 전까지는 말이다"라고 했다.[23]

교실이라는 최전방에 있는 엄마 교사들mother-teachers과 함께 발전하는 지역 공립학교 시스템은 대혼란의 시대에 국가의 수호자이자 안정시키는 힘으로 작동할 것이었다. 어떤 지역 학교의 교장이 강조하듯, 학생들이 낮 시간에 공립학교에서 공부하는 교육과정 내용은 지역사회와 국가의 "지적이고 도덕적인 문화를 향상시키고" 기존 질서에 대한 의식을 유지하도록 도울 것이다.[24] 남북전쟁 기간에 뉴욕시 학교지도자들은 공립학교를 국가의 힘을 상징하는 화신이라고 떠들어 댔다. 교육감 랜달은 교육위원회의 월간 보고 자료에서 몇몇 교사가 학교를 떠나 남북전쟁에 군인 혹은 간호사로 참전했고 학생과 교사가 공히 "경솔하고 파렴치한 적군을 상대로 아군의 위대한 대의를 위해 몸을 던져 모든 실천 가능한 일을 하고 있다"라고 언급했다. 그는 전쟁이 남부 전체로 번져 확산되고 있었지만 "대중 교육과 공교육이라는 과업은 군대의 요란한 소리와 격전 속에서도 전혀 방해받지 않고 착착 진행되고 있다"라고 공표했다. 랜달은 이 시기 학교들이 유지되는 수준을 넘어 더 번성했다고 보고했다. 그가 추정하기에, 단일한 지역 교육 시스템으로 조직화된 뉴욕시의 공교육은 항구적인 국가 정체성을 대변했다. 학교는 "히드라 머리를 한 평균적인 반역자"를 낳은 "무지"에 손상되지 않을 뿐만 아니라 학교는 (반역이라고 할 만한) 무지에 맞서 국가를 수호하는 미래의 최전선이었다.[25]

연방교육부는 1867년 봄에 설치되었다. 이 일은 학교교육이 지방 및 국가 수준에서 공공정책을 위한 강력한 수단이자 도심 지역과 국가 정책 간의 상호작용을 매개하는 기능을 할 수 있다는 높아진 민심을 반영한 것이었다. 연방교육부가 설치되던 그해 초에 전국시도교육감협의회 National State and City Superintendents Association 회원들은 워싱턴 DC에 모여 연방정부가 "교육에 대한 관심이 지대해지고 있다"는 데 의견을 같이했다. 이들 지역 및 주 차원의 학교지도자들은 연방교육부가 전국적으로 통계 자료들을 모으고 다양한 지역사회에서 발생하는 주요 현안들을 집중 조명해 주리라 기대했다. 연방교육부는 단순히 정보를 공유하는 차원을 넘어, "교육문제를 논의하는 데 기여하고" "기존 학교교육 시스템을 향상시키고 원기를 북돋아 주는 유능한 수단을 제공해" 줄 것이었다. 연방교육부는 좋지 않은 지역사회의 특이 사항들을 교정하고 개선하는 장치로 기능하며 "올바른 생각을 확산시키"고, 더욱 중요하게는 "지적 활동의 촉진제로서, 도덕적 혁신자로서, 산업의 부흥가로서, 자유의 지주와 수호자로서 교육의 가치를 존중"할 것이다.[26] 그럼에도 정책결정자들은 연방정부가 지역 학교에서 어떤 역할을 담당할 것인지에 대해 교차하는 감정을 가졌다. 정보를 집적하고 자료 보관의 필요성이 대두되었음에도, 연방정부의 과도한 영향력에 대한 두려움 또한 상존했다. 결국 존슨Andrew Johnson 대통령이 교육부를 연방의 내각 기구로 설치하고 1년이 지난 1868년, 연방교육부는 내무성Department of the Interior 내하위 부서로 강등 조정되었다.

방정부의 규모와 권한에 대한 우려에도 불구하고, 19세기 후반기에 지역 및 국가 단위의 정책결정자들은 공립학교 교육에 개별 아동보다 위기에 처한 더 큰 무엇인가가 있다는 데 의견을 모았다. 19세기 내내, 한 비평가가 다음과 같이 기술한 것처럼 학교교육의 사회적 가치를 둘러싼 대중의 합의는 높아져만 갔다. "공립학교는… 우리 자유를 보장하는 장치가 되어 왔다."³²⁷ 바너드Henry Barnard와 같은 교육개혁가들에게 공립학교는 아동을 대상으로 하는 것이었는데, 이는 아동의 개인적 이익이 아닌 사회의 이익을 위해서였다. 바너드는 지역 교육에서 연방정부의 역할을 찾으려고 애쓰면서, 뉴욕주 교육부장관Commissioner of Education으로서 발간한 첫 보고서에 〈교육이란 무엇인가?What Is Education?〉라는 제목의 꽤 긴 글을 썼다. 그는 여기에 칸트에서 키케로에 이르는 사상가 수십 명의 말을 인용하며 학교교육의 심오하고 광범위한 영향을 강조해 보여 주었다.²⁸ 후임 뉴욕주 교육부장관으로 임명된 이튼John Eaton은 전임자의 견해에 동의하면서, 교육은 "사회문제라 할 만한 것의 해결을 위한 거대한 장치를 각 이해관계자들에게" 약속한다고 썼다.²⁹ 교육의 대상은 아동이지만, 교육의 가지는 이들 가르침이 가정을 넘어서고 지역을 가로지르며 세대를 아울러 어떻게 울려 퍼지는가에 있다. 국가의 사회적, 정치적, 경제적 발판을 지지하면서 말이다.

물론 지역 교육 시스템이 보존해야 할 기존 권력 방식의 중심에 인종 문제가 존재했다. 유색인종에 대한 결핍 관점과 결합된 탁월성으로서의 백인다움이 공립학교에 가득 차 있었고 이런 이데올로기가 이상적인 여교사의 모습을 도출해 내는 데 절대적이었다. 19세기 후반, 다른 도시와 마찬가지로 뉴욕시의 인구는 빠른 속도로 증가했고, 그 구성 또한 다양해졌다. 그러나 교직 종사자의 인구학적 구성은 거의 백인인 상태를 유지하고 있었다. 심지어 뉴욕주 북부와 남부의 흑인 가정이 교육 기회 확대를 애타게 요구하고 지역사회 지도자들마저 나서 흑인 교사가 필요하다며 교사 인종의 다양성을 강조했음에도 말이다. 1890년 이루어진 인구통계조사 자료에 의하면 뉴욕시 소재 공사립학교의 전체 교사 4,383명 중 흑인은 단 16명이었다. 보스턴 지역은 전체 학교의 교사 1,486명

---

3. [옮긴이 주] 팔리디온(Palladia의 복수), 여신 아테나(Pallas Athena)의 상, 트로이(Troy)의 안전의 상징으로 생각되었다. 또는 보호(보장)하는 것.

중 흑인은 3명이었고, LA와 시카고에는 흑인 교사가 단 한 명도 없었다. 이런 상황은 1890년 인구통계조사를 시행했던 다른 지역에서도 다르지 않았다.[30]

흑인 사회가 학교교육 및 교사에 대한 관심이 적었다기보다는 문화적이고 이념적인 장애 요인 때문에 흑인 교사가 북부지역 공립학교에 진입하는 길이 가로막혀 있었다. 1883년 호퍼Susie B. Hopper는 훈련과정 중이었던 교사로 질병으로 생긴 교사 결원을 채우기 위해 13번가학교(초등학교)에 들어가게 되었다. 〈시카고데일리트리뷴Chicago Daily Tribune〉의 기사에 따르면, "교실 탁자 앞 호퍼의 등장은 (향후) 흑인 교사 쇄도의 신호"였다. 여러 방면에서 호퍼는 이상적인 교사가 되어야 했다. 이 신문에 따르면 호퍼는 젊었고, 고등학교를 졸업한 인재였다. 더욱이 당시 사범학교에서 정식 교사교육을 받고 있었다. 호퍼는 그 봄날 아침 시카고시의 지시에 따라 13번가초등학교를 향했다. 그녀는 발령 예정자 명단에서 "차순위"였다. 호퍼는 또한 흑인이었다. 그녀가 흑인이라는 사실에 화가 난 학부모들이 학교 위원에게 전화를 걸어서는 호퍼를 당장 내보내라고 했고 홀Hall 교장은 이를 따랐다. 그러나 호퍼는 홀 교장의 이런 지시를 "착오로 여겨" 다음 날 다시 학교에 출근했다. 결국 호퍼는 이에 "분개한 학부모들"의 "또 다른 소동"과 맞닥뜨리게 되었다. 이번에 호퍼는 "대체교사로서 그녀 일이 더 이상 필요하지 않다"는 말을 들었고, 면직되었다.[31] 호퍼와 같은 이야기는 북부지역 전체에 걸쳐 예외적인 사례가 아니었다. 정말 수도 없이 이런 일이 일어났다.

전국적으로 인구통계 조사원들이 확인한 결과, 흑인 교사는 1만 5,000명이었다. 이들 중 대다수는 남부지역에서 일하고 있었다.[32] 남북전쟁 이후 남부에서는 세금으로 백인과 흑인 아이들을 위해 지원하는 교육이 급격하게 확산되었다. 흑인 지도자들의 정치적 활약과 재건에 대한 약속으로 사회 변화를 위한 정책의 문을 열었기 때문이다. 그러나 법원의 플레시 대 퍼거슨 판결[4]로 화해와 정의를 향한 희망이 박살 난 이후 이 정책의 문은 쾅 하고 닫혔다. 그럼에도 흑인 사회에서 교육에 투영된 가치는 계속 살아서 지속되었다. 남부지역 전체에 걸쳐, 흑인 가정과 흑인 공동체 지도자들은 흑인 아동을 위해 흑인 교사를 배치하라고 압박하기 위해 단결했다. 예를 들어, 볼티모어에서 더글러스[5]는 마을 학부모들과 함께 서서 "(남북) 전쟁이 끝나 우리에게 자유가 주어지고 15년이 지났다. 이제는 교육 재정의 지분이나 그것이 주는 존엄성과 영향력을 요구할 때이다. … 학교위원회가 우리에게 흑인 교사를 보내 주기 전까지는 결코 평화로울 수 없을 것이다"라고 주장했다.[33] 처음부터 미국의 가장 큰 도시인 뉴욕에서 인종차별주의적 성향은 북부지역의 자유주의라는 껍데기를 썼다. 그 결과, 일련의 학교와 교사 수준의 개혁 및 정책이 전국적으로 뿌리내리고 백인 여성의 직업으로 교직을 유지할 수 있었다. 인종과 젠더 이데올로기는 지역 공립학교 시스템의 부상과 떼려야 뗄 수 없는 것으로, 교사의 질과 전문직화 개혁을 위한 논의의 토대를 형성했다.

도시 학교와 교사의 질에 대한 우려

19세기 후반, 공교육에 대한 이데올로기적 지지가 높아졌지만 전국

---

4. [옮긴이 주] 플레시 대 퍼거슨 판결(Plessy vs. Ferguson Decision). 1896년 미연방 대법원의 판결로, 흑인과 백인 간의 공간 분리가 형평성에 위반되지 않는다고 한 루이지애나주 법령을 유효하다고 인정했다. 이 법은 1954년 그 유명한 브라운 대 교육위원회(Brown vs. Board of Education) 판결이 있기까지 유지되었다.

5. [옮긴이 주] 프레더릭 더글러스(Frederick Douglass, 1817~1895). 메릴랜드 지역의 노예 신분으로 태어나 탈출에 성공했다. 이후 북부지역(매사추세츠, 뉴욕 등)에서 노예해방운동을 이끄는 지도자로 활동했다. 웅변가이자 저술가로 노예해방운동에 큰 역할을 했다.

최대 도시인 뉴욕에서의 학교교육의 실제 상황을 돌아보면 (이런 이데올로기의 지지가) 그다지 큰 도움이 되지는 않았다. 이 시기에 뉴욕시 공립학교는 이 지역 특유의 학생 출석 문제와 교사의 높은 이직률 문제에 당면해 있었다. 공립학교 교육의 목적이 무엇이어야 하는지에 대해 다양한 주장이 서로 경쟁하고 있는 상황은 차치하고서라도 말이다. 게다가 뉴욕시 지도자들은 개별 학교와 지역사회 그 자체를 하나의 독립된 실체로 만드는 선거구 중심의 정치와 지역주의에서 벗어나기 위해 사투를 벌이고 있었다. 단일한 지역 학교 시스템의 형성에도 불구하고 말이다. 이들 거대하고 중요한 도전 과제들을 예견하면서, 비평가와 개혁가들은 학교에서 발생하는 문제를 학교 교사의 탓으로 돌리는가 하면 전문직화를 이런 문제 해결을 위한 해결책으로 규정했다. 비평가들이 교사가 이런 문제의 근원이라는 데 합의를 하기는 했지만, 교사의 질을 어떻게 규정하고, 측정하며, 또 교사의 질을 어떻게 진작시킬 수 있는가에 대해서는 의견의 일치가 이루어지지 않았다.

1858년, 뉴욕주 교육위원회 의장President, Board of Education이었던 그린Andrew Green에 따르면, 뉴욕시 학교 시스템에 등록한 학생은 다른 지역보다 더 많았다.[34] 학생 출석의 불안정성은 학생 수 문제와 관련된 복잡성을 더욱 복잡하게 만들었다. 즉, 1867년까지 19만 명이 넘는 아동이 그래머스쿨과 초등학교 수준의 뉴욕시 공립학교에 등록되어 있었다. 그러나 실제 학교에 출석하는 평균 학생 수는 대략 8만 1,916명이었다.[35] 이런 평균적인 일일 출석자 수에 기초해, 공립 초등학교의 교사와 학생 비율을 추정해 보면 대략 1:50, 그래머스쿨에서는 1:35명 정도 된다.[36] 당시 상황을 염두에 둔다면, 등록 학생 중 40% 정도의 학생만 출석한 셈이지만, 이런 출석 학생 그룹의 구성 및 조합은 매일 바뀌었다. 이는 3,351명의 뉴욕시 교사들의 수업계획과 일상적 교실 활동을 혼란스럽게 했다.[37] 교육위원회는 일상적인 출석률을 높이려는 의도로 1874년 법률을 통과시켰는데, 학부모가 자녀를 일 년에 최소 14주, 연속 8주를 학교에 보내거나 가정에서 자녀를 교육했다는 것을 증명하는 서류를 제출하도록 했다. 그렇게 하지 않는 경우 첫 위반 시에 일주일에 1달러의 벌금을 내야 했고, 이후 위반 시부터는 벌금이 일주일에 5달러까지 높아졌다. 일종의 위협인 셈이었다.[38] 최종적으로 이 법규는 거의 무시될 만한, 즉 거의 효과를 발휘하지 못했다. 결국 20세기 초까지 출석은 여전히 불규칙하고 저조한 수준을 유지했다. 정확한 기록의 부재 및 그에 따른 지도의 어려움 때문이었다.

단지 일시적으로 학교를 오가는 사람은 학생들만이 아니었다. 교사들 또한 이직률이 치솟았다. 교사들은 어쩔 수 없이 "우리 속에 양 떼를 가두듯" 교실에 아이들을 꽉 들어차게 하고 "벽장 속, 혹은 책상 위, 틈이 있는 곳이면 어디서나" 가르쳤다고 묘사된다.[39] 뉴욕시 전체에 걸쳐 교사의 임금 수준은 상당히 다양했는데, 등록한 학생의 수라든가, 출석 상황, 혹은 마을 지도자들의 변덕에 따라 달라졌다. 교육위원회에서 펴낸 한 보고서에 따르면, 그 결과 "서로 다른 학교에서 비교적 같은 직위에 있는 사람들에게 지급되는 월급의 편차가 컸다".[40] 교사는 뉴욕 지역 신문을 통해 동료 교사들과 대중들을 향해 자신들의 월급이 극심하게 낮다며 불만을 표출했다. 익명의 한 교사는 "공립학교 교사로 월급을 받아 생활하는 여성들은 가사도우미 여자아이의 평균 벌이만큼도 안 된다"라고 했다.[41] 교사들의 이런 불만에 대해, 학교지도자들은 성차별적인 논리, 즉 일차적으로 여성을 위한 최적의 공간으로 학교가 만들어졌다는 말로 여교사의 낮은 임금 수준을 정당화했다. 다른 많은 학구처럼 뉴욕시 또한 오로지 미혼 여성들만이 교사로 일할 수 있다는 결혼 금지 정책을 엄격히 적용했다. 이 정책은 뉴욕시가 예의범절 및 가정의 구조를 유지하기 위한 하나의 방식을 보여 주는 것으로, 학교지도자들은 돌봐야 할 자기 가족을 거느리기 전까지 여성이 뉴욕시의 아이들에게 자신의 모성적 기술을 가르치고 또 제공할 수 있다고 생각했다. 교사가 미혼 여성이라면 이들의 재정적 필요는 최소한에 그칠 것이라고 그들은 생각했다. 여기서 더 나아가 만약 그 교사가 선한 여성이라면 자기희생을 실천해야 한다고 보았다. 교사에게 더 많은 임금을 주기 위해 학교는 아동 서비스와 재정 지원을 거부해야 하는가?

여교사들은 대체로 사랑과 교사로서의 경력을 동시에 원했다. 19세기라고 달랐을까? 이들은 교사로 일하면서 비밀리에 결혼 생활을 이어 갔고 교사로서의 직업을 지키려고 결혼 여부에 대한 보고를 무시했다. 이런 관행에 여교사들의 부적절한 처신과 불복종에 대해 걱정하는 지역 학교지도자들은 깜짝 놀랐다. 이에 따라 1883년까지 교육위원회(뉴욕주 교육부)는 "여교사가 결혼하면 바뀐 이름과 주소를 교육위원회의 서기와 교사를 고용하고 있는 학구/선거구의 이사회 의장에게 서면으로 보고해야 한다. 만약 결혼 이후 30일 이내에 서면 보고를 하지 않은 교사는 직위를 해제하고 결혼한 시간부터 지급된 모든 급여를 환수할 것"이라고 겁박했다.[42] 한편 뉴욕뿐만 아니라 필라델피아, 시카고, 워싱턴 DC에 이르기까지, 교사들은 다양한 시간대에 일을 했고, 아무런 대가를 받지 못한 경우도 많았다. 이 상황에서 학구 지도자들은 단순히 가용할 수 있는 돈이 없어서라고 주장했다.[43] 익명의 교사가 〈뉴욕타임스〉에 기고한 글을 보면, 그 결과 "우리는 매년 새로운 교직원 명부와 새 얼굴을 만나게 되었고, 이전 교사들에 대한 탐문을 할 때마다 이들이 다른 학교로 자리를 옮겼거나, 사립학교에 가 있거나, 어쩌면 자기 이름으로 비록 작지만 나름 이익을 낼 만한 좀 더 즐겁고 독립적인 일을 시작했다는 것을 알게" 되었다.[44]

그린 위원장의 뒤를 이은 닐슨 교육위원장은 학교지도자들이 직면한 복잡한 상황의 또 다른 요소를 강조했다. 닐슨은 공립학교 시스템은 뉴욕시의 "모든 시민에게 굉장히 소중하다"고 바라봤다. 그러나 이런 기본적인 사실 밑바닥에는 얽히고설킨 현실이 자리 잡고 있다는 점도 잘 알았다. 뉴욕시민들이 공립학교를 중시했지만 그 이유가 다 똑같지는 않다는 점 말이다. 닐슨은 교육위원회 위원장 선거에서 재선에 성공하고 1874년 취임 연설을 하면서 이렇게 말했다. "가난한 사람들은 공립학교 교육을 자녀들이 누릴 수 있는 가장 큰 혜택으로 여긴다. 부유한 자들은 공립학교 교육을 가족의 안위와 재산의 보호장치라고 인식한다. 애국자들은 공립학교 교육을 이 나라의 가장 위대한 지지대이자 이 나라 제도를 보호하는 것이라며 중시한다. 자선사업가들 또한 공립학교 교육을 좋아하는데, 그 이유는 학교교육이 미국 국민을 가다듬고, 능력을 배양하며, 인간답게 만들고, 정신을 고양하며 유용하고 행복하게 만들기 때문이다."[45] 뉴욕시의 공립학교 이해 당사자들은 공적으로 지원받는 학교에 대해 다양한 기대감을 내비쳤다. 일부 사람들은 학교가 능력주의적 정의를 실현하는 화신이기를 기대했다. 이에 반해 다른 사람들은 지역에서 재정을 지원하는 이런 제도가 기존의 사회, 정치, 경제적 관행과 제도를 존속시켜 줄 것이라고 기대했다.

뉴욕시에서 공교육의 목적을 둘러싼 복잡하고 때로는 모순되는 상황이 이어졌는데, 뉴욕시 전체의 학교교육 수준은 천차만별이었다. 1850년대 초, 뉴욕 정치인들은 뉴욕시 학교의 통일성을 기하고자 두 학교 시스템을 통합하여 단일 교육위원회를 만들자는 제안에 대한 투표를 진행했다. 그러나 선거구 시스템과 지역 정치역학 때문에 이 제안은 부결되었고, 19세기 내내 독립적인 개별 학교 시스템을 형성했다. 교육위원회 위원장인 그린은 뉴욕의 학교 시스템을 구성하는 지역 학교위원회와 학교 관계자들이 각각 "자기들만의 궤도 내에서만" 움직이게 했다.[46] 1856년, 전체 학교 예산은 대략 100만 달러에 미치지 못했다. 그런데 학생 1인당 교육비가 제19선거구는 20.48불, 제18선거구는 10.18불로 다양했다.[47] 게다가 뉴욕시민들과 전국의 정치인들이 집회를 열어 공립학교 교육을 강력히 요구했음에도, 기본적인 (학교교육) 인프라는 여전히 구축되지 않았다. 뉴욕시 전체적으로 학생들은 교회 지하실, 복도, 기타 형편없는 시설의 학교로 등교했다. 교사와 학생들은 축축하고 통풍이 되지 않는 환경으로 인한 건강 악화에 불만이 많았다. 1855학년도부터 매달 발간되는 보고서 중 한 곳을 보면, 랜달 교육감은 "학생과 교사 모두 이렇게 어두컴컴하고 건강에 해롭고 마음 내키지 않는 장소에 계속 갇혀 있기 때문에 이들의 건강은 심각한 위협에 처해 있거나 그렇게 될 것"이라고 경고했다.[48]

전체적으로 생각해 보자면, 뉴욕시의 선거구는 인종, 종교, 계급적 다양성이 있다고 말할 수 있다. 하지만 한 선거구 내로 좁혀서 보면 특정 인종, 특정 종교, 특정 계층으로 구성된 동종/균질성이 높았다. 단일 도심 학교 시스템 내에서 다양한 맥락을 만들어 냈다. 예를 들어 1883년 겨울, 교육위원회는 높은 학생 결석률에 대해 논의하기 위해 8명의 교사로 구성된 집단과 한자리에 모였다. 뉴욕시 행정가들은 논란이 될 만한 평가지표를 가지고 교사들의 효능감을 측정하려고 했는데, 규칙적인 학생 출석이 평가지표에 포함되어 있었다. 학교 감독관은 학구의 제6선거구 소속 교사들이 동년 10월 한 달 동안 문제가 있어 보인다고 위원회에 보고했다. 이 교사들의 학생 결석률이 10월 한 달 동안 20% 이상이었다. 회의에 참석한 위원들은 그렇게 많은 학생이 도대체 왜 결석을 하는지 도무지 이해할 수 없었다. 이 교사들이 자기 일을 게을리한 것일까? 위원들은 조사를 통해서 10월에 유대인 휴일이 많았다는 점, 각 교사가 담당한 학급 학생의 60~90%가 유대계 학생임을 알게 되었다. 교사들은 (학생들의 결석에 대한) 책임에서 면제되었다. 이 사건은 교사의 업무 수행에 대해 "잘못된 인상을 갖지 않도록 하기 위해" 전부 기록되었다.[49]

공교육을 사회적 치료제로 보는 고매한 희망의 수사법이 지역 학교들이 당면한 실제 인프라 및 인적 자본 문제를 더욱 복잡하게 만들면서, 학교제도에 대한 더 신랄한 비판으로 이끌었다. 정책결정자 및 사회비평가들은 경제 침체, 정치적 불안, 지속되는 사회 동요 모두 공립학교가 자기 사명을 제대로 이행하지 못하고 있기 때문이라고 비난했다. 1855년 뉴욕시 교육위원회 위원장이었던 베네딕트E. C. Benedict는 연례 보고서에서 뉴욕시 공립학교가 이룬 개선 정도를 보여 주었다. 그는 "대중이 생각하는 한" 공립학교는 마땅히 이뤄야 할 수준에 "훨씬 못 미친다"라고 주장했다.[50] 버처드P. R. Burchard는 1872년, 당시 유행하던 전국 잡지 〈스크립너스먼슬리Scribner's Monthly〉에 기고한 글에서 미국 우월성을 문제삼으면서 비슷한 논평을 했다. 그는 "전통적으로 미국인들이 지닌 허영심은 우리가 우월한 존재"라는 잘못된 가정에서 나왔으며, "이런 타성에 젖은 자만심 때문에 우리는 잘못된 결론에 이르곤 했다. 대표적인 예가 우리 교육 시스템이 세계적 수준에 맞먹으며, 비록 최고는 아니라고 할지라도 소위 교육받은 국가 중에서는 1등이라고 결론을 내린 점"이라며 일침을 가했다.[51]

지역 및 전국 단위의 정책결정자와 교육지도자들은 학교의 성공은 교사에게 달려 있다는 입장을 고수했다. 도심 학교교육을 일종의 복잡한 사무로 만든 과거의 무수한 현실들을 돌아보면서 말이다. 1879년 교육부장관이었던 이튼은 "'교사가 학교를 만든다'는 주장은 아무리 흔해 빠진 이야기라고 해도 너무나 맞는 이야기라서, 국가의 학교 수준이 어떤지를 살펴보려면 우리는 먼저 교사 자원의 특성을 가장 먼저 확인해야 한다"[52]라고 했다. 학교관리자들과 비평가들에 따르면, 일반적인 의미로 교사가 학교의 희망이라면, 학교의 몰락은 콕 집어 교사 때문이었다. 부교육감이었던 키들Henry Kiddle은 이미 1856년에 학교는 "교사들의 효능감을 높이고 인격과 성취를 고양시킴으로써" 개선될 수 있지만, 교사 집단을 고려한다면 이런 일은 가능하지 않음이 드러날 것이라고 주장

했다.[53]

정책결정자들은 키들의 평가에 수긍했지만, 교사를 괴롭히는 세세한 문제에 대해서는 그다지 동의하지 않았다. 키들에게 중요한 사안은 경험이었다. 즉, 교사들은 단지 경험이 충분하지 않았다.[54] 랜달 입장에서 이 문제는 약간 달랐는데, 그는 경험이 아니라 성숙을 핵심적 사안으로 삼았다. 즉, 대부분의 교사가 너무 어리다는 것이 가장 큰 문제였다.[55] 몇몇 사람은 교사교육 과정을 문제로 내세웠고, 또 다른 사람들은 교사가 사범학교에서 좀 더 실질적인 교사훈련을 받아야 한다고 주장했다. 또 다른 부류는 자유교양교육을 좀 더 확대해 가르쳐야 한다고 요구했다. 그러나 일부 정책결정자들과 개혁가들은 무엇보다 (교사의) 기질이 중요하다고 보았다. 즉, 교사에게 진짜 필요하지만, 교사로서 갖춰져야 하는데도 부족한 부분은 "청결함"이라든가 "예의범절", "상냥한 정신" 등과 같은 습관과 절제, 한마디로 교사들의 기질이었다.[56] 그런가 하면 교사집단의 결함을 여전히 직업적 헌신성의 부족과 연결해 비판하려는 사람들도 있었다. 뉴욕의 어떤 사람은 공립학교 교사를 단지 "돈 때문에" 가르치는 이기적이고 "멍청한 영혼"으로 묘사하기도 했다.[57] 버처드 같은 사회비평가는 높아지는 비문해율과 고용 통계를 가리키면서 개혁이 필요하다는 점과 함께 문제의 원인으로 교사들을 직접 지목했다. 교사들이 학교에 모여드는 이유를 그는, "교사는 너무 게을러 다른 직장에서 일할 수 없기 때문"이라고 생각했다.[58]

이런 이미지를 지닌 정책 서사가 급증했고 이것이 학교지도자, 사회비평가, 정책결정자 등 학교 문제를 교사의 탓으로 돌리려는 사람들 사이에 자리 잡게 되었다. (다양한 사회의 문제가) 표준화된 교육과정 자료의 부족이라든가 적절한 학교시설 및 기자재 부족, 혹은 아동 노동문제 및 공공 보건의 문제 등과 같은 다른 수많은 이유 때문이 아니라 교사의 탓으로 돌려졌다. 주 교육부장관이었던 바너드는 1868년 "공교육에 헌신하는 교사, 즉 높은 수준의 성품과 기술을 충분히 갖춘 교사 없이 헌법 조항이나 입법 조치, 그리고 가장 완벽한 학교 건물로는 미국 아동들의 교육권을 보장해 주지 못할 것"이라고 설명했다.[59] 이들이 합의하고 있는 내용은 아주 명확했다. 학교의 질적 수준은 교사의 질적 수준에 달려 있다. 그런데 교사의 질적 수준이란 게 도대체 뭘 의미할까?

(이 질문에 대해) 교육지도자들과 공무원들은 상당히 다채로운 대답을 내놓았는데, 손에 잡힐 만큼 확고한 개념으로 자리 잡은 것은 거의 없었다. 19세기 말 코넬대학교Cornell University의 총장이 되는 교육가 셔먼Jacob Gould Schurman은 훌륭한 가르침의 핵심적 원리는 아동에 대한 "사랑"을 중심에 둘 뿐만 아니라 교육이라는 "일에 대한 사랑"으로 설명된다고 했다.[60] 이와 다른 표현을 살펴보자. 어떤 작가는 교사의 질은 그 중심에 세련된 교양과 "인품"이 있는데, 이 말은 만약 교사가 "사회의 실제 가치/문화를 스스로 따르며 살아가는 사람이라면" 학교 및 수업에서의 많은 문제는 해결될 수 있으리란 의미였다.[61] 뉴햄프셔, 로드아일랜드, 뉴욕의 학교지도자들과 달리 라이스는 교사의 도덕성이 교사의 질을 결정하는 근간이라고 주장했다.[62] 많은 사람이 교수법 원리에 관한 지식이 중요하다는 데 동의하기는 했지만, 비판가들은 여전히 "기지", "훌륭한 판단력", "자극하고 잡아끄는 힘"에서부터 "세련되고 여성다운 예의범절", "부드럽고 매력적인 목소리", "열정", "광채 나는 얼굴"에 이르는 막연하고 불분명한 여러 가지 특성이 교사의 질에 더 부합한다고 여겼다.[63]

정책결정자 및 일반 대중은 공립학교 교사집단을 괴롭히는 정확한 문제에 대해 이견을 보였지만, 전체적으로 이들 개별 교사가 공립학교의 진전과 성취를 방해하면서 "바닥에서 잡아끄는 배의 닻"과 같다는 데는 일제히 동의했다.[64] 〈애틀랜타컨스티튜션Atlanta Constitution〉의 한 기고인은 "교사라는 직업이 그리 원대한 일이라면, 이들을 전문직으로 만드는 건 어떤가?"라고 했다.[65] 라이스와 다른 개혁가들이 옹호하고 있듯, 어쩌면 전문직화가 곧 해결책이었다. 서면은 이 상황에 새로운 등불을 밝히려 했다. 그는 1896년 〈더포럼The Forum〉에서 "오늘날 우리는 의학 교육의 놀랄 만한 진전을 목도하고 있다"고 했다. 또한 그는 전문직화의 "관습"이 다른 직종으로 "급속하게 퍼져 나가고 있지만, 교직은 "이상적"이든 "실질적"이든 이와 유사한 표준에 이르지 못했다고 설명했다.[66] "만약 어떤 초심자라도 그가 원할 때마다 직접 해 볼 수 있다면 변호사와 의사라는 직업은 어떻게 되겠는가? 버처드는 이렇게 〈스크리브너Scribner〉의 독자들에게 묻고 있다.[67]

그러나 뉴욕시와 전국 주요 도시의 많은 학교지도자 및 교육개혁가들에게 교직은 단순히 여성들이 다수를 점하고 있는 직업이 아니라 여성의 직업이었다. 비처는, "모든 여성은 교육받게 될 것이다. 그리고 여성은 그들의 직업을 위해 교육받게 될 것이다. 가정의 질서를 보존하는 사람으로서 말이다"라고 했다.[68] 당시 여성이 집 바깥에서 일하고, 단체활동에 참여하고, 사회에 영향력을 행사하면서 빅토리아 시대 이데올로기가 신화에 지나지 않음을 증명했다. 그럼에도 불구하고, 여성이 사적이고 공적인 영역 사이를 오갈 때 여성차별적이고 인종차별적인 이상이 여성의 인식을 지속적으로 형성했다.[69] 호러스 맨의 생각 또한 비처가 느꼈을 감정과 크게 다르지 않았다. 그는 "하나님이 인간을 만들었고, 노동 분업의 원칙에 따라 남성과 여성을 만들었다. … 보편적 법칙으로, 남성이 여성보다 신장 면에서 더 크고, 신체적 힘, 그리고 지적 역량에서 앞선다. 그러나 여성은 남성보다 더 아름답고 더 품위가 있으며, 더 우아하고 더 신심이 깊고 더 애정이 많고 순수하다"라고 설명했다. 교직에 있는 여성은 남성처럼 되거나 또 다른 전문직처럼 남성 영역에 발을 들여놓는 대신에 자신들에게 "합당한 지위"에 자리할 것이었다. 초대 매사추세츠의 교육위원회 위원장으로서 글을 쓰면서 그의 관점을 좀 더 분명히 했는데, 그는 이렇게 설명했다. "나는 아내들과 자매들이 다양한 삶의 영역, 즉 산업, 사회, 정치 영역에서 남자들과 문란하게 뒤섞이는 것에 단연코 반대한다." 여성은 "가정이란 왕국"에 속한 자로, 학교에서의 가르침은 가정의 자연스러운 확장이었다.[70] 이들이 마치 의사나 변호사라도 되는 양 교사를 전문직화하는 것은 앞뒤가 안 맞는 터무니없는 말이었다.

교육지도자들과 개혁가들은 여성이 국가의 공립학교에 속한다는 데 동의했다. 그러나 이들이 합의한 또 다른 사항은 학교에서 여교사가 차지하는 지위는 제한되어 있다는 것이었다. 확실히 여성은 어린이의 교육을 다루는 데에서 신뢰할 수 있다. 교육감 러셀이 썼듯, "모든 초등학교 수업에서, 바로 여성이 지닌 정신의 구조는 가르치는 일에 딱 맞는다." 그러나 러셀은 고등학교는 "성숙한 정신 상태와 더 풍성한 정신 발달 속에서 공부에 매진하려는 강력한 인센티브로 정신이 자극받고, 또한 정신이 엄격한 훈육을 따르고, 더욱 고차원적인 문학 및 과학으로 계속 나가도록 이끌기 때문에 상황이 아주 다르다. (따라서 여교사가 아닌) 다른 유형의 교사가 필요하다"라고 교육가들에게 설명했다.[71] 전국의 학교 정책결정자와 개혁가들에게 차츰 만들어지고 있는 교육 위계의 밑바닥에 있는 임시직 교사, 즉 여교사는 모든 학교 노동자 중에서 수적으로 압도적이었지만, 단지 이름으로만 존재하는 유명무실한 전문가들이었다.

1858년 봄, 폭풍이 치는 밤에 뉴욕시 교육위원회 위원장인 스미스W. W. Smith는 뉴욕시 공립학교의 상태를 점검하는 회의를 소집했다. 이 자리에 참여한 한 연사가 신랄하게 설명하듯, "우리 도시의 학교 시스템은 조직에 필요한 요건들이 거의 갖추어져 있지 않다. … 행동 원리에 따른 체계적이고 조직적인 공공 관리라고 할 만한 것이 아무것도 없다".[72] 뉴욕시의 교사위원회Committee on Teachers가 동의하듯, "그 어떤 공공서비스 부서라도 시스템이 제대로 기능하는 경우라면 그런 혼란스러운 상태를 그대로 내버려 두지 않는다".[73] 이 문제의 해결책으로 체계화와 합리화가 제시되었고 뉴욕을 포함한 지역의 교육지도자들은 이 점에서 의견 일치를 보였다. 필브릭John Philbrick은 1885년 전국에 걸친 도시 학교 시스템에 대한 점검 보고서에 "최고는 어디에서나 최고"라고 썼다. "좋은 학교 시스템의 핵심 요소는 어디에서나 모두 동일하다." 목표는 "탁월함의 통일성"을 만들어 내고, "이상적 표준을 향한 발전"을 이루어 내는 것이다.[74] 뉴욕 및 전국 여타 지역의 학교지도자들은 주교육감 버너드가 교육개혁의 뿌리를 교사개혁에 두자고 한 주장에 주의를 기울이면서, 학교 개선을 위한 교사 전문직화라는 이름으로 교사의 직무를 규제하고, 체계화하고, 제도화했다. 이로써 전국 교사 세대를 유혹하고 다른 전문직과 오로지 이름만 닮은 개혁에 불을 붙였다.

'행정 관료주의'의 부상

학교 개선을 위한 교사 전문직화라는 이름으로, 뉴욕시의 교육지도자들은 19세기 후반 50년 동안 서로 연계된 세 가지 개혁 방안을 추진했다. 사범학교와 지역사회와의 협력관계 구축, 교사표준 및 자격체계 마련, 임용시험 도입 등이다. 각 방안은 방식은 달랐지만, 어쨌든 교사 비난 담론에서 연유하였고 각각의 방안은 뉴욕시 지역 공립학교 시스템에서 점점 강화되고 있는 형식화 및 제도화와 긴밀히 연계되어 있었다. 이 개혁들은 교사 전문직화라는 이름을 달고 교사의 직업적 삶을 체계화하고 또 통제했다. 뉴욕시 학교지도자들은 이런 방안들로 실험해 보려는 선두주자가 되었으나, 이 실험은 이후에도 계속 이어졌다. 개혁과 재정 지원을 연계한 연방 수준의 보상 프로그램은 지역에서 시작된 교육 실험을 국가 단위의 우선적 교육정책으로 변화시켰다. 점차 도심 교육개혁 방안들을 작은 도시 및 외떨어진 시골에 동일하게 확산시키면서 말이다.

사범학교 및 대학들은 전국적으로 여성들을 위해 교육 기회를 제공하는 중요한 상징적 기관이 되었다. 이 기관들이 세워지기 전 여학생들은 겨우 그래머스쿨 정도의 학교교육이 전부였다. 중등학교 혹은 고등학교 교육과정에 가까운 사범학교 교육이 10대 여성 세대에게 교육 기간 확대의 기회를 제공하면서 고등교육의 전경을 민주화했다.[75] 홀Samuel Read Hall은 1823년 버몬트주 콩코드Concord에 전국 최초로 사범학교를 설립했다. 이후 수십 년에 걸쳐 주정부가 지원하는 사범학교들이 전국 곳곳에서 설립됐다. 역사학자인 오그런Christine Ogren에 따르면, 37개 주 중 18개 주에 1870년까지 사범학교가 하나 이상은 세워졌으며, 미 선역에 설립된 전체 교사교육기관은 100여 개를 넘어섰다.[76] 주립 사범학교와 이보다 적은 수의 사립 교사교육기관에 더해, 1860년대에 뉴욕, 보스턴, 필라델피아, 볼티모어, 세인트루이스, 샌프란시스코 등에서 지역사회가 지원하는 사범학교들이 문을 열었다.[77] 교육개혁가들은 사범학교에서 교사로서의 전문가적 준비를 하도록 했다. 그러나 이런 학교들은 형태 면에서나 기능 면에서 예비 의사, 법조인, 행정관료 및 기타 전문가를 길러 내는 종합대학과는 달랐다.

뉴욕시 교육위원회 위원들이 1869년 뉴욕시 내에 공식적이면서 독립적인 사범학교를 세우자는 안건을 상정했는데, 이로부터 거의 30년 이전인 1840년에 예비교사들은 지역사회가 후원하는 다양한 형태에서 교사교육을 받았다. 한편, 이 시기 뉴욕시 공교육의 분권화 및 선거구 기반 조직화라는 맥락 내에서 교사들이 택할 수 있는 선택지는 다양했다. 일부 교사는 지역 그래머스쿨을 통해 제공되는 간단한 특별 강좌를 들었다. 또 다른 일부는 교육위원회에서 제공하는 토요 프로그램 혹은 주간 프로그램에 다양한 수업 시수로 등록했다.[78] 이렇게 다양함에도 불구하고, 지역 교육지도자들은 "절대적이고 절박한 필요"가 적절한 교사를 찾아내고 사범교육이 뉴욕시 공립학교를 위해 "젊은 여성을 충분히 준비시키기 위한" 핵심적인 메커니즘이라는 점에는 동의했다.[79]

교육위원회와 교사 전문가 양성 교육 사이의 분명한 연결고리가 여교사의 전문가 양성 교육professional preparation이 강한 직업 지향성을 띠게 했다. 일단 교육위원회가 지원하는 (교사교육) 프로그램에 입학하면 모든 학생은 서약서에 서명하게 되는데, 이 서약서에서 이들은 "학교the government of the Schools를 위해 마련된 법과 규정에 복종하겠다"라고 약속했다.[80] 지역 선거구의 지도자들이 집권화된 교사교육에 우려를 표명했지만, 교육위원회 위원들은 교육위원회가 사범학교와 긴밀히 협력함으로써 효율성이 증대될 것이라고 말했다. "우리 학교에 고용된 능숙하고 효율적인 교사들은 수년간 교직을 경험한 후에야 능숙하고 효율적인 능력을 갖추게 되었다." 하지만 많은 교사가 이런 수준에 도달하는 데 그렇게 오랜 시간이 걸리지 않는데, 굳이 시간을 허비할 필요가 있는지 교육위원회 위원들은 의문을 제기했다. 일부 뉴욕시 학교지도자들은 "예비교사들에게 교수활동의 이론적 원리와 실천적 규칙들을 가르치는 것보다 오히려 가르치지 않는 것이 더 낫지 않을까"라고 주장했다.[81] 사범학교의 교수진과 지도자들은 단일하면서도 서로 공유된 목표를 성취하는 데 몰두했는데, 이는 "여성(미래 교사들)을 학교와 사회의 장신구 정도로 만드는 것"이다.[82]

1853년 가을, 교육위원회는 교장을 제외한 뉴욕시 소속 모든 교사에게 추가적인 훈련을 위해 교육위원회가 지원하는 토요 교사교육 프로그램이나 주간 사범학교 프로그램 중 하나에 등록하도록 제안했다. 일련의 통일된 훈련과정은 학교의 질 개선을 위한 중요한 메커니즘이라고 주장하면서. 교사들은 지역 신문의 사설란을 이용해, 자신들은 "학교를 운영하는 교장에 비해 능력 면에서 절대 뒤지지 않으며 어느 정도 주목받을 만한 교사들이 있다"고 대응했다.[83] 같은 해 후반기에, 교육위원회 위원들은 "교사들이 갖춘 지식수준에 따라 교사 급여의 등급을 매기겠다"라고 추가적인 제안을 했다. 교사들은 뉴욕 지역 신문에서 대중들에게 다시 한번 호소했다. 그런 조치는 "뉴욕시 전체 교사의 품위를 손상시키고 교사에게 모욕을 주는 일"이라고 주장하면서 말이다.[84]

학교지도자들이 지역사회에서 지원하는 사범학교 교육과 교사의 질을 연계짓는 상황에서 많은 교사들은 다양한 방식으로 자기 직무의 특성을 이해했다. 〈뉴욕데일리타임스New York Daily Times〉에 기고한 "교사 A"라는 익명의 교사는 두 명의 교사 상황을 대비하면서 자기 의견을 개진했다. 뉴욕 공립학교에서 교육받고 "꽤 그럴듯한 교육 수준을 가진", "A 선생님Miss A은 '4차 방정식'에 대해서는 아무것도 모르지만 3수법(비례법, Rule of Three)의 원리에 대해서는 나름 충분한 지식을 갖추고 있으며, … 프랑스어에 대해서는 아무것도 모르지만, 영어 문법에 대해서는 아주 자신 있어 한다." "A 선생님"은 교사 등급에 따라 승진했고, 지금은 높은 급여를 받고 있다. 하지만 위원회가 내놓은 안에 따라 지식수준을 평가받는다면 상급 교사로의 승진도, "지금 받는 월급의 1/3 수준의 돈도 받지 못하게 될 것"이라고 했다. 이와 반대로 "B 선생님Miss B은 필요하건 필요하지 않건 프랑스어 지식 등 모든 이론적 공부를 한 사람이지만 엄격한 훈육자의 수준에는 한참 못 미친다. 자신이 가진 지식을 다른 사람과 소통할 줄 아는 그런 교사가 아니다. 그러나 (위원회에서 제시한) 새로운 범주에 따르면 B 선생님은 가장 높은 등급의 교사에 해당하고 A 선생님이 받는 급여의 거의 두 배에 해당하는 돈을 받게 될 것이다." 이 기고문을 쓴 이는 "이 두 교사 중 어느 쪽이 학생과 대중에게 가장 현실적이고 또 수용할 만한 서비스를 제공할 것이며, 누가 가장 많은 돈을 받아야 하는가?"라고 묻고 있다.[85] 이러한 반대에도 불구하고, 교사들은 의견을 개진할 만한 실질적 영향력이 전혀 없었다. 교육받은 여성은 고용될 기회라는 게 거의 없었고 일자리를 잡겠다고 거주하고 있는 도시 경계를 넘어 이사할 방법도 거의 없었기 때문이다. 교육위원회는 1856년 이미 자격증을 가진 사람들을 제외하고 모든 교사는 사범학교 혹은 위원회가 지원하는 보수 교육 프로그램에 반드시 등록하라는 내용을 담은 새 규정을 승인했다. 규정에 따르면 만약 교사가 이를 이행하지 않을 경우 교사직을 박탈당하고 모든 급여를 환급해야 했다.[86]

1869년 교사의 중요성과 통일된 교사교육의 필요성을 절감하면서 뉴욕시 교육위원회는 뉴욕시 주간제여성사범고등학교Female Daily Normal and High School of the New York City 설립안을 통과시켰다. 이는 뉴욕시가 여성에게 제공하는 최초의 공식화된 고등학교 혹은 고등교육 기회였다. 이 법안에는 새로운 지역 사범학교를 교사가 뉴욕시 학교에 채용될 수 있는 유일한 통로로 규정했다. 이때 특별 예외 사례로 승인된 경우는 제외되었다.[87] 임대 건물에 새로운 교명을 달고 새로 문을 연 뉴욕시사범대학Normal College of the City of New York은 나중에 뉴욕시립대학교City College of New York로 이름을 변경하는 자유대학Free Academy과 그 유용성에서 대립적인 위치에 서게 되었다. 자유대학은 1847년 설립되어 오로지 남자들만이 다닐 수 있었고 교양교육을 주로 가르쳤다. 학교지도자들은 25년간의 교육적 노력을 하고서 뉴욕시의 3/4 이상 교사들이 사범대학Normal College을 거쳐 갔다며 자축했다.[88]

당시, 뉴욕시사범대학은 여성들을 위한 공간뿐만 아니라 흑인들을 위한 공간을 만들어 내는 것으로 공교육의 모습을 민주화했다. 1873년 뉴욕시의회는 공교육에서 인종에 따른 차별을 엄격히 금지했고 이로 말미암아 뉴욕시는 4개의 인종 분리 공립학교를 폐쇄하게 했다. 그해 8명의 흑인 여성이 뉴욕시사범대학에 입학했다. 그러나 이후 1881년까지 입학한 총 808명 중 흑인 여성은 단 한 명에 불과했다. 역사학자인 퍼킨스Linda Perkins가 보기에, 이렇게 (흑인 여성의) 형편없이 낮은 입학률은 여러 복합적인 요인의 결과였다. 어쩌면 뉴욕시 학교들이 통합되면서 흑인 교사에 대한 수요가 낮아졌을 것이다. 사범대학 입학은 시험에 크게 좌우되었는데, (이 장의 뒷부분에서 볼 수 있듯이) 이런 시험은 흑인 교사들에게 넘기 어려운 장애물로 작동했을 수 있다. 게다가 새롭게 재건된 학교에서 가르칠 수 있다는 약속은 흑인 교사를 남부지역으로 유인하기도 했을 것이다. 이후 수십 년 동안 이민자 가정의 노동계층 여성에게 사범대학이 일종의 안식처가 되었음에도 불구하고 이 통합된 기관은 아주 적은 수의 흑인 학생만을 받아들였다.[89]

1873년 뉴욕시사범대학은 현대 연구자들이 인상적인 건물이라고 부르는 렉싱턴가Lexington Avenue([그림 2])로 이사했다. 뉴욕시사범대학의 새 교사校舍에 쓰인 헌사에서 기념하고 있듯, 이 학교는 "빠르게 발전하는 뉴욕시의 급증하는 요구에 대응하기 위해 훈련된 충분한 수의 교사를 제공하려는 긴급한 요구에서 시작"되었다.[90] 새로운 교사校舍는 교사 전문직화의 공식화를 체현하고 있었으며 도시와 공립학교는 동일하게

[그림 2] The New York Normal College, 1874

출처: The Miriam and Ira D. Wallach Division of Art, Prints and Photographs: Picture Collection, The New York Public Library, New York Public Library Digital Collections.

근대화의 등대라고 칭송되었다. 리처드슨James Richardson은 이 새 건물과 도시의 변모에 경탄하는 마음을 담아 기술하면서 미 전역의 독자들에게 알렸다.

그는 뉴욕시의 동부지역이 "10년 전에는" "언덕에 빈민가가 즐비하게 늘어서 있고", "도로는 제대로 정비되어 있지 않았으며", "소 키우는 벌판 혹은 이와 별다를 게 없는 불결한 것들"로 뒤덮여 있었다고 회상했다. 뉴욕시사범대학의 건축이 정말 놀랄 만한 변화를 가져왔다고 여겼다. 그는 "누추하기 이를 데 없는 이전 장소"가 완전히 변모했다고 썼다. 이 "우아한" 건물은 "32개의 풀 사이즈 도시 부지"에 걸쳐 있었다. 리처드슨과 다른 관찰자들에게 사범대학의 건축물은 이 학교가 "얼마나 중요한지를 보여 주었고, 아름다움, 견고함, 편의성, 내구성 등 필요한 모든 요건을 충족시켜" 주었다. 사범대학의 건축에 들어간 엄청난 비용이 '그 값을 다 한다'면서, 리처드슨은 독자들에게 이렇게 설명했다. "공립학교의 미래가 이들의 손에 있고, 뉴욕시의 운명은 거의 이 학교에 달려 있다."[91] 이 건물은 뉴욕이 대도시로 얼마나 성장했는지를 보여 줌과 동시에 공립학교 교육의 제도화를 상징적으로 나타내는 것으로, 이 두 프로젝트가 하나로 묶여 있음을 잘 보여 주었다.

뉴욕시사범대학의 초대 학장인 헌터Thomas Hunter가 학교 규칙에 기록해 놓았듯, 이 학교의 주요 목표는 "즉각적이고 유쾌한 방식으로 순응하는" 교사를 양성하는 것이었다.[92] 헌터는 1873년에 "지배의 기술을 배우면서 경험 없는 교사들이 6개월도 채 안 돼 할 수 있는 나쁜 일은 거의 헤아릴 수 없을 정도"라고 설명했다. 예비교사교육은 "탁월한 교사를 뉴욕 학교에 공급함으로써" 이런 문제를 막을 것인데, 이는 "전체 학교 시스템의 모든 혈관(동맥과 정맥)을 통해 느낄 수 있는" 공헌이 될 터였다.[93] 1873년 키들은, 뉴욕시사범대학의 본질적이고 영구적인 목적은 "뉴욕시가 관리하고 통제하는 학교에 고용되는 경험 없고 훈련받지 않은

교사들의 교육"이라고 설명했다.[94]

예비교사들은 뉴욕시사범대학에서 계속 기초적인 교육을 받았고, 무엇보다 이들은 점차 확대되고 있는 공립학교 시스템에 적응하는 법을 배우게 되었다. 교직이 다른 전문직종과 다르게 규정되고 있는 상황에서 헌터는 예비교사들에게 학문적인 배움보다 더 중요한 것은 "타고난 적성"이라는 입장을 유지했다. "훌륭한 목소리, 상냥한 매너, 천성적인 재치, 재빠른 눈치, 불굴의 인내심, 아동에 대한 놀라운 사랑 등"과 같은 타고난 성품이 없다면 예비교사로 준비시킬 수 있는 배움이란 게 별 볼 일 없는 것이었다. 그러나 이런 요인들은 남성이 우세한 직군의 전문직성professionalism을 특징짓는 전문적 식견, 권위, 자율성과는 기의 아무런 관련성이 없는 것이었다.[95] 라이스에 따르면, 교사들에게 필요한 것은 "정직함, 양심, 열정"이었다. 그러나 그가 설명하듯이, 이런 품성들은 "호의적인 것으로" 특히 "의사나 변호사 자격"과 비교되는 진짜 전문적 기술과 전문가로서의 권위와는 거의 관련이 없었다.[96] 라이스가 보기에 교사와 의사를 위한 서로 다른 효능감의 측정은 교사의 사범학교 교육의 결함을 나타내는 증거라기보다는 오히려 교사들이 다른 종류의 전문가라는 점을 단지 강조하는 것이었다.

한 세기가 지나가면서 뉴욕의 사범학교는 교육위원회의 부속 기관이 되었고 위원들은 학교 교사들을 양성하는 데 직접적인 영향력을 행사할 수 있었다. 한 예로, 공급되는 교사 수가 뉴욕시의 수요를 넘어서게 되는 1881년, 교육위원회 위원들은 뉴욕시사범대학의 교수진에 "뉴욕 학교에서 부족한 교사를 채울 수 있을 만큼만 학교 졸업생 수를 놔두고 감축"하라고 요구했다.[97] 대학의 교수진이 이 결정의 이론적 근거를 찾아보자고 싸웠지만, 사범대학 학장인 헌터는 교육위원회의 요구에 응했다. 따라서 필수 교육과정의 이수 연한을 늘리면서 졸업학급의 수를 축소했는데, 사범대학의 교수회는 이렇게 수학연한을 늘리는 것이 교육상

불필요하다며 불평했다. 헌터는 "정신적이고 도덕적인 철학을 옳은 가르침의 기초로 삼아 터득하게 하고 훈련부에서 더 광범위한 실습을 하도록 예외적으로 더 큰 관심을 기울였을 뿐 교육과정에 추가되는 것은 거의 없었다"라고 소상히 설명했다. 자신의 딸들이 "되도록 빨리 돈을 벌기를" 원하는 학부모는 (졸업에) 임박해 생긴 변화 상황에 잔뜩 화가 나서 헌터에게 이 결정을 번복하라고 요구했다. 그러나 그가 할 수 있는 일이란 거의 없었다.[98]

애초부터 뉴욕시의 학교지도자들은 이제 막 생기기 시작한 공교육기관들의 필요에 맞춰 노동력을 길러 내는 교사 전문가 교육에 관심을 보였다. 뉴욕주 교육부장관 이튼은, 전국의 사범학교는 단지 수준 높은 교사들을 학교에 배치하는 문제를 넘어 강력한 여과장치로 작동할 수 있다고 주장했다. 즉, (사범학교는) "교직에서 필요 없고 무능한 사람들을 배제하도록 기능"할 것이었다.[99] 뉴욕시는 국가 차원의 교육정책에서 이를 보여 줄 수 있는 강력한 사례로, 뉴욕시와 같은 도심 지역의 학교지도자들은 이들 지역에서 협력관계가 작동하도록 했다. 1888년, 연방정부는 교사교육과 공립학교 교육 간의 관계성을 공고히 했다. 이때 정부 관료들은 보통학교 설립을 지지하는 미국 재무성으로부터 받은 기금을 사범학교의 세부적인 교육과정과 연계했다.[100] 이에 부응해, 뉴욕주는 1895년 「교사의 전문가 교육 촉진 및 진흥법An Act to Encourage and Promote the Professional Training of Teachers」을 제정하여 공인된 곳에서 교육을 받지 않은 사람들을 "교사로 채용하거나 그들에게 교사자격을 부여하는 것을 금지하도록" 강제했고, 이 정책을 소도시 및 농촌지역에도 확대 적용했다.[101]

뉴욕시 교사의 질과 교사 공급을 통제하기 위해 공립학교지도자들이 사범대학으로 눈을 돌렸지만, 이런 노력에도 불구하고 학교에는 실력 없는 교사가 너무도 많이 계속 넘쳐났다. 한 사회비평가가 1856년 봄 〈뉴욕데일리타임스New York Daily Times〉독자들에게 보도했듯, 학교에는 "이런 소명에 전혀 맞지 않는" 교사들이 많았다. 학교에는 "신체적인 결함이 있는 사람이나 사업에 실패한, 혹은 다른 직업에서 성공하지 못한 사람들"이 너무 흔하게 교사로 일하고 있었다. 이 사회비평가가 추정하기에, "이제 더 높은 수준의 교사자격이 요구"되었다.[102] 그러나 교사 고용은 아주 복잡한 문제였다. 교육감인 랜달은 교사 고용에 관한 일을 반추하면서, 교사선발과정을 학교지도자의 직무 중 가장 "미묘하고 성가신" 직무라고 여겼다.[103] 서로 다른 여러 직위의 지도자들은 제대로 된 교사를 채용하는 데 실패했을 뿐만 아니라, 적절한 선발 표준 절차도 갖추지 못하고 있다고 주장했다. 19세기 동안 뉴욕시를 포함한 선국의 학교개혁가들은 학구와 주 경계를 넘나드는 통일된 시스템을 요구했다. "한 마을에서 퇴짜 맞은 교사 후보가 다른 마을에서는 채용될 수 있다." 노스롭Northrop의 1880년 책에 나온 교사 채용에 관한 내용이다. "따라서 많은 학교가 교사의 무능 때문에 골치 아파하고 있다. 이런 문제 상황은 홀륭한 교사가 없음에 기인하는 것이 아니라 사악한 선발 방법 때문이다."[104] 많은 이들에게, 이 문제의 해결책은 표준화와 규제였다. 필브릭은 "효율적인 교사를 확보하고 또 학교에서 계속 근무하도록 하는 최선의 방법이 있다"고 생각했다.[105] 다른 곳과 마찬가지로 뉴욕시에서 학교지도자들은 자격시험과 면허증 발급을 교사 고용 직무를 효율화하고 교사의 질적 수준을 올리며, 그에 따라 학교 수준을 향상시키는 메커니즘의 전형적인 예로 여겼다.

교사의 질을 둘러싼 개념이 광범위하고 다양하고 교사가 교실에서 성공적으로 가르치는 데 필요한 지식이 어떠해야 하는가에 대해 그 어떤 합의도 없었지만, 교육개혁가들은 최고의 교사를 확인해 낼 만한 양적이고 객관적인 평가가 있으리라고 확신했다. 1879년이 되면서 뉴욕시 학교에서 교사의 최저 연령이 점차 높아지는데, 학교지도자들은 "18세가 되기 전까지는 그 누구도 교사 면허를 따기 위한 시험에 응시할 수 없다"는 규칙을 제정했다. 단 뉴욕시사범대학을 졸업한 사람은 예외로 두었다. 매달 셋째 주 금요일에 교육위원회 회의실에서 시험을 실시했는데, 예비교사들은 구술고사 및 지필시험을 치러야 했다. 시험과목은 "읽기, 철자법, 영어 문법, 미국사, 영문학, 산술, 대수에서 4차함수까지, 기초 기하, 기술적인 천문학, 물리, 동물학 혹은 생리학, 그리고 교수원리 및 교수법 등"이었다.[106] 이후 몇 년간, 학교지도자들은 여기에 추가적인 조건을 더했다. "교사 후보자는 건전하고 정상적인 뉴욕시 의사가 발급하는 증명서를 제출하지 않으면 교사 면허를 발급받지 못할 것이다. 이 증서에는 의사가 교사 후보자를 진찰했고 그(그녀)가 건강한 신체 상태에 있음을 보증하는 내용을 담고 있어야 한다."[107]

투명한 표준화된 시험과 주기적 안내에도 불구하고, 다수의 예비교사는 새로운 임용 절차에 혼란스러워했다. 1881년 206명이 교사자격시험에 응시했지만 뉴욕의 교육위원회 채점자는 이 중 101명을 떨어뜨렸다.[108] 도대체 시험이 정확하게 무엇을 평가하고 있는지, 이 시험이 사범학교 교육과정과 어떻게 연계된 것인지, 혹은 시험 결과가 어떻게 채점되고 있는지에 대해 확실한 것이라곤 아무것도 없었다. 이런 (모호한) 기준은 새로운 교육 시장, 즉 시험 준비라는 교육산업의 출현을 불러왔다. 시험 준비 서적을 쓴 저자이자 이전에 시험을 관장했던 스톤Isaac Stone은 3인칭 시점으로 이렇게 설명한다. "그가 심사한 전체 교사의 9/10가 많든 적든 실패"했으며, "자선 행위"로 자신의 책을 제공했다.[109] 다른 일부 참고서들은 시험문제 유형을 제공하기도 했고, 대수에서 생리학에 이르는 범위의 기초적인 정보를 훑어 익히도록 했다.[110]

교사들만 시험 때문에 혼란을 겪은 것은 아니었다. 학교지도자들도 혼란스럽기는 마찬가지였다. 그들은 겉보기에는 (나름) 객관적인 데이터와 전국의 각 지역 단위에서 확산되고 있는 실천 사례들로 무장했다. 하지만 뉴욕시를 포함한 여러 곳의 학교지도자들은 새로운 정보에 대한 아무런 믿음도 갖지 못하고 자신의 학교에 가장 어울리는 교사를 결정할 다른 기준을 무시한 채 표준화된 고용 방안을 교묘히 피해 빠져나가려고 했다. 뉴욕주 롱아일랜드Long Island 출신인 교육부장관(이튼 장관을 지칭)은 (예비교사에 대한) 평가가 지닌 핵심적인 문제가 뭔지 윤곽을 그려 보았다. 그의 경험에 따르면, 시험을 통과하는 것은 교실 수업에서 보이는 능력과 별 상관성이 없었다. "매년 수많은 여학생이 교사자격증을 얻고자 몰려든다. 이들은 거뜬히 시험을 통과한다. 아마도 그럴 것이다. 그러나 이들 중 제대로 가르치는 교사는 거의 없다. 이들에게는 가르치는 재능이 전혀 없거나 정신을 본받게 하기 위한 그 어떤 능력도 없다."[111]

교사의 질에 대한 개념을 둘러싸고 합의가 부족하다는 점을 되돌아보면서, 일부 학교지도자들은 이런 상황을 애써 외면했다. 이런 개념들은 곧 교사의 도덕성과 품행을 보여 주는 것이 없었기 때문이었다. 교육위원회 위원장Board President인 닐슨은 학교지도자들에게 "가르치는 데 요구되는 교과목을 숙달하는 것 이외에도 뭔가 더 있어야 한다"라고 요구했다. "재능과 마찬가지로 신의 은총도 고려되어야 하며, 나쁜 태도, 경박한 성격이나 불안정한 도덕관을 지닌 사람은 그 누구도 우리 교사 대열에 끼게 해서는 안 된다."[112] 이와 유사하게, 랜달은 "교사 후보자의 자질"을 평가하는 데 "합당한 재량권"을 행사하고 지원자의 "과학적 성취"를 넘어 "도덕적 문화"를 살피는 교사 고용 방식을 주장했다.[113] 랜달은 1861년 "자신이 가르쳐야 하는 다양한 교과 영역에서 만족할 만한 성적으로 시험을 통과하는 능력은 실제 교사에게 부여된 책임감을 성공적으로 수행하는 데 필요한 조건의 아주 작은 부분에 지나지 않는다"라고 주장했다.[114]

뉴욕시 관료들은 19세기 후반 50여 년 동안 자격시험과 표준화된 선발 방식을 지역 학교와 뉴욕의 정치지형을 만들고 있는 정실주의를 억제하는 방안으로 삼으려 했다. 학교위원회 위원들은 점차 증가하는 학교의 정실주의가 학교 운영을 어렵게 하고, 심지어 통제를 힘들게 한다고 주장했다. 그러면서 "혈연에 의한 것이든 결혼에 의한 것이든 4촌 이내의 인물이 선출되거나 학교 관계자로 선임된 경우 해당 교사는 해당 선거구의 학교에 교사로 선발될 수 없다"고 강제하는 법률을 승인했다.[115] 이런 규정이 있었지만, 학교지도자들은 개별적이고 특이한 기준을 들이대며 계속 규정에 어긋난 방식으로 이들을 교사로 선발했다. 지역 신문들은 생생하리만치 세세한 것까지 들먹이며 연속해서 학교 관련 자잘한 사건들을 기사로 실었다. 이들은 뉴욕시 전체에서 펼쳐지는 더 넓은 정치적 특권과 정실주의의 역동성과 이것이 지방 정부로 확대되어 나타나는 사례들을 보여 주었다. 한 예로 1888년 겨울, 신문들은 제10선거구에서 '제럴드 선생님Miss Fitz Gerald'을 대체하는 교사 자리가 났던 상황을 뉴욕시의 독자들이 즐거워할 만큼 아주 구체적으로 보여 주었다. 제럴드는 결혼하면서 교직을 그만두었다. 줄곧 정치인으로 활약해 온 제럴드 남편의 동생인 홀George Hall은 "제8의회구The Eighth Assembly District에서 태머니Tammany 지도자"[6]였다. 〈뉴욕타임스〉가 홀을 가리켜 "자신과 친척들을 위해 예리하게 주시해 온 전망을 유지하는 전형적인 선거 정치꾼"이라고 묘사한 것처럼, 홀은 제럴드의 공석에 따른 교사 자리를 '브레넌 씨Miss Brennan'에게 보장해 주기 위해 "뒤에서 조종"했다. 브레넌은 최근에 결혼한 제럴드의 "친척이거나 아주 가까운 친구"였다. 지역 신문 기자들에게, 이 사건은 단지 정치가 어떻게 학교에 스며들어 있는지

---

6. [옮긴이 주] 태머니 홀(Tammany Hall). 1786년도에 설립된 뉴욕시 정치조직으로 1789년 태머니협회(Tammany Society)로 통합, 전환하게 되었다. 뉴욕시와 뉴욕주의 정치판에서 민주당 인사들의 영입과 정계 진출을 조종하는 강력한 지방거점조직이었다. 특히 아일랜드 이민자들의 활동을 적극 지원했다. https://en.wikipedia.org/wiki/tammany_hall

를 보여 주는 여러 사례 중 하나에 지나지 않았다. 교육지도자들에게, 이런 상황은 분명히 선발제도의 발전과 표준화에 장애물이었다.[116]

지역 지도자들은 교사자격시험으로부터 얻을 수 있는 정보에 어렴풋이 의심을 품고 이 개혁 방안을 여러 방법으로 피하려고 했지만, 1880년대까지 연방 차원의 관료들은 다시 한번 (뉴욕과 같은) 대도시에서의 실천 사례를 국가 차원의 정책으로 확산시켰다. 제50차 연방의회에서 통과된 법안에 따르면, "어떤 학구도 학교가 법적으로 자격을 갖춘 교사와 적합한 요건들을 갖추게 하지 않는다면 (향후 10년 동안 총 2,500만 달러에 이르는) 연방정부 기금의 수혜를 받지 못할 것"이었다.[117] 미 전역에 걸쳐, 지역 신문들은 곧 다가오는 교사자격시험을 치러야 할 예비교사들에게 주의를 환기시켰다. 〈애틀랜타컨스티튜션Atlanta Constitution〉은 독자들에게, "공립학교에서 가르치는 데 필요한 교사자격증을 희망하는 흑인 지원자들을 대상으로 한… 시험이 법원 건물 지하에서 열릴 예정"이라고 알렸다. "중간에 휴식 시간이 따로 없기 때문에 간단한 점심거리를 꼭 챙겨 와야 한다. 시험을 치르는 데 1달러의 비용을 내야 한다." 신문 기사에 따르면, 백인 지원자들은 교육위원회 위원실에서 시험이 치러질 것이었다.[118]

일부 예비교사에게, 학교지도자들은 교사자격시험과 선발 기준이 관계가 없고 거추장스러우며, 이들 자격시험은 개인을 학교에 적합하게 만드는 것과 관련된 정보를 애매모호하게 만들 뿐이라고 주장했다. 이 교사 지원자들을 위해 학교지도자들은 주기적으로 규칙을 수정했고 비공식적인 방식을 적용했다. 그러나 자격시험은 학교에 자리를 얻고자 하는 많은 사람에게 학교에 들어가는 것을 막는 강력한 장벽으로 작동했다. 1884년 〈뉴욕타임스〉는 〈뉴베리사우스캐롤라이나헤럴드Newberry South Carolina Herold〉에 실린 기사를 인용했는데, 그 기사는 교사자격시험의 "교수법 이론과 실천" 부분에서 흑인 지원자들이 틀리게 답변한 내용을 강조하고 있다. "암송의 주요 목적은 무엇인가?"라는 질문에 한 지원자는 "Stand erect and be submissieve. Know they lesson perfect. Stan correct and be perfec submissive"[7]라고 작성했다. 다른 지원자는, "가르침에 관한 책들 중 어떤 것을 읽었는가?"라는 질문에 대한 대답으로, "Astonamy, philosophy, Shakpeare, &c., Philosiphy, theology"[8]라고 답변했다. 이 기사를 작성한 기자는 "이 답변들은 가장 성공적이지 않은 6~8명의 지원자가 작성한 답안지에서 발췌한 견본 답안들"이라고 했다.[119] 이 기사가 제시하는 암묵적 메시지는 두 가지다. 첫째는 문지기로서의 시험을 칭송하고 있다는 점이고, 둘째는 흑인 교사들의 지적 수준을 조롱하고 있다는 점이다. 정책결정자들은 다른 교육개혁들과 마찬가지로 이 시험을 교사의 질을 평가하는 데 객관적이고, 인종차별 문제와는 관련 없는 장치라고 말했다. 그러나 이들이 던진 질문과 답안, 시험 채점 및 관리 방식, 시험 준비에의 기회 등을 포함해 시험의 모든 측면은 아주 심각하게 형평성이 결여된 사회를 반영한 것이었다.

교사양성을 통제하고 고용 절차를 표준화하는 것에 더해, 뉴욕시 학교지도자들은 학교 개선을 위한 교사개혁이라는 명분으로 교실에서의 교사 직무를 또다시 체계화하려고 했다. 뉴욕시 학교 관계자들은 예산이 한정되어 있어 공립학교 학생들에게 배포한 교과서 등 교실에서 사용할 물품을 모두 구입할 형편이 못 되었다. 결과적으로 19세기 중반까지 대부분의 학생은 개별적으로 교과서를 구입해 학교에 가져갔고, 더불어 공통된 교육과정을 개발하는 것이 거의 불가능했을 뿐만 아니라

---

7. [옮긴이 주] 굳이 한국어로 옮기면 '똑바로 서서 복종하는 태도를 보이라. 학생들이 배운 것이 완벽하다는 것을 알라. 똑바로 일어서서 완벽히 순종하라'라고 할 수 있지만, 이 부분에서 핵심은 질문에 대한 대답의 적절함도 떨어지고, 철자법도 문법도 틀렸다는 점이다.

8. [옮긴이 주] 번역하면 "천문학, 철학, 셰익스피어, 그리고 철학, 신학"이다. 하지만 여기서 핵심은 가르침에 대한 책을 묻는 질문에 적절한 대답이라고 볼 수 없는 답변이란 점이다. 물론 철자가 잘못되었거나, 철학이 두 번 들어간 상황도 눈여겨볼 점이다.

교사가 공통된 교육 내용을 전달할 수 없었다. 만약 공립학교 교육에 대한 대중들의 지원이 국가 질서를 유지하고 다음 세대의 시민을 키워 내는 제도적 역량을 마련하는 데 있었다면, 당시 교육위원장이었던 베네딕트가 1851년 설명하고 있듯 "교과서가 다양하다는 것은 가장 위대한 일을 행함에 있어 일종의 악"이었다.[120] 공통된 교과서의 구입은 재정적으로 실현하기 어려운 상태였기 때문에 뉴욕시 학교지도자들은 교사들에게 대신 공통된 교육과정 지침을 마련하도록 했다. 부교육감이었던 존스William Jones는 교사들에게 가르쳐야 하는 내용을 정확하게 기술한 상세한 "교과 내용 개요"를 만들라고 요구했다.[121] 키들은 교육지도자들이 교사가 가르쳐야만 하는 내용을 "보다 명시적으로 정확하게 열거해 주어야" 한다고 요구했다. 왜냐하면 교사들은 이 일을 스스로 해낼 것이라 기대되지도, 그럴 만한 능력이 있다고 여겨지지도 않았기 때문이었다.[122]

학교지도자들은 표준 교육과정을 전달하기 위해 뉴욕시 학교에 "신실한 교사들"을 발령 낸다고 해도, 모든 교사가 이 지침을 충실하게 따른다고 어떻게 확신할 수 있겠는가?[123] 키들에게 "실행되는 수업이 각 학급의 모든 학생에게 공히 전달되고 있는지 아닌지"를 잴 수 있는 유일한 방법은 학생들에게 시험을 치르게 하는 것이었다.[124] 새로운 시험은 학생들을 대상으로 하였지만 교육지도자들은 이 결과를 교사의 효능감을 재는 매트릭스로 활용했다. 즉, 학생들이 무엇을 배웠는지가 아니라 대신 교사가 무엇을 가르쳤는지를 반영하는 방법으로서 말이다. 키들이 제안했듯, 시험 결과를 통해 학교지도자들은 수업의 특징이 무엇인지에 대한 정보, 예를 들어 교사가 교육과정을 "이해력의 적절한 배양 없이… 단지 기계적 암기로만" 전달했는지 그렇지 않은지, 그리고 학급 경영, 즉 "훈육 관점에서 교사가 학급에 미치는 영향이 효과적이었는지 그렇지 않은지, 학생들의 품성을 기를 수 있도록 하는 바른 습관을 길러 주고 있는지 등"에 관한 정보를 얻을 수 있다고 제안했다. 키들은 1860년 메모에서, 너무 많은 교사가 "이 시험의 목표를 여전히 잘못 이해하고 있는 듯하다"라고 언급했다. 이 교사들은 시험의 초점이 "완전한 지식 습득", 즉 교사가 자신이 가르치려고 한 것을 얼마나 가르쳤는지의 정도에 있다고 할 때 "[학생의] 학업 향상도"가 중요하다고 생각했다.[125]

그 목적을 단언하기 위해 교육정책결정자들은 학생 시험 성적을 교사들의 실질적인 (수업) 성과와 연결시켰다. 한 예로, 초등부 58번 그래머스쿨Primary Department Grammar School No. 58의 니리 선생님Miss M. E. Neary은 1881년 "교사 등급이 강등되고 170달러의 벌금을 부과받았다. 그 이유는 그녀가 담당한 학급의 평균 성적이 1880년 한 해 동안 기준에 제대로 도달하지 못했기 때문"이었다.[126] 시험 결과는 "극단적으로 교사들을 좌절시키면서" 교육지도자들의 걱정거리를 확인시켜 주는 것에 지나지 않았다. 〈뉴욕타임스〉가 1891년 보도한 바와 같이, "학교 시스템의 사악함과 결함은 일부 교사의 지성과 효율성 부족 때문"이었다. 주의 깊게 만들어진 공통된 교육과정 지침으로 정말 대단한 것을 성취할 수 있었다. 개혁가들은 학년별 교육과정에서 요구되는 사항을 표준화하고 이를 평가하는 지필고사가 교사가 정확하게 학습자료를 전달하고 있는지를 평가할 수 있는 유일한 방법이라고 판단했다. 한 심사관은 〈뉴욕타임스〉 기자에게 이렇게 말했다. "나는 한 학급에 들어가 월요일 수업에서 내용을 하나 선택해 지리와 관련해 정말 단순한 질문을 던졌다. 오늘은 수요일이었다." 한 명의 학생도 대답하지 못했다. 그 문제를 여러 번 반복해 질문했음에도 불구하고 말이다. 의심에 가득 찬 심사관은 "학생들은 멍청하게 앉아만 있었다"라고 회상했다. 계속해서, "나는 교사에게 몸을 돌려 말했다. '블랭크 선생님Miss Blank, 선생님이 학생들 대신 대답해 보세요.' 그러나 그 선생님 또한 아이들과 마찬가지로 꿀 먹은 벙어리처럼 가만히 있었다." 이 심사관과 뉴욕시의 다른 학교지도자들에게 이와 같은 상황은 정말 많은 교사가 "가르치기에 무능하고 그 직업에 어울리지 않는다"라는 증거일 뿐만 아니라, 교사 수급을 우려해 이들을 직무에서 내쫓을 수 없다면 좀 더 엄격한 규제라도 필요하다는 의미였다.[127]

교육개혁가들은 국가의 공립학교 문제를 푸는 해결책의 중심에 교사 개혁을 두어야 한다는 데 동의했다. 교사의 전문직화는 지역 공립학교의 제도적 발전에 없어서는 안 되는 것이자 이와 떼려야 뗄 수 없는 것이었다. 그 결과물은 어떤 사람이 "행정 관료주의red-taperism"라고 묘사되는 것으로, 그것은 교사의 직무를 표준화하고 점차 커지는 학교 시스템의 요구에 교사를 끼워 맞추려는 광범위한 정책과 규제를 의미한다.[128] 19세기 중반 동안 초등학교에서 교사 1인당 학생 수는 대략 1:50을 약간 상회하는 정도였다. 1800년대 후반이 되면 뉴욕시의 교사-행정가 비중이 1:13이 되었다.[129] 어떤 사회비평가가 기술했듯, "우리 위대한 도시의 정교한 학교 시스템은 학교에서 기계처럼 움직이는 천 명의 교사를 두고 있다".[130] 초기 전문직화 개혁의 특징은 효율적인 노동자이자 규칙 준수자로 학교에 교사를 끼워 맞추었고, 이로 말미암아 교사들의 권력을 약화시켰다. "학급 교사는 자신의 통제권을 상실하게 되었고, '교육가'들이 다스리는 위대한 군대의 사병이 되어 버렸다. ··· 대도시 교사들은, 그들의 직무 내용과 수행 방법이 그들을 생각하여 미리 규정되면서, 전문가 방식으로 생각하는 사상가가 되기를 그만두고 있다." 데즈먼드 William Desmond가 〈더센츄리매거진The Century Magazine〉에 쓴 글의 일부 내용이다.[131] 또 다른 비평가에 따르면, "행정 관료주의는 공립학교 시스템을 그 자체로 너무 긴밀히 감싸고 있어 교사와 학생 모두 압박감이라는 역효과로 고통받고 있었다. 이런 부정적인 영향하에서 교사들은 기계적으로 움직이는 사람이 되어 무미건조한 정보를 전달할 뿐"[132]이었다. "교사들은 (비록 불완전하지만) 어린아이들을 다스리기 위한 해법일 수 있는 고통과 처벌이라는 시스템에 굴복하게 되었다고 불평했다. 그러나 급성장한 학교 관료제의 가장 낮은 단계에 자리한 교사들은 도움받기 위해 의지할 데가 거의 없었다.[133]

단일한 지역 공립학교 시스템의 제도적 발전으로 19세기 후반 50년 동안 이런 새로운 제도가 사회적으로 가치 있다는 공감대에서부터 시작하여 공립학교가 실패하고 있다는 것, 특히 교사 때문에 이런 결과가 나타나게 되었다는 생각으로 변화되었다. 의료계나 법조계와 같은 다른 분야의 발전을 지켜보면서, 교육개혁가들은 전문직화를 학교 문제의 해독제로 내세우며 강조했다. 하지만 이들은 이제 막 부상하는 의료계 및 법조계를 차지한 남성들과 전국의 공립학교 교사들을 근본적으로 다르다고 이해했다. 가정의 연장선으로 학교를 상정한 교육지도자들에게, 여성은 전형적으로 여성적인 재능으로 고용되었고, 이들은 타고난 교사였다. 교사의 전문직화는 처음부터 차별적 형태를 띠었고 규제와 체계화에 초점을 두었다. 미국의 지역 공립학교 시스템의 구조적 발전과 교직 teaching profession의 창출은 동시에 일어났고 점차 다양해지는 사회에서 이것들은 학교의 목적에 대한 광범위한 이데올로기와 경멸적이고 깊숙이 뿌리박힌 성차별적이고 인종차별적인 인식과 불가분의 관계를 형성했다.

이 시기 뉴욕시 학교개혁의 역사는 여러 측면에서 예외적이었다. 그러나 국가적 차원에서 지역 공립학교 시스템의 중요성이 높아지면서, 대도시에서의 실천들이 국가의 교육정책 의제 형성에 영향을 미쳤다. 게다가 교육지도자들이 학교 문제와 잇따르는 개혁을 규정하는 방식에 영향을 준 정책 서사들이 이 시기에 생겨났는데, 이런 정책 서사는 이후 상당히 오랜 기간 지속되고 상호 중첩되어 온 것이었다. 첫째, 공립학교는 비평가들이 결손 가정의 탓이라고 돌린 사회적 문제의 해결책으로 등장했다. 둘째, 교직은 여성이 우위를 차지하는 직업이었을 뿐 아니라 빅토리아 시대 여성적 온순함이라는 인종차별적(성차별적) 개념이 주입된 여성의 독특한 직업이었다. 셋째, 학교의 성공과 실패는 교사들의 집단적 책임에 있다.

제2장

사명에 걸맞은 존엄한 수준으로
교사 전문성 제고하기

진보주의 시대 근대 학교 관료제
및 교원정년보장정책의 발달

1906학년도가 마무리될 즈음, 뉴욕시 교육위원회는 공립학교 학생 사이에 유행하던 아데노이드 감염의 치료를 의사에게 의뢰했고 비용은 지방정부가 부담했다. 치료 과정에 대한 흉흉한 소문이 도시 이민자 거주 지역에 퍼졌고 결국 소요가 발생했다. 비록 학교 관계자들은 모든 학생 환자가 수주 전에 학부모 동의서에 서명해 교사에게 전달했다고 주장했지만, 뉴욕 동부 저지대에 사는 많은 학부모는 영어를 말할 줄도, 읽을 줄도 몰랐다. 학부모들은 교사를 돕고 있는 의사들이 자기 자녀들을 험하게 다루었다고 확신하고서 학교로 몰려갔다. 〈뉴욕타임스〉는 "학부모들이 한꺼번에 10여 개 학교로 쳐들어가 교사 머리카락을 집어 뜯고 사납게 이디시어(유대인 언어)를 쏟아냈다. 그러고는 이미 이들의 상상 속에서 살육당한 아이들을 부르며 통곡했다"고 보도했다. "러시아에서 이주한 유대인들은 금방 흥분해서는 자신이 들은 폭력적인 이야기를 믿었고, 뉴욕시 소속 교사들이 아무 잘못도 없는 아이들을 죽이는 데 관여했다는 소문을 철석같이 진짜라고 여기는 듯했다."[1] 다음 날 집 근처 학교에서 실제 무슨 일이 있었는지 알게 된 후, 이탈리아계 학부모들은 공립학교를 에워쌌다. 〈타임스Times〉의 다른 기사를 보면, "교사가 학생들의 목구멍을 딴다는 등 흉흉한 소문이 (이탈리아의) 시칠리와 칼라브리아에서 이주해 온 엄마들을 거의 미치게 만들었다. 물론 이 소문에 수요일 뉴욕 동부지역 여성들은 격분했다." 의도하지 않은 상징주의가 가득한 상황에서, 한 무리의 이탈리아계 학부모가 학교 입구로 밀고 들어갔다. "교사들은 교문을 막아섰고, 오랜 시간 천천히 그 문을 끌어당겨 쾅 하고 닫았다."[2]

정책결정자와 비평가들은 19세기 후반 50년 동안 공립학교가 미친 광범위한 혜택을 목청껏 외쳤다. 하지만 진보주의 시대progressive era에는 지역 공립학교가 국가적 중요성을 지닌 사회제도라는 이데올로기는 아주 광범위하게 호소력과 합의를 얻으면서 기정사실화되었다. 어떤 이는 행복에 겨워 "한 시대의 가장 중요한 징후"를 서술했다. "젊은이가 삶의 전투를 위해 자신을 준비할 수 있도록" 하는 "자선" 혹은 "기회"로 공교육을 바라보는 "불완전한 개념"이 존재했다. 이러한 관섬은 "사회보장 및 경제적 번영이 사람들의 교육에 절대적으로 점점 더 크게 의존할 것이고, 그래서 학교는 국가의 가장 중요한 관심사를 유지하고 확대하는 데 필수 불가결하다"는 좀 더 적절한 관점으로 대체되었다.[3] 또 다른 이는 세기 전환기에 "대중 교육은 호러스 맨조차 꿈꿔 보지 못한" 수준에 이르렀다고 썼다.[4] 전쟁 기간을 돌아보면, 뉴욕주교육부Department of Education 관료들은 "학교가 근대 전쟁의 아주 기본적인 무기가 되었다"고 설명했다.[5] 비록 지역에서 규제하고 통제하기는 했지만, 대도시 교육가들은 공립학교의 목표를 연방정부의 시선에서 정의했고, 아동의 교육을 국가통합 및 국력을 지원하는 프로젝트로 이해했다. 즉, 국가의 이상과 염원을 지역 교육정책으로 바꿔 주는 프로젝트 말이다.

일련의 명시적이고 암묵적인 방식의 인종차별적 장애물이 교직을 백인 여성의 영역으로 강화하면서 일부 지원자의 공립학교 진입을 막았다. 그럼에도 불구하고 교육행정가들은 가용할 수 있는 지원자 풀에 대한 속상함을 드러내면서 도대체 왜 보다 나은 교사 지원자를 유인하지 못하고 있는지 의아해했다. NEA가 발간한 한 연구에서 정책결정자들의 이런 걱정거리를 포착할 수 있다. "교사들의 인종 및 가정 배경을 보면, 이들의 지도하에 아동이 미국의 정치적 이상과 문화적 이념을 잘 배울 수 있으리라고 생각하기 어렵다. 일부 주에서 이런 현상이 심각한데, 사범학교 학생의 상당수가 (비록 미국 땅에 거주하기는 하지만) 사용하는 언어나 관습, 혹은 이념에 있어 외국이라 할 만한 가정의 출신들이다."[6] 미 전역의 정책결정가 및 교육개혁가들은 입을 모아 방안을 내놓았는데, 이 학교들의 문제에 대한 처방은 철저히 미국화되어 있고 공립학교의 보다 광범위한 사회적 목표에 공감하는 전문가 교사집단을 만드는 것이 핵심이었다. 당시 진보주의 개혁에 고무된 교육지도자들은 관료적 조직화를 교사 전문직화의 가장 효율적인 방안으로 여겼다.

공립학교의 성취가 낮다며 교사들을 비난하고 전문직화가 곧 이를 해결할 수 있을 것이라는 정책 서사는 그다지 새로울 게 없었다. 그러나 학교지도자들이 시도한 교사개혁의 구체적인 방안은 당시 사회적 상황을 잘 보여 준다. 미국화와 전문직화는 통상적으로 서로 분리된 독립적인 과정으로 이해되어 왔다. 하지만 진보주의 시대에 이 둘은 서로 단단히 얽혀 있었다. 즉, 학교지도자들은 교사들의 집단적 "전문성 부족"이 이들의 태생적 특징과 인종적 배경에서 유래한다고 추론하면서 서로가 서로의 담론 형성을 부추겼다.[7] 역사학자들은 점점 심화되는 학교의 관료화 과정을 생생하게 기록해 왔는데, 이때 등장한 새로운 조직은 교사와 분리되어 교사를 둘러싸고 발전해 온 것으로 그려진다.[8] 실제 교사들은 이런 발전하는 학교 시스템에서 거의 목소리를 내지 못했다. 그러나 개혁가들은 교사를 염두에 두고 공교육을 규정하는 구조를 만들었다. 어느 순간 교사들에게 아주 익숙하고 일상화된 환경은 근대적 학교 시스템의 부상에 따른 의도된 결과물이다. 근대적 학교 시스템의 구조적 발전, 미국화를 매개하는 학교 교사의 국가적 소명에 대한 이데올로기, 여성 노동자의 특성과 미국주의로의 백인다움에 대한 성차별적이고 인종차별적인 가정들이 한데 모여 진보주의 시대 전문직화 개혁이라는 브랜드를 만들어 냈다. 이 개혁은 표면적으로 지위와 질서를 약속했지만 실제로는 교사와 가르치는 일의 품위를 손상시켰다.

이 장은 "질서 탐색으로서의 교사개혁"으로 시작한다. 여기서는 미국화라는 이상, 인종과 질에 대한 아이디어, 교사 전문직화, 그리고 근대 학교 관료제의 부상이 상호 연결되어 있음을 탐색한다. 교육개혁가들은 교사와 학생을 미국화하는 방안이자, 효율성을 증대하고 공립학교 교사를 전문직으로 만들기 위한 방안으로 학교교육의 새로운 시스템을 내걸었다. 이 새로운 시스템은 교사 전문직성이란 이름으로 제공되고, 비난의 언어에 의해 유지되었는데, 유색인종 교사의 도심 공립학교 진입을 가로막는가 하면 교사의 목소리를 약화시키고 권위를 떨어뜨렸다. 게다가 교사들이 불균등한 급여, 막무가내식 해고 및 벌금 등의 상황에 놓이게 했다. 이 같은 맥락에서 등장한 정년보장제 논의는 이런 교육 전경 속 사람들이 교사 전문직성을 이해하고 정의하는 방식이 모순적임을 강조해 보여 준다. 다음 절의 "'연례 교사 선발의 고충'과 초기 정년보장정책"에서 좀 더 자세히 볼 수 있을 텐데, 학교지도자들 및 교육개혁가들은 처음에 정년보장정책에 냉담한 태도를 취했다. 그러다가 이들은 미국화와 관료주의 프로젝트를 통해 전문직화의 포괄적인 프레임에 교사정년보장을 재빨리 포함시켰다. 정책결정자들은 높은 교사이직률로 발생하는 비용 문제가 부담스러웠고, 또 새로 교사를 선발해야 하는 과정으로 인한 불편함을 하소연했다. 이들에게 정년보장제도는 안정적이면서도 미국화된 공립학교 교사를 확실하게 보장해 주는 방안이었다. 그러나 교사들에게 정년보장정책은 뭔가 좀 다른 것을 의미했다. 전국의 도심 지역 초등학교 여교사는 학교 노동자 중 가장 다수를 차지하는 사람들로 (다음 절, "도심 교사들과 결혼 및 임신할 권리를 위한 투쟁"에서 기술하듯) 처음에는 정년보장을 하나의 권한으로 옹호했다. 초등학교 여교사는 선거에 참여할 권한도 없고 그렇다고 사회적 권위조차 미약한 상태에서 정년보장제가 기본적인 직업보호장치로 작동하리라 기대했다. 그러나 정책결정자들이 만든 입법 내용을 보면, 정년보장 개혁 방안은 교사들이 원하는 그런 신분을 보장해 주는 게 아니었다. 그래서 교사들은 노동권 투쟁을 보다 거시적인 여성참정권 프로젝트와 연계하면서 학교를 넘어 결혼할 권리를 위한 법률로 눈을 돌렸다.

미국에서 최초의 교원노조는 초등학교 여교사에 의해 운영되는 지역 조직이었고, 그 설립 시기는 1902년으로 거슬러 올라간다. 1916년과 AFTAmerican Federation of Teachers(전미교사연맹)가 부상하기까지, 교원노조 형성 과정은 고교 남교사들이 리더로서의 지위를 요청하면서 변화하게 된다. 이 과정에서 전문가 교사professional teachers라는 새로운 개념이 등장했다. 이 장의 마지막 부분인 "정년보장과 학문적 자유 추구"에서는 남성 노조 지도자들이 대학교수들과 교사들이 공히 협력한 정년보장 투쟁과 학교에서 점차 심화되는 위계적 질서를 수평으로 만들려고 한 움직임을 다루었다. 이들의 노력은 반대에 부딪혔고 대체로 성공하지 못했다. 표면상으로 이 시기 뉴욕시와 기타 지역에서 학교개혁을 추동하는 교사 전문직성이란 언어는 학교 노동자들을 위한 신분 보장, 권위, 존경을 의미하는 듯했지만, 실제로는 실속 없는 속 빈 강정이었다.

질서 탐색으로서의 교사개혁

20세기가 시작하고 「출신국가법」[1]이 성안된 1924년이 되기까지 수십만 명의 비영어권 이주민들이 이들을 맞이할 준비가 전혀 되어 있지 않은 도시로 밀어닥쳤다. 교육감이었던 오세아William O'Shea 에 따르면, 1904년부터 1914년까지 뉴욕시 공립초등학교에 등록한 학생 수가 자그

마치 60% 이상 늘어났다. 같은 시기 뉴욕의 공립고교는 등록 학생 수가 422% 증가했는데, 1904년 2만 948명에서 1914년 10만 9,370명이 되었다.[9] 공립학교의 학생 수 급증은 이 시기에 이민자들의 도시를 둘러싸고 주택 및 보건 분야에서 나타난 것과 동일한 문제 상황을 역설했다. 뉴욕시는 미국 전체적으로 가장 많은 이민자 수를 기록한 지역으로, 도시의 팽창을 보여 주는 전형이었다.[10] 1908년 뉴욕 공립학교에 등록된 학생의 절반 정도는 아버지가 외국 태생이었다.[11] 그리고 뉴욕시 전체 인구의 3/4 이상이 본인 혹은 부모가 외국 태생이었다.[12]

전쟁(1차 세계대전)이 고조되고 100% 완벽한 미국주의100 percent Americanism라는 구호가 널리 퍼지면서 미국 각 도시의 인구 구성 변화가 새롭게 부각됐다. 미국의 각 도심에서 교육행정가들은 (자신들이 정의한) 학생 문제로 골머리를 앓았다. 전국의 학교지도자들은 이 문제의 원인이 외국에서 출생한 학생들 때문이라고 규정하고 '미국적 방식'을 체화한 교사로 학교를 채우는 것만이 유일한 해법이라고 여겼다.[13] 뉴욕시 교육감이었던 에팅거William Ettinger는 1918년 가을 뉴욕 공립학교 교사 대상 연설에서 "우리 교육 시스템의 모든 교사는 말과 행동이 공격적일 만큼 애국심이 투철해야 하고, 역사를 제대로 해석해 개인적 자유라는 영존하는 앵글로-색슨의 원칙을 나타내 보여 주어야 한다"[14]라고 주장했다. 학교지도자들은 교사의 영어 수준은 곧 국가에 대한 충성심을 보여 주는 척도로 가장 기본적인 자질이라고 입을 모았다. 학교 교장이었던 블리먼William Vlymen은 "학생들은 올바른 영어를 사용하도록 훈련

---

1. [옮긴이 주] 「출신국가법(National Origins Act, 1924)」. 1924년도에 제정된 미연방의 이민법(Immigration Act of 1924) 혹은 존리드법(John-Reed Act)이라고도 불리는 법 안에 포함된 하위 법률 중 하나로 1952년까지 이어졌다. 이 법 이외에도 「아시아인 배제법(Asian Exclusion Act)」도 있었다. 즉, 미국의 이민자 수를 제한하는 방법으로 아시아 및 동구(Eastern Hemisphere) 출신 이민자를 아예 받지 않거나 정원을 정하게 하는 법이었다. 이 법은 단일한 이상을 지닌 국가로서 미국을 보호하려는 것을 목적으로 했다.

받아야 한다. 영어라는 언어는 우리 모국어이기 때문이다. 별다른 이유가 없다면 교사들은 영어에 제대로 된 애착을 보여야 한다"라고 했다.[15]

1918년이 되면서 미국 전체적으로 거의 2,000만 명 이상의 아이들이 지역 공립학교에 다니고 있었다. 이와 함께 지역 공립학교에는 77만 명의 교사가 고용되어 있었고 매년 공교육비로 8억 달러 정도가 지출되었다.[16] 학교 규모가 점차 커지면서 공교육에 책무성을 물어야 한다는 대중(납세자)의 인식이 점차 커졌다. 당시 유명한 교육지도자인 버틀러 Nicholas Murray Butler는 국가의 공립학교에 대한 "깊은 관심"은 "새로 각성된 지역적 양심"의 결과였고, "납세자들"은 "효율성"을 요구하게 되었다고 설명했다.[17] 더불어 (공립학교에 대해) 이렇게 커져 가는 기대심리는 국가의 공립학교가 이런 사명을 제대로 이행하지 못하고 있다는 우려를 증폭시켰다. 해리슨Frederick Harrison은 1891년 〈더포럼The Forum〉에서 "나는 가끔 이전보다 제 길에서 많이 벗어나 있는 것은 아닌지 생각하게 된다. 마치 우리 전체 시스템이 실패한 것 같은 그런 느낌이 든다"며 한탄했다. 그는 이어서 "난 오로지 교육에 대해 이렇게 느낄 때가 많다. 싹 다 없애 버려. 그리고 전부 새로 시작하는 거야"라고 말했다.[18] 정책결정자들과 대중들은 "교사들의 중차대한 임무"에 대한 관심을 불러일으키며, 교사들의 헌신적 태도에 집단적 결함이 있는 건 아닌지 다시한번 꼬집었다.[19] 버틀러는 "더 낫고 더 합리적인 가르침을 방해하는 가장 큰 장애물"은 교사 자체로, "훈련이 덜 되어 있고, 영감이라고는 찾아볼 수 없는" 교사집단을 지목했다. 그는 학교 문제는 "개인적 편의와 편안함만"을 우선시하는 교사들 때문으로, 교사들은 늘 "통상적이고 아주익숙한 것에만 매달리면서 철저히 무지한 채로 남아 있으려 한다"라고 분석했다.[20] 라이스의 논조도 내용상 버틀러의 논평과 크게 다르지 않은데, 그는 전국의 공립학교 교사들이 "가장 큰 문제"이고, 학교 개선에 걸림돌이라고 했다.[21]

이런 이민자의 파고는 미국이란 국가의 학교 책상에 누가 앉아 있는 지를 주요 이슈로 만들었을 뿐만 아니라 도심 공립학교 교사 구성에 지대한 영향을 미쳤다. 1900년 인구통계조사에 따르면, 전국적으로 교사의 30%가 본인 혹은 부모가 외국 태생이었다.[22] 뉴욕에서는 이런 통계 수치가 다른 지역에 비해 50%는 더 높았는데, 1세대 혹은 2세대 이민자가 차지하는 비율이 전체 교사의 45%를 넘었다.[23] 뉴욕시 특정 지역은 이 수치가 더 높았다. 뉴욕시 현직 교사 연수에 관한 한 연구를 보면, 교사의 90% 이상이 뉴욕시에서 태어나기는 했지만, 거의 70%가 이민 2세대였다. 한 세대를 거슬러 올라가면 조부모 중 한 사람 이상이 외국 태생인 경우는 90% 이상이었다.[24] 맥거피Verne McGuffey의 뉴욕시 예비 교사에 대한 연구에 따르면, 영어 이외의 다른 언어를 사용하는 학생-교사 수가 영어만 할 줄 아는 학생-교사 수의 두 배에 이르렀고, 이 신임 교사들의 조부모 중 영어를 전혀 할 줄 모른다고 한 비중이 거의 절반에 이르렀다. 맥거피는 "분명히 학생의 3/4가량은 미국화된 영어가 아닌 외국어 억양이 있는 영어를 구사하고 있을 것이다"라고 주장했다.[25]

뉴욕시 교사집단은 20세기로 진입하던 시기와 이후의 진보주의 시대를 지나면서 인종적으로 다양해졌다. 하지만 흑인 교사들이 학교 교사가 되려고 무진장 애썼음에도 불구하고 흑인 교사가 학교 교사가 되는 길은 험난했다. 뉴욕시 전체의 흑인 교사는 1890년 16명에서 1920년 214명으로 늘었지만 그 비중은 전체 교사 중 단 0.67%에 지나지 않았다.[26] 1890년대 말, 뉴욕주 의회는 「반차별금지법」을 통과시키며, 1900년 공무원이 되려는 누구라도 인종에 상관없이 시험을 통해 선발될 수 있는 길을 열었다. 당시 주지사인 루스벨트는 학교에서의 (흑백)인종에 따른 분리차별을 공식적으로 없앴다. 이를 두고 한 신문 기자는 "유색인종이 꽤 오랫동안 싸워 온 전투"였다고 표현했다.[27] 정책 면에서 공립학교의 변화 방향은 분명했지만, 실제 상황은 전혀 그렇지 않았다. 흑인 아동들은 이웃 사회의 기관 및 주택 형편 때문에 여전히 인종 간 분리차별이 강한 학교에 다니고 있었고, 백인 학부모, 백인 아동, 백인 교사들은 학교에 흑인 교사를 고용해 배치하는 것에 기를 쓰고 저항했다. 특히 백인 학생이 대부분인 학교에서는 더더욱 그랬다.

1899년, 사우스캐롤라이나 클라플린대학교Claflin University of South Carolina의 전임 부총장이었던 버클리William L. T. Buckley, Ph.D.는 북부로 옮겨 와 뉴욕시의 공립학교에서 일자리를 얻고자 했다. 우여곡절 끝에 버클리 박사는 뉴욕시 11번가공립학교에 교사 자리를 얻게 되는데, 이 학교의 일부 백인 교사가 버클리에게 교사 임용이 취소되지 않으면 자진 사퇴하라고 협박했다. 뉴욕시 교육지도자들 또한 이런 분위기에 동조했다. "버클리 박사가 교사로서 자격이 충분하다는 것은 의심의 여지가 없다. 그를 반대하는 유일한 이유는 흑인이라는 버클리의 피부색 때문이다. 다른 교사들이 흑인 교사와 같은 학교에서 가르치지 않겠다고 선언하고 있다." 이 사례가 극히 드문 예외였냐 하면 그렇지 않았다. 거의 모든 북부지역 도시 학교에서는 이런 에피소드가 너무도 흔한 광경이었다. 1903년, 브라운John S. Brown은 "1902년 2월 뉴욕시 중앙행정청 산하 광역 단위 학교를 관장하도록 새로운 부서가 생기면서 시험감독관 자격을 취득한 유일한 흑인"이었다. 그가 들어선 교실의 백인 아이들은 "휴지 뭉치 혹은 다른 물품"을 그에게 던지며 "흑인 감독관을 인정할 수 없다"느니, "그를 교실에서 나가게 하라"는 등의 난동을 부렸다. 브라운은 이런 소동을 피우는 아이들을 꾸짖었는데, 이 일로 "분노한 학부모들의 원성"이 높아졌고 브라운의 성품이 너무 엄하다며 당장 내쫓으라고 요구했다. 맥스웰William Maxwell 교육감은 지방 신문 기자의 질문에 답하면서 이런 우려들에 그다지 신경 쓰지 않는 태도를 보였다. "공립학교에서 인종(차별) 관련한 문제는 없다"라고 일축한 것이다. 대신, 학교지도자들은 브라운을 뉴욕시의 다른 학교로 전보 발령을 냈다. 소위 "그의 피부색이 학생들 사이에 별다른 편견을 불러오지 않을 것 같은" 학교로 말이다.[28] 공식적인 정책뿐만 아니라 비공식적인 실천 양상이 뒤섞인 상황에서 북부지역의 도심 학교 교직은 여전히 백인 여성의 일로 비쳤다.

20세기 초 이민자들의 대거 유입이 미국인이라는 응집력 있는 정체성을 허무는 게 아니냐는 우려를 불러왔고, 1차 세계대전이 발발하고 미국이 전쟁에 개입하게 되자 이런 우려는 곧 최고조에 다다랐고 국가에 대한 충성과 안보를 둘러싼 새로운 걱정거리와 뒤섞였다.[29] 1919년 봄, 미국화를 위한 연방교육국federal Bureau of Education for Americanization은 4일간 이어지는 콘퍼런스를 개최했다. 버틀러Fred C. Butler는 개회사를 통해 콘퍼런스의 목적을 설명하면서, "우리는 하나로 통합되지 않은 국가의 모습으로 변해 가고 있다. 하지만 루스벨트는 이를 '다국어가 통용되는 기숙사' 같다고 표현했다."[30] 연방교육국의 관료들은 대도시의 사례가 학교개혁을 위한 국가 차원의 선구적인 예가 될 수 있다며, 대도시 교육지도자들을 초대해서는 "도대체 이 문제를 어떻게 처리하면 좋을까?" 손에 잡힐 만한 구체적인 해결 방안을 제시해 달라고 부탁했다.[31] 클랙스턴Philander Claxton 연방교육국장Commissioner of Education은 콘퍼런스에 초대받은 청중들에게 "우리는 [미국화가] 연방정부 및 각 주정부, 그리고 각 지방자치체들이 다 함께 일하는 데 큰 걸림돌이 되는 문제임을 잘 알고 있다"라고 설명했다. 뉴욕시에서 온 한 연사는 전국적으로 점점 증가하는 학교의 "타인들"을 미국화하는 일이 얼마나 복잡한 일인지 기술하면서 인종차별로 잔뜩 채색된 학교개혁안을 해결책이라며 요구했다. 동료들을 대표한다며 그가 내세운 표현을 보면, 우스갯소리랍시고 이렇게 말한다. "우리는 마치 어떤 돈 많은 친구가 '포스내셔널뱅크'[2]에 취직시켜 줄지 제안을 받은 한 검둥이와 같습니다. 이 검둥이는 이렇게 답했다고 해요. '뭐, 나를? 왜? 난 첫 번째 국립은행이 어디 있는지도 모르는

데?'라고 말이죠."[32]

집회에 참여한 연사들이 다양한 미국화 방안에 대해 열띤 공방을 벌였지만, 이들은 모두 몇 가지 점에 대해 동의했다. 첫째, 이들 모두 영어를 제대로 말하고 가르치는 일이 중요하다고 강조하면서 미국화된 영어는 곧 미국의 이상이라는 장갑을 손에 끼우는 일이라고 여겼다. 클랙스턴은 "영어에 대한 지식을 모르고서는 미국 사람이 누군지 미국의 이상이 무엇인지 알아 나갈 수 없다"라고 설명했다.[33] 둘째, 연사들은 학교가이런 미국화된 이상을 수호하는 최전선이라고 열변을 토했다. 이와 관련해 뉴욕시에서 온 한 연사는 이렇게 말한다. "학교는 외국인들이 아낌없이 충성을 맹세할 수 있게 하는 미국 제일의 제도라 할 수 있다."[34] 마지막으로 아마 가장 중요한 이야기가 될 수 있을 듯한데, 집회에 참여한연사들은 미국화가 전국의 공립학교 교사들의 손에 달려 있다고 입을모아 강조했다. "이런 요구를 잘 알고, 방법적으로, 기술적으로 이런 요구에 잘 부응해 측정 가능한 결과를 만들어 낼 수 있는 정말 잘 훈련된교직 종사자를 길러 내는 것이 우리의 일 중에 가장 중요하다. (모든) 교사는 100% 미국화되어 있어야Americanism 한다"라고 요구했다.[35] 미국화를 둘러싼 이런 논쟁은 시민성과 권력에 대한 동시대적 이념이 반영된것으로 지역별 교육정책을 만드는 데 큰 영향을 미쳤다.

그런데 사회비평가 및 교육지도자들은 교사가 미국화라는 절체절명의 중대사를 실현하는 데 일종의 장애물이 되고 있다고 여겼다. 걸림돌이 되는 문제란 점차 높아지는 공립학교 교사들의 비문해율에서부터 국가에 대한 충성심 결여, 특히 나약한 미국화 수준 등에 이르기까지 다양했다.[36] 뉴욕시 교육위원회 위원이었던 윌시Frank Wilsey는 1919년 지

---

2. [옮긴이 주] Fourth National Bank. 글자의 뜻을 생각해 보면 '4번째 국립은행'이겠지만, 민간은행으로 1864년 뉴욕시에 설립되었다. 여러 명의 명망가가 발기인으로 참여해 20세기 초반 나름 영업이익을 냈지만, 고전을 면치 못하고 1914년 다른 은행에 합병되어 없어졌다. 지금의 Chase National Bank의 전신이 되는 금융기관이었다.

역 신문 기자에게 "문제의 핵심은 이 교사란 직업이 교사 수나 역량에서나 우리에게 필요한 교사를 끌어들일 만큼 매력적이지 않다는 것"이라면서, 그는 계속해서 당시 학교들이 "시급한 민주주의 문제를 해결하려면 요구되는 교사의 수준이 어떤지"를 따질 수 없는 상황이라고 말했다.[37] 뉴욕시 통합학구의 교육감이었던 틸드슬리John L. Tildsley 또한 이런 입장을 견지한 인물이었다. 그는 제반 문제의 원인을 교사에게 돌리면서 "최근 미국적 전통과 앵글로색슨의 이상주의를 제대로 배우지 못한 채 학교 시스템으로 들어오는 교사들이 많다"는 사실을 강조했다.[38]

전국적으로 교육지도자들은 교직의 성과라는 것이 아주 형편없다는 데 기본적으로 동의했다. 에팅거는 "교사의 전문성을 교직의 사명에 어울릴 만큼 위엄 있게 만들어야 한다"라고 했다.[39] 그러나 다른 많은 비병가도 동의하고 있듯, 전문직으로서 교직이 맞닥뜨린 문제는 교사 자체에 있었다. 이에 대해 뉴욕시 교육감이었던 맥스웰은 "대중들이 보이는 낮은 존경심으로 인해 교사 자신에 대한 자존감 및 소명의식이 낮다"라고 설명했다.[40] 1895년 스피드John Gilmer Speed가 관찰한 바에 의하면, 학교 교사들은 "남녀노소 할 것 없이 모든 사회계층의 사람들에게 냉대당하면서, 교사란 다른 일로 먹고살 방법이 없어 어쩔 수 없이 교직을 택해 일하는 불쌍한 사람들"로 인식되었다. 부당하리만치 교사들의 성취나 이상은 스피드가 그려 보이는 것과 아주 다르기는 했지만, "교사들의 성취도 이들이 가진 이상도 더 높은 사회적 존경을 받게 해 주지는 못했다".[41]

라이스와 같이 국가 단위 및 지역 단위의 교육개혁 인사들에 따르면, 교사 문제는 시종일관 "전문가적 무능"에 있었다.[42] "성공적인 교사"에 대한 점차 커지는 요구와 함께 성공적인 교사 공급이 눈에 띌 정도로 줄었기 때문에 라이스를 비롯한 교육개혁가들은 학교가 교사 변인에 의해 흔들리지 않도록 잘 구조화하는 개혁을 요구했다. "필요로 하는 교사 수가 많아서 교사라는 전문직에 적합한 사람만 골라 선택할 수 없다. 따라서 우리가 할 수 있는 일이란 교사가 자연스럽게 미약한 필수적 권력을 개발하는 것일 게다. 그리고 우리는 이 일을 해낼 수 있다"라고 라이스는 설명했다.[43] 이런 라이스의 솔직한 심정이 관련 개혁정책을 적극 밀어붙이는 역할을 했는데, "원칙적으로, 우리 교사들은 독립적인 존재로 인정받기에 너무 나약하다. 따라서 학교관리자들이 계속적으로 받치고 지지해 주는 역할을 담당해야 한다."[44] 학교지도자들은 교사개혁 혹은 교사 전문직화라는 이름으로 근대적인 학교 관료제를 형성했는데, 조직 내 효율성을 높여야 한다는 진보주의적 신념이 적극 반영된 결과였다. 틸드슬리와 같은 학교시노자들은 일부 교사의 "입을 틀어막고", "억누르는 것"이 필요하다는 점에 의견을 모으고 꼼꼼하게 잘 짜맞춰진 학교 시스템이 이 둘을 모두 감당할 수 있어야 한다고 생각했다.[45] 전문가적 식견에 대한 신뢰에서 출발하여 도심 학교가 당면한 교사 부족 사태를 보면서 교육개혁가들은 제대로 작동하는 "시스템"이라면 "(교사의) 인성"을 이겨 낼 수 있다고 주장했다.

라이스는 두 명의 교사 유형을 사례로 들어 설명한다. 한 교사는 타고난 교사로서의 능력을 지니고 있고 다른 교사는 좀 능력은 떨어지지만 고도로 체계화된 관리감독 시스템에서 일하고 있다.[46] 라이스는 두 번째 유형의 교사 또한 충분히 효과적인 교사가 될 수 있다고 강조한다. 개혁가들은 "교육과학"을 통해 여러 학교에서 발견되는 "비웃음 사기 딱 좋은 가르침의 모습"을 개선할 수 있으리라고 주장했다. 정책결정자들은 학교 관료제를 구축하고, 이를 작동하게 하는 "철갑 규정"을 계속해 만들었다.[47] 드레이퍼Andew Draper의 지적처럼, 이런 시스템과 규정은 "최고의 교사"를 염두에 둔 것이 아니라 "최악의 교사"를 염두에 둔 것이었다. 뉴욕주 공립학교 시스템을 책임지는 교육감으로, 나중에 초대 뉴욕주 교육부장관으로 임명되는 드레이퍼가 보기에, 관료제를 채택하고자 하는 학교지도자들은 진퇴양난에 빠진 것이나 다름없었다. 잘 구축된 교육과정을 제공하고, 규율 잡힌 학교 질서, 표준화된 평가체제, 위계화된 권력구조로 개편된 새로운 학교 관료제는 "어떤 일을 그런대로" 유지하는 대가였다. 드레이퍼는 1899년 〈더포럼〉의 독자들에게, 일부 교사들이 "자유, 유연함, 자존감을 상실하기는 하겠지만" 새로운 시스템으로 인해 "더 이상의 불명예가 발생하지는 않을 것"이라고 했다.[48]

진보주의 시대가 진행되면서 점차 근대 학교 조직이 등장했다. 교육지도자들은 다른 진보주의 개혁가들과 마찬가지로 무질서한 상태를 바라보면서 역사가 바이베Robert Weibe가 "혼란함과 당혹감"이라고 표현한 상황을 경험했다.[49] 라이스는 1892년 독자들에게 "우리 학교 시스템의 특징은 아마 단 하나의 단어로 징의될 수 있을 것이다. '재앙.'"[50]이라고 썼다. 이전 세기의 학교지도자들이 아무런 질서조차 존재하지 않던 상황에서 나름 질서를 만들려고 노력했음에도 불구하고, 공립학교 교육은 인구 증가, 아동 노동, 의무교육법 등의 요인과 학교제도를 확장하라는 요구로 인해 20세기 초반까지도 정치적 압력과 개인적 욕구에 쉽게 좌우되는 상당히 느슨한 조직 체계로 남아 있었다. 교육지도자들은 문제가 많다고 인정하면서도 그 문제의 발생 원인에 대해서는 저마다 다른 목소리를 냈다. 어떤 사람들은 모든 문제의 원인이 지나치게 기계적인 교수법 때문이라고 하는가 하면, 또 어떤 사람들은 조직의 비대화에 따른 낭비 때문이라고 강조해 비판했다.[51] 어찌 되었건, 개혁가들은 교사 스스로 교육적 판단을 하도록 내버려 둬서는 안 된다는 데 일치된 의견을 보였다. 전국 및 지역 수준의 학교지도자와 정책결정자들은 합리성과 전문적 식견이라는 진보주의적 신념을 내세워 미 전역의 공교육을 규제하고 교사에게 덜 의존하도록 표준과 구조를 개발하라고 요구했다. 라이스는 신뢰할 만한 표준이 필요하다고 주장했는데, "지금까지의 관행을 보면 개별 교사가 곧 법이 되어 자신의 교육적 신념과 인식에 따라 학생들을 상대로 실험을 수행해 왔다. 그 신념이란 게 할머니에게 물려받은 것인지 아니면 공부하고 성찰해 갖게 된 것인지 알 수 없지만 (교사 개인이 가진 신념은) 이전까지 중요했던 것과는 아무런 상관이 없"기 때문이었다.[52] 그는 학생의 낮은 성취도로 시작해 조직의 혼란으로 확대되는 온갖 교육적 문제는 학교교육이 의사결정자로서의 교사에 의존한다는 데서 비롯되었다고 분석했다.

진보주의 교육개혁가들은 아주 잘 알려진 진보주의 개혁가들과 마찬가지로 이 일에 대해 의견 일치를 보지 못했다. 공립학교 교육이 중요하고 사회적 역할에 대해 모두 한목소리로 강조했지만 그 역할이 구체적으로 무엇이어야 하는지, 이를 어떻게 실현할 수 있을지에 대해서는 논쟁을 이어 갔다.[53] 티처스칼리지 교수로 아주 유명한 교육심리학자인 손다이크Edward Thorndike는 과학적 연구와 측정에 대해 대단한 신념을 가지고 새로이 도입되는 관료조직체제를 든든히 지원했다. 1911년 테일러Fredrick Winslow Taylor의 『과학적 관리의 원리Principles of Scientific Management』는 진보주의 개혁가들의 교과서와도 같은 책이었는데, 개혁가들은 제도의 합리화를 효율성과 사회 개선을 위한 첩경이라고 간주했다. 손다이크는 1912년 "교육은 이제 양화된 지식을 제공하고, 숫자로 사실을 기술하며, 엄격하고 아주 분명한 공식에 따른 관계 혹은 법칙을 제공하겠다"라고 약속한다.[54] 점차 수가 늘어나는 교육학자 및 교육개혁가 그룹에게 교수-학습은 측정 가능한 활동이었다. "존재하는 어떤 것이든 어떤 방식으로든 측정할 수 있는 방식으로 존재한다." 손다이크가 1918년 쓴 이 문장은 지금까지도 널리 알려진 표현이다.[55] 이로부터 도출되는 근본적 가정과 연구는 교과서, 교육과정 지침서, 평가 전반에 영향을 미치게 되었다. 즉, 학교교육에 대한 표준화와 규제가 널리 확산한 것이다.

그나저나 철학자인 듀이John Dewey 교수와 같은 진보주의 개혁가들은 교육이 단지 미래 산업인력을 생산하는 데 그쳐서는 안 되며 진중한 도덕적 의무에 뿌리를 둔 것이어야 한다고 주장했다. 듀이는 표준화와 대비시키면서 경험 학습이 필요하다고 주장했다. 컬럼비아대학교로 옮겨 가기 전, 즉 시카고대학교의 철학과 교수로 있던 1897년 듀이는, "진정한 교육이란 아동이 스스로를 발견하는 사회적 상황의 요구에 따라 자신의 힘을 자극하는 방식을 통해서만 나올 수 있다"라고 기술했다.[56] 교육 대학은 이 두 서로 다른 진영에서 생산된 학술적 연구들로 뒤덮었다. 결과적으로 이 두 연구 흐름이 교사교육의 근본원리로 작동하게 되었다. 그러나 교육 분야의 진보주의 사상은 뉴욕처럼 광역도시에서 시작해 점차 전국의 모든 학교 시스템으로 확산되면서 객관적 측정에 기반한 합리성이란 개념이 깊이 자리 잡게 되었다. 결과적으로 (한 역사학자가 판정하고 있듯) 이 싸움에서 손다이크가 이겼고, 듀이는 패배했다.[57]

1890년대 말 근대적 형태의 학교 관료제가 처음으로 구축되어 가던 시기, 뉴욕시 정책결정자들은 자잘한 학교위원회를 더 큰 규모의 학교위원회로 통합하는 중앙집권적 학교 시스템을 지원함으로써 지역사회의 학교 통제 권한을 해체했다. 이로써 독립적으로 기능하던 맨해튼, 브롱크스, 브루클린, 퀸스, 리치먼드 등의 학구가 하나로 통합되었다. 그러나 새로운 조직이 만들어지고 학교 건축을 위한 새로운 프로젝트가 가동되었지만 뉴욕시 지도자들은 공립학교 교육에 대한 수요를 다 감당해 내지 못했다. 1898년 〈디아웃룩The Outlook〉의 기사를 보면, 뉴욕시 소재 학생 중 대략 6,000명이 넘는 학생들이 학교 수용 문제로 공립학교에 다닐 수 없었다고 추정하고 있다.[58] 학교에 오는 학생 수와 공립학교에거는 기대감이 최고조에 이르고 교사들의 자신감은 오히려 낮아지면서 교육개혁가 및 정책결정자들은 이전보다 더 열정적인 방식으로 조직을 통한 효율성이라는 진보주의 주문을 내세우게 되었다. 고도로 위계화된 관료제의 탄생이 이로 인한 결과였는데, 이런 시스템은 권력의 경계를 엄격하게 구분하고 책임 소재를 분산 차별화하는 방식으로 작동하게 된다.

연방교육부에서 발간한 [그림 3]에서 볼 수 있듯, "대중"은 교육감을 임명할 수 있는 교육위원회Board of Education 위원을 선출하는 방식으로 교육정책에 대한 자기 목소리와 요구를 표출할 수 있었다. 이 시기 이후 무언가를 판단하고 결정하는 권위란 개념은 위에서부터 아래로 교사와 학생을 내리누르는 여러 층위의 권위 형태로 자리 잡게 되었다. 공립학교의 관료화는 듀이처럼 잘 알려진 교육계 인사들과 일선 교

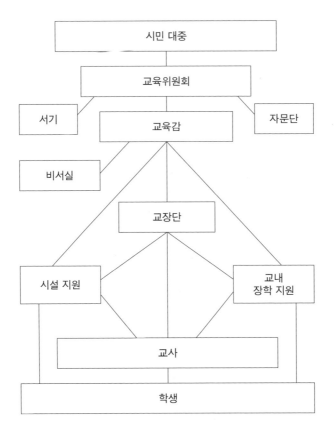

[그림 3] 휴런(Huron)의 학교 조직 계획도

출처: U.S. Bureau of Education, *Biennial Survey of Education, 1916–18*, vol. 1[Washington, DC: Government Printing Office, 1921], 130.

사들의 반대가 있었음에도 20세기가 시작하고 이후 대략 10년 동안 상당히 중요한 계기를 맞았다. 학교에 명령하고 규제를 가하는 책무가 개혁의 주 내용이기는 했지만, 당시 교육계 지도자들은 교육에 대한 통제권을 누가 행사해야 하는가를 둘러싸고 여전히 논쟁을 벌였다.[59] 버틀러 Nicholas Murray Butler는 나중에 컬럼비아대학교Columbia University의 총장이 되고 1931년 노벨평화상을 수상하는 인물인데, 1899년 당대에 교육연구 분야에서 달성된 성과들을 정리해 남겼다. 버틀러는 대학 연구자들의 연구 성과를 검토하고서 이 연구들을 (교육연구) 초기 세대의 "나름대로 의미 있었던 연구들"과 확연히 구별되는 "획기적인 연구 성과"라고 밝혔다. 이런 초기 세대의 성과는 궁극적으로 "좋았다고 할 수 없는", "캠프 회의 방식"으로 교육 실천가들이 만들어 낸 것이었다. 그가 보기에, 대학기반 연구는 교육개혁에 "신기원"을 열었다.[60] 버틀러 같은 학자들은 전문성의 뿌리는 대학에 있는 것으로 학교관리자나 덩치 큰 관료제에 지나치게 의존하는 것은 교육계의 새로운 문제라고 지적했다.[61] 이와 동시에 지역 단위 학교지도자들은 전문적 식견에 대한 자신들만의 의견을 개진하면서 조직 통제 권한을 자기들 손아귀에 쥐려고 했다. 한 행정가가 설명하고 있듯, 버틀러의 비판은 "책임은 지지 않은 채 이래라저래라하는 이론가 및 아마추어 전문가를 왜 신뢰할 수 없는지 보여 주는 분명한 근거"였다.[62] 학교관리자들은 실천적 경험과 경영 지식이 현장과 멀리 떨어진 학자 세계에서 만들어진 연구보다 훨씬 더 가치 있다고 주장했다. 라이스는 이런 긴장을 잘 이해한 사람으로, 〈더포럼〉 독자들에게 이런 긴장의 역동성에 대해 이렇게 설명했다. "교육에 어떤 변화가 이루어진다고 할 때, 교육가들 스스로 어떤 변화가 더 바람직한지 혹은 더 타당한지에 대한 합의에 이를 수 없다. 많은 교육가, 즉 배움과 경험이 풍부한 남자들은 개혁가들이 옹호하는 교육 시스템에 그다지 공감하지 않고 있는 것 같다." 계속해서 그는, 여전히 다른 이들은 "보통학교에서 그러한 요구를 이해하는 것이 가능한지를 둘러싸고 질문을 제기"한다. 이렇게 교육가들 사이의 합의가 어려운 상황임에도 불구하고, 정책결정가, 개혁가, 기타 학교지도자들은 한 가지 두드러진 사안에 대해 공히 합의하고 있었다. (학교교육에 대한) 통제를 "거대한 우리 교사들" 손에 맡길 수 없다는 점 말이다.[63]

이게 누구의 일인지와는 상관없이 진보주의 시대 초기 수년 동안 노동자 보호장치라곤 없는 상황에서 교사들은 임의로 벌금과 해고에 맞닥뜨려야 했다. 뉴욕시 조례 및 법률 관련 학교위원회는 점차 증가하는 효율성 및 경영관리를 내세우면서 1897년 학교지도자들이 불응/불순종에 대한 처벌로 교사들에게 벌금을 부과하거나 급여 지급을 중지할 수 있는 방안을 승인했다. 동 위원회는 교장들이 그해 여름 교사들의 나태함과 지각 상황을 시시각각 점검하여 교육위원회 소속 상관들에게 보고하고, 교사 지각 관련 모든 기록을 직무 관련 인사기록 카드에 포함시켜 영구적 기록으로 삼게 하는 조례 개정안을 통과시켰다.[64] 1900년대 초 십수 년에 걸쳐 교사들의 처벌 및 해직 사유는 다양했다. 결혼한다고, 임신했다고, 도덕을 위반했다고, 기타 여러 가지 사유로 처벌받고 해직되었다. 이름을 밝히지 않은 한 교사는 이렇게 설명했다. "정치적 요구에 순응하지 않는 교사는 날조된 혐의로 '해직'되었다. 남교사든 여교사든 모든 교사는 시 차원의 기관에 의해 평가받았다."[65]

듀이는 당시 이렇게 심화되는 학교 관료제에 일침을 가하면서, "상황이 그렇게 심각하지 않다고 한다면 아주 어처구니없는 일"이라고 썼다. 그는 1913년 "세상에 어떤 직업에도 종사하지 않는 남자, 여자란 없다"라고 썼다. 이 사람들이 "아무리 많은 경험을 하고, 많은 지혜를 얻고, 많은 실험을 해 보고, 많은 결과를 산출했다 하더라도, 그런 경험이 자신의 활동 경계를 넘어서지 않음을 알고 있는 한" 사람들의 "전문가 정신"은 방해받지 않을 것이라고 했다.[66] 학교로부터 받을 수 있는 도움이란

게 거의 없는 상황에서, 교사들은 신문을 통해 대중들에게 자기 불만을 표출했다. 톰슨Alice Thompson이라는 교사는 1901년 전국의 청취자들에게 "교육감이 의도적으로 교사를 괴롭힐 수 있는" 다양한 방법을 묘사했다. 그는 교사가 매일 대면하는 비참하고 다채로운 학교관리자들의 장학Supervision을 상술하면서, 학교지도자들을 다음과 같이 범주화했다. "변덕과 자기 관심에 따라 모든 교과를 비틀고 또 돌려 버려야 직성이 풀리는 취미를 가진 교육감", 아무것도 하고 싶어 하지 않는 "화석"과도 같은 교육감, "학교 조직의 진짜 목적을 제대로 이해하지 못하고 있는 훼방꾼 교육감" 등.[67] 1903년 한 학교 교사 20명 중 11명이 "아무런 사전 경고도 없이", "해직"되었다. 그러자 교사들은 도대체 그 이유가 뭔지 대중들에게 물었다. 아마도 한 교사는 "가을에 결혼을 할 거라서 해직된" 것 같았다. 그러나 다른 사람들은 도대체 이유가 무엇인가? 교사 필자는 의아해했다.[68]

게다가 전국의 도시 지역 교사들은 임금 수준이 낮았고 급여 지불도 일정하지 않았다. 19세기의 많은 사례를 보면, 학교지도자들은 최고임금 기준표a maximum salary schedule에 맞춰 도시 학교 교사들의 월급을 지급했다. 교육위원회 위원들은 임금의 한계치를 정했지만, 지역 학교관리자들이 세부적인 비율을 따로 만들었다. 제1장에서 살펴본 것처럼, 대부분 교사 급여는 최대 등급보다 한참 아래 수준에서 지급되었을 뿐만 아니라 도시 지역 교사들은 교사마다 똑같은 일을 하지만 다른 수준의 임금을 받았다. 공립학교 교사를 둘러싼 전문직성 담론은 처음부터 다른 전문직종과 함께 이루어졌지만, 교사들의 급여는 당시 의사, 변호사, 혹은 다른 지역 관청 공무원들의 급여에 비해 낮았다. 1897년 발간된 〈디아웃룩〉 기사에 따르면, "뉴욕에서 연 600달러 이하를 받는 교사가 1,300명이 넘었고, 도시 청소노동자의 최고임금 수준 720달러보다 낮게 받는 사람이 2,000명 이상, 보건부의 공무원 연봉인 780달러보다 적게 교사 임금 기준표의 예시(윌메트Wilmette 지역 학구의 공립학교 교사 임금 기준표, 2011-12)[3]

STEP	BA	BA+12	BA+24	MA	MA+12	MA+24	MA+36	MA+48	MA+60
1	$42,805	$43,273	$43,742	$46,830	$48,253	$49,676	$51,097	$52,668	$54,239
2	$44,323	$44,789	$45,255	$48,542	$49,919	$51,297	$52,675	$54,204	$55,735
3	$45,841	$46,305	$46,769	$50,253	$51,594	$52,937	$54,278	$55,776	$57,275
4	$47,360	$47,821	$48,283	$51,963	$53,326	$54,688	$56,050	$57,573	$59,096
5	$48,878	$49,336	$49,796	$53,675	$55,057	$56,439	$57,821	$59,370	$60,918
6	$50,643	$51,060	$51,478	$55,683	$57,026	$58,369	$59,712	$61,226	$62,741
7	$52,408	$52,785	$53,161	$57,691	$58,995	$60,299	$61,602	$63,082	$64,562
8	$54,173	$54,509	$54,844	$59,700	$60,964	$62,228	$63,492	$64,937	$66,383
9		$56,233	$56,526	$61,707	$62,932	$64,157	$65,382	$66,794	$68,205
10		$57,957	$58,208	$63,715	$64,901	$66,087	$67,273	$68,174	$70,027
11		$59,890	$60,098	$65,958	$67,058	$68,157	$69,256	$70,552	$71,847
12		$61,823	$61,988	$68,201	$69,214	$70,228	$71,240	$72,454	$73,669
13		$63,756	$63,878	$70,445	$71,372	$72,299	$73,225	$74,358	$75,490
14		$65,689	$65,768	$72,688	$73,626	$74,565	$75,504	$76,654	$77,805
15			$67,658	$74,931	$75,881	$76,831	$77,781	$78,951	$80,119
16			$70,376	$77,872	$78,898	$79,922	$80,947	$82,201	$83,454
17			$73,095	$80,813	$81,913	$83,014	$84,114	$85,451	$86,789
18			$75,812	$83,754	$84,929	$86,105	$87,280	$88,702	$90,124
19			$78,530	$86,694	$87,946	$89,196	$90,447	$91,953	$93,458
20			$81,248	$89,636	$90,962	$92,287	$93,613	$95,204	$96,793

출처: https://www.illinoispolicy.org/education-straitjacket-how-teachers-salary-sche
dules-limit-meaningful-reforms/

받는 교사가 2,400명 이상이었다."[69]

1899학년도 동안 뉴욕시 정치인이자 주의회 상원의원의원이었던 아
헤언John F. Ahearn은 교사의 임금 기준표에서 정하는 교사 임금 한계를

---

3. [옮긴이 주] 이해를 돕기 위한 최근의 교사 임금 기준표이다. 당시의 교사 임금 기준
을 나타낸 이미지를 얻을 수 없어, 2011~2012년 한 학구의 교사 임금 기준표를 제시
했다. 학력 및 단계에 따라 교사 임금의 기준을 보여 준다.

최고 수준에서 최저 수준으로 바꾸는 법안을 제안했다. 이 법안은 어떤 정규 초임 교사라도 연간 최저 600달러 이하를 받을 수 없도록 했다. 그가 제안한 봉급표에 따르면, 경력 10년 차 교사는 연간 최저 800달러의 급여를 받고, 15년 이상 경력 교사는 아무리 적어도 연간 1,200달러의 급여를 받을 것이다.[70] 아헤언의 법안은 교사들의 이직을 줄이고 근무 여건을 개선하며, 이를 통한 공립학교 교사의 수준 향상을 의도한 개혁 방안으로 여겨져 도심 교사 및 지역 정치인들의 즉각적인 지지를 이끌어 냈다. 그러나 지역 학교지도자들은 처음부터 이 방안에 반대했다. 뭐, 이유는 많았다. 우선, 도심 학교구 교육감이었던 맥스웰은 지역 신문 기자에게 이렇게 말했다. "급여 평준화 요구"에 따르면 "대략 25만 달러"의 추가 비용이 발생한다. 이런 조치는 "지역사회에 아주 엄청난 부담을 지울 것"이다.[71] 여기에 더해, 맥스웰 같은 지도자들은 이 법안이 "학교의 최선을 지키는 데 이롭지 못할 것"이라는 입장을 고수했다. 이들은 교직 경력만으로 교사들의 임금을 정하는 것은 현재의 규제 및 평가체계를 허물 것이라고 주장했다. 만약 교사 직무를 통제하는 학교지도자들의 공유된 능력을 완전히 깎아내리지 않으려면 이 방안은 파기되어야 한다고 주장했다. 이 법안은 회부되어 주 상원에서 논의되었지만 지역에서의 비판에 직면한 주지사 루스벨트는 이 법안을 거부할 것이라고 위협했다. 그는 "교사들의 임금인상에 찬성한다"라고 밝혔지만, "임금인상은 교사들의 '성과'에 따른 것이어야 하며", "교사 임금인상을 결정하는 권한은 지역 관청에게 있으니, 이 법 조항은 주법, 즉 태머니의 표어를 위반하는 것"이라고 비판했다.[72]

1899년 봄, 루스벨트 주지사는 아헤언 상원의원, 맥스웰 교육감, 교사 대표단을 한곳에 불러 적절한 합의점을 찾으려고 했다. 그 결과 "어느 누구 하나 충분히 만족하지 못하는" 수정안이 나왔다. 교사들의 임금이 이론상 오르기는 하는데, 실질 임금 상승은 "교육감협의회Borough Board of Superintendents와 교사 소속 학교장들의 승인 여부에 달려 있었다".[73] 임금인상에 대한 의지가 거의 없다고 봐야 하는 상황이었고 대부분의 교사는 임금인상안이 거부되었다고 생각했다. 학교지도자들에 대한 불신이 점점 커지면서 교사들은 이 문제로 법정 소송에 나섰다. 도심 학교의 두 교사, 매슈스Anna I. Matthews와 포르데Catherine M. Forde는 자신들이 근무하는 학교를 상대로 소송을 제기하며 「아헤언법Ahearn Law」에 따라 보장된 임금 지급"을 요구했다.[74] 대중의 압박이 높아지고, 연휴가 다가오면서, 학교지도자들은 (이 수정안 내용에) 어쩔 수 없이 승복했다. "크리스마스 시즌 교사들의 영향력이 지대한 이 대도시 수십만 가구가 자신들을 향해 '또 다른 스크루지'라며 저주를 퍼붓는 대중의 비난에 사로잡히지 않기"를 바라면서 말이다.[75] 교사들은 임금은 올리면서도 학교관리자의 권력을 축소하는 최저임금 기준표를 일종의 승리로 받아들이기는 했지만, 새로운 방안은 자연적으로 새로운 관료제적 질서에 맞추어졌다. 즉, 이 방안은 모든 교사가 기본적으로 같다고 전제하고 있어 전문적 식견에 터한 교사 간의 차별화 가능성을 줄여 버렸기 때문이다.

게다가, 단일임금 기준은 형평성을 약속하지 않았다. 남교사와 여교사의 임금 지급은 각각 독립된 임금 기준표를 적용했다. 교사 봉급에 대한 1900년 보고서에서, 뉴욕주 교육부장관이었던 해리스William Torrey Harris는 미국 공립학교 교사의 대략 68%가 여성이었고, 이들은 남교사들보다 평균적으로 10% 정도 적은 급여를 받았다고 밝혔다.[76] NEA에서 교사 임금에 대해 전국의 도시 학교를 중심으로 자료를 수집하여 수행한 연구를 살펴보면, 1905년 남녀 교사의 임금 격차는 더 컸다. 뉴욕 및 시카고와 같은 도시에서 여교사의 급여는 남교사 급여의 거의 절반 정도밖에 되지 않았다. 심지어, 일부 사례에서 볼 수 있듯, 해당 학교 시스템에서 성별에 따라 최고임금 기준에 이르는 데 걸리는 기간이 자그마치 3배 정도 차이가 나기도 했다. 예를 들어, 뉴욕시 초등학교 여교사는 연봉 600달러로 시작하는데, 연간 40달러씩 증가해 최고 연봉 수준인 1,240달러에 이르는 데 16년이 걸렸다. 이와 대조적으로 뉴욕시 초등학교 남교사는 초임 연봉이 900달러로 시작해 연간 105달러가 인상되는데, 남교사 최고임금인 2,400달러에 이르는 데 단 6년이 걸렸다.[77] 뉴욕 및 북부지역의 많은 도시에서 교사 임금을 둘러싼 논쟁은 학교 교직원이 거의 백인으로 구성되었다는 점을 전제하고 성별을 중심에 두고 이루어졌다. 이와 대조적으로, 남부지역에서, 즉 볼티모어에서부터 텍사스까지 교사 및 지역사회는 여교사들의 임금인상뿐만 아니라 흑인과 백인 교사들 사이의 급여 형평성을 보장하라고 요구하며 싸웠다.[78]

'연례 교사 선발의 고충'과 초기 정년보장정책

이 시기 교사라고 하면 대체로 미 전역의 도심 초등학교에서 일하는 여성들이었다. 교사들은 이미 19세기 말에 정년보장을 요구하기 시작했는데, 여성의 권리를 노동자의 권리와 연결하는 초기 페미니즘 논리의 연장이었다. "1883년 열정적인 수백 명의 교사가 정년보장을 옹호하기 위해 뉴욕시 그래머스쿨 강당에 모였다."[79] 보스턴, 볼티모어, 로스앤젤레스 등의 동료 교사들이 그랬던 것처럼 이들 교사에게 정년보장은 자신들이 일하는 불안정한 업무환경을 개선할 수 있는 하나의 해결책이었다. 사회에서처럼 여교사들은 직장에서 자기 목소리도 이렇다 할 권위도 갖지 못하고 있었다. 이렇게 초기의 정년보장 방안은 임의적인 해고로부터 개인을 보호하는 것이 가장 주된 목적이었다. 정년보장이 제기된 가장 최초의 이유는 평생직장이 아니었다. 학교지도자들의 개인적이고 정치적인 변덕에서 교사 자신을 방어하는 것이었다. 1890년 샌프란시스코의

한 교사가 주장하고 있듯, 정년보장은 "교사가 임명권을 가진 사람의 즐거움을 위해 해고되어서는 안 되며, 교육위원회의 규정을 어기거나 무능력하거나 혹은 비전문가적 혹은 비도덕적인 행위에 한해서만 해고될 수 있어야 한다"는 것을 의미했다.[80]

전국 도심의 많은 지역 학교지도자들은 직업 보호를 내세운 교사들의 초기 정년보장 요구에 강하게 반발했다. 지역 교육청 및 주정부가 정년보장정책을 택하기 이전, 교사들은 변덕스러운 해고에 속수무책이었을 뿐만 아니라 매년 교직에 다시 지원해야만 했다. 매사추세츠의 한 교육청 교육감에 따르면, 계속되는 교사 재선발 작업은 "교사들이 시대적 요구에 계속 부응하도록 돕는 자극"이었다.[81] 그는 교사들의 직업 불안정은 행정가들에게 정말 대단한 도구였다고 주장했다. 1883년, 볼티모어의 학교지도자들은 정년보장을 학교의 가장 기본적인 질서를 파괴할 수 있는 기제라고 보았다. 볼티모어의 교육위원장commissioner of education은 교사들의 정년보장 요구에 대해, 교사들이 "선을 넘고 있다"라고 주장했다. 그는 지역 신문 기자에게 "교사들은 나름 현명해지려고 노력한다지만, 멍청한 꼴밖에 안 된다"라고 말했다.[82]

한결같은 반대가 이어졌음에도 불구하고, 19세기가 끝나 갈 즈음, 많은 지역 교육청들은 교원정년보장정책을 채택했다. 이런 결과를 교사들이 승리한 증거라거나 타협의 결과라고 보기는 어렵다. 오히려 학교지도자들이 교사들의 정년보장을 자신들의 말로 바꿔 지지하는 쪽을 택했다고 봐야 한다. 즉, 이들은 교원정년보장을 협상 테이블에 처음 꺼내 놓은 여교사들과는 다르게 정의했다. 학교지도자들이 성안한 바와 같이 정년보장 개혁은 초기 관료제와 공교육의 국가적 목표를 강화시켰다. 한 예로, 뉴욕시 정책결정자들은 교사들의 임금인상 요구 및 혹시 있을지 모를 예산 부족 사태에 직면해, 정년보장을 일종의 거래로 보고 교사들의 월급을 약 2% 정도 삭감하도록 하는 손쉬운 협상 방법이 될 수 있는지 따져 보았다.[83] 좀 더 중요한 내용이 있는데, 일부 다른 사람들은 정년보장이 공립학교 교육을 둘러싼 전체 조직의 효율성을 증대할 수 있다고도 보았다. 필브릭John Philbrick은 1885년 자신의 이름으로 발간한 연구보고서에서 "매년 교사를 새로 선발하는 고충은 근대 조직의 등장 및 보통학교 시스템의 발전과 궤를 같이하는 일"이라고 설명했다. 여기에 더해, 그는 정년보장이 교직을 좀 더 할 만한 것, 바람직한 것으로 만들어 "이상적인 교사집단"을 길러 내는 데 도움이 될 것이라고 주장했다. 그리고 "대중에게는 아무런 재정 부담도 추가로 지우지 않을 것"이라는 의견을 제시했다.[84]

학교지도자들은 교사 이직에 따른 비용 및 지속적인 재고용으로 허비되는 시간으로 몹시 괴로워했다. 이런 관점에서 정년보장정책은 비용을 절약하는 방안임이 틀림없었다. 카우드릭E. L. Cowdrick은 〈더노스아메리칸리뷰The North American Review〉에서 독자들에게, "교실에서 가르쳐 본 경험이 있는 사람이라면 누구나 성공적인 가르침의 가장 큰 장애물이 다음과 같은 사실, 즉 현재 교사의 임기가 종료되면 십중팔구 새로운 교사가 곧 올 것이라는 가능성을 확신하는 상황"이라고 했다.[85] 교사가 미국주의Americanism를 결여하고 있다는 우려와 이를 위해 체계적인 조직을 만들어야 한다는 요구가 확산되면서, 도심 지역 교육청들은 교사를 학교의 요구에 맞추는 개혁 방안을 도입하는 데 돈과 시간을 쏟았다. 도심 공립학교 교사들의 계속되는 동요와 불안정성이 효율성을 저해했고, 더 나아가 학생들의 배움을 가로막았다. 〈스크리브너Schribner〉의 한 기자는, "고교 졸업생 중에서 그런대로 괜찮은 교사를 뽑는 데 최소 2년이 걸린다. 여기에 그 동네 혹은 도시 학교에서 봐줄 만한 수업 능력을 갖추려면, 혹은 자기 소명에 따라 진짜 능숙한 교사가 되기까지 다시 2년이 더 필요하다."[86] 지역 정책결정자들에게는 개인이 일단 이 시스템에 적합한 교사가 되었는데, 이들이 그곳을 떠난다는 사실이 더 큰 문제였다. 카우드릭은 계속해서, "신임 교사가 담당 학생들을 분류할 수 있을 때까지 학생들의 진급을 늦추게 되면서 정말 많은 실질적 폐해가 발생했다. 그리고 그 교사가 학생들의 개인적 성향을 알아 가는 동안 꽤 긴 시간이 허비되었다"라고 했다.[87] 새로운 학교 관료제의 목적은 학교지도자들이 원하는 전문가 교사를 만드는 것이었지만, 높은 교사이직률이 지속적으로 이러한 작업이 이루어지지 못하도록 했다.

초기 정년보장 내용은 교사들이 간절히 원하는 신분을 보장해 주기보다는 제도적 불안정성을 개선하는 것이었고, 빠르게 발전하는 지역 공립학교 시스템의 관료주의적 구조를 구축하는 것이었다. 한 예로 애틀랜타에서 학교지도자들은 교사연수에 들어가는 교육청의 재정 투입이 일종의 낭비라며 걱정했다. "현 법률과 규정하에서 애틀랜타 공립학교 시스템의 교사 중 근무하고 있는 학년도가 지나 계속 가르칠 수 있다고 신분이 보장된 교사는 없다. 교사의 자격이나 지금까지의 교직 경력, 혹은 교사의 업무 특성 등과 관계없이 말이다."[88] 시카고의 한 교육감은 정년보장이 교사를 해고하는 일을 더 어렵게 만들지는 않을 것이지만, "공립학교 시스템에서 교사들이 학교를 떠나는 일은 근절시킬 것"이라고 했다.[89] 교사들은 정년보장 없이는 "편협한 노동자" 수준으로 전락할 것이며, 이런 교사에 대한 사회적 평판으로 교직에 들어오려는 유능한 사람들을 가로막을 뿐만 아니라 학교관리, 규제, 표준화 등을 방해하게 될 뿐이었다.[90] 도심 학교 시스템의 교사 문제가 교사 수준에 대한 우려에서부터 교사 수 부족에 이르기까지 장황한 상황에서 교사 정년보장은 마치 준비된 해결책처럼 여겨졌다.

1900년대 초, 도심 지역에서 시작된 지역의 정년보장은 미 전역에서 주법률로 만들어지기 시작했다. 뉴저지주는 전국에서 최초로 교원정년보장법안을 통과시켰는데, 주정부 공무원들은 1909년 정년보장정책이 마련되면, "교직 전문성을 안정화시키고" 주에서 일할 수 있는 교사들을 모집할 수 있다고 생각했다.[91] 이런 상황에 영향을 받은 뉴욕주의 의원들 또한 1917년 교원의 정년보장법안을 통과시켰고 이후 1921년까지 11개의 주가 추가로 정년보장법안을 통과시켰다. 교원정년보장정책을 실행하면서 교사개혁의 새로운 경로를 만드는 것과는 거리가 있었는데, 미국 교육지도자들은 단지 유럽의 아주 잘 정비된 전례를 따르고 있었을 뿐이었다. 미국의 교원정년보장법들이 표면화되기까지, 독일, 덴마크, 스위스, 네덜란드, 핀란드, 노르웨이, 스웨덴, 영국 및 프랑스 등 유럽 대부분의 국가가 교원의 정년을 보장하는 법규를 마련하고 있었다.[92] 주별 법률의 구체적인 내용에 약간의 차이가 있기는 했지만, 이들의 정년보장법에는 몇몇 공통된 특징이 있었다. 첫째, 1925년 발간된 정책 연구보고서에 따르면, "(교원정년보장을 담고 있는) 모든 법의 일반적인 의도는 교사들이 바르게 행동하고 효율적으로 근무하는 동안은 교원으로서의 신분의 안정성을 보장하는 듯"하다. 교사가 학교 법규를 잘 따른다면, 이들의 직위는 안전하다는 말이다. 둘째, 이들 주의 법규는 수습교사 기간을 두고 있는데, 경우에 따라 수개월에서 길게는 수년을 상정하기도 한다. 교원의 정년을 권리로 보장받기 전에, 교사들은 학교관리자들에게 자신의 직업적 적합성을 증명해야만 한다. 셋째, (교원정년을 보장하는) 모든 법은 교사가 일련의 사유로 인해 해고될 수 있음을 밝히고 있다. 여기에는 "명백한 신체적 장애 혹은 그렇다고 판명된 경우", "도덕적 품성의 타락이 판명된 경우", "동료 교원과의 잦은 마찰", "자제심 부족", "영어 능력의 부족" 그리고 일반적인 지시 불이행 등이 포함된다. 마지막으로, 아마도 교사들에게는 가장 중요한 내용일 수 있는데, 정년보장 법규는 해고의 적법한 절차를 다양한 방식으로 확대했다. 일부 주의 학교지도자들은 해고 내용을 담은 서한을 보내는 것만으로도 교사를 해고할 수 있었다. 그러나 뉴욕과 같은 주에서 교사는 심리를 받을 권한과 함께 교육위원회Board of Education 앞에서 청문회를 열어 달라고 할 수 있었다.[93]

학교지도자들은 교원정년보장이 가져올 시스템 전반에 걸친 혜택을 과대 선전했지만, 이 마지막 조항에 대해 교사들이 집단 항의하는 것을 막을 수는 없었다. 뉴저지주의 한 학교지도자는 혹시 모를 "사무실 점거"가 가장 중요한 문제일 수 있다고 설명했다. 교사를 해고할 수 있는 경로가 복수로 남아 있기는 했지만, 학교지도자가 외부 감사를 받을 수 있고 해고당한 교사가 분명히 "교육감을 상대로 소송을 걸 수" 있는 "변호사를 대동하는" 사태로 인해 당황스러운 일을 겪을 수 있으리라고 걱정했다.[94] 이런 걱정에 대해 윌콕스William Wilcox는 1917년 지역 신문 기자에게 이렇게 설명했다. 뉴욕의 학교들은 "능력도 없고 적성도 맞지 않는 교사들로 부담이 크고 마음이 무겁다. 그리고 '영구적인 정년보장권한' 때문에 교사 해고가 실질적으로 불가능하다." 윌콕스는 정년보장법 때문에 학교지도자들이 교사를 해고하기 위해 "관련 교사를 범죄자로 고발하는 데 필요한 모든 기술적이고 법적인 엄밀함"을 갖춰야 한다고 주장하면서, 교사를 내쫓는 데 필요한 이러한 단계가 큰 부담이 될 수밖에 없다고 불평했다.[95] 학교지도자들의 걱정에도 불구하고, 뉴욕시를 포함한 전국의 교사들은 여전히 다양한 이유를 들어 해고되었다.

도심 교사들과 결혼 및 임신할 권리를 위한 투쟁

개혁가들과 학교지도자들은 처음에 교직을 결혼 적령기를 기다리며 부모와 함께 집에서 살고 있는 젊은 여성들이 잠시 하는 일 정도로 여겼었다. 그러나 여성들은 공립학교에서 가르치는 일을 점차 하나의 직업으로 바꾸어 나갔다. 20세기 초, 전체 교사의 거의 90%는 미혼이었는데, 교직이 여성 가장의 직업에서 세 번째를 차지했다.[96] 가족으로부터 독립한 여교사의 수는 다른 직업과 비교해 훨씬 많았고, 1900년도에 교직은 "성인 여성에게 개방된 전문직 중 수적으로 가장 큰 규모였고, 성인 여성이 가질 수 있는 모든 직업으로 범위를 넓혀 보면 다섯 번째였다."[97] 이 시기 전국의 도심에서 대부분의 여교사는 19세기 초 선도적인 교사들보다 나이가 많았으며, 사범학교normal school에서부터 인문교양 대학에 이르기까지 고등교육기관을 거친 경험이 많았다.[98] 여교사가 수동적이고 온순하다는 학교지도자들의 인식과는 다르게, 전국의 도심 학교 교사들은 교내 근무조건 개선 투쟁을 학교 밖에서의 평등 투쟁과 통합했다. 교사들은 학교지도자들과 개혁가들이 교사를 이미지화한 것과 대비되는 전문가 여성상을 지향했다.[99]

교사의 정년보장 옹호는 노동자의 권리와 여성의 권리를 일체화한 이런 운동가적 지향에 근거했다. 그러나 정년보장정책이 실행되었지만 여교사는 결혼하거나 임신하게 되면 여전히 기본적인 직업안정이 보장되지 않았다. 여교사들은 이런 상황을 어쩔 수 없는 것으로 받아들이기보다 노동시장에서의 여성 진로를 변화시킬 수 있는 직장 보호 투쟁 및 그 투쟁에서의 승리를 위해 학교 바깥으로 눈길을 돌렸다. 전국적으로, 교육청은 19세기 법률을 그대로 유지하고 있었고 1920년대에 이르기까지 결혼하고 임신한 여교사를 통상적인 방식대로 해고했다. 교육지도자 및 정책결정자들은 (결혼한 여성 및 임신한 여성이 교사를 하면 안 된다는) 규제 조치가 교직의 성차별적 특성을 반영한 것이자, 독특한 여성의 전문직으로, 그리고 가정에서의 여성성이라는 전통적 관념에 도전하거나 손상시키지 않는 고도로 적절한 직업으로 교직을 유지하는 데 필수적이라고 보았다. 가부장적인 가정을 유지 보호하고 학교의 효율성을 지켜야 한다는 생각에, 뉴욕시 및 여타 대도시 교육지도자들은 20세기 초에도 결혼하고 임신한 여성들이 학교 교사자격을 가질 수 없다는 입장을 고수했다. 캘리포니아주 학교지도자들에 따르면, (이 사안에 있어) 타협이란 절대 있을 수 없었다. "결혼한 교사가 학교 일을 제대로 하려고 하면, 어쩔 수 없이 가정일을 소홀히 할 수밖에 없다. 혹은 결혼한 여성이 가정의 일을 소홀히 하지 않는다면, 그 교사는 어쩔 수 없이 학교 일을 소홀히 하게 된다."[100] 메이어Annie Nathan Meyer는 '아이를 키우는 교사'에 대해 이와 유사한 우려를 하면서 1913년 〈뉴욕타임스〉에 이런 글을 실었다. "모유로 키우는 경우보다 분유로 키우는 아이가 사망하는 사례가 세 배가 넘는다고 밝혀진 상황에서 엄마와 공립학교 교사 일을 모두 잘할 수 있는 여자는 없다."[101] "엄마 없이는 가정도 있을 수 없기" 때문에 〈뉴욕타임스〉 1면을 장식한 기사는 (결혼하고 임신한) 여자가 학교에 계속 남아 있도록 하는 일은 "엄마의 부재"를 만드는 일로, 참혹한 사회적 결과를 양산하는 것이라고 경고했다.[102] 많은 학교지도자 및 사회비평가들에게 교직은 그 직업을 가진 여성의 이익이라거나 자아실현 등을 위한 것이 아니라 이들이 상대하는 사람들을 위한 것이었다. 1913년 〈워싱턴포스트〉의 한 기사에서 "엄마가 교사 일을 하지 않는 것이 학교의 아동에게 훨씬 더 좋은 일이고, 가정의 아이에게도 훨씬 더 좋은 일"이라고 쓰고 있다.[103]

그러나 여성참정권 운동이 교사들에게 확산되고 점차 많은 여성이 정년 보장하에 교직에 머무르게 되면서 진보주의 시대 여교사들은 이런 관습에 도전장을 내밀었다. 일부 교사는 결혼하지 않고 독신이 되는 길을 자처했다. 역사가인 블런트Jackie Blount의 묘사처럼, 이 시기 미혼 교사가 흔했지만 어떤 이들은 이런 세대를 걱정스러운 눈으로 바라보기도 했다.[104] 예를 들어, 웰스Kate Gannett Wells는 여성들의 교육 수준이 높아지면서 결혼에 관심을 덜 갖게 되는데, 이런 여자들은 "결혼이 전제되지 않는 선에서 남성을 좋아한다"며 전국의 독자들에게 자신의 걱정을 전했다. 그녀는 이어서 "많은 여성이 남성보다 더 우월"하다고 느끼면서, '전문가적 삶'이 가져다주는 위안이 "스스로 뭔가 하고 싶어 하는 사람들의 마음을 사로잡고 있다"라고 했다. 웰스는 "이런 점에서 전문가로

진출하는 근대적 여성은 결혼할 가능성이 줄어드는 경향을 보인다"라고 설명했다.[105]

일부 여교사는 직장 정책과 사회 정책을 연결하면서, 결혼, 임신, 육아와 함께 교직을 유지하는 것이 이들이 당연히 누리는 사회적 권한의 토대라고 주장했다.[106] 여성시민권연맹League for the Civic Service of Women의 대표인 헤일Beatrice Forbes-Robertson Hale은 1914년 뉴욕시 시장이었던 미첼Mitchell에게 이렇게 설명했다. "교직은 언제나 여성의 전문직으로 남을 것이고 여성은 늘 아이를 낳고 키울 것이다. 당 위원회가 상호 파괴적이라고 보는 이 두 사실은 조금만 상식적으로 생각해 보면 금방 조화시킬 수 있다. 교육위원회의 현 정책은 교사 및 이들의 친구들에게 깊은 원성을 사고 있다. 이는 교사가 엄마가 된다고 처벌하고 정말 훌륭한 교사를 학교에서 내쫓는 것뿐만 아니라 교사들이 일하는 환경이 어떠해야 하는지를 교사들에게 지시하는 방식으로 시민의 사적 삶을 통제하려는 전제주의적 시도를 보이고 있기 때문이다." 헤일과 동료들은 교육위원회가 병가는 승인하면서 임신, 출산 휴가는 왜 승인하지 않는지 따져 물었다. 헤일은 이런 관행이 "인류애에 대한 부정일 뿐만 아니라 민주주의를 부정하는 일"이라고 주장했다.[107]

독신 여교사들의 공동체는 1930년대에도 계속되었다. 이 시기 사회비평가들은 오래도록 결혼하지 않고 있는 미혼 여교사들을 위협적인 존재라며 비판하기 시작했고 오히려 결혼한 여성을 학교에서의 적합한 모범적 사례로 치켜세웠다.[108] 그러나 1910년대 동안 전국 도심 학교의 교사들은 여성참정권적 관점에서 결혼 및 임신할 권리를 바라봤는데, 그 시기는 학교지도자들이 결혼을 교사로서의 품성 중 하나로 꼽으며 기혼 지위를 요구하기 전이었다. 1915년 워싱턴 DC의 사례에서 볼 수 있듯, 일부 교사들은 결혼한 여성이 더 훌륭한 교사가 된다고 공개적으로 주장했다.[109] 그럼에도 많은 교사가 결혼한 사실을 보고하지 않거나 임신한 사실을 숨김으로써 해고 정책에 개인적이면서 조용히 항의하는 방식을 선택했다. 물론 이런 상황은 학교위원회 위원들의 분노를 자아냈다. 한 지역 신문의 1913년 기사에서, "공립학교의 정말 많은 여교사가 비밀리에 결혼하고 있다. 의도적으로 이를 숨기고 있다면, 그런 교사(즉, 거짓말하는 여교사)는 청소년의 선생으로 적합하지 않다"라고 했다.[110] 뉴욕시 학교지도자들은 비밀리에 결혼 및 임신한 교사들을 "찾아 나서기도" 했는데, 이들은 교사들이 즉각적인 사실 확인(결혼 유무, 임신 유무 등)에 나설 것과 함께 일반 시민들에게 교사들의 결혼 및 임신 사항을 익명으로 알려 달라고 요청했다.[111] 뉴욕시 교육위원회 위원들은 "결혼할 예정이거나 이미 결혼한 여교사들의 사직을 강제하는 운동"의 일환으로 이런 교사들은 "직무 유기" 혐의로 유죄라는 입장을 고수했다.[112] 결혼 및 임신은 정년보장 권한의 범위를 넘어서는 것으로, 결혼 및 임신이 의심되면 즉각적인 해고의 사유가 되었다. 1904년 인디애나주 학교지도자들은 교사가 결혼한다면 굳이 결혼했다는 사실을 서면 보고할 필요가 없다고 했는데, 그 이유는 "결혼이 곧 교사를 그만둔다"는 것을 의미한다고 보았기 때문이다.[113]

1914년 즈음에 이르러 관련 소송이 많아지면서 학교위원회들은 여교사의 결혼문제에 대한 입장을 바꿨다. 지역 교육청들은 "자신만의 가정을 간절히 갖고 싶어 하는 여성이 곧 가장 바람직한 교사의 유형"이라고 말하면서, 결혼 관련 금지조항을 개정했다. 그러나 여교사들은 자신의 결혼 유무를 반드시 보고하라는 단서를 달았다.[114] 그러나 이렇게 법조문의 변화에도 불구하고, 1927년 발간된 한 연구에 따르면, 18개 주의 교사 계약서에 여교사의 결혼이 금지되고 있었고, 로드아일랜드주의 경우 기혼 여교사들은 1965년이 될 때까지 정년보장에 따른 신분보장이 제한되었다.[115] 뉴욕시의 경우, 여교사들이 결혼해도 계속 학교에 남아 있을 수 있었지만, 여전히 엄격한 제한 조치들이 남아 있었다. 1915년 지역 학교지도자들은 "주간 학교에서 결혼한 여성이 교직에 혹은 학교관리직에 임용되려면 반드시 생계를 유지할 수 있을 만큼 남편의 심신이 건강하거나 계속해서 아내가 그 일을 하지 못하도록 단념시켜야 한다"라는 사항을 넣도록 했다. 여기에 더해, "기혼 여교사는 학교체제에서 승진할 수 없다"라고 못 박기도 했다.[116] 기혼 여교사를 학교 위계의 가장 밑바닥에 효과적으로 묶어 두면서 교육지도자들은 몇몇 기혼 여교사가 학교에 남게 되는 상황이 있더라도 여교사들이 학교 내에서 더 진급할 수 없다는 입장을 고수했다.

교사의 결혼과 임신할 권리를 위한 투쟁은 상당히 복잡하게 얽혀 있었다. 하지만 이 사안은 개별적으로 투쟁하고 또 승리했다. 로드먼 Henrietta Rodman은 꽤 오랫동안 뉴욕시 공립학교에서 교사로 근무하면서 뉴욕 및 전국의 여성참정권 운동에 참여해 왔는데, 엄마이자 교사를 대변하는 지도자로 부상했다. 로드먼은 〈뉴욕트리뷴New York Tribune〉에 실린 풍자 섞인 편지글에서, "저와 같이 엄마 미끼라는 게임 보러 가지 않으실래요? 다음 게임은 교육위원회 건물 앞에서 벌어질 거예요. 수요일 오후 4시, 파크에버뉴 500번지입니다"라며 독자들을 시위장에 초대하였다. 그녀는 교사들이 직면한 불공정한 권력관계를 강조하면서, "교육위원회 위원 대부분이 이 게임에서 한 여자가 두 명의 역할을 연기하라고 요구한다. 각 여자는 태어난 지 며칠 안 된 아이들의 엄마다. … 이 게임의 목적은" 아주 간단하다. "이 엄마들을 공립학교 교사 자리에서 내쫓는 것이다. 이는 교육위원회의 규정에 따라 진행될 것이다." 이게 마치 "아내 패기"같이, 좀 "거친 게임"이지만, 로드먼이 보기에 이 게임은 학교지도자들이 소위 "여성들의 미덕"을 위해 연기하는 것 같았다.[117] 지역 및 주의 지도자들은 로드먼의 편지를 반항 행위로 판단하고 해당 학년도의 급여 지급을 중지하도록 조치했다. 이유는 간단했다. 불순종. 로드먼은 "훌륭하게 교육받은" 교사이고, "뉴욕시에서 가장 출중한 교사 중 한 명"이라는 세간의 정평에도 불구하고 말이다. 뉴욕주 교육부장관 commissioner of education인 파인리Finely에 따르면, "교사의 책임에는 표현의 자유가 없지만, 교사는 존중, 공정함, 진실에 대한 면밀한 관심을 책임으로 갖는다".[118]

임신할 권리는 학교지도자들의 정년보장 범주 내에 없었다. 교사들은 직업과 가정 중 하나를 선택하기를 꺼리면서 자신을 향한 해고에 맞서고자 소송을 불사했고 전문가적 지위를 위해 투쟁했다. 픽소토Bridget C. Peixotto 사건은 뉴욕시 전체를 넘어 전국 신문에 대서 특필되었고 "교사-엄마 문제"에 대한 해결책을 제시하게 되었다. 픽소토는 뉴욕시 공립학교에서 18년간 재직해 온 교사로, 브롱크스Bronx 제14공립학교에서 교사로 근무했다. 그녀는 1913년 2월 3일 휴직계를 학교에 제출하며 상관에게 곧 절박한 휴가가 필요하다고 알렸다. 픽소토는 자신의 휴직 이유를 "귀와 코의 질환" 때문이라고 했는데, "자신의 몸 상태에 대한 의사 소견서"를 제출했다. 학교위원회는 별 이의를 제기하지 않고 휴가를 승인했다. 그러나 학교지도자들은 1912년 2월 비밀리에 결혼했다는 사실을 알게 되었고, 그녀가 부비동감염sinus infection에 걸렸다며 휴가를 받았을 때, 이미 임신 7개월에 접어들었다는 사실도 알게 되었다. 의사의 소견서라며 그녀가 제출한 최초의 휴직 사유로도 "충분히 정당한 휴직이 될 수 있었음"에도, 학교지도자들이 그녀가 거짓말을 했다는 것을 알게 되자 "직무 유기"를 이유로 그녀를 직무 정지했다. 픽소토는 1913년 6월 25일 교육위원회 전체 회의의 청문회장에서 모든 혐의가 인정된다며 최종적으로 해고되었다.[119]

한 작가가 "실외운동을 좋아했던 멋진 여성"이라며 소개한 픽소토는 곧 교육위원회를 상대로 소송을 제기했고 여성 노동자들에게 임신 금지 조항을 뒤바꿀 법적 기반을 제공하는 논쟁을 서서히 만들어 갔다. 그녀는 "나는 이 일을 두고 끝까지 싸울 것이다. 교육위원회가 결혼의 가장 기본적인 기능, 즉 임신, 출산, 양육하는 일을 이행하지 못하도록 하면서 기혼 여성을 학교에 머물도록 하고 있는데, 이는 법률에 어긋나는 행위이다. 이런 교육위원회의 판단은 분명히 공공정책에 위배되는 것으로 상당히 비도덕적이며 어떤 법원에서도 이를 지지하지 않을 것"이라고 주장했다.[120] 미국 전역에서 교육위원회들은 교사들에게 정년보장 권한이 있더라도 해고될 수 있다고 주장했다. 여기에는 "직무 유기"에서부터 "부도덕함"까지 포함되어 있다. 그러나 전국의 법원은 픽소토의 손을 들어주면서 결혼과 출산은 전혀 범죄 구성 요건이 될 수 없다고 판시했다.[121] 뉴욕주 대법원의 시버리Seabury 대법관은 픽소토의 탄원을 인용하면서, "우리 법률이 정하는 정책은 결혼과 출산에 호의적"이라고 주장했다. 그는 "여교사들이 타고난 활동을 행하지 못하도록 하는 제도는 법과 선한 도덕에 반하는 것"이라고 했다.[122]

1913년 시버리 판사의 판결에도 불구하고, 뉴욕시 학교지도자들은 픽소토의 해고를 유지하며 픽소토의 거짓 행동이 잘못이란 입장을 고수했다. 1915년이 되어서야 뉴욕주 교육부장관인 파인리는 이 결정을 뒤집고 픽소토의 복직을 결정했다. 즉, 법원이 출산을 결혼의 자연적인 결과라며 (교사로서의 직위에서) 해고할 만한 잘못/범죄가 아니라고 한 판결을 수긍했다.[123] 더 이상 어찌할 수 없는 상황에서, 뉴욕시 지역 학교지도자들은 엄마-교사에 대한 자신들의 정책을 재평가하지 않을 수 없었다. 1915년부터 결혼과 마찬가지로 임신 또한 즉각적인 해고 사유에서 빠졌다. 그러나 여전히 중요한 조건이 남아 있었다. 학교 규정에 따라 여교사들은 자신의 사적인 지위 변동(결혼, 임신)을 위원회에 보고해야만 했다. 게다가 교육정책결정가들은 엄마-교사가 임신 사실을 즉각 상관에게 알리고 학교에서 2년간 무급 휴직을 해야만 한다고 지시했다. 강제된 휴직을 거부하거나 사적 지위 변동을 보고하지 않는 일은 벌금 처벌을 받거나 더 나아가 해고 사유에 해당하는 귀책이 될 것이라고 했다. 교사들이 갖게 된 기본적인 교직 보장 내용은 여교사들에게 일종의 혼재된 승리였고 상당히 큰 희생을 치른 결과였다. 규제되고 감시받지 않는 결혼 및 임신할 권리는 여교사들이 학교 시스템에서 더 이상 승진할 수 없다는 대가를 동반했다.

정년보장과 학문적 자유 추구

진보주의 시대가 빛을 발하면서, 교원노조는 지역 단위 투쟁에서 전국 단위 운동으로 성장했다.[124] 1916년, 그리고 AFT가 부상하기까지 포괄적인 여성 권리에 뿌리를 둔 지역 단위 교사권리운동이 부분적으로 시들해졌다. 가장 큰 이유로는 결혼 및 임신할 권리를 둘러싼 문제가 일단락되었고, 부분적으로 노조 리더십에 변화가 생겼기 때문이었다. 고교 남교사가 (교원노조 구상 및 정년보장 논의를 시작한) 초등학교 여교사들을 대신해 지도자로 들어서면서 노조의 투쟁 초점이 직장에서의 권리투쟁에서 교사를 좀 더 높은 사회적 지위로 연결하려는 전문직성을 향한 이상으로 바뀌었다.

린빌Henary Linville은 뉴욕시 고등학교 교사로 나중에 뉴욕시 교원노조Teachers Union 위원장이 되는데, 1912년 봄 동료들에게 쓴 글에서 동료 교사들에 대한 자신의 실망감을 드러냈다. "대부분의 교사가 정말 풍부한 경험에 터해 어떤 정책이 교육을 보다 효과적으로 만드는 최선인지를 결정하는 데 종종 큰 영향을 미칠 수 있는 제안을 멍청하고 별 관심 없는 태도로 대한다." 린빌의 관점에서, 도심 학교의 교사들은 홀로 담당하는 교실에서 매일 반복되는 일에 주로 관심을 기울이면서 교육개혁이라는 거창한 질문에서 멀리 떨어져 그저 만족하는 사람들이었다. 그는 친구에게 보내는 글에서, 자신이 이 교사들을 "자기 직무에 대해 생각하게만" 할 수 있다면, "훨씬 더 유능한 많은 교사를 접하게 될 것"이라고 했다. 그러나 린빌은 낙관적인 전망을 누그러뜨린 채 친구에게 보내는 편지글을 이렇게 마무리했다. "이런 변화는 유능한 젊은 남자들이 이 학교 시스템에 들어오게 할 수 있다. … 하지만 상황이 지금과 같다면, 유능하고 독립심 강한 남자들이 기회라고 여길 만한 것이 아주 적다."[125] 린빌에게, 여교사의 수적 우위와 반지성적 면모는 교직의 전문직화를 방해하는 장애물이었다.

전국의 교사 인구는 확실히 여성이 지배적이었는데도 불구하고, 새로운 노조 지도자 세대는 교사의 전문직성을 남성적 권위, 존경, 재능이란 관점에서 규정했다. 노조가 발간하는 자료는 신화되는 학교 관료주의와 특히 학교지도자들이 교사들을 나약하게 만드는 무수한 방법들을 강조하면서 예비교사에 호소했다. 노조의 한 간부는 AFT의 기관지였던 〈아메리칸티처American Teacher〉에 이런 글을 실었다. "교사로서의 불명예는 보상으로 받는 급여가 적다는 데 있지 않다. 탁월한 시민이 보이는 낮은 존경심에 있지도 않다. 그렇다고 늘 미성숙한 아이들과 연계되어야 한다는 점 또한 아니다. 교사로서의 불명예는 당신이 존경을 표할 수 없는 상관의 지시에 따라 늘 일해야만 한다는 것이다."[126] 〈아메리칸티처〉의 편집자는 AFT 회원 가입을 독려하는 홍보자료에서 독자들에게 정말 많은 질문을 던졌다. "더 많이 인정받고 싶으신가요?" "행사할 만한 권력이 없어 무력하다고 느끼시나요?" "당신에게 어울릴 만한 존중을 받지 못해서 당신의 직업에 신물이 났나요?" "상관으로부터 부과되는 사소한 처벌 혹은 잦은 가혹행위로 모욕감을 느끼시나요?" 이 홍보자료의 질문은 이렇게 끝맺고 있다. "만약 이렇게 불만족스러워하면서 계속 일해 나갈 용기가 생기지 않는다면, 교원노조에 가입하세요."[127] 지도자들은 교원노조가 학교에서 점차 심화된 위계적 관계를 누그러뜨리기 위해 노력하고 교사들이 학교지도자들과 동등한 지위에 설 수 있도록 하겠다고 약속했다. 또 다른 팸플릿에서는 이렇게 약속하고 있다. "교원노조는 교사와 지금까지 위로부터 전달되어 온 교실 수업을 위한 표준을 개발하기 위해 일할 것이다."[128]

전문가 교사에 대한 이런 새로운 이상 속에서 정년보장정책에 대한 새로운 이해 방식이 나타나기 시작했다. 이런 이해는 초기 교사 및 학교 지도자들의 이해와는 다른 것이었다. 미국대학교수협의회AAUP, American Association of University Professors는 1915년 정년보장을 학문의 자유와 연계한 〈원리 선언Declarations of Principles〉을 채택했다. AAUP는 대학교수의 권위와 전문가로서의 정당성을 확립하면서 정년보장 및 학문의 자유 없이 대학교수들은 "그들의 고유하고 없어서는 안 되는 사회에 대한 봉사를 제대로 제공할 수 없다"라고 주장했다. 여기에 더해, AAUP는 교수들의 학문적 자유가 보호되지 않는다면, 교수들은 "전문가로서의 인격적 기준, 과학적 완전함과 능력의 기준을 유지할 수 없을 것"이라고 주장했다.[129] 주로 남성으로 구성된 신임 AFT의 지도자들 및 대도시 지역 인사들은 이런 AAUP 및 이 분야 권위자들의 언어를 차용해 학문의 자유 개념을 공립학교 교사들에게까지 확대 적용했다.

노조 지도자 세대에게 이 시기 정년보장은 경제적 안정이라거나 "직업지위 보장" 이상이었다. 그보다, 노조는 교사들의 책임을 바꿔 제시하면서 "학교가 학교에 부과된 미국적 생활의 근대적 조건을 위한 책임을 학교가 감당하려면 필수적으로 교사가 자유로워야 한다"라고 주장했다. 게다가 이들은 "통상적인 환경에서 교사들의 잦은 이직을 피하려 한 일종의 겉치레식 정년보장"은 학교지도자들에게는 좋은 도구였지만 교사에 대한 존경을 박탈한 도구였다고 설명했다.[130] 노조 지도부는 기존 정년보장정책의 특성을 재정의하면서 전문직, 그리고 최종적으로 노조의 지위와 권위를 향상시키려고 했다. 진보주의 시기에, 지역 및 전국의 노조 지도자들은 정년보장을 학문의 자유와 엮었고, 학문의 자유와 관련된 사유로 해고된 교사들의 복귀 투쟁을 위해 자신들의 시간을 투자하고 제한된 예산을 쏟아부었다.

1917년 가을, 콕스William Cox가 위원장으로 있던 뉴욕시 교육위원회는 세 명의 교사를 해고했다. 이들은 모두 드위트클린턴고교De Witt Clinton High School에 고용되어 있던 교사들로, 쉬말하우젠Samuel Schmalhausen, 무프슨Thomas Mufson, 쉬니어Henry Schneer는 "학교에서 훈육에 관한 파괴적인 시각을 가지고 있으며, 이로써 선한 시민성을 훼손시키고 있다"는 이유로 고발당했다. 뉴욕시 학교의 부교육감인 틸드슬리는 "이 세 남자의 해고를 보증할 만한 증거가 충분히 많다"는 입장을 고수했다.[131] 렌빌을 포함한 노조 지도부는 이 사인을 틸드슬리의 증거를 가지고 접근하지 않았다. 즉, 학교관리자 및 노조 지도자들은 사건에 관한 기본적인 사항에 동의하기는 했지만, 이 사건이 해고할 만한 위반 행위를 의미하는지, 교사의 전문가적 권리와 권위 그 자체를 나타내는 것인지를 둘러싸고 대격돌이 벌어졌다.

1917년 10월 22일, 쉬말하우젠은 교실 수업을 진행했다. 대통령인 월슨Woodrow Wilson에게 편지를 쓰는 활동이었다. 14살 허만Hyman Herman 학생은 편지에 자기가 느낀 절망을 풀어놓았고 이를 창의적인 미사여구로 다듬었다. 허만은 "국민들의 여론에" 전혀 귀를 기울이지 않고 전쟁을 선포한 것에 대해 월슨 대통령을 호되게 책망하면서 이렇게 자기 글을 이어 갔다. "지금 우리 삶에서 부족한 것을 죽어서 즐기도록 하기 위해 당신은 우리 모두를 살육할 각오를 하고 있다."[132] 학교위원회 위원들은 학생 문제는 허만의 글에서 기인하는 것이 아니라 쉬말하우젠의 훈계 부족에서 기인한다고 보았다. 월콕스는 〈이브닝포스트Evening Post〉의 편집자에게 보낸 편지, 나중에 〈아메리칸티처〉에 다시 기고된 편지글에서 이렇게 설명했다. "쉬말하우젠 교사는 애국적 분노와 같은 대응을 전혀 보이지 않았다. 그리고 교사 본분으로서 자기 반 학생의 이런

(잘못된) 시각을 교정하려고 전혀 노력하지 않았다."[133] 그에 대한 심리가 진행되는 동안 틸드슬리는 쉬말하우젠에게 허만이 작성한 글 사본을 전해 주며 원하는 대로 고쳐 보라고 요구했다. 쉬말하우젠은 학생이 "사람들이 무지하지 않은 시대가 도래할 것"이라고 쓰인 문장을 따라 표시를 하면서 "과장되고, 지나치며, 너무 감정에 이끌린 글"이라고 주석을 달았다. 그는 "당신은 우리 모두를 살육할 각오를 하고 있다"라는 허만의 문장 바로 옆에 이런 질문을 달았다. "온전한 정신으로 이렇게 주장하는 것인가?" 재판이 진행되는 중 학생에게 보낸 자신의 의견 요약본에서 그는 이렇게 썼다. "생각이 있는 사람들에게 이런 문장은 전혀 합리적이지 않다. 네 글에서 이런 지적이지 않은 의견을 보게 되어 유감스럽다. 도대체 왜 이렇게 글을 썼니?"[134] 이 사건만큼 다채로운 일이 아닌 듯해 보이지만, 다른 두 명의 교사 또한 유사한 마찰을 일으켰다며 고소를 당했다. 윌콕스는 분명히 "무정부주의와 현 미국 정부 사이의 상대적 이점을 토론하는 상황에서 자신은 중립적인 입장을 지켜야 한다고 생각했다"라며 무프슨을 고발했다. 쉬니어는 학생들에게 질문거리가 가득한 제목의 독서목록을 나눠 준 것 이외에도 "애국심은 학교에서 논의되어서는 안 된다거나 군인 복장을 한 사람이 학교 조회 시간에 남자아이들을 상대로 연설하게 해서는 안 된다"라고 주장했다.[135]

학교위원회 위원들이 관심을 갖고 있는 한 교사들을 상대로 하는 소송은 간단했지만 뉴욕시 노조 지도자들에게 이런 사건들은 훨씬 더 중요한 원칙과 관련되어 있었다. 즉, 교사 권위와 노조의 권력에 관한 문제였다. 1917년 12월 11일, 교육위원회 고등학교분과위High School Committee는 만장일치로 세 명의 교사를 해고하라고 의결했다. 그리고 12월 20일, 노조 위원들과의 "4시간에 걸친 논쟁" 끝에, 위원회는 기존 유죄 결정을 유지하고 세 명에 대한 해고를 단행했다.[136] 그렇다고 이 문제가 이렇게 끝난 것은 아니었다. 노조 지도자들은 교사들의 투쟁을 지원하기 위해 1만 달러 이상을 모금하고 법적 투쟁에 참여했다. 이 싸움은 공석인 뉴욕주 교육부장관 대행이었던 파인건Thomas E. Finegan이 교육위원회의 결정 번복을 거부한 시기까지 거의 1년 동안 이어졌다.[137]

드위트클린턴고교 교사들의 사건은, 노조 지도자들을 단념시키기보다는, 노조가 다른 교사들(맥도웰Mary McDowell: 퀘이커교 교사/ 피그놀 Gertrude Pignol: 독일에서 태어난 미국 시민권자로 독일의 행위에 반대한다면서도 독일이 전쟁에서 "패배"하는 모습은 보고 싶지 않다고 했음/ 글라스버그Benjamin Glassberg: 아마 가장 유명한 인물이 될 텐데, 1919년 해고된 역사 교사로, 학급 학생들에게 "러시아에 관한 질문에는 두 가지 측면이 있다"라고 했다며 보고되었다)의 해고에 문제를 제기하면서 훨씬 더 큰 싸움으로 계속 이어지게 한 상징적인 사건이 되었다.[138] 노조 지도자들은 이런저런 법적 소송을 진행하고 4년 넘게 글라스버그의 싸움을 이어 가면서 해고당한 교사들의 복직 투쟁을 전문가적 권위의 이름으로, 그리고 노조와 행정가 간의 근본적인 권력투쟁으로 만들어 갔다.[139]

린빌이 이끄는 뉴욕시 교사들은 교육적 식견이 풍부한 사람들로 자신의 학급을 통제하길 원했다. 또한 이들은 행정가 및 교사교육가들과 동등하게 어깨를 마주하기를 원했다. 노조는 수정이 필요한 14개 조항을 제시하면서 소위 진보주의 시대 학교개혁의 꽃이라 할 수 있는 관료적 장학과 경영적 통제를 경멸하며 교사 자율성이라는 이상을 내놓았다. 노조 가입 교사들은 "교장이나 다른 학교 직원들이 다른 시민들과 마찬가지로 교사의 보편적 권리(독서를 위한 문학 도서의 선정 및 배부)에 이리저리 관여하는 일을 중단"하라고 요구했다. 노조의 이상 속에서 교사 및 학교지도자들은 서로 독립된 방식으로 책임을 졌지만 하나가 다른 것보다 더 우월한 것은 아니다. 그보다 노조 지도자들은 "교사, 교육위원회, 교육감협의회, 장학위원회Board of Examiners 간 완전한 이해와 상호 신뢰에 바탕해 우호적인 협력의 정신을 키워야 한다"라고 요구

했다.[140]

린빌은 새롭게 요구된 지위를 정당화하기 위해 여러 부류의 교사교육자(교육대학 교수)들을 만나 이들의 이해관계와 자신의 과업을 조율했다. 린빌은 자신의 리더십 아래에 있는 교사들이 교사 권리를 가지고 교육개혁가가 되고 학교관리자들과 동등한 지위를 가진 전문가가 되는 것을 머릿속으로 그렸다. 그러나 린빌 및 노조에 가입한 교사들의 바람, 즉 교육행정가와 교사교육가들과 어깨를 나란히 하겠다는 노력은 결실을 맺지 못했다. 해고된 교사들의 복직 투쟁에 더해, 린빌은 학교교육에 관한 과학적 연구를 수행하기 위해 자신의 1년간의 유급휴가를 1920년 교육감협의회Board of Superintendents가 승인하도록 청원하는 데 정말 많은 시간을 썼다. 이런 그의 요청은 받아들여지지 않았는데, 린빌은 편지 보내기 캠페인을 벌이며 뉴욕시 내외의 노동계 지도자 및 교사들의 지지를 얻으려고 애썼다. 그의 요청을 지지하는 편지가 수십 통이 되었음에도 교육감협의회의 입장은 요지부동이었다.[141] 1924년 이와 유사하게 교원노조는 실험학교experimental school를 설립하자는 또 다른 제안서를 교육위원회Board of Education에 제출했다. 이 제안을 통해 교사들은 최신 교육 이론을 시험해 보고 특히 교장 및 교육감의 엄격한 감시를 받지 않고 이런 실험을 해 보려고 했다. 노조 지도부가 보기에, 이 (실험)학교는 교사들이 "진행 중인 신교육운동을 직접 눈으로 보고, 교육운동에서 과거 학교를 휩쓸었던 단지 학술적 관심사 대신 자신이 교육운동의 일부분으로 참여하고 느끼도록 할 터"였다.[142] 노조 지도부는 이 제안을 통해 첫째, 교사는 다른 어떤 부류의 사람들보다 좋은 교육이 뭔지 더 잘 알고 있다는 점, 둘째, 뉴욕시 학교에서 이런 실험학교가 있어야만 하는 이유는 숨 막히는 관료적 행정구조 때문이라는 점을 분명히 했다. 역시나, 교육위원회는 이번에도 제안을 거부했다.

노조 지도부는 교사의 전문직성을 새롭게 규정하고 학교 위계를 좀 더 평등하게 만들고자 끈질기게 노력했지만, 학교지도자들은 설득되지 않았다. 우선, 뉴욕의 교육정책결정자들에게 학문적 자유에 대한 노조의 요구와 불충한 행동으로 고소, 고발된 교사들을 방어하는 일이 쉽지 않았다. 미국 전체 공립학교에 문제가 산적해 있음을 보여 주는 징후로 비쳐졌기 때문이다. 교사들이 단순히 학문적 자유를 누리건, 혹은 선동적인 사상을 늘어놓건 교육위원회 위원들은 별로 개의치 않았다. 학교지도자들은 교사들에게 이렇게 할 권리가 아예 없다고 생각했다. 국외에서는 세계전쟁으로, 그리고 국내에서는 다양성의 확산으로 시끌벅적한 시기에 사회비평가들은 공립학교가 더 큰 국가의 목표를 실현하고 또 보존하기 위해 존재해야 한다는 점에 합의했다. 뉴욕주 교육부 장관인 파인리는 1917년 이렇게 말했다. "각 학교는 국가의 핵심 기관으로 나라를 사랑하고 미국이 싸워 지키려 하는 이상에 순종하는 마음을 가르쳐야 한다."[143] 또 다른 사회비평가는 이런 파인리의 주장에 동의하면서, "근본적으로 잘못된 것을 가르치면 전체 사회 구조가 훼손된다"라고 주장했다.[144] 1919년 미국화Americanization에 관한 연방교육국Bureau of Education 콘퍼런스에 참여한 한 연사는 "미국주의Americanism를 가르치는 데에서 역사와 공민에 대한 지식이 중요한 요인이기는 하지만, 미국주의를 향한 열정을 심어 주는 것이 더 낫다"라고 했다. 이 연사가 던지는 질문의 핵심은 아주 간단하다. "미국 교사들이 이 일을 잘하고 있는가?" 다른 청중들과 함께 이 연사가 이 질문에 내놓은 답변은 상당히 실망스럽게도 "거의 그렇지 않다"였다.[145] 정책결정자들에게 이 사안의 난점은 아주 단순한 사실, 즉 교사가 미국적 이상을 같은 목소리로 똑같이 가르치지 않을 뿐만 아니라 애국적 미국주의를 향한 기본적 행동을 몸소 보여 주지 못하고 있다는 점이었다. 이들이 추정하건대, 이런 결함을 보여 주는 가장 분명한 증거는 불충스럽다고 고발당해 해고된 교사들을 노조가 감싸고 돕고 있다는 것이었다.

학교지도자들은 학문의 자유를 요구하는 노조 지도부에 대응해 "학교로부터 불충을 일소하는 열렬한 캠페인"이라는 프레임으로 자신들의 책무를 규정했다.[146] 윌콕스에게 해고된 교사들과 이들을 옹호하는 사람들은 "미국의 현 정부에 충성한다는 생각이 적은 사람들이었다. 아마도 다른 국가의 교육적 이상에 영향을 받아서일 것"이었다. 윌콕스와 뉴욕시 교육공무원들에 따르면, "미국을 최우선으로, 최후에, 아니 항상 지지하지 않는 교사, 그리고 학생들에게 성조기를 향한 사랑, 그리고 미국이 늘 대변하고 있는 이상을 제대로 가르치지 않는다고 의심되는 교사"는 공립학교 시스템과 미국을 위협하는 존재였다.[147] 학교지도자들은 학문의 자유라는 명분을 내걸고 이루어지는 교사들의 투쟁을 이기적인 행태라고 해석했다. 또한 교사에게 주어진 사회적 책임을 고려한다면, "개인의 권리와 의견에 대해 질투 어린 존경을 보낼 하등의 이유가 없다"라고 이들은 주장했다.[148] 뉴욕 북서부지역의 교육감이었던 웨이드Joseph Wade는 학부모 및 교사들을 대상으로 한 연설회에 참여해 이렇게 설명했다. "불만을 품은 교사가 우리 학교에는 단 한 명이라도 있어서는 안 된다. 왜냐하면 교사들이 국가에 절대적으로 복종하고 권위에 순종하도록 학생들을 계속 가르치지 않는다면 우리 학생들 사이에 불안감이 커질 것이기 때문이다."[149]

이런 입장을 취하는 사람들은 뉴욕시 학교지도자들만이 아니었다. 전국의 교육정책가 및 정부 관료도 뉴욕시 학교지도자들의 확고부동한 입장을 지지했다. 루스벨트Theodore Roosevelt(당시 사가모어힐Sagamore Hill 부대의 대령으로 근무)는 교육위원회가 드위트클린턴고교 교사 세 명에 대한 해고를 단행한 일에 지지를 표명하면서 이렇게 썼다. "난 진심으로 해당 교사 모두를 해고하는 데 찬성한다. … 공립학교 교사는 충성심과 미국주의를 갖추고 있어야 하며 이는 우리가 군에서 군인들에게 요구하고 기대하는 것과 다를 게 없다. 우리는 교사에게 조금이라도 불충스러운 징후, 혹은 철두철미한 미국주의가 결여되었을 때의 결과에 대해 엄격한 책무성을 요구해야 한다."[150] 그런데 교원노조의 존재는 학교지도자들에게 이 사안들을 복잡하게 만들었다. 불복종으로 고발된 교사를 해고하는 일은 복잡한 문제 중 하나에 불과했다. 비미국적인 태도를 일종의 질병으로 비유하면서 학교지도자들은 교원노조의 끈질김이 전체 교사집단에 영향을 미칠 것이고, 이로써 새로운 교육 관료제라는 바로 그 목표는 방해받게 될 것이라고 걱정했다. 이에 대응해, 교육감이었던 에팅거는 교원노조가 학교 공간 내에서 집회를 열지 못하게 했다.[151] 뉴저지주 교육행정 공무원들은, "지금과 같은 시기에 교사를 포함한 모든 교직원은 국가의 고귀한 대의에 전심을 다하고 헌신해야 한다. 공립학교 교사들은 소위 '학문적 자유'라는 망토 속에 숨지 말고 전 세계의 민주주의가 안전해지도록 일해야 한다"라고 주장했다.[152] 정년보장을 받았건 그렇지 않건, 말에서, 사상에서, 행위에서 미국주의의 이상에 순응하거나 순응하지 않으려고 하는 사람들이 절대 학교에 남지 않게 해야 한다는 것이 뉴욕시 및 전국의 교육정책결정자들의 생각이었다.

불충하다는 이유로 해고된 많은 교사는 자신들의 행동을 비난받을 일이 아니라 오히려 전문가 교사의 권리라는 교원노조의 논리와 결부시켰는데, 이런 상황 때문에 교육 관료들은 더욱 광범위한 교정 방안을 찾아야 했다. 1920년 봄, 뉴욕주 상원의원 루스크Clayton R. Lusk는 뉴욕주에 고용된 공무원들의 충성심을 요구하는 6개 법안을 도입했다. 이들 중에 「루스크법안Lusk Law」이 있는데 이 법안은 공립학교 교사가 시험을 통과함으로써 자신들의 충성심을 보이고, "미국의 현 정부가 아닌 다른 형태의 정부를 옹호하는 교사들, 그리고 강압과 폭력, 혹은 다른 비합법적 수단으로 현 정부를 바꿔야 한다고 주장하는 교사들에게는 자격증을 주지 않는다"라고 규정했다. 이 법안은 1921년 5월 9일 공식 법률로 성안되었고, 당시 주지사였던 밀러Nathan Miller는 "만약 죄가 될 만한 선동거리를 가르치지 않는다면, 거짓을 일삼는 일을 하지 않는다면, 그리고 이런 일을 하려는 사람이 자유가 아니라 교사자격증을 얻으려는 사람이 아니라면, 누구도 이런 방침 때문에 생기는 결과를 겁낼 필요가 없다"[153]고 말했다.

　진보주의 시대에, 교육정책을 추동했던 비난 담론은 계속 교사들을 덮쳐 왔다. 20세기 초 학교지도자들은 교육개혁가 세대와 마찬가지로 제대로 작동하지 않는 무능한 학교 때문에 사회문제가 해결되지 않는다면서, 문제의 원인을 교사들에게 돌렸다. 그러나 당시 교육개혁가들은 (교사에 대해) 불만 섞인 언어를 내뱉기보다는 이민자들의 쇄도 및 1차 세계대전을 배경 삼아 학교의 문제를 에둘러 표현하려고 했다. 교육계 인사들은 교사 전문직성이란 이름을 내세우기는 했지만 성차별적이고 인종차별적인 사고방식에 사로잡혔고 관료주의화를 강화해 교사 개입이 불가능한 학교를 만들고자 했다. "교육과학"이 자리 잡아 가면서, 교사들의 직무는 표준화되고 규제의 대상이 되었다. 즉, 학교지도자들이 신봉해 온 '효율성의 척도'의 모양새가 서서히 나타나기 시작했다. 그러나 이들 학교지도자가 지닌 교육개혁과 학교에 새로운 질서 및 구조에 대한 전문적 식견 때문에 교사는 자기 의견을 내지도 못하고 아무 권위도 갖지 못한 채 학교교육 위계의 맨 밑에 자리하게 되었다.

　교사 정년보장정책은 아마도 근대 학교 관료제를 발생시킨 개혁 방안과는 반대되는 것처럼 보인다. 하지만 이 정책은 강력한 관료제를 형성해 온 동일한 맥락에서 등장하면서 전문가 교사에 대한 모순적인 관점들을 강조했다. 정년보장 법률을 최종적으로 실행한 정책결정자들에게 이 법적 장치들은 학교 시스템에 유익한 것이었다. 지역 교육청이 교사를 유인하기 위해 투자한 비용을 보장하는 방법은 교사들의 이직과 관련된 비용을 최소화하는 것이었고, 학교 규칙을 잘 아는 건전한 미국인들이 칠판 앞에 서서 가르치도록 하는 것이었다. 학교지도자들의 입장에서 정년보장정책은 제도적 안정성을 강화하는 것이었다. 그런데 교사들에게 정년보장은 완전히 다른 의미를 가졌고, 교사들이 바라보는 정년보장에 대한 이상은 일관되지 않았다. 심지어 시시때때로 바뀌기도 했다. 정년보장 개혁 논의의 물꼬를 튼 초등학교 여교사들은 이 정년보장정책을 여성들의 사회, 정치, 경제적 권리를 위한 보다 포괄적인 투쟁과 얽혀 있는 기본적인 노동자 보호장치로 여겼다. 하지만 정년보장이 아무런 도움도 되지 않는다는 사실을 알게 된 여교사들은 학교 바깥에서 자신들의 결혼, 그리고 임신, 출산의 권리를 위해 싸웠다. 정년보장 권한을 가지고 있다고 하더라도 여교사들은 결혼했다는 이유로, 그리고 임신, 출산했다는 이유로 해고가 이어졌기 때문이다. 흥미롭게도 수십 년이 지나 학교지도자들은 모든 교사가 반드시 결혼해야 한다고 주장하게 된다. 이 일에 대해서는 제3장에서 자세히 논의할 것이다. 이 여교사들은 뉴욕시 학교지도자들을 굴복시키는 데 성공하여 교사 해고를 위한 근거들을 수정하도록 했다. 그러나 관료주의적 경향이 강화되면서 교사는 학교 조직의 사다리에서 가장 낮은 위계에 자리 잡았고 교사들의 전문가적 발달은 계속 가로막히게 되었다.

1916년 전국 교원노조의 부상은 교사-지도자라는 새로운 세대가 등장할 수 있는 문을 열었다. 정년보장 관련 논의를 시작한 사람들과 달리, 주로 고교 남교사 그룹으로 구성된 AFT의 지역 및 전국의 지도부는 정년보장을 전문가적 자율성과 사회적 존경을 획득하는 통로로 이해했다. 이들은 정년보장을 학문적 자유와 연결 지으면서 해고된 교사들의 복직 투쟁을 위해 나섰고, 전통적으로 남성적 성향의 전문가적 권위라는 개념에 맞서 위계적인 학교체제를 수평적으로 만들고자 애썼다. 그러나 이런 노조 지도자들은 정년보장이라는 이상을 달성했던 앞선 교사들에 비해 그리 좋은 성과를 내지는 못했다. 학교지도자들은 여전히 입장을 바꾸지 않은 채 불충하고 혹은 반항적이라며 고발당한 교사들을 감싸는 교원노조의 비전을 지적하며 이런 노조 행위는 학교를 잘못되게 하는 신호라며 비판했다. 비록 이런 지위와 권위가 교사가 요구했던 것과 달랐지만, 정년보장은 명분상으로 교사들에게 사회적 지위와 권위를 가져다주었다. 그러나 정년보장정책은 실질적으로 교사를 문제의 근원으로, 교사 규제를 해결책으로 삼는 훨씬 더 큰 개혁의 일부였다. 이로써 교사와 전문가적 지위 간의 간극은 멀어지게 되었다.

제3장

교사교육과 '국부'

대공황 시기 전문가 교사 양성, 인성, 그리고 계층

대공황 시기, 정책결정자, 개혁가, 사회비평가들은 공립학교가 국가의 가장 강력한 사회제도이지만 그 사명을 다하지 못하고 있다며 또다시 비난하고 나섰다. 그리고 이러한 사태에 대한 비난의 화살은 역시나 교사와 전문직성에 대한 교사의 인식 부족으로 향했다. 예일대학교 교육대학 학장인 힐Clyde M. Hill은 1937년 교사들의 "전반적인 전문성 부족"이 학교를 개선하는 데 근본적인 장애물이라고 말했다.[1] 당시 사용되었던 교사연수 교재는 연수 중인 교사들이 교육의 핵심 쟁점들을 접하도록 구성되었는데, 다음과 같은 문제를 제기한다. "여러분은 교사들이 생물학적으로 실패작이라고 생각하십니까? 교사들이 교직에서 쫓겨나 (다른) '일'을 해야 한다면 굶어 죽을까요?"[2] 전국적으로 이름이 알려진 한 인사에 따르면, 교사 문제의 원인과 해결책 모두 전문적 교사양성과정에 달려 있었다. 쿡Daniel Cooke이 대표적인 인물인데, 그는 1933년 출간된 『교사의 문제』에서 "지금의 우리가 당면한 문제는 너무 많은 교사가 마치 아무런 훈련도 받지 않은 비전문가처럼 학교에서 가르치고 있기 때문에 발생한다"라고 설명했다.[3]

이렇게 광범위하게 퍼져 있는 우려에 대응하고자, 연방교육부는 1933년 교사양성과정에 대한 일련의 연구를 발주했다. 첫 번째 연구에 따르면, "교육은 미국에서 가장 크고 중요한 일"이었다. 연구자들은 공교육이 재정 및 이념 차원에서 중요하다는 점, 그리고 전쟁과 방위 비용 다음으로 재정 규모가 크다는 점을 강조했다. 더욱이 이들은 공교육이 "민주주의의 토대"라는 점 또한 강력하게 피력했다. 연구자들은 새로운 개혁의 시대를 당대에 맞이하고 있다며 진부한 수사적 표현을 반복하면서, "교사는 공립학교의 성공에 가장 중요한 요소이다. 따라서 교사양성과정과 현직 교사 연수는 국가적으로 매우 중요한 일"이라고 선언했다.[4] 연방정부, 주정부 및 지역 지자체의 각 교육지도자는 교직이 "전문직의 지위"[5]를 확보하기에 앞서 교사양성과정의 질을 꽤 높은 수준으로 "높일" 필요가 있다는 데 동의했다. 일부 연구자들은 교사양성 교육과정을 검토하고서 1935년 교사양성과정은 "현재와 미래"[6]의 "국가의 안녕"에 영향을 미친다고 주장했다. 이 연구자들과 정책결정자들은 교사양성과정이 공립학교의 질에 직접적으로 영향을 미친다고 봤다.[7] 뉴욕 주지사 레만 Herbert Henry Lehman은 학위수여식 연설에서 "우리 미국은 10억 달러의 1/3을 공립학교에 쓸 정도로 교직에 입문하는 사람에 대단한 관심을 갖고 있다"[8]라고 설명했다. 국가적 중대사로 수립되고 있던 교사교육은 교육개혁 방향을 보여 주는 것으로 새로운 정책 초점을 강조했는데, 당시 교사양성과정의 성격뿐만 아니라 교사들이 직업적 정체성과 책임을 이해하는 방식에도 중요한 영향을 미쳤다.

　　제3장은 교사교육이 변화해 온 주요 시기를 탐구한다. 첫 번째 절 "대공황 이전 대학기반 교사교육"에서는 교사교육을 시대순으로 기술하고 있는데, 20세기 초 뉴욕시에 존재한 두 가지 유형의 교사교육 대학에 관한 내용을 담고 있다. 하나는 제1장에서 논의된 뉴욕사범대학Normal College이다. 뉴욕사범대학은 지역 공립학교의 실제적 필요에 중점을 두고 젊은 여성들을 대상으로 교사양성 교육을 제공했다. 또 하나는 뉴욕시 엘리트 종합대학의 교육대학으로, 컬럼비아대학교의 티처스칼리지 Teachers College와 뉴욕대학교의 교육대학School of Pedagogy이다. 이 사립

대학교들은 교육학을 종합대학의 자유교양 전통 내에 두었다. 티처스칼리지와 뉴욕대 교육대학 교수들은 전국의 사범학교와는 분명하게 대비되는 방식으로 교사양성 프로그램을 설계했다. 미 전역의 각 주에도 여러 교육대학이 존재하긴 했지만, 이 학교들의 프로그램은 대체로 유사했다.[9] 대공황 시기 학교 간 프로그램의 차별성이 사라지게 되는데, 이로써 교사양성과정은 전국적으로 유사한 양상을 띠었다. 따라서 제3장은 교사양성과정의 두 가지 유형에 대해서 다룬다.

사범대학은 1920년대부터 1960년대 사이에 단계적으로 미국 고등교육체제에서 사라졌다. 2차 세계대전 시작 시기에 거의 모든 사범대학이 교사대학에 자리를 양보하고 1960년대에 주립대가 되었다. 역사학자 오그런Christine Ogren은 이를 "사명 도약"이라고 불렀다.[10] 교사양성과정의 역사는 (젠크스Christopher Jencks와 리스먼David Riesman이 이름 붙인 대로) "사범학교의 모방 풍조"라는 수사로 불린다.[11] 허브스트Jurgen Herbst는, 사범학교들이 시간이 흐르면서 점점 종합대학처럼 변해 갔고 그러면서 교사들을 포기했다며 전통적인 쇠퇴의 서사를 되뇌었다.[12] 다음 절 "대학기반 교육대학에서 응용학습의 부상"은 뉴욕시 교사대학의 변화에 대한 또 다른 역사를 담고 있다. 외부 힘에 의한 지역 정책, 시장 압력, 성차별적 가정 등 세 가지 중요한 요인으로 공교육 이데올로기와 비난 담론은 더 거세졌고, 대공황 시기 이들 요인이 복합적으로 작용했다. 그 와중에 이들 엘리트 교사양성과정의 교수들은 한때 조롱한 사범대학의 유형과 실천을 채택하게 되는데, 난해한 기초 지식에 초점을 두던 교사양성과정을 현장 적용 지향으로 개편했다.[13] 교육대학 교수는 교육과정을 개편하면서 비난 담론과 기관의 재정적 압박에 즉각 대응하여 의사, 법률가 및 다른 전문직 양성과정과 교사의 전문적 양성과정을 차별화했다. 일반적으로 이론가들은 각 분야의 독특한 지식체계에서 전문적 권위를 추구하는데, 이것이 대학기반 학위 프로그램의 특성이다. 전문직

종사자들은 이런 지식체계를 통해 사회적 지위, 권위, 존경을 획득했다. 이러한 관행을 외면한 채 교육대학은 더 많은 학생을 입학시켜 양성하려고 했다. 즉, 새로운 방식의 교사교육은 전문적 신뢰성이 교사의 권위를 구성하는 가장 기본적인 요소라는 점을 외면했다.

제3장의 마지막 절 제목은 "교사의 인성, 계층, 문화, 그리고 전문가적 정체성"이다. 이 절에서는 다른 전문직은 학문적 토대에 기반하여 정당성을 인정받는 상황에서, 학문적 토대 없이 교사의 전문적 권위를 어떻게 규정하고 또 이를 합리화하려고 했는지를 고민하면서 모색하게 된 내용을 역사적으로 기록하고 있다. 실습 교육으로의 전환은 교사들의 전문적 양성을 재촉하고 교사들의 임금인상 요구로 이어지게 했다. 하지만 이것이 교사의 공유된 전문적 권위를 약화시키고 의료 및 법률과 같은 동경할 만한 직업들과 교직을 차별화시켰다. 교사의 전문적 양성이 일자리를 확대하고 교사들의 임금상승으로 이끌기는 했지만, 교사들이 보기에는 이런 변화 이외에 별 소득 없는 타협적 거래였다. 교사들은 논평문이나 노동단체를 통해 고도의 학습과 분리된 전문가 페르소나를 구축하고 대공황의 난관과 성차별적이고 인종차별적인 사회규범과 결합된 이상화된 미국 가정의 이미지에 비추어 교사의 전문가적 지위 및 책임을 구성했다. 인성교육이 대공황 시기 교육과정 개혁의 왕좌를 차지했다. 교사들은 자신들이 인성교육이 뭔지, 어떻게 가르쳐야 하는지 배우지는 않았지만, 자신들이 인성교육을 하는 데 가장 적합하다고 주장했다(이런 교사상이 전문가적 교사의 조건으로 제시되었다). 즉, 교사들은 대공황 시기 무너지기 쉬운 미국 중산층 가정의 안내자와 같이 문화적 자본에 자신의 전문적 권위의 근간을 뒀다. 전문가적 식견을 위한 학문적 토대 없이 말이다.

대공황 이전 대학기반 교육대학

뉴욕시의 많은 교사는 19세기 후반부터 20세기 초반까지 뉴욕사범대학을 거쳐 공립학교에 자리 잡았다. 1870년대, 뉴욕사범대학은 임대한 장소에서 개교했는데, 뉴욕시 공립학교에 필요한 교사를 위해 여성을 교육하고자 설립됐다. 학비는 무료였고, 학생은 전부 여성이었다. 입학생을 받기 시작하고 단 10주 만에 대략 1,100명의 학생이 등록하면서 대학은 "넘쳐날 정도로 가득 찼다".[14] 뉴욕사범대학은 뉴욕시 교육위원회가 4년제 고등학교 과정에 기반하여 승인한 대학이었다. 이 대학의 "주요 목적"은 "젊은 여성들이 초등학교와 중등학교에서 가르치는 교사가 되도록 고무하는 것"이었다.[15] 뉴욕사범대학의 키어란James Kieran 학장은 1912년, 예비교사를 위한 모든 과정은 "구체적이고 실제적"이어야 한다고 설명했다.[16] 이 대학은 인문교양대학liberal arts colleges을 본떠서 1914년에 헌터칼리지Hunter College로 이름을 바꾸게 되는데, 2차 세계대전 시기에 교사양성과정이라는 직업교육에 확고하게 전념했다. 당시 이 대학은 남성에게 문호를 개방하고 학문적 교육과정을 확대했다. 이 대학의 학장은 "우리는 대학 이름의 변화로 과거보다 더 나은 서비스를 제공하게 될 것"[17]이라고 확신했다. 나중에 헌터칼리지로 이름을 바꾼 뉴욕사범대학은 맨해튼의 북부(티처스칼리지)와 남단에 위치한 대학들(뉴욕대 교육대학)과 차별성을 보였다.

1890년에 설립된 뉴욕대의 교육대학School of Pedagogy(나중에 'School of Education'으로 변경됨)[1]과 1898년에 설립된 컬럼비아대학교의 티처스칼리지는 대학의 학문적 전통에 근거해 학교지도자와 교육연구 분야의 전문가를 양성하는 데 초점을 두었다.[18] 1912년부터 발간된 〈교육대학〉

---

1. [옮긴이 주] 'pedagogy'와 'education' 간의 의미 차이가 있기는 하지만, 본문 맥락 내에서는 이름만 변경되었으므로, 번역어를 별도로 구분하지 않았다.

소식지에 따르면, 교수들은 "우수한 학문적 훈련에 대한 학생들의 요구와 경력 교사들의 요구를 충족시키려고 했는데, 경력 교사들은 과학적인 방법에 근거해 복잡다단한 교육문제를 연구하려고" 했다.[19] 티처스칼리지와 뉴욕대 교육대학은 미국의 선도적인 대학기반 교육대학으로, 이 대학들은 학문이라는 종합대학의 전통적 수사를 통해 교사교육 기관의 역할을 정립했다. 그리고 1900년에 출판된 〈교육대학〉 소식지에서 설명했듯이, 이 대학에서 교사교육은 "심화된 교육과학 연구와 교수법"에 초점을 뒀다. 이들 두 기관의 교수들은 교사를 위한 철저하고 완벽한 전문가 훈련을 제공하기 위해 "교육사, 교육철학, 교육사회학 강좌"를 제공했다.[20] 뉴욕대 교육대학은 자신들의 교육프로그램을 "최고 대학 등급 excellent university grade"으로 분류했다.[21] 이런 방식으로 교사교육 프로그램을 재정립한 곳은 이 학교만이 아니었다. 전국 각지의 대학기반 교육(대학의) 교수들은 학문이라는 수사를 통해 자신들의 과업을 구성했다. 예를 들어, 1921년 하버드대 교육대학의 홈스Henry Holmes 학장은 "우리의 진짜 관심은 (교육) 연구를 발전시키는 데 있다. 왜냐하면 다른 교과보다 교육학Education을 연구해야 할 필요성이 훨씬 더 크기 때문이다.[22] 뉴욕대 피바디교육대학의 쇼Edward Shaw 학장은, 새로운 교육대학은 "기술적, 실험적, 생리학적 심리학, 의학, 윤리학, 철학, 미학, 사회학, 교수 원리와 교수법, 다양한 국가 교육 시스템의 비교육연구 분야에서 교수학과 관련된 모든 것을 가르칠 것"[23]이라고 미국인들에게 설명했다.

암묵적이고 명시적 방식으로, 티처스칼리지와 뉴욕대의 교육대학 교수진 및 학교지도자들은 자신들의 일을 뉴욕사범대학의 프로그램과 대비시키며 기술했다. 1880년대 후반, 유명한 티처스칼리지 후원자이자 키친가든스쿨Kitchen Garden School의 설립자인 다지Grace Dodge는 뉴욕사범대학의 학사학위 수여 법안을 반대하려고 주의회 의사당으로 갔다.[24] 뉴욕대학교 교수진들은 사범학교/대학 경험을 교육적으로 열등하다고 보았다. 따라서 뉴욕사범대학 학위를 가진 학생들이 교육대학에 비학위 과정nonmatriculated 학생으로 입학할 수는 있지만 뉴욕대학교의 학위 수여는 불가능하다고 못 박았다.[25] 티처스칼리지도 이와 유사한 정책을 시행했는데, 뉴욕사범대학 졸업자들을 "미분류 학생unclassified students/비정규 학생"으로만 입학시켰다.[26] 뉴욕사범대학은 "젊은 여성들이 초등학교와 중등학교에서 가르치는 일에 참여하도록 고무"했다. 반면, 뉴욕시 엘리트 대학기반 교육 프로그램은 그보다 학교를 떠나 행정가나 대학교수가 되려는 경력 교사들을 대상으로 했고 이들 대부분은 남성이었다.[27] 티처스칼리지 교수들은 "성숙도, 교직 경력, 학문적 자세를 입학 요건으로 강조해야 한다"고 주장했다.[28] 티처스칼리지 학장이었던 러셀James Russell은 1919년에 "우리 학교가 하는 일은 (뉴욕사범대학과) 똑같지 않다. … [따라서] 우리는 졸업하고 바로 초등학교 교사가 되려는 젊은 학생들을 대상으로 수업을 제공하지는 않는다"라고 설명했다.[29] 티처스칼리지 교수들은 1924년 대학의 학문적 교육과정을 "기술 좋은 숙련공을 기르는 것에서 전문적 리더와 교육 정치가들을 키울 수 있는 수준으로 그 수준을 향상시킬 것"이라고 주장했다. 실습과 직업을 연계하고 사범학교와 자신들의 일을 차별화하면서 말이다.[30] 티처스칼리지의 먼로Paul Monroe 교수에 따르면, 연구 프로그램은 "교사 직업에 대한 '높은 소명감'이라는 신념"에서 나왔다.[31]

이 세 대학교는 초기 교육대학의 역사에서 서로 다른 두 가지 방식으로 교사를 양성했을 뿐만 아니라 다양한 학교 상황을 위해 교사를 교육했다. 교육위원회는 1915년 학년제 학교 교사를 위한 뉴욕시 교사자격증인 1급 자격증License No. 1 소지자의 출신 학교를 보고했다. 257명의 헌터칼리지 출신 학생들이 성공적으로 시험에 합격하여 1등을 차지했다. 티처스칼리지는 7명, 뉴욕대 교육대학은 단 1명의 합격생만을 배출했다.[32] 1920년 봄, 뉴욕시 교육위원회 위원이자 교사 수급위원회의 위원장 라이언George Ryan은 티처스칼리지 러셀 학장에게 이러한 상황에 대해 질문했다. "티처스칼리지가 뉴욕시에 위치해 있기는 하지만, 졸업생 중 공립학교 교사가 되려는 학생이 거의 없다. 따라서 대학이 재학생과 졸업생들에게 뉴욕시 학교 교사가 되라고 추천하지 않는 것은 아닌가 생각하게 된다. 이것이 사실인가?"[33] 러셀 학장은 일주일 내로 답변서를 보내왔는데, "우리 학생 중 많은 학생이 [뉴욕시의] 행정직 지원자"라고 설명했다. 러셀은 "우리 학교 최상위 학생 대부분은 뉴욕시 이외의 다른 지역에서 자신의 적성에 맞고 월급을 더 많이 주는 직업을 찾을 수 있다"라고 얘기하면서 답신을 마무리했다.[34]

티처스칼리지와 뉴욕대 교육대학의 경우 아주 소수의 학생만이 뉴욕시 공립학교 교사가 되었기 때문에 이들 대학 관계자들은 자격증 과정과 별개의 양성 프로그램을 설계했다. 반면 뉴욕사범대학과 헌터칼리지의 지도자들은 앞서의 두 대학과는 달리, 뉴욕시 학교지도자들과 협력하여 학생이 지역 교사자격시험을 쳐서 합격할 수 있도록 준비시키는 교육을 설계했다. 티처스칼리지와 뉴욕대학교 교사교육 프로그램은, 외부 규제로부터 자유로워져서 설립 때부터 20세기 초반까지, 지역의 긴급한 필요보다는 포괄적 지식에 초점을 두고서 대학의 광범위한 학문적 전통을 고수했다. 〈티처스칼리지 이사회의 대외비 보고서Confidential Report to the Trustees of Teachers College〉에 따르면, 러셀 학장은 "티처스칼리지는 지역 대학 수준이 아닌 전국 수준의, 더 나아가 국제적 수준의 대학이 되었다"며 찬사를 보냈다.[35] 이러한 지향은 교육과정에 잘 반영되어 있었다. 학부생들은 이학사 또는 문학사를 받기 위해 [표 1]에 제시된 교육과정을 이수했다. 이들은 "대학이 승인한 뉴욕시 혹은 뉴욕사범대학 혹은 교육대학에서 2년간 전문가 훈련을 받았거나 일반 대학 교육에서 2년간 훈련을 받고서 입학"한 학생들이었다.

이들 프로그램은 고등교육의 전통 속에서 구성되었고 이러한 전통은 교육과정 이외에도 여러 방면으로 영향을 미쳤다. 이전보다 훨씬 많은 여성이 대학이 입학했지만, 종합대학은 여전히 남성이 지배적인 곳으로 남아 있었다.[36] 티처스칼리지가 대표적인 사례다. 키친가든협회Kitchen Garden Association는 젊은 여성을 위한 독립적인 훈련기관으로 1880년 설립되어 "직업 훈련을 제공했는데, 이 훈련은 (여성들의) 쓸데없이 얼빠진 문화를 갈망하는 바를 억누르기 위해 아주 철저하고 위엄 있게 진행"되었다.[37] 1898년 이 학교가 컬럼비아대학교에 합병되고 나서 직업훈련 프로그램은 별로 주목받지 못하였다. 학교 관계자들이 심화된 "교육 과학" 연구를 요구했기 때문이었다. 뉴욕시 전체 공립학교 교사의 거의

[표 1] 교육대학 학장 보고

그룹 I-일반 교과	점수
영어	8
역사	4
심리학	4
경제학 또는 사회과학	4
정부	4
과학	4
수학	4
그룹 II-전문 교과	**점수**
교육 심리학	4
교육 철학 또는 원리	4
교육사	4
교수 원리	4
교육 측정	4
참관과 실습	4
교육사회학	4
특수 방법	4
그룹 III-학생의 특별한 흥미 영역	20

출처: *Report of the Dean of the School of Education for the Years 1920 –1921 and 1921–1922*, in *NYU Report of Officers*, NYU Archives.

90%를 여성이 차지했지만, 학교지도부와 교육대학 최상층부를 차지하는 남성의 규모와 존재감은 여성을 압도했다.[38]

뉴욕대 교육대학은 1890년에 설립되었지만, 1908년이 되어서야 처음으로 여성 교수가 채용되었다. 이 대학의 1909년 전임교원은 총 22명 있었는데, 그중 4명이 여성이었고 이들 모두 가정과에 소속돼 있었다.[39] 티처스칼리지도 비슷한 양상을 보였다. 1915년, 티처스칼리지의 전임교원은 총 36명이었는데, 그중 4명만이 여성이었다. 대학의 실용예술 분야 교수는 총 38명의 전임교원 중 11명이 여성이었고, 박사학위 소지자는 2명밖에 없었다.[40] 여학생과 남학생의 비율도 비슷한 양상을 보였다. 그런데 1914-1915 학년도를 기준으로 볼 때, 티처스칼리지는 356명의 이학사를 배출했는데, 이들 중 90%가 여성이었다. 이 수치는 당해 티처스칼리지 학위 수여자의 75%를 차지했다. 한편, 문학사를 받은 67명의 학생 중 58%가 남성이었고, 4명의 철학박사 학위 수여자 모두 남성이었다.[41] 이런 경향은 뉴욕시에만 국한되지 않았다. 1920-1921 학년도에 하버드대학교 교육대학원 학위 후보자의 70%가 남성이었다.[42] 이에 비해 동 대학원 특별과정 학생의 75%는 여성이었다. 그해 학교는 5명에게 교육학 박사학위를 수여했는데, 모두 남성이었다. 티처스칼리지와 뉴욕대 교육대학은 종합대학 내에서 지위를 확보하기 위해 대학원 프로그램에 초점을 두게 되는데, 그곳에서 남학생과 교수들의 비율은 비슷한 양상을 보였다.

이들 엘리트 교육대학은 대학본부의 재정 지원을 거의 받지 않고 등록금에 의존하는 대학이었다. 주로 부유한 여성 학부생들에게 의지했다. 티처스칼리지의 러셀 학장이 1912년 대외비 보고서에서 관련하여 언급한 것을 찾아볼 수 있는데, "대학원 과정에는 낮은 계층의 사람들이 지원"하고 있었다.[43] 이런 현실 속에서 티처스칼리지와 뉴욕대 교육대학은 대학 내에서의 지위 획득과 프로그램의 생존 간에 균형을 맞추기 위해

고군분투했다. 뉴욕대 발리에Thomas Balliet 학장은 교육대학이 내부적으로는 대학 내 다른 학문 분야와 경쟁해야만 하고 동시에 이웃 대학과도 경쟁해야 한다는 점을 잘 알고 있었다. 발리에 학장은 1919년에 이런 우려를 전하고 있다. "학문적인 것"에 너무 초점을 두고 "실제적인 것"에 충분한 관심을 두지 않게 되면, "학교 교사를 길러 내기 위한 특별 교사양성 대학을 설립해 달라"는 요구가 등장할 수도 있다. 티처스칼리지 및 뉴욕대 교육대학 교육의 범위가 연구로 한정된다는 점을 지적한 우려였다. 하지만 이와 동시에, 그는 교육 프로그램과 대학의 교수들이 실천 지향적 교육과정을 상위 학위로 인정받게 해서는 안 된다고 한 점 역시 언급했다.[44] 뉴욕대 교육대학은 1921년 대학 이름을 '교육대학School of Education'으로 바꾸고 교육학박사를 철학박사로 바꾸면서 여전히 종합대학의 전통을 선호했다. 학생들이 오지 않을지도 모른다는 불안함이 있기는 했지만, 학부 교육과정은 학문 지향성을 유지했다.[45] 다른 대학의 교수진도 비슷한 상황이었다. 하버드대학교 교육대학의 홈스 학장은 1923년 보고서에서, "어떤 종류든지 (교육) 연구는 (교육) 훈련에 대비되는 것이다. … 연구와 훈련 간에 종종 갈등 상황을 일으키기는 하지만, 그 둘은 양립할 수 없는 것도 그렇다고 서로 관련성이 없는 것도 아니다"라고 언급했다.[46] 티처스칼리지는 아슬아슬한 줄타기를 했는데, 교수들은 "질 좋은 교육"과 학생 수의 증가 간의 균형을 맞추려고 애썼다.[47] 뉴욕대 교육대학의 프로그램처럼, 티처스칼리지 학교 관계자들은 초기 종합대학의 전통을 따랐다. 이로써 실습 교육을 주변부로 밀어내고 미래의 교육지도자들에게 학문적 전통에 기반한 교육 경험을 제공했다. 두 기관의 교수들은 실천적 경험의 가치를 언급하면서도 그런 훈련들은 교육과정 밖에서 이루어져야 한다고 주장했다. 예를 들어, 1916년 티처스칼리지 지도부는 교사자격을 지닌 학생들이 일선 학교에 대체교사나 기타 교사로 활동하라고 장려하기는 했지만, 이는 학점 취득과는 거리가

멀었고, 학생의 정규 교육과정 이수와도 분리된 자원 봉사 형태로만 인정했다.[48]

대학기반 교육대학에서 응용학습의 부상

1930년대 초반 대공황은 국가의 전 분야에 영향을 미쳤다. 대부분의 직종에서 실업률이 급증했다. 하지만 교사들은, 특히 뉴욕시 소속 교사들은 상대적으로 안정적이었다. 이 시기에 시카고 교사들은 몇 달 동안 월급을 받지 못했고 LA 교사들은 약속된 임금인상이 철회되는가 하면 애틀랜타 교사들은 임금 삭감을 감내해야 했다. 그러나 뉴욕시 교사들은 정기 급여와 연간 급여 인상분까지 챙겼다.[49] 교직은 안정적인 직업이어서 점점 더 많은 사람이 학교의 문을 두드렸고 교사 공급은 급증했다. 뉴욕시 교육위원회 위원에게, "자격을 갖춘 교사의 과잉 공급"은 교사훈련 프로그램에 "입학 자격 요건을 높일 수 있도록 해 주는", "기회"이자 (그렇게 해야 할) "필요"를 의미했다.[50] 전국 각지의 교육자들도 비슷한 생각을 하고 있었다. 1935년, 연방교육부는 "교사 선발은 어려운 일이다. 교사가 되려는 지원자가 많고 교직의 성공과 밀접하게 관련된 요인을 현재 시점에서 객관적으로 측정할 수 없기 때문"이라고 밝혔다.[51] 연방정부의 정책결정자들은, "교사자격 조건을 마련하는 일이 교사들의 수준을 높이기 위한 전제 조건"이라고 설명했다.[52] 지역 학교지도자들은 초기 수십 년 동안 구축해 온 관계에 기대를 걸고 교사 선발을 위한 협력자로서 교사양성과정에 의지했다. 이런 상황에서 정책결정자들은 교육대학을 강력한 (수준 높은 교사 선발을 위한) 거름 장치로 바라봤다. 하지만 교육지도자들은 교사들이 단순히 더 많이 훈련받는 것을 넘어, 더 통일성 있고 학교의 실제에 부합하는 교육이 이루어지기를 기대했다. 두 번째 〈전국교사교육연구National Survey of Teacher Education〉 연구진에 따르면, 핵심 문제는 "교사교육의 실제가 굉장히 다양"하다는 점이었다. 연구팀은 양성 모델의 다양성은 오랫동안 지속된 쟁점이라고 언급하면서 "중등교육의 성장"에서부터 "교육비 증가"와 같은 변화에 따라 표준화가 필요하다고 주장했다.[53]

뉴욕시 교육위원회는 1900년대에 이미 교사들에게 "지역대학 혹은 교사양성과정에서 직업과정을 이수하도록 권고"했다. 그러나 지역의 학교지도자들은 그 권고가 의무사항이 아니었기 때문에 거의 효과가 없다고 느꼈다.[54] 1931년, 뉴욕시 교육위원회는 새로운 정책을 만들어 교사교육과 임금인상을 연계했다. 교육위원회는 "임금인상의 전제 조건으로 교사자격증을 소지한 모든 교사가 승인된 30시간 연수과정을 신청"[55]하도록 요구했다. 이러한 교육과 연계된 임금 정책은 강력한 시장 개입을 야기했는데, 결과적으로 교육대학에 입학하는 사람과 입학 동기를 변화시켰기 때문이다. 그리고 뉴욕시는 현직 교사교육이라는 교사교육의 새로운 분야를 도입하게 됐다.

교육지도자들은 교사집단의 전문성 부족을 주장하기 위해 다른 전문직의 전문가 양성에 눈을 돌렸다. 〈전국교사교육연구〉를 수행한 연구자들은 "법률, 의료, 그리고 정부 공무행정 분야의 전문가들과 마찬가지로 교사를 잘 교육하는 것이 필요하다"라고 말했다.[56] 하지만 계속해서 "미국의 교사양성과정은 명백히 다른 직업보다 교육 수준이 매우 낮다"라고 말했다. 수사학적 차원에서 전통적 전문직은 여전히 동경할 만한 모델로 남아 있지만, 대공황 시기 교사교육 개혁은 다른 전문직과 교사를 더욱 차별화시켰다.

교사양성과정에 대한 정책결정자의 관점은 직업교육 지향성을 강화했다. 당시는 대학의 다른 분야에서 자유교양과 전통적 연구 과정이 부활한 시기였다.[57] 예를 들어 의료와 법률 역시 과잉 공급되었고 이러한 상황을 기회 삼아 규제를 강화했다. 하지만 1931년 정책은 학구가 개발하여 교사와 교육대학에 적용한 반면, 의료와 법률 분야 정책들은 주정부가 개발하고 주정부에 의해 지원받았다.[58] 법률과 의료 분야의 전문가협회가 전국 각지의 대학기반 전문가 양성을 이끌었는데, 이들은 팽창보다는 선별성과 배타성을 선택했다.[59] 역사가들이 지적하고 있듯, 미국 경영대학협회와 같은 전문직 단체는 (자격) 표준을 만들기 위해 대학 프로그램과 협력했다.[60] 이로써 여타의 전문직은 더 전문화하는 방향으로 움직였다. 그러나 당시 교사를 위한 표준은 외부에서 개발됐고 현장 적합성을 더 추구했다.[61] 예를 들어, 1930년대 동안 법률과 의료분야 전문가 교육 프로그램은 임상적이고 실천가에 기반한 활동에서 점점 멀어졌는데, 과학적으로 알려진 "분과학문 지식intellectual boundaries"[62]을 생산하는 교육과정을 지지했기 때문이다. 전문가적 권위와 존경은 이들 대학이 구축한 분과학문 지식에서 비롯됐다. 교육대학 지도자들은 비난 담론, 재정 압박, 성차별적인 가정에 터해 교사양성 교육과정의 성격을 개편했다. (분과 지식을 생산하는) 교육과정을 우선시하는 것에서 벗어난 것이 일반 직업교육과 교사양성을 보다 가깝게 만들면서 다른 전문직과 교직을 차별화시켰다. 물론 이런 변화 또한 전문직화라는 이름으로 제공되었던 것으로 교사 전문직화는 다른 전문직의 사례와 이름만 유사했다. 이런 변화는 뉴욕시에서 가장 가시적으로 일어났다. 도시 규모와 중요성 면에서 뉴욕시가 갖는 상징성 때문에 뉴욕시는 우월한 교사양성 과정 모델을 만들어 낼 수 있었고, 전국적으로 교사양성과정의 성격을 형성하는 데 큰 영향을 미쳤다.

지난 수십 년 동안, 티처스칼리지와 뉴욕대 교육대학의 교수진은 지역과의 협력 제안을 거절해 왔다. 그러나 대공황이라는 경제 상황이 이들의 태도를 변화시켰다. 대공황 초기 티처스칼리지와 뉴욕대 교육대학은 심히 불안해했다. 이들 기관은 존립을 위해 수업료에 의지해 왔는데,

대학 차원의 재정 지원이 미약했기 때문이다. 1930년대 초반, 학생들이 학교를 이탈하기 시작했다. 티처스칼리지는 1932년 거의 800명의 학생이 학교를 떠나면서 전년 대비 12%의 학생 결원이 발생했다.[63] 교육대학은 2년에 걸쳐 전체 학생의 15%가 등록하지 않았고 1933년에는 1,200명 넘는 학생들이 학교로 돌아오지 않았다.[64] 한편, 헌터칼리지의 학생 수는 폭발적으로 증가했다. 1929년에, 대학의 전체 등록 학생 수는 2만 2,000명이 넘었다. 사립대학에서 계속 교육받을 경제적 여유가 없거나 생계를 위한 직업을 찾는 학생들을 기꺼이 받아들였기 때문이다.[65] 티처스칼리지와 뉴욕대 교육대학의 등록 학생 수는 곤두박질쳤다. 돈이 부족한 학생들은 추가로 등록금을 내며 교사교육을 받으려고 하지 않았다. 때마침 헌터칼리지가 증가하는 수요에 맞추어 두 번째 캠퍼스를 브롱크스Bronx에 개교했기 때문이다. 1931년 당시 경제적 상황으로 인해 학교지도자들은 새로운 정책을 수립해야 했다. 한 학교 관계자에 따르면, "뉴욕대학교와 같은 대학에서도 대학 수입의 거의 90%가 오로지 학생 등록금으로 채워졌다. 대학 정책은 이런 재정적 상황에 의해 결정되는 것이 분명"했다.[66]

우선, 대학과 공립학교 간 협력은 재정적 안정을 의미했기 때문에 대학기반 교육대학 지도자들은 이런 상황에 영향을 받지 않을 수 없었다. 하지만 학교정책 결정자들은 이들 간 협력관계와 함께 일종의 교직 준비에 필요한 실제적인 기술을 요구했는데, 이것은 엘리트 대학기반 교육대학의 이전 궤도에서 이탈하는 것이었다. 티처스칼리지와 뉴욕대 교육대학 학교 관계자들은 그 시기 개혁들이 자신들의 서비스 시장을 확장하고 변화시키리란 점을 잘 알았다. 1930년까지 뉴욕시의 교사는 4만 7,000명이 넘었고 이 중에서 80% 이상이 여성이었다.[67] 이와 비교해, 1930년까지 뉴욕시 법률가, 사법부, 판사 전체 중에 3%만이 여성이었고 내과와 외과 의사로만 한정해도 5%를 넘지 않았다.[68] 대공황을 거치면서 대학기반 교육대학 교수들은 여학생들을 목숨줄로 여기게 되었고, 이들에게는 새로운 도전임이 분명했다. 티처스칼리지와 뉴욕대학교 교수진은 대공황 시기 교사양성과정을 개편했는데, 응용학습과 실천적 지식에 뿌리를 두고 교육과정을 구성했다. 이는 (여성이라는) 새로운 학생 유형과 재정 안정이라는 방편에 부합하는 것이었다. 티처스칼리지와 뉴욕대 교수진은 대학의 이미지, 접근 방법, 프로그램을 개편하면서 이들 새로운 학생들을 두고 경쟁했다. 이들은 초기 교사양성과정의 학문적 지향을 바꾸면서 자신들이 한때 비웃었던 실습 교육을 끌어안았다.

뉴욕시의 1931년 교육과 연계된 임금 정책은 이미 공립학교 교사에게 시행되고 있었다. 그 결과, 이들 대학은 프로그램 일정을 유연하게 운영했는데, 이것이 학생 등록을 유인하기 위한 가장 간편한 방법이기 때문이었다. 티처스칼리지와 교육대학은 과거 수십 년 동안 파트타임으로 참여할 수 있는 강좌와 여름 계절학기 강좌를 제공해 왔었는데, 1930년대 이들 프로그램 등록생이 폭발적으로 증가했다. 이전보다 더 많은 현직 교사가 등록했기 때문이었다. 교육지원 부서의 장은, "유연한 학사일정 때문에 어려운 시기에 많은 학생이 티처스칼리지에 다니면서 돈을 벌 수 있다"라고 학장에게 보고했다.[69] 티처스칼리지는 1935학년도, 전통적 학위 과정보다 여름 계절학기 강좌에 더 많은 학생이 등록했다.[70] 1931년부터 1936년까지 4학점 또는 그 미만을 수강한 학생이 무려 40% 넘게 증가했다.[71]

이 시기 뉴욕대 교육대학 여름 계절학기 강좌에도 등록 학생 수가 증가했는데, 모집 전략 덕분이었다. 학교는 등록할 만한 학생들을 대상으로 "뉴욕에서 보내는 여름"이라는 제목으로 각종 자료를 우편으로 보내, 학생 모집을 위한 전략을 적극적으로 시행했다. "뉴욕대학교의 수업은 편안하다"라는 문구가 적혀 있었다. "남녀 학생은 날씨에 맞춰 옷을 입는다. 방과 후에 가고 싶은 휴식 공간이 많다. 루프탑 위에서는 가장 따뜻한 날조차도 산들바람이 불고, 학생회관에서는 잠시 들르는 모든 학생에게 매일 오후 얼음 음료를 제공한다. 주말뿐만 아니라 평일에도 … 학생들은 공원과 해변에 지하철이나 보트, 버스 혹은 자동차로 쉽게 갈 수 있다."[72] 자료의 이런 글 밑에는 두 사람이 수영장 옆에 앉아 있는 만화가 그려져 있다([그림 4]). 학교 관계자들은 학교가 제공하는 기분 좋은 응대, 서비스, 생활방식을 강조하면서 돈이 부족한 교사라도 학교에 등록하도록 꾀었다. 그러나 등록 이후 어떤 배움을 얻을 수 있는지에 대해서는 아무런 말도 하지 않았다. 1939년, 뉴욕대학교의 〈서머불러틴 Summer Bulletin〉은 예비 학생들에게 "여름 계절학기와 정규학기 사이의 학기는 교육대학의 정식 강좌로 실제 학사일정의 연장이라는 점을 안내했다."[73]

여름 계절학기는 학생 모집을 위해 뉴욕시의 엘리트 교사교육 프로그램에서만 채택한 전략은 아니었다. 이미 전국의 교사교육 기관에 확대되어 대공황 시기 교사교육 프로그램을 장악했다. 세 번째 실시된 〈전국 교사교육조사〉 보고서에 따르면, "여름 계절학기는 아주 빠르게 다양한 고등교육기관의 정규 학년에서 첫 번째 학기 혹은 네 번째 학기"가 되고 있다. 연구자들은 여름 계절학기가 교육지도자들의 찬사를 받았다며 "여름 계절학기는 계속 진행되어야 한다"라고 조언했다.[74] 1900년 뉴욕대 교육대학의 〈불러틴Bulletin〉은 "대학 정책은 교육대학을 최우수 법대, 의대, 신대(신학대학)와 동등한 수준으로 만드는 것"이라고 설명했다.[75] 대공황 시기, 교육대학 학생들은 비정규학기 강좌를 통해 학위 요건들을 모두 충족시킬 수 있었다. 그러나 "법률, 의료, 치과, 엔지니어" 분야 학생들은 그렇게 할 수 없었다.[76] 이런 공부 과정의 편의성은 교직을 다른 전문직과 차별화했고, 이들 두 대학기반 교육대학들의 과거 형태들과의 명확한 결별을 의미했다.

뉴욕시가 여름 휴양지는 아니다. 그러나 수천 명이 여름에 공부를 목적으로 뉴욕에 온다. 그들은 뉴욕보다 기온이 높고 건조한 기후를 가진 국가와 유럽의 거의 모든 국가에서 온다.

뉴욕대학교의 강의는 편안하다. 남녀 학생은 날씨에 맞춰 옷을 입는다. 방과 후에 가고 싶은 휴식 공간이 많다. 루프탑 위에서는 가장 따뜻한 날조차도 산들바람이 불고, 학생회관에서는 잠시 들르는 모든 학생에게 매일 오후 얼음 음료를 제공한다. 주말뿐만 아니라 평일에도 학생들은 공원과 해변에 지하철이나 보트, 버스 혹은 자동차로 쉽게 갈 수 있다. 존스해변공원Jones Beach State Park은 정말 멋진 곳이다. 모든 종류의 게임이 있고 수영과 다이빙할 수 있는 풀상이 있다. 대서양의 긴 백사장은 무더위로부터 탈출하게 한다.

7월에 뉴욕시는 후덥지근하다. 그러나 지구 반대편의 모든 지역에서 관광객들이 여기로 와서 뉴욕을 즐긴다. 마천루의 여름 갑판 위에는 정원이 있고 록펠러 빌딩 공원에 있는 분수를 둘러싸고 꽃이 활짝 피는 기적이 있다. 많은 극장과 식당들은 여름에 에어컨을 가동한다. 이들 현대적 편의시설들은 도시에 사는 사람들은 물론, 방문자들을 환대한다. 리버사이드가를 따라 뚜껑 열린 관광버스를 타는 것(10센트로), 뉴욕 항구 아래로 페리보트를 타고 나가는 것, 자유의 여신상을 지나 스태튼섬Staten Island까지 항해하는 것(5센트로)은 최상의 경험이 아닐 수 없다.

[그림 4] 뉴욕에서 보내는 여름
출처: Papers of Chancellor Harry Woodburn Chase, box 38, folder 2, New York University Archives. New York University Special Collections, Records of the Office of the President of New York University [Harry Woodburn Chase].

친교를 위한 행사와 교과 외 활동들이 전국 각지 고등교육기관에서 필수가 되었다. 그렇다고 대학에서 인문교양 교육과정이 손상된 것은 아니었다. 그러나 교사교육 프로그램에서는 그렇지 않았다.[77] 티처스칼리지와 뉴욕대 교육대학 학교 관계자들은 학생들을 유인하는 가장 직접적이고 성공적이고 지속적인 노력을 기울이면서 동시에 교사양성과정 교육과정을 변화시켰다. 이렇게 "교육과학"은 1930년대 들어서 지지를 잃었다. 이를 대체한 것이 전문가 학교였다. "전문가 학교는 어떤 교육 단계든 교육에 관심을 가진 모든 사람이 영감을 얻고 권력을 보태고 신뢰를 갱신할 수 있는 곳이다."[78] 뉴욕시 대학기반 교육대학 교수들은 유용하고 잘 준비되어 적용할 수 있는 정보의 미덕을 칭송했고 과거에 떠받들던 학문적 형식주의에서 멀어졌다. 뉴욕대 교육대학의 한 교수는 교수들이 학생을 모집하려고 "효과적인 사회공학 지식과 기술을 중시하고 '학문적인' 것에 관심을 덜 가진다"고 불평했다."[79] 이어서 롱Forrest Long은 "우리는 모든 답을 아는 척하지 않는다. … [우리는] '까다로운 행상'이 아니다"라면서, 대신에 "교육은 사람 관계에 우호적인 사람에게 딱 맞는 일이다"라고 했다.[80]

이후부터 실습 교육은 교사훈련과 동의어가 되었다. 그러나 몇 가지 부수적인 요인이 교육과정 개편에 영향을 미쳤다. 첫째, 새로운 교육과정은 프로그램을 통해 빠르게 학생과 학생 등록금을 얻을 수 있는 방법이었다. 학업 과정의 편의성은 이들 대학이 활용한 주요한 학생 모집 방법이었다. 린턴Clarence Linton이 티처스칼리지 학생을 대상으로 수행한 연구에 따르면, "학생의 재정적 한계(재원 부족, 금전적 한계)와 학생 수업료에 대한 대학의 의존성"이 이런 방식의 강좌 개설을 결정하는 "핵심" 요인이었다.[81] 1938년, 티처스칼리지 학장이자 전임 학장의 아들인 러셀은 "이 학교의 교육과정은 최소 시간에 최대의 효과를 낼 수 있는 전문적 서비스를 통해 학생을 준비시킬 것"이라고 보고했다.[82] 둘째, 실습 교육으로의 변화는 증가하는 학생집단을 관리하기 위한 방안이었다. 티처스칼리지와 뉴욕대 교육대학과 같은 엘리트 대학들은 대학 캠퍼스에서 벗어나 교육을 했다. 학교 관계자들은 실습 교육을 학생 증가로 인한 공간상의 제약이라는 캠퍼스 내 수업 공간의 딜레마를 해결하기 위한 방법으로 간주하고서 학생들을 내쫓으려고 의도한 것이 아니냐는 비판에 대응했다. 러셀은 1932년 보고서에서, "학생 수는 증가했지만, 이들을 수용할 수 있는 시설은 늘어나지 않았다"라고 설명했다. 그는 (공간 부족의) 압박에서 벗어나기 위해 "새로운 유형의 교수법"과 "실제 교실 상황과 현장 문제의 활용"을 수용한다고 밝혔다.[83] 세 번째, 응용학습으로의 변화는 이들 대학이 유치하려는 새로운 학생에 대한 인식의 결과였다. 1930년, 뉴욕시 교사들의 80%가 여성이었다. 이 대학들이 1931년 교육과 연계된 임금 규정에 편승하려고 하자, 여교사들이 대학의 새로운 수요층이 되었다.[84]

고등교육 기관에 등록된 학생들의 40% 이상을 여성이 차지하고 있었지만 1930년대 고등교육은 여전히 남성 공간이었다.[85] 합리적이고 객관적인 탐구는 학문의 토대로서, 여성의 "내적" 특성을 위협하는 것은 아니지만, 여성의 특질과 서로 잘 맞는 것은 아닌 것 같았다. 헌터칼리지의 슈스터George Shuster 총장에 따르면, 여성 교육의 목적은 "건전한 지식 훈련을 제공하는 것으로, 교육받는 사람이 적극적인 추구에서 너무 멀어지지 않도록" 해야 한다. 슈스터 총장은 청중으로 자리한 여성 예비교사들과 교수들에게, "책 내용을 공부하느라 바쁘겠지만" 여성 예비교사들은 "사회복지와 찬송을, 웅변과 보육을, 철학과 아이 양육을 동시에 잘 배워야 한다"라고 조언했다. 슈스터 총장이 보기에, 이들 여학생 집단에 어울리는 "적극적인 추구"란 여성 능력에 대한 전통적 개념에 토대한 것이었다. 그는 자신의 말을 마무리하면서, "우리는 무엇보다도 여성성이 무엇인지, 여성성의 독특한 문제는 어떻게 되는지 생각해 봐야 한다.

나는 가사 생활, 살림, 육아를 위해 여러 대학이 젊은 여성들을 준비시켜 왔던 바를 상당히 높게 평가한다. 우리도 이와 비슷한 일을 할 수 있을 것으로 기대한다"라고 조언했다.[86] 티처스칼리지의 교수이자 뉴욕시 교육위원회의 교사담당 부서의 책임자인 밀러Clyde Miller는 이런 관점을 널리 퍼뜨리고 대학교수와 지역 학구 간의 긴밀한 관계를 강조한 사람이었는데, 그는 1935년 〈뉴스위크Newsweek〉 독자들에게 교사는 학문적인 것보다 "예쁜 얼굴, 준비된 미소, 매력적으로 잘 차려입은 훌륭한 외모"가 더 중요하다고 설명했다.[87]

여교사를 지칭하는 표현은 주로 양육, 독실함, 모성이었다(엄마-교사라는 개념이 대표적이다). 이로써 기혼 여교사는 경제적 불안정성과 정치적 혼란 시기에 정상성과 안정성을 나타내는 존재였다.[88] 엄마-교사mother-teacher라는 전통적 개념은 학교지도자와 교사교육자들이 여교사를 어떻게 바라봤는지를 보여 주는 말이었다. 티처스칼리지의 교사교육위원회는 터페닝Walter Terpenning의 에세이 『교육적 베일The Educational Veil』의 내용을 인용하면서, 기혼 여교사에 대한 학교지도자와 교사교육자들의 지지와 이런 여교사의 정체성을 뒤덮고 있는 성차별적인 가정들을 재확인했다. 위원회 위원들은 자신들의 마지막 보고서에 "교사가 되려는 모든 지원자는 아주 우수한 지적 능력을 갖춰야만 한다. 여기에 더해 성적도 우수해야 하고, 상냥한 인성, 훌륭한 성품, 결혼 증명서 등을 갖추고 있어야 한다. 이들에게는 가능한 잘 양육된 자녀라든가, 혹은 지원자가 남편을 만나 정상적인 가정을 꾸릴 것임을 뒷받침할 만한 정당한 근거가 필요하다. 이런 조항이 교직의 자격 기준을 높일 것이다"라는 내용을 인용했다.[89] 뉴욕시 교육자들은 여교사가 여성성 때문에 효과적이고 가치가 있다는 데 동의했다. 응용학습으로의 전환은 적어도 일부는 여성의 지적 능력이 중요하다는 인식에서 비롯됐다. 우수한 지적 능력이 주로 여학생들의 적절한 여성성과 "적극적인 추구"를 나름대로 보증하는 것이 되리라고 보았기 때문이다.

대공황 시기, 학부 수준에서 교사교육을 받는 예비교사의 수는 심화연수를 받는 현직 교사의 수와 함께 증가했다. 티처스칼리지 학교지도자들은 1932년 뉴칼리지New College를 개교했는데, 증가하는 이들 예비교사의 수요에 부응하기 위해서였다. 1932년 공고에 따르면, 대학은 "유아학교, 유치원, 초등학교와 중등학교 교사양성과정에 초점을 맞추었다". 뉴칼리지는 "부속학교"로 예비 학생들은 티처스칼리지의 교수와 시설들을 활용하지만 분리되어 운영될 계획이었다.[90] 교수들은 뉴칼리지의 교육과정을 설명하면서, "전통적 질서가 사라지고 있다는 직접적인 증거"라고 설명했다." 교육과정은 교사교육의 새로운 전통을 보여 주는 것으로, 형태와 기능의 측면에서 비슷한 엘리트 대학 내 다른 대학의 교육과 확연히 구별되었다. 이들 대학에서 교육과정은 학문적인 것과 실천적인 것이 두루 뒤섞여 있어, "강력한 활동은 학문적으로 약화될 것"이라고 설명했다.[91] 책으로만 경험하는 것은 충분하지 않다. 그 보다, 학생들은 모든 지식을 "활용할 수 있음"을 증명해야 한다.[92] 이러한 프레임에 비추어 명백하고 즉각적인 적용이 이루어지지 않는 학습은 미래 교사들에게 일종의 시간 낭비였다.

대공황 시기, 적용 가능성은 대학기반 교육 프로그램의 전반적인 특징이 되었다. 1934년, 티처스칼리지와 뉴욕대 교육대학 모두 교육학박사Doctor of Education라는 새로운 학위를 수여하기 시작했다. 20세기 초반 수십 년 동안, 뉴욕대 교육대학은 유사한 교수학박사Doctor of Pedagogy 학위를 열등한 학위로 규정하면서 교수학박사를 비하했다. 대공황 시기, 이러한 새로운 학위 과정이 많은 학생을 대학으로 불러들였는데, 박사학위 과정 등록 학생 수가 거의 두 배로 증가했다.[93] 뉴욕대학교 관계자에 따르면, 교육학 박사학위 논문은 "교육 실제에 즉각적이고 유용한 방식으로 기여"해야 했다.[94] 티처스칼리지 박사학위 과정 담당자인 모트Paul

Mort는 "[교육]이 학문 지향이 되지 않도록 모든 조치가 강구되어야 한다"[95]라고 경고했다. 철학박사 과정에 등록한 학생들은 뉴욕대와 컬럼비아대의 교수 및 학생들과 상호 교류하지만, 교육학박사 과정에 재학하는 학생들은 개별 교육 프로그램 내에 확고히 자리했다. 뉴욕대 교육대학과 티처스칼리지와 같은 대학들은 교육학 박사학위를 교육 분야에서 제공하는 가장 높은 수준의 성취라고 여겼다. 하지만 다른 프로그램과의 경계선이 그어지면서 이들 프로그램은 종합대학 내 다른 단과대학과 거리를 두게 되었다. 무엇보다도 이런 일련의 학위 과정은 이들 기관이 교사를 교육하는 일에서 멀리 떨어지게 했다. 그렇다고 이로 인해 앞선 시기의 교육연구 학습 형태가 대학기반 교육대학에서 완전히 사라진 것은 아니었다. 티처스칼리지와 뉴욕대 교육대학 등의 교사교육기관은 교육사, 교육사회학, 교육철학, 교육심리학, 교육경제학 분야에서 박사학위를 계속 수여했다. 하지만 이들 학위 과정은 교사교육 프로그램과 거리를 두고 분리되어 있었다. 한 예로, 티처스칼리지에서는 정규과정의 학사학위를 위한 후보자만이 교육학 기초분야를 전공할 수 있다. 러셀 학장은 1936년 보고서에서 교육사를 너무 "학문적이고 최근 문제와는 동떨어진 것", "교육철학을 미래의 교사들에게 대체로 쓸모없는 것"이라고 언급했다.[96] 대공황 시기, 이 기관들은 새로운 학문분과 구조를 채택하면서 대학의 전통적 학문과 교사교육을 분리했다.[97]

지난 수십 년 동안 교육 분야 교수들은 자신을 종합대학의 일원이라고 생각해 왔다. 따라서 이들은 교육과정 개편으로 인해 자신들이 다른 학문 분야의 동료 교수들과 다른 방식으로 취급당할까 봐 교육과정 개편에 저항했다. 하지만 대공황 시기에 이런 상황이 크게 바뀐다. 이즈음, 티처스칼리지와 뉴욕대 교육대학 교수들은 대학 내 자신들의 지위를 다른 관점에서 보기 시작했다. 20세기 초반에, 뉴욕대 교육대학에서 교육학을 전공하는 학생들은 대학의 여러 분야에서 강의를 들었다. 동시에,

교육학과가 아닌 전공에 소속된 학생들은 교육 관련 졸업논문을 쓰면서 교육대학 밖의 시선으로 교육에 대한 기본적인 질문들을 연구했다. 대공황 시기, 뉴욕대 교육대학 학교 관계자는 이런 상황을 염두에 두고 두 가지 문제를 제기했다. 첫째, 이런 방식은 교육대학을 재정적으로 곤란하게 했다. 학교 관계자는 교육에 관련된 주제를 연구하는 어떠한 학생이라도 교육대학에서 개설한 강좌를 들으려면 반드시 대학에 등록해야 한다고 못 박았다. 둘째, 교수들은 이 시기의 교육 프로그램이 다른 곳에서 복제될 수 없는 독자적인 교육 연구법을 제공해야 한다고 주장하기 시작했다.

이러한 새로운 관점으로 교육대학 소속 교수와 대학 내 다른 단과대학 교수 간에 충돌이 발생했다. 1936년, 뉴욕시 심사위원회의 해닝W. A. Hanning은 "교육은 법률, 의료 혹은 행정 분야 직업에 비견될 수 있다"라고 했다. 이와 마찬가지로 "법률가, 의사, 행정관료들이 훈련받듯 교사들도 자신의 업무를 위해 훈련받아야" 한다. 하지만 해닝과 정책결정자들에게 교사들의 자격 수준을 높인다는 말은 곧 교수법과 실천적 지식에 초점을 두고 교사들이 더 교육받아야 한다는 의미였다. 컬럼비아대학교 바너드칼리지Barnard College의 길더슬리브Virgina Gildersleeve 학장이 반대 진영을 대표하는 인물로 부상했다. 그녀는 대학의 수준 높은 요구 때문에 "교사 출신의 교육생들이 좌절을 경험할 것"이라며 공격했다. 우드 Ben Wood는 "전문가 과정"을 강조하면 오히려 교육대학 학생들의 역량이 더 낮아질 것이라는 점, "최소한 그 과정에 등록한 학생 60%"는 "현재 인문대학 1학년의 평균보다 능력이 떨어진다는 점, 이런 과정을 통해 훌륭한 학생 다수가 배제되리라는 점"을 언급하면서, 자기 의견을 지지하는 티처스칼리지 교수를 찾아 나섰다.[98] 길더슬리브는 티처스칼리지를 포함한 교육대학의 교육과정은 "잘 가르치는 능력의 향상"과는 별 상관이 없고 "교육학 강좌가 학생들의 시간을 배움으로 채우도록 하는지 보증할 수 없다"[99]라고 주장했다. 한편, 길더슬리브가 인문대학에서 교사들을 모집해야 한다고 주장하자, 러셀 학장은 "교사교육은 일반 인문학 강좌의 '단순한 산물'이 될 수 없다"라며 강력하게 비판했다. 그는 "교직의 수준"을 높이기 위해 "교사훈련을 위한 특별 기관"이 필요하다고 봤다.[100] 3년 후, 혹스Herbert E. Hawkes 신임 학장은 "전문가 과정을 (교사에 따라) 지나치게 세분화하는 것에 대해 경고"했다. 당시 바너드칼리지에서부터 컬럼비아대학교에 이르기까지 이런 부류의 논쟁이 계속 이어졌다. 그는 연례 보고서에서 "전국 각지의 공립학교에서 교사들이 교과 내용과 인간 특성에 대한 충분한 배경지식이 부족하다는 것을 살펴볼 수 있다"라고 설명했다. 혹스 학장은, "많은 교사가 마땅히 갖춰야 할 사회적 능력도, 학문적 능력도 갖추지 못한 작금의 상황에서, 교사양성과정은 이러한 사회적 능력과 학문적 능력을 갖추도록 하는 것이어야 한다"라고 주장했다.[101]

마찬가지로, 1930년대 뉴욕대 교육대학에 등록한 학생들은 모든 강좌를 교육대학 내에서 수강했다. 동시에, 학교 관계자들은 교육대학을 교직에 들어설 수 있는 유일한 경로로 지정함으로써 교육대학의 권한을 지켜 줬다. 교육대학 교수는 누가 교사가 될 수 있고 어떻게 될 수 있는지에 대해 여러 분야 교수들과 논쟁했다. 1935년, 뉴욕대학교의 문리대학College of Art and Pure Sciences 학장인 바에르Baer는 교사가 되고 싶다거나 교사자격증을 따는 데 관심이 있는 학생들이 있기는 하지만 이들의 학적을 이동시킬 생각은 전혀 없다고 교육대학의 교사양성과정 코디네이터인 보르거손F. C. Borgeson에게 설명했다. 보르거손은 응용학습 분야의 교육과정을 가리키면서 어떠한 타협도 허용하려고 하지 않았는데, 학생들이 교육대학의 요구 조건을 충족시키지 못했기 때문이다.[102] 교수들은 뉴욕시의 교육대학에서 제공된 훈련은 기본적으로 대학의 다른 분야와 그 과업이 다르고 분리되어 있음을 점차 주장하게 되었다.

대학기반 교육대학은 대공황 초기에 등록 학생 수가 살짝 감소한 이후 다시 의미 있는 성장을 보였다. 1938년, 뉴욕대 교육대학의 학부와 대학원 과정에 등록한 학생은 1만 2,000명이 넘었는데, 이는 1930년에 비추어 70%가 증가한 것이었다.[103] 같은 시기, 티처스칼리지의 등록 학생은 학부와 대학원 과정을 합쳐 7,948명이었고, 여름 계절학기에 8,410명의 학생이 추가로 등록했다. 이는 1930년 등록 학생 수 대비 30% 증가한 것이었다.[104] 대공황 초기 학교지도자들은 이들 대학의 생존을 우려했다. 하지만 응용학습으로의 전환은 학생의 학자금 상환을 위한 빠르면서도 지속가능한 경로를 만들어 주었는데, 이것이 다양한 학생층의 입학 기회를 확대하고 졸업 경로를 신속하게 처리했기 때문이다.

하지만 이러한 성장은 양면성을 가졌다. 우선, 전국의 교육대학들은 대학 내에서 자신들의 자리를 확보하게 되었다. 자신들이 벌어들이는 등록금을 높이 평가하면서 말이다. 이와 동시에, 교육대학은 종합대학교 내 다른 단과대학 및 다른 학문 분야로부터 상징적이면서 지형적으로 고립되어, 대학의 학문 체계에서 주변부에 자리 잡게 되었다. 물론, 대학기반 교사교육 프로그램이 결정적으로 교육과정을 새로운 방향으로 개편했지만, 교수들은 초기 학문적 전통과 실천을 강조하는 교육정책 환경 사이에서 여전히 오락가락했다. 1936년, 러셀 학장은 교사교육위원회를 소집했다. 위원회는 다음과 같은 사항을 보고했다. "뉴욕주 평의원회 위원들이 우리 티처스칼리지 교수들이 교육사, 교육심리학 분야에서 이수해야 하는 현재의 필수 '학점'을 더 높였다며 고소하는 사건이 있었다. 우리가 경험한 가장 당황스러운 순간이었다."[105]

일부 교수들은 바깥으로부터의 정책 압력이 대학의 성장을 촉진했지만 그에 따른 대가가 걱정됐다. 이들 대학의 교수들은 러셀 학장이 "대립하는 이념"이라고 규정한 것들을 둘러싸고 깊은 고민에 빠져 우왕좌왕했다.[106] 비록 학생 수를 늘리는 데는 성공했지만, 교수들은 학생들의 수준을 두고 탄식하지 않을 수 없었다. 티처스칼리지의 교사교육위원회는 "형편없는 사람들을 추려 내는 데 관심"을 가지라고 요구했다. 위원회는 너무 많은 학생이 공부할 준비 없이 입학한다고 보고하면서, "학교 다니는 동안 지적 능력을 향상시키는 것은 실제적으로 불가능하다"라며 교수들의 탄식에 공감했다.[107] 교수들은 교사양성과정의 성장을 축하했지만, 이로 인해 생긴 결과에 대해서는 몹시 괴로워했다. 프로그램의 성장은 외부에서 결정된 교사 정책의 직접적인 결과였다. 티처스칼리지의 위원회 보고서는, "우리는 … 오후 늦은 시간과 이른 저녁 시간에 강좌를 제공함으로써 더 많은 학생이 참여하도록 했다"라고 언급했다. 하지만 "지금 우리는 이런 방향으로 아주 멀리 갈 수 있을지 없을지를 검토해야만 한다"라고 덧붙였다.[108]

티처스칼리지와 뉴욕대 교육대 교수들은 지역과 국가 정책결정자의 요구에 대응한다며 실천적 훈련을 제공할 목적으로 대학의 교육과정을 개편했다. 하지만 학교지도자들은 대학기반 교사교육이 자신들과의 계약 목적을 달성하지 못하고 있다고 느꼈다. 1938년, 뉴욕시 33명의 부교육감은 연례 보고서에서 교사교육과 인성교육에 힘쓸 것을 요구했다. 이들은 "활동 프로그램Activity Program은 지역 학구에서 시도하는 교육과정 실험이었지만, 당시에 활동 프로그램을 시작할 준비가 된 교사들은 거의 없었다"라며 실망감을 내비쳤다. 교사들은 "형식적 암기 기술로 훈련받아 왔고", "학교에서 받은 훈련에 아주 많이 의존"해야만 했다.[109] 지역의 학교지도자들은 교직이 여전히 다른 분야의 전문가 양성보다 그 기간이 짧다는 점을 인식하고서 대학기반 교사양성과정이 원하는 강좌를 제공하지 않고 있다고 느꼈다. 1930년대, 지역 학교지도자들은 학구가 후원하는 현직 교육 강좌를 광범위하게 제공했다. 무상으로 제공되는 이들 강좌는 지역 대학이 제공하는 프로그램과 직접 경쟁했다.[110] 뉴욕시 학교지도자들은 "교사들이 인간미가 없는 엄격한 훈육 스타일"을 벗어던지도록 하면서 다양한 수업을 제공했다. 1936학년도에 도심 지역 644개의 공립학교를 대상으로 실시된 설문조사 결과에 따르면, 1만 47명의 교사가 1만 4,073개의 강좌를 지역 대학 프로그램과 학구 현직 연수를 통해 수강했다. 교사들은 천문학, 중국 장식품, 수영을 포함하는 "비전문적" 강좌뿐만 아니라 정신위생과 방법과 같은 "전문적" 강좌에 등록해 공부했다. 학구를 통해 제공된 모든 현직 교육 강좌들은 "우리 학교 시스템의 시급하고 큰 문제들을 전문적으로 연구하는 것"에 초점을 뒀다. 그리고 위원회가 지정한 강사들은 대부분 행정가였는데, 이들은 "너무 이론적이어서 교사에게 어떤 실제적인 도움을 제공할 수 없는" 내용을 피하고자 애썼다."[111]

학교지도자들은 모든 연수가 교사들에게 유용하다고 생각했지만, 교사 스스로 어떤 교육과정을 이수할 것인지 선택하도록 허용한 것에 대해 우려했다. 예를 들어, 한 교사는 현직 연수 학점 이수를 위해 실내 장식 강좌를 선택했다. 그녀는 그 강좌를 "가치 있다"라고 설문조사에 답변했다. 얼마나 가치 있느냐는 질문에 대해 그녀는 "최근에 결혼했고 새집을 장식했다"라고 설명했다. 또 다른 예를 보자. 한 교사는 외국어 강좌에 등록하기로 선택했는데 그녀 학교의 교장은 그녀는 "방법론"에 약한데 "더 현명한 선택을 할 수 있었을 것"이라고 생각했다. 이와 같은 상황들은 학교지도자들이 누가 강좌로부터 혜택을 받아야 하는지에 대해 의문을 품게 했다. 교사 개인이 혜택의 당사자가 되어야 하는가? 아니면 교사들의 학생이 그 혜택의 수혜자가 되어야 하는가? 그런데 이런 질문은 단지 수사적인 차원의 질문이었다. 사실, 뉴욕시 학교지도자들에게 이 질문에 대한 답은 분명했다. 그들은 선택 강좌의 "보다 체계적인 조직화"와 "지도 자문"을 요구했다. 이에 더해, 이들은 〈문제아 The Problem Child〉, 〈상황 처치 기술Remedial Techniques〉, 혹은 〈측정/평가Testing and Measurement〉와 같이 교실에 바로 간단히 적용할 수 있는 교육과정의 이수를 지지했다.[112] 교사를 대상으로 한 현직 교사연수는 역사적으로 이해관계자들 간의 경쟁하는 힘이 교차하는 복잡한 환경에서 존재해 왔다. 대공황 시기, 뉴욕시 교사교육자들은 교사 질에 대한 전국적 비난, 대학의 재정적 압력, 지역 협력관계에 대한 요구에 대응하면서 교육과정을 개편했다. 응용학습과 적용 가능한 지식이라는 산물은 교사교육에서 황금률이 되었다. 이로써 교사교육은 다른 직업에서 전문가적 정당성이라고 당연시되는 양성 형태와 다른 길을 걷게 되었다.

교사의 인성, 계층, 문화, 그리고 전문가적 정체성

엘리트 대학교의 교육대학 교수 및 학교지도자와 마찬가지로 이 대학의 교사양성과정을 졸업하는 사람들은 교사양성과정의 양면성에 대해 잘 알고 있었다. 교사들은 한편으로 자신의 교육을 전문직성의 표식으로 보고 임금인상과 사회적 지위 제고에 대한 요구를 정당화하기 위해 전문직성을 활용했다. 뉴욕시 교사길드의 레프코비츠Abraham Lefkowitz는 여성클럽Women's City Club이 후원한 1936년 토론회에서 새로운 교사 자격 요건과 표준은 "어쩔 수 없이 교사가 되는 데 많은 비용을 요구할 것"이라고 주장했다. 그러나 레프코비츠 및 다른 도시의 교사들은 새로운 규정이 가져다주는 이점 역시 인정했다.[113] 교사길드 구성원을 대상으로 한 비공식 설문조사에 따르면, 대공황 시기 교사의 47%가 방과 후에 다른 일을 했고, 39%가 빚이 있었다.[114] 뉴욕시는 다른 지역과 마찬가지로 증가하는 학생들의 요구에 잘 대처하고자 공공사업진흥국Works Progress Administration, WPA[2]과 대체교사에 의지했다. 1938년, 뉴욕시 학교에는 WPA로부터 지원받는 교사가 1,000명도 넘었다.[115] 교사길드는 이런 관행들이 교사 전문직성을 약화시켰다고 주장했다.[116] 교사길드 지도자들은 1935년, "우리가 고등학교 교사의 거의 20%를 대체교사로 채우는 기간이 길어질수록 자격 수준을 제고하는 것은 둘째치고, 현재의 교사자격 수준을 유지하는 것조차 어려워질 것"이라고 추론했다.[117] 새로운 자격 요건에 따라 길어진 교육 연한은 더 높은 수준의 사회적 존경과 임금인상에 대한 노동조합 교사의 요구에 결정적인 역할을 했다. 한 교사는 교사길드가 후원한 라디오 연설에서 이렇게 말했다. "우리가 받는 훈련은 의사, 치과의사, 법률가 혹은 회계사들이 받는 훈련만큼이나 아주 세세하며, 돈이 많이 들고 힘든 일이다. … [그러나] 교사는 대체로 월세 200달러 집에 살고 있다. 의사, 치과의사, 법률가 혹은 회계사가 몇 년간 일한 후에도 주급 50달러에 만족할까요? 만약 그렇다면 이들이 어떤 이유를 들이대건 실패한 사람으로 간주될 것이다."[118]

그런데 다른 한편으로 교사들은 자신들이 받은 교육대학 훈련을 조롱했다. 이들은 교사양성과정이 임금인상에 대한 요구를 정당화시켜 줄 수 있을지는 몰라도 자신들의 직업적 삶과 거의 관련이 없다고 주장했다. 한 교사길드 노래모임 조합원들이 교육대학을 조롱하는 장면을 살펴보자. 이들이 부르는 "공화국 전투찬가"라는 노래의 가사를 보자. "우리가 받은 교사훈련 전부를 창밖으로 내던져야 한다. 우리는 남자아이들이 적응을 잘 못하리란 것, 하지만 절대 나쁜 애들은 아니라는 점을 알게 될 것이다. 우리 학교는 계속 행진하고 있다."[119] 교사들은 일시적인 교수학적 유행을 조롱하면서, 전문가 교육을 자신들의 직업에 필요하기는 하지만 안 해도 되는 것으로 묘사했다. 뭐, 거의 쓸모없기는 했지만, 이 시기 노조 교사들은 교사양성을 위한 전문가 교육에 통제권을 행사

---

2. [옮긴이 주] "공공사업진흥국(公共事業振興局, Works Progress Administration, WPA)은 대공황의 가장 어두운 세월 동안 1935년 미국의 프랭클린 D. 루스벨트 대통령에 의하여 창조된 야망적인 고용과 기본적 시설 프로그램이다. 그 현존의 8년 이상 공공사업진흥국은 거칠게 8.5백만 명의 미국인들을 일하는 데 놓았다. 아마 그 노동 계획들로 가장 잘 알려진 공공사업진흥국은 또한 수천 명의 배우, 음악가, 작가와 화가들을 고용한 예술 분야들에서 계획들을 후원하였다"(출처: 위키피디아).

하려고 투쟁했다. 1931년 2월, 교사노조Teacher Union는 "교육대학 교육과정의 완전한 재구성"을 요구했다.[120] 노조 교사들은 전문가 교육을 적극적으로 수용하기보다는 오히려 "자신들이 선정한 전문가 표준"을 내밀었다.[121] 교사들은 실천적 지식과 응용학습이 교육대학에 들어오면서 교직과 교직 준비를 위한 강의를 보다 분명하고 쓸모 있게 만들었다고 주장했다.

뉴욕시 교사들의 전문직성에 대한 관점은 대공황 시기의 사회경제적 환경과 교원노동조합의 정치활동을 포함한 복잡한 상황의 영향을 받아 형성되었다. 즉, 다른 전문직이 난해한 지식체계 속에서 신뢰 가는 전문가로 인정받게 된 데 반해, 뉴욕시 교사들은 이와는 다른 방식으로 자신들의 정체성을 구축하려고 했다. 교사들 특히 기혼 여교사들은 대공황기 노동시장의 여성 노동자들과 마찬가지로 자신들 및 교사노조가 제약받고 있음을 알게 되었다.[122] 우선, 여성이 일한다는 것은 가정의 남성이 실업자라는 의미였다. 그리고 가정에서 아내, 혹은 엄마가 일한다는 것은 가사 형편이 나빠진 것으로 인식되었다. 국가 경제가 붕괴하면서 미국 가정 상황에 대한 아우성이 높았기 때문이다. 마지막으로, 자신을 강하게 드러내는 교사들은 탐욕스러울 뿐만 아니라 정치적으로 위험하다고 비췄다. 확산된 '적색 공포'의 영향 때문이었다. 진보주의 시대 원조 페미니스트 교사들은 자신들의 일자리를 보호하기 위해 투쟁했다. 그러나, 역사가 샤프Lois Scharf는 대공황이 "페미니스트의 인식에 해로운 영향을 끼쳤다"라고 언급했다.[123] 뉴욕시 및 여러 지역의 교사들은 자신들의 권위와 존경을 위한 투쟁을 포기했다기보다는 오히려 대화 용어를 재설정하며, 교사의 전문성을 중산층이라는 이상적인 가정의 맥락과 연계했다. 역사학자 머피Marjorie Murphy는, "학교의 상황은 대공황으로 인해 교직의 모습을 상당히 많이 변화시켰다"라고 설명했다.[124]

AFT의 로컬2 지부로 1961년 설립된 뉴욕시 교사노조Teachers Union는 노동조합운동에서 주축을 이뤄 왔다. 교원노조는 양 대전 사이 젊고 급진적인 조합원이 늘어나면서 조직 내부적으로는 긴장감이 높아지고, 대외적으로는 감시단체의 이목을 끌었다. 교원노조 위원장인 린빌Henry Linville은 이런 상황을 알리기 위해 AFT 지도부에게 다음과 같이 설명했다. "간단히 말해, 정치집단이 서서히, 그러나 지속해 교원노조에 침투하고 있다. 정치집단은 뉴욕시의 직장 노조에서 성장하고 있는데, 이들은 주로 공산주의자들이다. 이 집단들은 때때로 교원노조 회의에서 집단 간 분쟁을 조장했다. 만약 이런 상황을 방치하고 아무런 조치도 취하지 않는다면, 당면한 미래에 뉴욕시 및 여러 지역의 교사들을 조직화하려는 교원노조에 돌이킬 수 없는 손상을 입힐 것으로 보인다."[125] 린빌 위원장과 교원노조의 선임 조합원들은 신규 노조원의 수가 점점 늘어나는 상황에서 과거 자신들이 일해 왔던 방식뿐만 아니라 전문가로서의 교사 정체성이 이들로 인해 위협받을 것이라고 느꼈다. 노조 활동을 오래 해 온 한 조합원은, 이들 신규 조합원이 통제할 수 없을 만큼 강력하고 또 위험하다고 말했다. 이들은 모두 동일 직업의 구성원, 즉 교사였지만 신규 노조원들은 달리 취급되었다.

린빌 위원장이 AFT 19차 연례회의 대표자들에게 서한을 보내고 몇 달이 지나지 않아 그가 이끄는 교원노조 지도부 및 오랜 세월 교원노조 활동을 해 온 조합원들은 (급진적인 신규 조합원의 증가로 인해 발생하는) 종잡을 수 없는 상황을 비판하며 AFT를 떠나 새로운 단체를 만들기로 결정했다. 이렇게 해서 만들어진 단체가 교사길드Teacher Guild였다. 교사길드와 교원노조는 10년이 넘는 기간 동안 뉴욕시 공립학교 교사 조합원들을 확보하기 위해 서로 싸우는 씁쓸한 경쟁자가 되었다.[126] 1941년, AFT는 공산주의자에 대한 경계심과 두려움으로 노동조합헌장을 폐지했다. 1950년에 뉴욕시 교육위원회는 학교 교사들이 교원노조 조합원이 되는 것을 막았고, 교원노조를 훌륭한 조직이라고 인정하지 않은 채 교원노조와의 그 어떤 협상도 거부했다. 한편, 교사길드는 급진적 정치와 투쟁적 행동을 경멸하면서 "여성과 남성" 교사로 구성된 교육자들과 유대관계를 맺으며 "주류" 조직으로 자리매김했다.[127] 뉴욕시 교사들과 교사길드 조합원들은 전문가 교사와 지역 및 국가의 자극적인 경제적·정치적 상황에 대한 학교지도자들의 비전에 대응해, 교사로서 자신들의 정체성을 이상화된 가정의 이미지에서 찾았다. 여기에는 성차별적이고 인종차별적인 의미가 함축된 어법들이 가득 차 있었다.

교사들은 뉴욕시 교사길드가 후원한 노래모임에서 〈봄날의 파리Paris in the Springtime〉라는 곡조에 맞춰 즐겁게 노래했다. "나는 드레스를 사기 위해 돈이 필요해/ 나는 양복을 사기 위해 돈이 필요하다고/ 나는 흰색 옷깃이 있는 셔츠를 사기 위해 돈이 필요해."[128] 교사들의 교직에 대한 이해 방식은 이 시대의 "계층 구분에 대한 선입견"에 크게 영향을 받았다. 이들이 이해한 증산층 전문직성이라는 비전은 바로 (중산층) 가정생활에 토대해 있었다.[129] 진보주의 시대 초기의 여성은 전문적 권위에 대한 요구를 여성참정권 운동 내에 자리매김한 반면, 대공황 시기 여교사들은 이와는 다른 양상을 보였다.[130] 교사길드의 여교사들은 정치경제적 맥락을 따져 보면서 자신들이 학교에서 일해 번 돈으로 가정 살림을 더 잘하게 되었다고 주장했다. 이 시기 여교사들은 교사라는 직업으로 인해 가정 내 책임에서 자유롭게 되었다거나 혹은 여교사라는 직업을 재정립하려는 시도를 거의 하지 않았다. 또한 '가정적'이라는 수사는 남교사의 전문가적 페르소나를 유지하도록 도왔다. 남교사들은 근육질의 가장이란 이미지를 교실에까지 확장해 갖고 들어오면서, 여성화된 영역에서 일하는 남교사라는 외부 시선을 상쇄시켰다. 마치 가정에서 남성이 중요하고 강력한 자리를 차지하고 있는 것처럼 학교에서도 그렇게 보이도록 만들었다. 교사들은 교사길드가 후원한 또 다른 대중적 커뮤니티에서 〈헤르난도의 사라짐Hernando's Hideaway〉의 곡조에 맞춰 노래했다. 그 노래의 내용은 이렇다. "나는 교사길드에 의지해야 해/ 교사길드가 만들 행복한 미래!"[131] 가장이자 유일하게 돈을 버는 사람인 교사길드의 남교사들에게 교사의 낮은 임금은 중산층으로서의 자신의 생존을 위협했다. 대공황 시기의 남교사들, 그리고 여교사들은 모두 공적 영역에서 교사로서의 역할을 했지만, 이들의 직업적 정체성은 사적 영역의 인식에 크게 영향을 받았다.

교직은 여전히 여성들의 일이었다. 하지만 본질적으로 남교사가 학교에 존재해야 교직이 전문직화된다고 생각한 학교지도자들은 남교사들을 계속 모집했다. 따라서 19세기 중반 보통학교가 부상한 때보다 경제가 붕괴되었던 대공황 시기 더 많은 남교사가 교직에 입문했다.[132] 교직은 안정적인 일을 의미했고 신입 남교사 대부분은 고등학교에 들어갔다. 고등학교는 낮은 학교급, 초등학교나 중학교보다 명성이 높다는 대중의 인식 때문이었다. 이에 반해 낮은 학교급의 학교에서는 여성이 지배적이었다. 학교지도자들은 "초등학교 교사가 되는 데는 일반적으로 자격 수준이 낮아도 된다"라고 인정했다.[133]

교원노조 교사들과 사회비평가들은 교직이 남성에게 적합한 직업일 뿐만 아니라 학교에는 남교사들이 특별히 수행할 만한 업무가 있다고 주장했다.[134] 라스A. H. Lass는 뉴욕시 교육부가 후원한 교사 정기간행물 〈하이포인츠High Points〉에 "나쁜 애들과 교사The Bad Boy and Teacher"라는 에세이를 실어 이렇게 주장했다. "남교사들은 여교사들이 할 수 없는 학교 학생들의 많은 문제행동을 다룰 수 있다." 이와 유사하게, 전문가교육자회인 파이델타카파Phi Delta Kappa는 『남성 직업으로서의 교직 Teaching as a Man's Job』을 출간해 고등학교 3학년 학생들에게 배포했다. 이는 "교육에 관심 있는 젊은 남성"을 위한 책이었는데, "교직은 남자다운 일로 교직에 대해 오해하지는 말라"고 독자들에게 당부했다.[135]

전국의 교육개혁가들은 가정에서 남성이 중요한 지위를 차지하듯 학교에서도 그렇다고 주장하며 남성을 학교에 끌어들이려 애썼다. 이와 같은 가정 중심적 관점이 여교사를 둘러싼 정책 프레임을 구성했다. 뉴욕시는 1915년 결혼 금지 규정을 폐지했다. 물론 여교사에게 모든 개인 신상의 변화를 보고하도록 요구하는 내용은 바뀌지 않았다. 이것은 20세기 초반 참정권운동가 교사들의 일터 활동주의에 영향을 많이 받았기 때문이다. 그런데 이러한 정책 변화에도 불구하고 (결혼 금지 규정이 발표된 이후 10년이 넘도록) 사회비평가들은 기혼 여교사가 교육 시스템의 재정을 열악하게 만드는 원인이라며 비난을 멈추지 않았다. (예를 들어) 여교사의 출산 혹은 불가피한 아이 양육 문제(아픈 아이 치료 등)가 생길 때마다 뉴욕시는 대체교사를 고용하는 데 돈을 써야 했다. 전국적으로 사회비평가들은 남성의 실업을 일하는 여성의 탓으로 돌렸고, 이러한 비난은 대공황 시기 더 심화됐다. 일부 비판가는 엄마-교사의 "분리된 헌신"을 손가락질했다. '엄마-교사는 가정에서의 의무와 학교에서의 의무를 모두 다 잘 감당할 수 있을까?' 하지만 뉴욕시 교육위원회는 이런 주장에 반발했다. 교육위원회 위원은 1938년 "기혼 교사의 고용 문제는 이제 더 이상 논쟁거리가 될 수 없다"라고 못 박았다. 그런데 이 말속에는 교사들을 위한 모성권을 옹호했던 초기 페미니스트의 관점이 들어 있지 않았다. 그는 계속해서 "논쟁할 여지가 있다면 … 우리가 미혼교사를 채용해야 할지 말지에 관한 것"이라고 주장했다.[136] 교사교육자처럼 학교개혁가들은 전통적인 여성의 성 역할과 교직의 신뢰성에 관련성이 깊고 사회적·경제적 대격동기에 기혼 여성이 훌륭하고 안정적인 역할 모델에 더 어울린다고 주장했다.[137]

비록 명시적이지는 않았지만 인종 역시 교사 전문직성에 대한 관점을 형성하는 데 영향을 미쳤다. 흑인들은 대공황 시기에 집중적으로 공격받았다. 남부 전역에 걸쳐 린치(개인적 처벌)를 가하는 인종기반 폭력이 일어났고 북부지역 흑인 남성의 실업률은 백인보다 3배나 높았다.[138]

1934년, 뉴욕시에는 대략 35만 명의 흑인이 살고 있었는데, 전체 뉴욕시 인구의 약 5%를 차지했다. 하지만 동년 기준으로 뉴욕시 학교 교사들의 단지 0.6% 정도만이 흑인이었다.[139] 대공황 시기 여타 직업과 마찬가지로, 가용한 일자리는 백인 지원자가 우선적으로 차지했다. 뉴욕시 북부지역의 학교위원회는 이런 복잡한 쟁점을 꺼내 들고서 흑인 교사 채용의 정당성에 대해 계속 논쟁했다. 흑인 교사들이 백인 학생을 가르칠 수도 있는 상황에서는 특히 더 그랬다. 유색인종 교사들이 뉴욕시의 교사양성 기관에 입학했지만, 그들은 지역 학교에서 일자리를 찾는 데 굉장한 어려움을 겪었다. 뉴욕시에서 30분 거리에 있는 마운트버논Mount Vernon 지역의 교육위원회 위원장인 나르도치Frank J. Nardozzi는 홈스William H. Holmes 교육감의 주장에 동의하며, "흑인 교사들은 흑인 아동들이 다수인 학급에만 고용되어야 한다"라고 주장했다. 홈스와 나르도치는 한때 흑인 대체교사를 배치했을 때 학부모들의 항의가 빗발쳤던 사례를 들면서, "우리가 실업 상태에 있는 흑인 교사 서너 명의 곤경한 상황을 우선 고려해야 하는가?"라고 질문했다.[140]

뉴욕시 외곽 뉴로셸New Rochelle 지역에서는 유색인종 교사 고용을 둘러싼 싸움이 오래 지속되고 있었다. 종국적으로 이 지역 학교위원회는 흑인 교사 해리스Ethel O. Harris를 선발 임용하며 흑인이 대략 90%를 차지하는 학교에서 일하도록 했다. 전미유색인지위향상협회NAACP의 스콧 Leon R. Scott은 해리스의 고용을 두고, "뉴로셸 지역에서 일어난 인종 관련 이슈 중 가장 두드러진 사건"이라고 말했다. 그는 계속해서, "(해리스의 교사 임용은) 흑인 아이들에게 새로운 희망과 큰 꿈을 가져다줄 것이다. 흑인들이 삶의 가장 중요한 과업을 특출나게 수행할 수 있음을 백인 또한 잘 알 수 있도록 해야 한다"라고 설명했다. 뉴욕대 교육대학(학부과정)과 티처스칼리지에서 교사자격증(학사학위)을 취득한 해리스는 자신이 이룬 성취가 "다른 흑인 또한 뉴욕시의 학교 시스템에서 마찬가지로 일자리를 얻을 수 있는 계기"가 될 수 있기를 기대했다.[141] 해리스의 이런 열망에도 불구하고 유색인종 교사의 고용 기회는 예외적으로 계속 낮았는데, 교사를 고용하는 관행과 사회적 인식은 가르치는 직업을 백인다움과 동일한 것으로 봤기 때문이다.

뉴욕시 학교지도자들은 1938년에 "우리 아이들을 전인적이고 잘 통합된 인격체로 계발하는 것이 모든 학교의 관습, 실천, 조직, 교육과정의 지속적이고 지배적인 목적이 되어야 한다"라고 주장했다. 이것은 진보주의 교육 이념과 대공황 시기에 자리한 계급 불안이 반영된 것이었다. 뉴욕시 부교육감은 같은 해, "아주 많은 젊은이가 반사회적 행동을 서슴지 않는다"라고 했다. 이런 문제의식에 터해 인성교육은 대공황이 초래한 황폐함을 완화하고 사회적 통증을 제거하는 진통제처럼 작용할 것이었다. 그런데 학교지도자들은 이런 교육의 "효과성"은 "교사의 인성"에 달려 있다고 경고했다. 그들이 생각하기에, 교사들에게는 교과 지식 혹은 교육 이론보다 열정, 동정심, 친절함, 낙천성 등이 더 필요했다. 게다가 교사들은 자기가 가르치는 학생들을 점점 더 복잡한 세계로 여행하게끔 돕는 역할이 중요했다. 부교육감은 1938년에 "아이들은 영화, 라디오, 자동차, 비행기 등에 관심을 쏟는다"라고 언급했다. 어떤 사회적 변화보다 강력하면서도 아이들이 직면한 가장 긴급한 문제들은 가정에 있었다. 즉, 이 말은 "주의 깊은 교사라면 부모의 광범위한 경제적 불안감이 아동의 삶에 어떤 파괴적 영향을 미치는지 잘 안다"라는 의미였다.[142]

학교지도자들은, 전문가 교사라면 학생들이 모방할 수 있는 나무랄 데 없는 인성적 특성과 바람직한 방법으로 학생들을 이끌 수 있는 기술과 재치를 갖추고 있어야 한다고 결론 내렸다. 책으로 공부하는 것으로 충분하지 않다는 말이었다. 학교지도자들은 경쟁적 이데올로기가 교차하는 지점에 교사를 자리매김하면서 교사 전문가에 대한 자신들의 비전을 듀이와 손다이크의 철학을 통해 정립하고자 했다. 듀이[1938]의 표현대로, 교사는 사회를 구성하는 개인의 성장을 통해 사회를 개선하는 데 특히 적합하다.[143] 한편 손다이크는 양화 가능성이라는 기본이론에 근거했는데, 학교지도자들은 개선 유무 및 그 정도는 양적으로 측정되어야 한다고 주장했다. 정책결정자들은 교사의 생생한 경험이 학생들의 인성교육과 생활 적응을 안내한다고 보았다. 그러나 이런 기대된 결과가 생길 것인지, 그렇지 않을 것인지는 〈맥콜브라이트니스검사McCall Brightness Test〉에서부터 시작해서 사회적 신념 및 개인적 특성에 대한 〈라이트스톤검사Wrightston Test〉에 이르기까지 다양한 검사를 통해 정례적으로 평가될 것이었다.[144]

인성교육은 대공황기 교사의 전문가적 정체성의 핵심을 차지했다. 교사들은 교사 전문성이 어떠한 대학기반 교사양성과정과도 분리되어 있으며, 자신들은 오로지 (개념적으로 이상화된 미국 사회의 안정된 중산층) 가정의 신뢰성을 따른다고 주장했다. 교사들은 자신들의 전문성을 규정하면서 변화하는 사회와 학교가 직면한 문제들을 언급했다. 베커Elsa Becker는 동료들에게, "학교의 기능에 어느 정도 강력한 변화가 생겼다"라고 설명했다.[145] 뉴욕시 소속 교사인 보겔Alfred Vogel은 한 에세이에서 앞서 베커의 의견에 동의를 표하며, "교육은 다시 한번 전환점에 이르렀다"라고 썼다.[146] 대공황 시기, 경제적 붕괴의 여파는 뉴욕시 공립학교 전체에 미쳤다. 그 어느 때보다도 학교에는 빈곤에 시달리는 가난한 학생들이 넘쳐났다. 이 시기에 이런저런 글을 남긴 교사들에 따르면, 경기 침체 때문에 학생 집의 경제 사정이 나빠지는 것과 같이 아이들의 문제는 개인적인 것이었다. 보겔은 "[학생들은] 자기 부모들의 괴로워하는 얼굴에서 혼란만을 경험하게 된다. … 가정이 실업과 빈곤으로 인해 파괴된다면, 아이들은 아동기의 예민한 감수성으로 내적 타격을 입게 된다"라고 했다.[147] 교사들은 자신들의 전문적 책임을 사회적 사명으로 여기면서 학생들을 돕는 데 자신들이 적합하다고 주장했다. 이를 위해서 자신들의 전문가로서의 문화적 자본이 대학에서의 교육보다 더 중요하다고 생각했다.

이런 글을 쓴 교사들이 판단하기에 학생 문제는 실업으로, 적절한 주거의 결핍으로, 그렇다고 보편적인 요구의 결핍으로 발생하는 것이 아니었다. 이들은 학생 문제의 근원은 가족의 생활에서 비롯된다고 생각했다. 뉴욕시 교사 크레인Daniel Krane은 "부모들이 보모 역할에 충분히 준비되어 있지 않아서 얼마나 많은 문제행동이 일어나고 있는가?"라고 질문했다.[148] 또 다른 뉴욕시 교사인 프라이드Helen Fried도 이런 의견에 동소하면서, "개별 아동이 좋은 유전적 체질, 부모의 지적 양육, 기타 적절한 환경적 배경을 가지고 학교에 온다면", 학생이 함정에 빠지고 교사들이 이에 휘말리는 최근의 문제가 결단코 일어나지 않으리라고 주장했다. 프라이드는 1933년 "불행하게도, 앞서의 상황은 존재하지 않는다"는 것을 몹시 암울하게 목격했다.[149] 교사길드 지도자들은 〈교사들의 근무 여건 및 사기에 관한 보고서Report on Working Conditions and Teacher Morale〉에서 이와 비슷한 감정을 표출하고 있다.

교사길드의 교육정책위원회에 따르면, "문제 아동은 바로 '문제 부모'가 있음을 표상한다."[150] 더 나아가, 뉴욕시 교사 폰테인Andre Fontaine은 "고등학교에서 아주 오래 근무하면서, 나는 아이들을 적당히 먹이고 입히고 보호하고, 학교에 보내면 자신들의 책임을 다했다고 느끼는 것 같은 미국 부모들의 무관심에 실망했다. 아이들을 학교에 보내는 유일한 이유가 아이들의 교과 공부라고 생각하는 외국 태생 학부모들의 그릇된 인식도 이와 거의 다를 바 없다."[151] 학생들이 학교에 이런저런 잘못된 개념을 갖고 오는 것 때문에 미국 학부모와 외국 출생 학부모 모두, 크레인의 용어를 빌려 표현하자면, "재교육받아야" 했다. 그는 동료 교사들에게 단단히 마음먹으라고 간청했다. "우리는 학부모들에게 아이들 훈련시키는 법을 가르쳐야 한다. ··· 우리 마음속에 겹겹이 쌓인 무지와 오해를 몰아내자."[152] 결핍 가정에 대비한 보호소로서 학교를 계획한 지역 공교육 시스템의 부상과 함께 19세 중반에 등장한 정책 서사는 대공황 시기에 다시 재등장하며, 교사들이 자신의 학생을 이해하고 전문가적 책임을 어떻게 정의해야 하는지를 제시했다.

교사들은 학생의 행동, 신체, 감정, 동기, 인지적 차원의 문제들에 대한 원인을 미국 가정의 황폐에서 찾았다. 또 다른 교사 샤피로H. G. Shapiro는 "사회경제적 진보의 흐름이 가정을 혼란스럽게 했고, 이로써 가정은 '인성교육'과 '개성을 기르는 곳'으로 적합하지 않게 되었다. … 가정은 점차 성숙한 젊은이들을 위한 안내자로 부적절한 곳이 됐고 그 부담을 학교가 지게 되었다"라고 썼다. 샤피로와 여러 교사에게, "전통적인 가정의 이상은 말할 것도 없이", 부모들은 가정의 기본적인 질서조차 결코 유지할 능력이 없었다.[153] 베커 또한 이와 똑같이 느끼고 있었다.[154] "교사는 자신이 가르치는 아동들이 가정에서 배운 태도와 행동 습관을 숙제 및 도시락과 함께 교실로 가지고 온다는 점을 늘 알고 있었다." 베커는 "학교에서 학업의 실패는 근본적으로 문제 있는 가정환경에 있다"라고 결론 내렸다.[155] 샤피로는 "진보는 중요한 사회적 기능, 즉 젊은이들에게 개인적 습관을 발달하도록 훈련시키는 일을 가정에서 빼내 학교에 맡겼다. 이들에게 '좋은' 행동의 표준 규범을 제공하고 아마도 성도덕의 토대를 제안하면서 말이다."[156] 프라이드에 따르면, "학교는 인성 훈련이 오늘날 가장 중요한 문제라는 점을 직시해야" 한다.[157] 무엇보다 샤피로와 사람들은 "공동체의 정상성은 젊은이들에게 '올바른' 사회적 태도를 훈련시키는 것에 달려" 있다고 주장했다.[158] 보겔은 "지적인 남성, 지적인 여성이라는 다음 세대를 키울 의무는 어떤 다른 전문가 집단이 아닌 바로 우리(교사)의 손에 달려 있다"라고 강조했다.[159] 부모의 무관심을 보상하고 안정적인 가정의 도덕성을 전달하는 것이 교사들이 생각한 전문가적 페르소나를 지지하고 공고하게 했다. 그런데 이런 것들은 교사가 받은 (대학에서의) 전문가 교육이나 다른 (전문가) 집단들을 묘사하는 전문적 권위의 구성 요소와는 거의 관련이 없었다.

앞서 인용한 교사들에 따르면, 학생 가정의 부적절함은 바깥세상의 어려움과 유혹이 많아지는 시기에 특히 더 위험했다. 크레인은 교사가 "댄스홀, 수영장, 영화, '예술' 잡지, 슬라이드쇼, 타블로이드판 신문과 같은 현대 생활에 영향을 미치는 (부정적) 요소들을 상쇄시켜야 한다. 이들 현대적 삶의 요소들은 사회적으로 칭찬할 만한 이상적인 행동과 표준들을 파괴할 수 있기 때문이다."[160] 크레인과 같은 교사들은 학생들에게, "전통적인 미국 가정은 사라졌다"라며 한탄했다. 이상적 가정은 물리적 구조 이상으로, 독특한 문화적 가치를 지니고 경제적 안정과 규범적인 성 역할에 뿌리를 뒀다. 크레인은 "시간은 우리 어린애들의 손을 잡아끌고 있으니, 이들이 잘못된 취미생활에 빠지는 것에 그리 놀랄 바도 아니다"라고 설명했다.[161] 교사 덴슨Mary Denson은 동료 교사들에게, 고상한 문화와 중산층의 언어를 써서 학생들의 취향을 새롭게 하고 이상적인 학생 행동 기준을 정립하며 학생의 영혼을 아름다움으로 채워야 한다고 요구했다. 그는 "우리는 순수한 업무 습관, 중요한 성취 표준, 기품 있는 용모와 이상적인 행동거지, 감각적인 여가 활용 및 취미를 개발"한다고 설명했다.[162] 다른 도시에서 교사로 일하는 가르딘Amy Gardin은 이에 동조하며 동료 교사들에게 "학생들에게 더 밝고 더 고귀한 것을 일깨워야 한다"라고 권고했다.[163]

중산층 전문직성이라는 관점은 교사와 학생 간의 상호작용뿐만 아니라 교사가 노동조합에서 자신들의 입장을 중재하는 방법에도 영향을 미쳤다. 의사 또는 다른 사무직 전문가들에게는 노동조합이 없는데 교사들에게 왜 노동조합이 필요한가? 더 큰 문제는, '정숙한 여성 전업주부는 언제쯤 자신이 노동조합 회관에 있음을 알게 될까?'이다. 교직의 노동조합화와 교사가 다른 노동자와 만들어 가는 연대는 이들 교사가 머릿속에 그려 왔던 중산층 전문직성의 표상에 어긋나는 모습이었다. 마치 중산층 전문직성이란 표상과 저임금 교사라는 현실이 전혀 어울리지 않고 어긋난 것처럼 말이다. 1940년대 초의 〈우리는 (온실) 난초인가 아니면 (들의) 채소인가?Are We Orchids or Vegetables?〉라는 제목의 교사길드 팸플릿은 이런 딜레마를 잘 묘사하고 있다.

> 그리 놀랄 필요 없이 우리는 스스로를 온실 속 난초라고 여겼었다. 우리는 학교 위계에서 가장 꼭대기에 있다. 심사위원회는 우리 지식수준이 상당히 높다고 말했다. 우리의 지적 능력은 뛰어나다. 우리의 'T'와 'D'와 'ng'는 아름다운 것들이다. 일반 노동자들은 노동조합을 가질 수도 있다. 우리는 특별한 정년보장과 연장자 우대 정책을 가졌다. 노동조합은 야채류에게는, 즉 노동자에게는 나쁘게 없다. 그러나 고도로 훈련받고 세련된 전문가 집단인 교사들과 같이 세련된 꽃에게는 (어울리지 않는다) 음… 우리는 배관공, 증기 설비기사, 벽돌공, 의류 재단사, 기계 조작자, 판매원과 어떤 공통점을 가졌는가?

이 팸플릿이 소개하고 있듯, 교사와 노동자는 공통점이 별로 없는 별개의 존재이다. 그런데 교사길드 지도자들은 바로 이점 때문에 교사들에게 노동조합이 필요하다고 주장했다. "우리가 속물이 될 수 있을까?" 교사길드 지도자들은 조합원으로 가입할 예비교사들에게 질문을 던졌다. "전문직의 관점에서 보든지 단순 직장인의 관점에서 보든지, 우리는 여전히 노동조합 소속이다. 우리가 똑똑하다고 해서 이런 상황을 제대로 알지 못한다면 안 된다."[164]

이어서 교사길드는 두 가지 목적을 담은 팸플릿을 만들었다. 이들은 노조화와 전문직성을 화해시키고 새로운 조합원을 영입한다는 내용을 담고 있었다. 〈여론이 들끓고 있다〉는 제목의 팸플릿에는 이렇게 쓰여 있다. "노동자는 우리 편이다. 우리는 학교와 교사들을 계속 지원해 왔다. 우리는 교사들의 월급 삭감을 막았고, 교사 해고를 막는 데 중요한 역할을 해 왔다. 우리는 지금 알버니에서 교육비 지출 증가와 교사 임금 조정안을 두고 싸우고 있다."[165] 노동조합은 이런 식으로 교사를 보호할 뿐만 아니라 교사가 가르치는 아이들을 보호할 것이었다. 또 다른 교사 길드 팸플릿은 "교사는 다른 노동자들과 거리를 둘 여유가 없다. … 우리가 노동조합에 가입하는 데 노동자들에게 큰 빚을 지고 있다. 우리는 노동자 자녀들이 가능한 한 가장 좋은 교육을 받도록 해야 한다"라고 기술하고 있다.[166] 교사길드 지도자들은 교사들이 노동조합에 참여하긴 했지만, 교사와 다른 노동자 간의 명확하고 근본적인 차이는 계속 유지했다. 교사들이 그래야 한다고 믿었던 것처럼 말이다. 또 다른 팸플릿 〈우리 방법은 아무 이상 없어There's No Madness in Our Methods〉에서, 지도자들은 "우리는 파업할 권리를 믿는다. 이는 우리 자신을 위해서가 아니다. … 우리는 로마에 살고 있지만 로마인들이 하는 것처럼 늘 하지는 않는다"라고 강조했다.[167]

〈교사길드 교사들Guild Teacher〉은 교사길드 설립 1주년을 축하하면서 슬로건을 하나 내세웠다. "1주년 축하! 아직 살아 있다. (얼마나 멋진가!) 그러나 (우리는) 파업하지 않는다. … 우리가 굳이 파업할 이유가 있는가?"[168]

대공황 시기 교사길드는 자신들의 전문가적 정체성이 가정 이미지에 기초하기도 했지만, 교원노조의 급진적 성향과의 차별화 전략으로 공격적인 행동을 피했다. 1942년, 교사길드의 사회위원회는 신규 조합원과 예비 조합원을 "교사길드사교모임Guild Tea Dansant"[3]에 초대하는 통신문을 만들었다. 통신문에는 교사들이 "이 행사에서 커피와 차를 마시고/ 맛난 음식을 먹으며/ 즐거운 분위기에서/ 좋은 동료들을 많이 만날 수 있으리"라고 약속했다.[169] 통신문 아래에는 그림이 있는데, 손으로 그린 춤추는 남녀의 모습이 담겨 있다.[4] 또한 1930년대 후반, 예비 조합원들은 한 뭉치의 문구와 함께 교사 모르겐소Henry Morgenthau 집에서 음악을 곁들인 한 시간가량의 교사길드 조합원 대상 사교모임 초대장을 받았다. 이 모임에 참가한 손님들은 세련된 옷차림을 한 동료 교사와 함께 페슬Yella Pessl의 오래된 피아노(하프시코드) 연주와 블레이스텔Frances Blaisdell의 플루트 연주를 듣는 호사를 즐겼다.[170] 2차 세계대전 동안 노동조합이 후원하는 사교모임Tea and Dance Party 초대장에서는 고급스러운 모피 스톨을 한 여성 그림도 확인할 수 있([그림 5])[171] 이러한 이벤트들은 중산층 전문직성에 대한 교사들의 주장을 뒷받침하는 것들인데, 이런 징제성은 대공황이라는 위기 상황과도 어울리지 않고 대학기반의 교사양성과정과도 잘 맞지 않았다.

대공황 시기 뉴욕시의 두 엘리트 대학기반 교육대학에서 진행된 교육과정 개편은 교사교육을 대학의 다른 학문 분야와 분리하고 대학기반 교사교육을 다른 전문직 교육과도 차별화했다. 대공황 시기 의사와 법률가의 전문가 교육이 점점 더 전문화되어 가는 것과 달리 교사교육은 오히려 더 보편화되는 추세를 택했다. 정책결정자들 입장에서 전문가 교

---

3. [옮긴이 주] 'dance'의 고상한 표현.
4. [옮긴이 주] "A tea dance in St. Louis, Missouri, as drawn by artist-reporter Marguerite Martyn in 1920"(위키피디아).

```
YOU ARE CORDIALLY INVITED

to a

REPRESENTATIVE TEA PARTY

to be held at the

Guild Offices, 2 East 23 Street
                  New York City

            on

Tuesday, February 17th, 1942,

       at 4:00 p. m.

      * * * * * *
Come and get a cookie in return for a suggestion.

How active on activity program for reps?---is the question.

New York Teachers Guild, #2, A.F.T., 2 E. 23 St., N. Y. C.
```

[그림 5] 초대장(교사길드 사교위원회), 1942년 2월

출처: United Federation of Teachers Records, WAG 022, box 9, folder 29, the Tamiment Library/ Robert F. Wagner Labor Archives, New York University.

사가 닮아야 한다며 동경한 모델이 의사와 법률가의 전문가 교육이었는데도 불구하고 말이다. 즉, 교사교육이 실천가 양성을 강조하는 추세라면 의사와 법률가 교육은 "전문적 식견을 통한 관리"를 발전시켰다.[172] 사실 20세기 초반에는 이 엘리트 기관들의 재정 상태가 상대적으로 안정적이었는데, 엘리트 교사교육기관들은 지역과의 협력관계 요청에 응하지 않았다. 이미 논의한 것처럼 이들은 오히려 대학의 학문적 전통을 고수하려고 했다. 대공황 시기, 교사 비난 담론은 교사교육에 대한 관심을 새롭게 했는데, 각 교사교육기관에게 1931년 현직 교사교육과 연계된 임금 정책 부류의 새로운 정책이 약속한 등록금은 거절할 수 없는 미끼였다. 이들 두 기관은 시장 압력, 외부 요인에 의한 정책들, 성차별적 인식이 두루 복잡하게 영향을 미쳐 교사교육 경로를 독특하게 만들었는데, 그 결과로 응용학습이 부상하게 되었다. 역사는 이 기관들이 고등교육

의 전경에서 자취를 감춘 게 아니라 명목상으로만 보이지 않게 되었음을 보여 준다. 교사교육에서 이 두 대학의 접근 방식 변화는 전국 각지 대학기반 교사양성과정에서 두드러지게 나타나게 되었고, 심지어 그러한 접근 방식을 한때 경멸했던 엘리트 대학에도 스며들었다.

대학기반 교사양성체제는 교직을 다른 전문직과 차별화하는 방식으로 변화를 이끌었지만, 교사들의 전문직성에 대한 주장을 막지는 못했다. 노조 가입 교사들, 그리고 학교지도자들은 교사 전문직성을 미국 중산층 가정에 기반한 성차별적이고 덜 가시적이며 인종차별적인 사상이 가득 담긴 비전으로 만들었다. 물론 이는 종합대학의 교사양성과정에서 내세우는 것과는 아주 달랐다. 대공황 시기 인성교육은 교육과정 개혁의 핵심으로 가정 이데올로기에 기반한 교사 전문직성에 대한 인식을 뒷받침하는 것이었다. 교사는 인성교육의 전문가라는 인식을 통해 학생 및 노동조합과의 관계에서 자신들을 어디에 어떻게 위치시켜야 할지 이해했다. 이러한 프레임은 공립학교를 결핍 가정에 대비한 보호처로 만들었고, 20세기를 거치며 교사를 좋은 엄마로 설계하는 정책 서사로 이어졌다.

이런 역사적 수사에 새로운 요소가 하나 추가되었다. 남교사의 전문가적 정체성 역시 가정 이데올로기에 기반해 있었다. 남교사들은 아버지로서, 남편으로서, 가장으로서 자신의 가정적 책임을 강조함으로써 (여교사와 비교해) 고임금의 정당성을 요구했고, 나아가 학교와 노동조합에서 자신의 존재 우월성을 합리화했다.

대공황 시기 교사들에 대한 비난은 멈추지 않았다. 이에 교사들은 전문직성이라는 용어를 세련되게 만들고자 애썼고 그렇게 만들어진 용어를 밀어붙였다. 하지만 교사들은 이 과정에서 누구나 인정해 줄 만한 학문적 기반을 잃어버렸다. 교사들은 자신들의 지위와 신분을 위해 자신들이 중시한 문화자본에 주의를 기울여야만 했다. 이로써 교사는 자신들이 가르치는 학생들과 맞서 스스로의 지위를 규정하고, 지역의 공립 학교는 더욱 공고하게 흑인지역공동체와 분리되어 갔다.

제4장

보다 나은 교사의 채용

2차 세계대전 이후
교사 부족 사태에 대한 대응

맥그래스Earl James McGrath는 1949년 연례 학교 보고서에서 "미국 교육은 지금 역사상 가장 중대한 시기에 놓여 있다. 나는 (뉴욕주의) 교육 부장관commissioner of education으로서 현재의 미국 교육이 처한 위기 상황에 대중들이 관심을 기울이도록 필사적으로 노력하지 않는다면, 내 책무를 다하지 못했다고 느끼게 될 것"이라고 했다.[1] "민주적 생활방식의 보루"인 공립학교가 "깜짝 놀랄 정도로" 황폐해졌다는[2] 인식이 전국 곳곳의 거리에서 (전쟁에서의) 승리를 축하하는 군인 및 민간인의 이미지와 겹쳐졌다. 비평가들의 눈에는 허물어진 건물, 학교 예산 부족에 이르기까지 문제가 산적해 있었다. 또 그 무엇보다 난감한 문제가 있었다. 학교에서 가르칠 교사가 부족했다. 이 상황을 걱정하는 사람들이 정말 많았는데, 이 문제의 심각성은 "놀라운 정도를 넘어 전례가 없던" 일이었다.[3]

〈뉴욕타임스〉 편집자이자 교육 기자였던 파인Benjamin Fine은 1945년 독자들에게 뉴욕시에서만 부족한 교사가 3만 명에 이른다고 경고했다.[4] 이듬해 뉴욕대 교육대학New York University School of Education의 멜비Earnest Melby 학장은 교사 부족이 "위기 수준"이라고 걱정했다.[5] 임금 인상과 단기 자격 과정 등을 포함한 다양한 방책에도 불구하고 교사 부족 사태는 전국적으로 이어졌다. 남북전쟁이 끝난 직후 수년 동안 초등학교에서 시작된 교사 부족 사태는 이후 수십 년에 걸쳐 모든 학교급에서 나타났다. 파인 기자는 1954년에 이 쟁점을 다시 다루면서, "3,500만 명이 넘는 엄청난 수의 학생들이 이번 가을 학교로 몰려들 것이다. 이는 지난해보다 160만 명이 늘어난 것이다. 그런데 이게 끝이 아니다"라며 침울한 듯 경고했다. "1950년대가 시작된 이래 매년 적어도 100만 명의 학생이 증가할 것으로 예측된다."[6] 이에 한 비평가는 1948년 이렇게 묻고 있다. "여기저기서 벌어지는 '교사 채용'이 광적인 모습을 보이는 것이 이상한가?"[7]

미국사에서 이때만큼 학교 실패를 교사와 눈에 띄게 연계한 적이 없었다. 이 시기 교사 비난 담론은 병적이라고 할 만큼 정점에 다다랐다. 학교지도자, 교사교육가, 노조 가입 교사들은 그렇고 그런 교사가 되지 않기 위해 교사의 전문성 개발을 통해 교사 능력과 자격 수준을 정하는 데 의견을 같이했다. 그러나 이들은 서로 모순적인 용어로 교사 부족의 근본적인 원인을 정의하면서 각자 상반된 해결 방안을 제시했다. 또다시 교사 전문직화는 당장 시급한 교사 수급 문제뿐만 아니라, 미국 공립학교 교사들의 자격 수준에 관해 계속되어 온 걱정거리들을 한꺼번에 해결할 수 있는 만병통치약으로 떠올랐다. 그런데 누구도 도대체 교사 전문직성이 뭘 의미하는지, 이게 어떻게 측정될 수 있는 것인지를 둘러싼 질문에 답을 제시하지 않았다. 당연히 만장일치로 모인 의견이라곤 존재하지 않았다. 교사가 현대 교육정책을 이끌 수 있는 능력을 갖춰야 하고 그에 걸맞은 자격 기준이 있어야 한다는 복잡하게 뒤얽힌 개념은 객관성과 형평성(즉, 인종차별적이지 않음)을 내포하고 있었지만, 제시되는 정책 각각은 근본적으로 인종차별적이었다. 즉, 각 정책에는 인종차별주의자들의 가정, 실천, 정책이 결합되어 있었다. 간단히 말해, 백인다움Whiteness은 성공이었고, 흑인다움Blackness은 실패였다.

이번 장은 "'파도처럼 밀려드는 학생들'과 교사 부족 사태"로 시작한다. 이 절에서는 교외 지역화와 같은 인구 변동이 도심 공립학교에 어떤 영향을 미쳤는지를 검토한다. 이런 인구 분포의 변화는 교사 부족 사태를 촉진하는가 하면 복잡한 상황으로 만들었고 정책결정자들이 해결책을 마련하도록 촉구했다. 다음 절에서는 "속성 교사자격증과 교사(선발) 시험"을 다루었는데, 뉴욕시 및 전국의 여러 지역 학교지도자들이 내놓은 교사 부족 사태의 해결 방안을 연대기적으로 기술한다. 대학의 진입 장벽을 낮추면서 더 많은 성인이 학교에 모여들었다. 점점 더 많은 비평가는 교사임용 시험을 차별적이며 편견 가득한 것이라고 비난했다. 더불어 교원노조 교사들은 교사자격시험이 전문직으로서의 교직 신뢰성을 잴 수 있는 중요한 방안이라는 생각에 단호히 저항했다. 일련의 경쟁하는 교사단체들이 뉴욕시에서 활동을 계속 이어 가고 있었지만, 이 시기 사이먼슨Rebecca Simonson과 코겐Charles Cogen이 이끄는 교사길드 Teachers Guild의 활약이 두드러졌다. 교사길드는 다른 어떤 단체보다 더 많은 교사를 대변했고 미국교사연맹United Federation of Teachers, UFT이 등장할 수 있는 계기를 마련했다. 이에 대해서는 다음 장에서 논의할 것이다. 뉴욕주의 정책가 및 개혁가들은 다른 방안을 제안했다. 다음 절 "'평범한 교육 성과'에 맞선 투쟁: 임금과 성과급제"에서는 두 가지 추가적인 개혁 방안을 검토한다. 여전히 일부 개혁가와 비평가들이 공립학교 상황을 예견하고 교사 수급 및 자격 수준의 원인과 교육대학을 연계하려고 했다. 마지막 절은 "교사교육에 대한 비판"을 다루는데, 여기서는 널리 퍼진 비판들로 규정과 자격인증의 포문이 열리면서 교사교육의 장면들을 어떻게 바꿨는지 검토한다.

　교사 부족을 둘러싼 논쟁은 전국적으로 확산되었다. 더불어 교사의 능력과 교사교육에 관한 논의도 마찬가지였다. 이 시기에 뉴욕시와 전국의 다른 지역 사이의 간극은 점점 좁혀지게 되는데, 뉴욕시는 귀감이 될 만하다거나 개척자라는 이미지는 줄어들고, 여기저기서 (교사 부족 및 교사교육에 관한) 동향 및 논쟁이 심각해지는 문제 사례로 비쳐지게 됐다. 교사에 대한 비난 담론은 2차 세계대전 이후 세 가지 서로 다른 정책 개혁 방안으로 이어졌다. 첫째, 속성 교사 면허제도 및 자격증, 둘째, 임금 및 성과급, 셋째, 교사교육의 개편 등이다. 개혁 방안의 내용은 도심 환경에서 공립학교의 역할이 어떠해야 하는가에 관한 이데올로기에서 비롯되었는데, 이로써 교사들의 직업 생활을 구성하는 가시적인 구조가 만들어졌다. 이 과정에서 교직은 백인 여성들의 일이라는 묵시적 가정이 더욱 공고하게 자리 잡았다.

'파도처럼 밀려드는 학생들'과 교사 부족 사태

전국에 걸쳐 인구 증가, 인구 다양화, 인구 재분배는 교사 부족 문제를 가속화시키고 점점 더 복잡하게 만들었다. 소위 전쟁(2차 세계대전) 기간과 전쟁 이후의 출산 붐으로 인해 전쟁이 끝난 직후 출생자가 300만 명이 넘으면서 지역 학교에 학생이 "파도처럼 밀려드는" 사태가 발생했다.[8] 학생 수 증가와 더불어 서서히 시작된 냉전을 배경으로 전후 미국 북부 도시 한복판의 인종 지형은 변화하기 시작했다.[9] 〈월스트리트저널〉의 1면을 장식한 이야기를 통해 전국의 독자들은 흑인들이 더 나은 직장과 학교를 "소망하며", "남부에 만연한 인종 간 긴장 상태를 피해" 북쪽으로 "이끌려 왔다"는 소식을 접했다. "남부 시골 지역에서 북부 도심으로의 흑인 이동은 미국사에서 가장 큰 인구 이동을 기록하고 있다."[10] 게다가 민간 비행기 여행의 도래로 푸에르토리코인 수만 명이 미국 본토, 특히 뉴욕시로 이동했다. 공항뿐만 아니라 다양한 공동체, 직장, 주택이 있는 뉴욕시로 말이다.[11] 미국 남부와 푸에르토리코로부터 개인 혹은 가족 단위로 흑인들이 삶의 기회를 찾아 북쪽으로 옮겨오면서 빈곤의 얼굴이 바뀌고 도시는 점차 인종 간 분리가 일어나기 시작했다.

이와 동시에 가족이 확대되고 도시가 다양화되면서 교외 지역이 등장하기 시작했다. 퇴역군인원호GI Bill 기금[1]이 풀리고 새롭게 싹트기 시작한 미국 중산층의 주택 소유 및 가정생활에 대한 꿈을 따라 백인 가정들이 도심을 떠나 점차 도시 주변의 계획된 지역으로 옮겨 갔다.[12] 글레이저Nathan Glazer와 모이니한Daniel Patrick Moynihan이 점차 변화하는 인구 상황에 관해 실시한 1963년 연구인 〈용광로 모델을 넘어Beyond the Melting Pot〉에 따르면 1950년 한 해 동안 뉴욕시의 백인 인구가 거의 50여만 명이 줄어들었다.[13] 이상적인 교외 지역에서의 삶을 전형적으로 보여 주는 나무 울타리와 막다른 골목길에서 자전거를 타는 아이들의 모습(이미지)은 인종차별로 인한 (유색인종의) 두려움과 아주 복잡하게 얽히고설켰다. 교외 지역의 부상은 좀 더 나은 선택지를 향한 일종의 단순한 이전을 의미하기도 하지만, 여기에 더해 도심 삶의 문제로부터의 분명한 회피를 의미하기도 했다. 오늘날의 많은 문제는 이렇게 인구의 인종 구성이 변화한 것과 관련되어 있다. 〈월스트리트저널〉의 한 기사는 이렇게 경고했다. "흑인들이 북부로 이동하면서 학교 문제 또한 북부로 이동했다." 이와 유사하게 1954년 파인 기자는 "푸에르토리코인들의 미국 본토 이주가 뉴욕시 교육 담당자들에게 아주 큰 교육문제를 안겨 주었다"라고 보도했다.[14]

계획도시였던 레빗타운Levittown은 교외 지역의 부상과 인종적 반감 사이의 상호연관성 및 이 둘이 공교육을 어떻게 바꾸고 있는지를 전형적으로 보여 주었다. 1957년 10월, 마이어스 부부William & Daisy Myers

---

1. [옮긴이 주] 1944년 2차 세계대전에서 돌아오는 퇴역군인들의 사회 재적응을 지원하기 위한 법률(Servicemen's Readjustment Act)이 통과되면서 퇴역군인에 대한 지원이 시작되었다. 1956년까지 한시적으로 투입된 재원을 가리키는 말이지만, 이후 퇴역군인에 대한 지원을 일반적으로 일컫는 말로 쓰이고 있다. 1956년까지 총 780만 달러(대학등록 지원 220만 달러, 직업훈련 지원 560만 달러)의 재원이 교육 지원에 투입되었다.

는 펜실베이니아주 레빗타운에서 방 세 개짜리 주택을 구입했다. 이들에게는 3명의 자녀가 있었고, 이들 중 2명이 대학을 졸업했다. 남편인 윌리엄 마이어스는 육군으로 전쟁에 참여했고, 전역 후에는 대학에서 전기공학 학사과정을 마치고 실험실 기술자로 일했다. 〈펜실베이니아 레빗타운의 위기Crisis in Levittown, PA〉라는 다큐멘터리에서 뉴욕대 인간관계 및 지역사회연구소Center for Human Relations and Community Studies, New York University의 소장인 도드슨Dan Dodson 교수는 이렇게 말했다. "이들은 레빗타운의 일반적인 모습과 상당히 유사하다. 단 한 가지를 제외하고 말이다. 즉, 마이어스 부부와 그의 가족은 온통 백인들이 사는 동네에서 유일한 흑인이었다." 이들이 이 마을에 이사 오자, 이 지역 전체적으로 폭력 사태가 발발했다. 이 일은 미국뿐만 아니라 전 세계적인 관심을 끌게 된다. 도드슨 교수가 한 백인 여성에게 당신 가족이 이곳에 이사 온 이유가 무엇이냐고 질문하자, 그녀는 이렇게 설명한다. "우리는 다른 도시와 비교해 레빗타운이 지닌 이점을 좋게 봤습니다. 우리는 동네 사람들이 모두 백인이라고 생각했거든요." 집 앞 잔디에서 아이 둘과 함께 서서 인터뷰를 진행했는데, 그녀는 "분명히, 윌리엄 마이어스 씨는 사회적으로 자신들이 받아들여지리라 생각했을 거예요. 하지만 저는 그들이 수용되리라고 생각하지 않아요"라고 말을 이었다. "이런 인종 통합을 둘러싸고 벌어지는 모든 문제는 아마도 사회적 통합으로 마침내 끝날 거예요…. 이들은 인종 간 결혼 및 백인들과 동등해지는 것을 목표로 한다고 봅니다. 그런데 이들이 할 수 있는 유일한 방법은 교육을 통해 좀더 나아지는 길일 겁니다. 이렇게 이곳에 와서 자리 잡고 버티는 것이 아니고요." 대화가 마무리되기 전에, 도드슨 교수는 익명의 여성에게 이렇게 묻는다. "마이어스 가족이 이 동네에서 편안하게 살 수 있을 거라고 보세요?" 그 여성은 "편안하게요? 어림없죠."[15]

전후의 정치지리학적, 이데올로기적 상황(맥락)은 이런 인구 구성의 변화와 뒤섞였고 공교육이 얼마나 중요한지에 대해 새롭게 조명했다. 2차 세계대전이 끝나고 우주 경쟁 및 냉전체제가 시작되면서 미국인들은 학교가 국제 경쟁, 국가 안전, 사회복지 분야의 사회적인 책무성을 지녀야 한다고 인식했다. "이 나라의 힘은 여러 요소로 만들어진다. 그러나 가장 중요한 것은 얼마나 수준 높은 시민들을 길러 내는가에 있다." 이것은 1952년 뉴욕주 교육부장관 맥그래스가 연례 보고서에 쓴 내용이다. "이런 사실을 염두에 두고, 우리는 이 나라의 미래를 만드는 데 학교가 얼마나 중요한 역할을 하는지 점차 깨닫고 있다."[16] 학교교육의 사회적 기능에 대해 이와 유사한 포괄적인 시각을 보여 주는 사례가 하나 있다. 교사이자 교원노소 대표였던 레프코비츠Abraham Lefkowitz는 교사길드New York Teachers Guild의 대표자 회의에서 이렇게 설명했다. "문명은 여전히 교육으로 구원될 수 있습니다." 이에 더해 그는 "세계 시민성이란 시각에서 국제 경제 및 정치 문제"에 관한 내용을 담은 교육과정을 적극적으로 권장했다.[17] 일부 사람들에게 학교는 혁신과 국제무대에서 경쟁할 수 있는 국가적 능력에 없어서는 안 되는 것이었고, 또 다른 사람들에게 학교의 가장 큰 책무는 (국제적인 것이 아니라) 다분히 국지적인 것이었다. 1957년 전미교육협회National Education Association, NEA 연구분과에서 내놓은 보고서에 따르면, "미국 대중들은 공립학교 시스템에 각 아동의 교육과 복지에 대한 더 큰 책임을 점차 위임하고" 있다.[18] 뉴욕시 교육위원회Board of Education가 교사에게 공지할 목적으로 만든 팸플릿을 보면, "오늘날의 학교 교실은 더는 이전 시대의 학교 교실이 아니다." 교사들은 "기초문해 능력(3Rs)을 기르고 학급의 질서를 유지하는 것과 함께 우리 아이들의 복지"에 초점을 맞추어야 한다고 보았다.[19] 이 시기 아동의 복지에 위협이 된다고 여겨진 것들은 핵무기 전쟁에서부터 빈곤에 이르기까지 다양했다. 그런데 여러 가지 상황에서 미국인들은 학교와 교사가 이에 대한 방어의 최전선에서 기능한다고 여겼다.[20] 1948년, 미국 교사연맹American Federation of Teachers, AFT은 〈미국 교육의 목표Goals for American Education〉라는 제목의 연구를 지원하고, 이 연구 결과를 담은 보고서를 "전 세계의 교사들에게, 특히 더 나은 미래를 위한 책임을 어깨에 짊어진 교사들에게" 헌정했다.[21]

사회비평가들과 정책결정자들은 이 같은 전후 시기 두 가지 핵심 사안에 동의했다. 물론 이전에도 그랬던 것처럼 말이다. 즉, 공립학교는 도달하기 어려운 목표를 지닌 기초적인 사회제도지만, 이 제도의 성공 열쇠는 교사에게 있다. 교육학 교수 엘스브리Willard Elsbree는 다음과 같이 경고했다. "미국과 유사한 영토와 자원을 가진 다른 나라가 그 나라 청소년의 교육을 우리보다 좀 더 유능하고 좀 더 역동적인 교사들에게 맡기고 있다면 미국은 이토록 강한 군대(육군과 해군)를 보유하고도 세계 강대국 순위에서 2등, 3등으로 떨어질 것이다."[22] 블라일러Dorothea Blyler는 이와 관련된 이야기를 하면서 "미국의 공립학교는 민주주의의 중추"라고 강조하면서도 "학교를 이끄는 교사들이 강해야만 학교는 강하다"라고 주의를 환기시켰다.[23] 포드재단Ford Foundation이 1951년 설립한 교육발전기금Fund for the Advancement of Education은 교사들의 수준을 학교 성공과 명확하게 연관 지으면서 널리 배포된 〈미래를 위한 교사Teachers for Tomorrow〉라는 보고서에서 이렇게 밝혔다. "교사 및 교직의 수준이 앞으로 다가올 시대의 교육 수준을 가장 잘, 아니 그 무엇보다도 훨씬 잘 결정하게 될 것이다."[24] 이처럼 희망과 위협이 모두 담긴 대중들의 학교교육에 대한 관심은 교사집단의 질에 대한 우려를 다시 한번 쏟아냈다. 1946년, 뉴욕대 교육대학의 멜비 학장은 〈뉴욕타임스〉에 기고한 글에서, "교사 부족 사태보다 더 걱정스러운 것은 교직에 들어오는 교사들의 지적, 인성적 수준이 해가 갈수록 점차 떨어지고 있다는 점이다"라고 했다.[25] 다음 달, 〈뉴욕타임스〉는 이와 비슷한 내용이 담긴 파인 기자의 글을 실었다. "교사가 되려는 사람들은 학급 성적 및 사회성, 신체 능력 면에서 하위 50%에 해당하는 사람들이다." 사우스캐롤라이나주 컬럼비아Columbia 교육감이었던 플로라A. C. Flora 박사는 "정말 많은 학생들이 수천 명의 무능하고 훈련 안 된 교사들에게 수업받고 있다"라고 했다.[26] 파인 기자는 이듬해 미 전국에 배포되는 신문의 1면 기사를 통해 "최고 수준의 젊은이들은 교직에 더 이상 관심을 보이지 않는다"라고 전했다.[27]

교사 자질을 둘러싸고 벌어지는 이렇게 케케묵은, 하지만 실체가 뚜렷하지 않은 두려움을 복잡하게 만드는 것은 명백히 교사 부족 문제였다. 2차 세계대전이 끝나고 몇 년이 지나지 않은 시점에 연방의 여러 국가위원회는 향후 10년 동안 120만 명 이상의 교사가 필요할 것이라고 내다봤다.[28] 자격이 되든 그렇지 않든 학교에서 가르칠 만한 성인이 충분하지 않아 학급당 학생 수가 늘어났다. 뉴욕주 교육부장관 맥그래스는 "여러 지역에서 교사 부족으로 인해 학급당 학생 수가 50명이 넘는 사태가 일어나고 있다. 또 다른 지역에서는 주간 학교를 2부제로 시행하기 위해 수업시수를 줄이기도 한다."[29] 포드재단이 설립한 교육발전기금 대표 우드링Paul Woodring과 이 재단의 연구분과 위원들은 "미국 교육의 미래에 관심 있는 사람들은 그 어떤 주제보다도 '파도처럼 밀려드는' 학생들로 차고 넘치는 지금 우리 학교의 앞날과 그 결과에 대해 정말 진지하게 논의하고 있다"라고 말했다. 이들은 〈미래를 위한 교사〉에서 "모든 문제의 근본적인 원인은 진실로 능력 있는 교사들을 충분히 확보하는 일"이라고 보았다.[30] 컬럼비아대 티처스칼리지 학장이었던 캐스웰Hollis Caswell은 "문제의 핵심은 곧 교사 채용"이라며 맞장구를 쳤다.[31]

교사 부족 사태의 해결책은 너무도 분명했고 대체로 이견이 없었다. 그것은 더 많은 교사를 채용하는 것이었다. 그러나 전국의 지역 학교지도자들은 학교교육을 담당할 교사를 찾아서 채용하는 일이 쉽지 않은, 아니 상당히 복잡한 일임을 잘 알았다. 뉴욕주 교육부에서 발간하는 잡지 〈학교생활School Life〉에서 "교사를 '채용'한다는 게 뭔가?"라는 질문을 던졌다. "고속도로나 동네 길가에 나가 지나가는 차들을 보고 학교에 와서 일해 보지 않겠냐고 깃발을 흔들어야 하는 건가? … 그게 아니라면 '채용'이라는 것이 교직을 자기 직업으로 삼고자 하는 젊은이들에게 지적이고 감성적 태도를 길러 주는 것을 의미하는 것인가?" 이 잡지에 1948년 기고한 사람이 앞서 경고했듯이, "제대로 된 새로운 교사"를 찾는 일은 "결코 쉽지" 않을 뿐만 아니라 "길 구석구석을 철저히 살피며 언덕을 오르는 것과 같다"라고 했다.[32] 여러 문제가 도사리고 있지만, 비평가들은 모두 이 상황이 아주 절박하다고 보았다. 포드재단은 "교사의 수가 아니라 교사의 질이 교사 부족 사태의 정수"라고 설명했다. 지선사업가들은 지역 학교를 국가적 성과와 관련지으면서, 교사 수급이 해결되지 않는다면 교사 부족 사태의 "즉각적인 피해자는 한 세대 전체 아이들이 될 것이고, 모든 사회가 궁극적으로 피해를 입게 될 것"이라고 했다.[33]

뉴욕주 교육부장관 맥그래스와 같은 정책결정자들에게 교사 부족 사태 해결에 가장 큰 난관은 충분한 정보가 있느냐였다. "우리에게는 지금보다 좀 더 믿을 만한 근거, 즉 왜 어떤 사람들은 교직에 매력을 느끼는데 다른 사람들은 그렇지 않은지 등에 관한 정보가 있어야 한다." 이는 그가 연례 보고서에서 내놓은 것이었다. 아마 더욱 중요한 것이라면, "우리가 정말 훌륭한 교사가 어떻게 길러지는지, 왜 다른 사람들은 꼴사납게 실패하게 되는지 도대체 알지 못한다는 것"이라고 했다.[34] 분명한 증거 자료와 더불어 부족한 것이 또 있었는데, 바로 문제의 근원인이 무엇인지에 대한 합의가 없었다는 점이다.

교사가 되겠다고 지원하는 사람 중 교사 자격을 갖춘 것으로 보이는 사람들이 충분하지 않았다. 이 점은 너무나 분명했다. 지역 학교지도자들이 늘어나는 인구에 맞춰 교사를 확보하지 못했을 뿐만 아니라 퇴직 등으로 인한 아주 정상적인 교사 수 감축에도 제대로 대응하지 못했다. 1949년 미연방교육국US Office of Education에서 발간한 보고서에 따르면, 미국의 전체 교사 수는 2차 세계대전 기간에 모든 학교에서 감소했다. 정책결정자들은 전쟁 이후 많은 교사가, 필요한 수만큼 채워지기를 기대했다. 막상 그렇게 되지 않자 혼란과 걱정이 이어졌다.[35] 교육발전기금은 〈미래를 위한 교사〉에서 "교직은 젊은 당신들 중 최상의 교육을 받고 가장 뛰어난 자질을 갖춘 젊은이들을 원한다"라고 밝혔다. "물론 기업체, 정부 및 다른 중요한 분야의 인재도 마찬가지다." 이들이 짐작하기에, "교직은 다른 다양한 직업만큼 그리 매력적이지 않았다".[36] 1957년부터 발간된 전미교육협회NEA 보고서는, "교육받은 여성들에게 고용기회를 확대하는 것은 교사 공급 문제를 푸는 데 결정적인 물꼬를 틀 것"이라고 전망했다.[37] 노동시장에서의 경쟁과 다른 직업에서 제공하는 더 나은 조건 또한 교사 부족 사태의 원인이기는 했다. 그러나 다른 많은 사람이 증언했듯이, 이것이 완전히 새로운 원인은 아니었다. 그렇다면 왜 지금 이 문제를 발생시키고 있는가? 이 문제에 대한 답변은 일정하지 않았다. 몇몇 사람이 추정하는 바를 따라가 보면, 문제의 핵심은 임금이었다. 블라일러가 언급했듯이, "공장에서 제시하는 꽤 매력적인 임금 수준이 교사들을 교직에서 떠나도록, 학생들을 대학에서 중도 탈락하도록" 이끌었다.[38] 이런 의견에 맥그래스 또한 공감했다. "지금의 교사 수급 문제에 가장 중요한 요인이라고 할 만한 것은 여러 지역에서 교사들이 받는 월급이 상대적으로 적다는 점이다."[39] 그러나 누구나 눈치챌 만한 정도로 월급이 인상됐지만 교사 부족 사태는 계속되었다.

교사들은 낮은 임금이 중요한 문제이기는 하지만, 이것은 이런 교사 부족 사태를 일으킨 많은 문제 중 하나에 불과하다고 봤다. 뉴욕시 교사길드 대표였던 코겐은 교직을 사회정치적 상황으로 더욱 복잡해진 "몹시 힘든" 직업이라고 말했다. 코겐은 교사길드의 교육정책위원회

Education Policies Committee 위원장 자격으로 기고한 글에서 이렇게 설명했다. "현재 상황을 조금 부드럽게 전하자면, 교사의 사기가 엄청 떨어져 있다. 직업적 불쾌함을 무기력, 무관심, 냉담함 등이 사로잡고 있다. 좀 더 직접적으로 말하자면, 자기 의견을 자유롭게 개진할 수 있는 장소에서는 교사들이 울면서 불평과 괴로움을 호소하는 소리를 들을 수 있다. 이는 분명히 두려움과 불안에서 생겨나는 감정이며 결국 적개심이 되고 권위에 대한 불신이 된다. 더 나아가 이는 혁신에 대한 저항으로 변해 갈 것이다."[40] 북부지역의 도심이 점차 다양해지면서 이 지역 공립학교에는 인종 분리가 나타나기 시작했다. 1961년 〈뉴욕타임스〉 기사에 따르면, "늘어나는 흑인 및 푸에르토리코 학생들이 이곳 학교의 인종 통합을 어렵게 하고" 있다.[41] 많은 백인 가구가 교외 지역으로 빠져나간 것과 동시에 지역제한규정과 능력별 학급편성정책이 뒤섞여 흑인 및 유색인종 아이들을 특정 학교 및 프로그램에 몰아넣었다. 뉴욕시 교육위원회에서 발간한 교직 관련 팸플릿에는 "오늘날, 가르치는 일은 거의 정신을 쏙 빼놓는 일인 듯하다"라는 표현이 등장했다. 또 "나는 어떻게 이 학생들에게 모든 것을 이해시킬 수 있을까?"라는 수사적인 표현으로 질문한다. 교사들은 계속해서 "열악한 가정 배경을 지닌 학생들을 어떻게 도울 수 있을까? 시도해 볼 만한 뭔가가 있기는 한가?"라고 묻는다. 이 팸플릿은 교사들에게 세심하게 가르치라고 조언하면서 문화적이고 신체적인 "결함"으로 인해 학교에서 학생들이 "쉽게 흥분하거나 심술궂은 행동을 하고, 혹은 시무룩해질" 수 있다고 경고했다.[42]

뉴욕시와 같은 지역의 공립학교는 도심 전체적으로 인종 간 긴장과 갈등이 고조된 사례를 잘 보여 준다. 학교와 지역사회가 (인종적으로) 다양해지기는 했어도, 교직은 여전히 백인이 대다수인 직업이었다. 미국 인구통계조사에 따르면, 1950년대까지 뉴욕시의 교사 중 비백인, 즉 "흑인Negro"이거나 "다른 (유색) 인종"이라고 분류되는 사람은 겨우 3% 미만이었다.[43] 역사적인 '브라운 대 교육위원회' 판결은 이런 문제의 골을 더 깊게 했을 뿐이다. 북부 공립학교에서는 흑인 교사를 정말 보기 어려웠고, 이들이 뉴욕시 공립학교에 잠식해 들어오는 것은 불가능했다. 그러나 흑인 교사들은 남부지역 인종 분리 학교에서 대들보 역할을 했다. 흑인 가정은 이중으로 세금을 내면서 학교를 짓고 흑인 교사들을 고용하기 위한 자원을 끌어모았다.[44] 브라운 대 교육위원회 판결은 인종 통합 및 형평성 담론의 포문을 여는 역할을 함과 동시에 대규모 흑인 교사 해고의 시발점이 되었다.[45]

한편, 자신이 가르치던 도심 학교를 떠나 교외 지역으로 옮겨 가는 백인 교사들이 점점 늘어나면서 뉴욕시 학교지도자들은 교외 지역 학구와 경쟁하기 어렵겠다는 우려에 휩싸였다. 뉴욕시 교육위원회가 재정 지원한 연구에 따르면, "경력 5년 교사에게 교외 학교 시스템의 30%가 뉴욕시보다 평균 150달러 더 많은 급여를 지급하고 있으며, 경력 6년 교사에게는 50% 이상의 학교들이 평균을 상회해 거의 500달러 더 많은 임금을 지급한다." 심지어 뉴욕시는 매년 교사 임금 최고치를 갱신하고 있었다.[46] 새로운 학교 건물, 단일한 학생 배경, 점차 성가셔지는 "교통 문제"를 피할 수 있다는 등의 이점으로 교외 지역에서 가르치는 일은 교사들이 무척이나 선호하는 일로 부상했다. 물론 더 낫다고는 할 수 없더라도 말이다. 이런 감정은 도심의 경관에 대한 인종차별적인 인식과 떼려야 뗄 수 없었다. 교육위원회 보고서는, "뉴욕시 교사들은 때때로 수습 단계 교사들을 마치 속담에 있는 '둘째 사촌'인 것처럼 느끼고, 이들이 '교외로 옮겨 갈 수 있기를' 간절히 바란다는 것은 별로 놀라운 일이 아니다"라고 결론 내리고 있다.[47]

다른 이들에게, 교직에서 가장 맥력적이지 않은 점은 학교관리자들과의 관계가 별로라는 것이었다. 익명의 교사 한 명이 미국교사연맹AFT 기관지 〈아메리칸티처American Teacher〉에 낮은 임금이 교사 부족 사태를 일으켰다는 주장에 대한 답변을 기고문 형식으로 실었다. "오늘날 학교 시스템에서 발생하는 모든 권력 남용을 일일이 거론하려면 엄청나게 긴 글이 될 것이다. 많은, 정말 많은 교육감과 교장들이 교사가 자살하지 않을까 걱정될 때까지 권력을 휘두르고 있으며, 이에 대해 일말의 신경도 쓰지 않는다."[48] 이와 유사하게, 코겐은 1945년 "교사들의 전문가적 지위에 대한 강조는 가르치는 일은 창피한 것이고 교직이란 게 겨우 먹고살 만하다는 사실을 은폐시키고, 동시에 단순한 '노동자(교사를 가리킴)'가 감당하기 어려울 정도의 일을 '자발적으로' 짊어지도록 계산된 것"이라고 말했다. 코겐과 일부 사람들은, 교사들을 교실에 고립시켜 놓고 가르치는 일을 "더더욱 흥미 없게" 만드는 이런 환경이 교사들에게서 목소리를 박탈했다고 보았다.[49]

몇몇 비평가와 학교지도자들은 교사 부족 사태에 대한 또 다른 견해이자 노조 가입 교사들이 이 문제를 이해하는 방식과는 상반되는 설명을 제공하고 있다. 이 문제는 임금 및 근무 환경 이슈를 넘어선 것이었다. 이들은 문제를 비난 담론에 근거한 케케묵은 문제 규정 방식으로 돌리면서, 최근 교사들에 집중했다. 교사들은 점점 '실제' 근무 환경이 교사를 채용하고 교직에 남아 있는 것을 방해한다고 주장했지만, 뉴욕시 및 전국의 정책결정자들은 교사들이 좀 더 나은 '자기 이미지를 갖고 있었다면 만족도가 높아졌을 것'이라고 주장했다. 뉴욕시 교육위원회가 1961년 발간한 문서에 따르면, 너무 많은 교사가 자연적으로 전염되는 병폐인 "자기 연민"에 시달리고 있었다.[50] 뉴욕대 교육대학 학장이었던 멜비는 500여 명의 예비교사들이 모인 자리에서 자신은 "스스로 동정하는" 교사들의 행태로 "마음의 혼란스러움"이 커졌다고 설명하면서, 교사 부족 사태의 원인이 낮은 임금 때문이라는 생각을 무시했다. 그는 "여러분이 더 나이 들게 되면 돈이 그리 중요하지 않다는 것을 알게 될 것"이라고 주장했다.[51] 이런 비평가들에게 교사 부족 문제는 돈이 아니라 "많은 교사들에게 나타나는 영적 빈곤"이었다. 또한 전국의 학교에서 교사들이 자기 일이 얼마나 중요한지 제대로 이해하지 못하고 있다는 단순한 사실 때문이었다.[52] 물론 일부 비평가는 몇몇 교사가 낮은 임금 때문에 교직을 떠난다는 점을 인정하기는 했다. 그러나 화이트John White가 말했듯이, "많은 교사가 교직을 떠나는 것은, 교사-학자의 삶이 주는 보다 장대한 목적과 보다 외경스러운 도전에 감사할 줄 모르기 때문"이었다. 이 상황을 지켜보는 사람들은 점차 교사들 스스로 우물물에 독을 탔다고 주장하곤 했다. 엘스브리는 "교사들이 자신이 가르치는 아이들의 마음에 현저히 부정적인 교육관을 심어 주었다"라고 설명했다. 그는 또 "너무 시시하고 아무런 상상력도 없는 많은 남녀가 교직에 발을 들여놓고 있는데, 교직에 합당한 진짜 능력을 갖춰서라기보다는 정말 게으른 사람들이 긴 여름방학과 주 5일 근무라는 이점 때문에 교직을 선택하고 있다"라고 말했다.[53] "더 적절하게 준비된 사람들이 교직에 들어와야 비로소 교사의 위신이 높아지리라는 것을 명백하게 예측할 수 있다."[54] 이는 교사교육에 활용되는 한 교과서에 나오는 말이다.

일부는 교사 부족 사태의 원인을 앞서 이야기했던 내용과는 완전히 다르게 생각했다. 즉, 교사양성 교육의 특성 때문에 교사 부족 사태가 발생했다고 봤다. 전후에, 종합대학 내 교육대학을 향한 비판이 마치 바다의 파도처럼 휩쓸었다. 대공황 시기에 (교사교육) 교육과정의 변화라는 파도가 휩쓸고 지나간 다음, 비평가들은 교사교육을 위한 시간을 일종의 시간 낭비이자, 반지성적이고 비효과적이라고 빈정거렸다. 그러고는 교육대학이 계속해서 공립학교를 괴롭히는 교사 수급 및 교사 자질 문제와 깊이 관련되어 있다고 주장했다. 파인 기자는 이런 상황을 종합하면서, "미국 교사훈련의 거대한 시스템에 과감한 변화가 필요하다. 지금 교사를 길러 내는 교사훈련은 완전히 부적절하다"라고 썼다.[55] 포드재단 교육발전기금의 우드링은 이런 비판적 목소리를 주도한 인물이다. "교사교육과 교사 채용은 아주 긴밀하게 관련된 문제다. 왜냐하면 보다 나은 교사교육이 보다 훌륭한 사람들이 교직에 들어가도록 할 것이 분명하기 때문이다." 이렇게 주장한 그는 "모든 영역에서처럼, 교육의 발전은 보다 나은 사람들의 채용을 통해 성취된다"라고 썼다.[56] 우드링과 베스터Arthur Bestor(University of Illionois 역사학과 교수) 같은 비평가들은 교육대학에서 교육학 강좌, 교수법 이론, 교육실습 등에 초점을 두고 가르치는 것은 똑똑하고 훌륭한 학생들을 밀어내고, 그렇지 않은 학생들은 제대로 준비되지 않은 채 사회에 나가게 하는 일이라고 격론을 벌였다. 〈뉴욕타임스〉에서 실시한 설문조사에 따르면, "많은 교육가"들이 교육대학을 "국가 교육 시스템의 '무능한 기구'"라고 생각했다.[57]

문제에 대한 다양한 정의가 난립하는 가운데 교사 부족 사태를 해결하려는 일련의 정책 방안들이 경쟁하듯 등장했고, 이 중 세 가지 포괄적인 개혁 논의가 두드러졌다. 속성면허와 자격증, 임금 및 성과급, 교사교육 개편 등이다. 각 논의와 밀접하게 관련된 것은 능력주의, 다시 말해 탁월함과 이에 상반되는 개념, 즉 평범함에 관한 담론이었다. 이 담론들 속에 자리한 것은 전문가로서 교사란 누구며, 이런 인물이 어떻게 채용되고 또 오래 교직에 머무를 수 있는지, 만약 일련의 조치들이 성공하지 못한다면 전문가 교사는 처음부터 어떻게 만들어질 수 있을지 등에 대해 서로 경쟁하는 의견들이었다. 블라일러는 "이 나라의 미래는 어떤 유형의 사람들이 교직에 입문하느냐에 달려 있다"라고 했다.[58] 컬럼비아대 교육대학 교수였던 데이비스Daniel Davies는 "교직의 전문직화는 이런 위기적 상황에서 여기저기 망가진 것들을 단순히 끼워 맞춘다고 해도 보기 좋게 성취될 수 없다. 바지에 몇 번 바느질하는 것으로 충분하지 않다"라고 주장했다.[59] 전후에 이렇게 공유된 전문직화, 탁월함, 비난 담론에 대해서는 일종의 일치된 여론이 형성되었다. 그러나 이들이 공통으로 내뱉는 단어의 홍수 속에서 교사 전문직성, 탁월함에 대한 개념, 합의되

었다고 하는 교사들의 결함의 근원을 둘러싼 내분과 논쟁은 끊이지 않고 이어졌다.[60]

속성 교사자격증 및 교사(선발) 시험

파인Benjamin Fine은 1947년 "뉴욕에서 샌프란시스코에 이르는 주요 도시를 찾아다니며 상황이 어떤지 직접 눈으로 보기 위해 전국 투어"에 나섰다. 그는 〈뉴욕타임스〉의 독자들에게 자신이 알게 된 것을 이렇게 보도했다. "어느 곳에서나 이야기는 똑같다."[61] 교사 부족 사태에 직면해, 지역 학구는 면허자격 조건을 유예하고 속성 자격증을 발급하는가 하면 성인을 학교에 데려와 대체교사로 고용했다. 교사 부족 사태를 방지하려는 시도라면서 속성교사면허 개혁 방안을 내놓고 학위, 훈련과정, 시험 등 기존 요구 조건들을 교묘히 피하는 방식으로 수십만 명의 교사들을 채용했다. 그러나 이런 개혁 요소들은 여러 면에서 해결을 제시하기는커녕 더 많은 문제를 야기했고, 또다시 교사 비난이라는 담론을 강화하는 데 기여했다. 시카고, 뉴욕, 보스턴 및 다른 지역에서 시행하는 속성교사면허 프로그램이 나름 효과적인 임시변통으로 기능하고 학교 문을 닫는 것을 막기는 했지만, 교육 관련 이해관계자 전체로부터 심한 비난을 받았다. 어떤 글에서는 아이들, 학부모, 지역사회는 이런 속성 경로를 통해 학교에 들여온 수준 이하의 교사들 때문에 값을 치러야 한다고 지적했다. 게다가 데일Edgar Dale은 "미숙하고 훈련받지 않은 교사들이 가르치는 학교에는 서툴고 무능한 리더십이 나타날 것이고 이로써 앞으로 지역사회에 어둠이 드리워질 것이라는 점에 안타까워하자"라고 썼다.[62]

뉴욕시 교육위원회 위원장이었던 레빗Arthur Levitt에게 교사(선발) 시험은 "능력기반 시스템의 보루"였다.[63] 플로리다주 학교지도자들은 북부 지역 학교지도자들과 뜻을 같이하면서 선발시험 및 자격제도가 확실히 "모든 아동의 교육이 전문적으로 준비된 유능한 교사들에 의해 관리되도록 할 것"이라고 주장했다. 플로리다주 교육가들이 계속해서 주장하는 바는 이런 표준이 "무능한 수업에" 공적 자금의 남용 및 낭비를 막을 수 있는 핵심 방어선을 구축한다는 것이었다.[64] 블라일러도 자격증이 "실력이 형편없는 교사들과의 경쟁에서 우수한 교사들을 보호하고 대중이 보증할 만한 교사에 공적 기금을 사용하게 하는 능력기반 시스템"이라면서 공감했다.[65] 정책결정자들도 "자격증 요구조건을 낮추거나" 자유롭게 하는 것은 "각 주 교육위원회나 교육부가 합법적으로 자격을 갖춘 교사의 공급을 가장 쉽게 늘릴 수 있는 방법"이겠지만, 이 방법은 "가장 위험한 방법"이기도 하다는 데 동의했다.[66]

그런데 일부 사람들은 교사 자격표준을 느슨하게 하려는 시도도, 표준의 통일성을 더 강화하려는 요구에도 모두 반대했다. 전후 기간에 학교교사가 되는 경로는 다양했는데, 주별로 굉장히 다양했다. 이때 요구되는 자격기준으로 속성 교사훈련에 걸리는 시간은 6시간에서 44시간까지 다양했다. 일부 주에서는 다양한 학교급과 수준의 자격증을 부여했다. 그런가 하면 뉴욕과 같은 일부 다른 주에서는 단 하나의 평생 유효한 자격증을 발급했다.[67] 캘리포니아주 교육부의 한 위원이 제안했듯이, 교사자격증은 넘어야 할 단순한 시련이라기보다 오히려 "이 직업의 멤버십을 보증하는 배지여야 하며" 교직에서의 승진을 허용해야 한다.[68] 뉴욕주 및 기타 다른 지역의 정책결정자들은 1950년대까지 주 전체에서의 통일성이 교사 수급 및 질적 수준의 문제에 대항하기 위한 핵심 메커니즘이라고 규정했다. 정책결정자들은 주 상호 간에 협정을 체결하면서 예비(교사) 지원자들 범위를 확대했다.[69] 그러나 정책결정자들이 교사 전문성을 위해 통일성 있는 표준을 제시했지만, 이런 규제들 때문에 교직은 내부 조직이 입직 기준을 개발하고 규제하는 남성 지배적인 다른 전문직과는 거리를 두게 되었다.

교사의 입직 조건과 기준을 만들고 또 유지하는 데 교사들의 목소리는 거의 반영되지 않았다. 하지만 교사들은 속성교사면허 개혁 방안에 가장 큰 목소리로 반대 의견을 개진했다. 코겐은 뉴욕시 교육위원회 위원장이었던 루빈Max Rubin에게 서한을 보내, 시험을 거쳐 선발한다는 "능력에 기반한 교사 채용 시스템과 높은 수준의 전문성"은 구분할 수 없을 만큼 동일한 것이라고 설명했다.[70] 코겐은 보도자료를 통해, 뉴욕시 교사들은 "모든 교사 지원자들이 똑같은 문제를 풀고 단일하게 구성된 기준에 따라 평가받는 선발시험에서 발휘한 능력에 터해서만 선발된다는 것은 교사 자긍심의 문제"라고 했다.[71] 노조 가입 교사들에게 자격의 내용이 어떤지와는 상관없이 표준화된 자격증과 면허증을 요구한다는 사실이 피부색이 아닌 능력주의의 이상을 구현한 것이었다. 물론 일부 다른 교사와 활동가들은 이런 프레임이 일종의 궤변이라며 강하게 반대하기는 했지만 말이다.

이에 더해, 노조 가입 교사들은 속성교사면허 개혁 방안이 교원노조를 파괴하려는 잠재적 공작이라고 여겼다. 1945년에 〈아메리칸티처〉에 실린 글에 따르면, 정말 많은 학구가 정규 교사 채용을 꺼리면서 대신 비용 절약 방안으로서 "'영구적인' 대체교사" 채용을 채택했다. 한 예로, 시카고의 한 초등학교 대체교사는 하루 일당 7달러를 받았는데, 톨레도Toledo에서 20일 이상을 연이어 근무한 대체교사는 하루 1달러를 더 벌 수 있었다. 미국교사연맹은 계속해서 "로스앤젤레스와 뉴욕시에서는 8~10년 동안 소위 영구적인 대체교사를 계속해 채용하고, 이를 통해 돈을 절약하려는 행태가 이루어지고 있다"라고 주장했다.[72] 이는 대체교사에게 행해지는 단순한 부정의만을 뜻하는 게 아니었다. 미국교사연맹 상근자들에게 교사자격도 없으면서 학교에서 가르치는 사람을 두는 일은 "기본적이고 민주적인 노동조합의 원칙, 즉 동일노동 동일임금의 원칙을 명백히 위반하는 것이고, 정규 교사들을 위한 기준을 위협하는 일"이었다.[73] 통일된 입직 기준이 좀 먹듯 침범당하는 것은 교원노조가 지니고 있는 전문성에 대한 개념을 훼손하는 것이었으며, 노동자 대표성과 집단성이라는 주문과 떼려야 뗄 수 없는 것이었다.

전쟁이 끝나고 뉴욕시에서 속성면허자격제가 부상하면서 교사길드에 가입한 교사들은 교원선발시험을 수호하는 태세를 취했다. 비록 불완전하기는 하지만 이 선발시험이 꼭 필요하다는 게 이들의 입장이었다. 1945년 〈보다 나은 교사선발시험For a Better Teacher Examination〉이라는 노조 발간 보고서에서 이런 주장은 정점에 달하는데, 이 보고서는 1939년 발간되었던 유사한 제목의 글을 수정 보완한 것이었다. 노조 가입 교사들에게, 자격체계나 면허자격을 약화 혹은 회피하는 방식은 "능력주의 시스템의 근본"을 공격하는 것과 다름없었다. 자신들이 제안한 새 목표는 "교원선발시험 체제의 건전함으로 점차 시들어 가는 자신감을 되살리려는 것"이었다. 선발시험에 대한 교사길드 소속 교사들의 비판은 공정성과 투명성의 결여에 집중되었다. 교사길드의 한 간부는 "위원회가 유능한 교사 및 학교관리자를 되도록 더 많이 선발하는 것보다는 후보자들을 떨어뜨리는 데 몰두하고 있는 게 아니냐는 이야기가 파다하다"고 증언했다. 예를 들어, 교사길드 소속 교사들은 시험선발위원회가 예비교사들을 부당하리만치 너무 오래 기다리게 한다고 주장했다. "영어 구두시험 통과는 시험을 치르는 데 필수 자격이 되어야 한다. 시험의 일부 다른 영역을 통과한 수험생을 실격시키는 정도로 활용되어서는 안 된다. 노조원들은, 적절하고 "잘 교육받은 말하기", 어눌하거나 지역 사투리를 사용하지 않는 것은 전문가적 교사가 갖춰야 할 근본적인 자질이라고, 그리고 선발시험은 "진정으로 칭찬하기 힘든 말하기 수준"을 가진 후보자를 그 자리에서 걸러 내야 한다고 생각했다. 게다가 교사길드

간부회의는 선발시험위원회가 시험 시간을 줄이고, 평가 결과를 공개하고, 시험에 응시하는 예비 후보들을 "비아냥거리거나 무시, 언뜻 적대시하는 듯한 태도"를 버려야 한다고 요구했다.[74]

한편, 교사길드에 참여하는 교사들과 많은 정책결정자는 자격체제와 면허 자격요건을 지키는 표준화(기준통일)를 전문직화에 이르는 기본적인 조건으로 규정했다. 따라서 선발시험의 객관성에 의문을 제기하는 비판적인 사람들의 목소리가 점차 커졌다. 1958년, 뉴욕시 교사 선발시험위원회 위원장이었던 길버트Harry B. Gilbert 박사는 교육평가원[2]에서 후원하는 콘퍼런스에서 교사 효과성을 측정, 예측하는 능력에 관한 연구보고서에 대해 논의했다. 그는 청중들에게 "우리 뉴욕시 학교 시스템은 교사 선발이라는 큰 비즈니스를 운영하고 있다"고 설명했다. 물론 다른 사람들도 "능력을 예측할 수 있는 도구를 고안하는 일이 엄청나게 복잡하다는 것을 알고 살짝 불안해하기도 하지만", 평가자들은 공감할 만한 집단을 만들어서 선발시험에 대한 신념을 강하게 밀고 나갔다. 그러나 연구 결과에서 볼 수 있듯, 시험을 통해 교사를 평가해서 유능하고 무능한 교사를 가려내려는 것이 얼마나 어려운지는 분명해졌다. 길버트는 "이 연구 결과로 인해 우리의 걱정이 더 커졌다"라고 설명했다. 그는 계속해서, "우리는 성공하는 교사의 모든 것을 예측할 수 있는 시험을 꼭 만들 것입니다. 그러나 이상에서 논의 중인 연구로부터 도출되는 결론 한 가지를 든다면, 우리는 '정말 대단히 유능한 교사'를 뽑을 수 있다고 확실하게 말할 수 없다는 아주 단순한 사실일 겁니다"라고 회고했다.[75]

---

2. [옮긴이 주] 교육평가원(Educational Testing Service, ETS). 1947년도에 세워진 민간 기구로 세계에서 가장 큰 교육평가조직이다. 설립 당시 이 조직에 관여한 세 단체가 있는데, The American Council on Education(ACE), The Carnegie Foundation for the Advancement of Teaching, The College of Entrance Examination Board로, 주로 대학입학에 필요한 능력 측정과 선발을 위한 평가도구를 제공하기 위한 목적이었다.

일부 사람들은 시험이 가진 문제를 다양한 각도에서 바라보고 논평했는데, 시험이 소위 객관적이라든지 인종차별적이지 않다고 하는 식의 이야기에 날 선 비판을 가했다. 미 전역의 도심 학생 인구는 인종별로 다양해졌지만, 교직의 인종 구성은 대체로 변하지 않았다. 심지어 정책결정자들이 적극적으로 비백인 교사 후보자들을 찾아 나서야 할 정도였다. 예를 들어, 뉴욕시의 학교지도자들은 학교에 입학하는 푸에르토리코계 아동의 수가 점차 늘어나자 이들의 학업을 돕고 지원하기 위해 스페인어를 구사하는 교사 후보자를 요청했다. 1951년 〈뉴욕타임스〉 보도에 따르면, 이 지역 학교는 푸에르토리코계 학생들의 요구에 부응하기 위해 1,000명 이상의 스페인어 구사 교사를 "시급히 요구"했다. 한 연구에 따르면, 2만 5,000명이 디니는 학교에 아이들이 사용하는 언어를 알아듣는 교사가 "단 233명뿐"이었다.[76] 3년이 지나, 파인은 이런 상황에 아무런 변화가 없다고 하면서, "많은 교사가 스페인어를 말하지 못하는 상황에서 이 교사들은 새로운 환경에 제대로 대처할 수 없었다"라고 보도했다.[77] 인종차별 반대자들은 전후 점차 커지는 인종 정치 역학에 영향을 받아 학교에 더 많은 흑인 교사가 있어야 한다고 요구했다. 그러나 이를 추동하고 실현해 낼 힘은 여전히 미약했다. 1947년 한 사립학교는 헌터칼리지Hunter College에 서한을 보내, "흑인 유치원 교사"를 찾아 달라고 요청했다. 헌터칼리지는 뉴욕시가 자금을 지원하는 교사양성 기관이었다. 졸업생들은 「이베스-퀸Ives-Quinn 차별반대법」[3]이 시행된 이래 학교의 진로경력부서 등기부에 인종에 관한 내용을 기재하지 않았다. 교수진은 이런 요구에 응하고자 학생들이 자신의 인종 표시를 입학명부

---

3. [옮긴이 주] 뉴욕 주지사 듀이(Thomas E. Dewey)는 1945년 「이베스-퀸 차별금지법(Ives-Quinn Anti-Discrimination Bill)」에 서명했다. 이로써 뉴욕은 고용 시 인종, 신념, 얼굴색, 출신 국가에 따라 차별을 금지하는 법률을 제정한 미국 내 첫 번째 주가 되었다(참조: https://www.nytimes.com/1945/03/06/archives/antiracial-bill-passed-by-senate-and-sent-to-dewey-ivesquinn.html).

를 포함한 다양한 학생 이력 양식에 코드 형식(백인은 100, 흑인은 200, 아시아계는 300 등)으로 넣게 하는 게 어떤지를 검토했다. 그러나 "열띤 논쟁을 끝내고, … 진로경력부는 어떤 형식으로든 인종을 표시하는 코드를 사용하지 않기로 결정"했다. 학생들이 자신의 인종 배경을 문서에 기재토록 하는 것이 이들의 탁월한 능력을 보이는 것일지 아니면 발목을 잡는 함정이 될 것인지 알 수 없는 일이었다. 어찌 되었건 이런 논쟁과는 상관없이, 헌터칼리지 교수진은 요청받은 교사직에 추천될 만한 예비교사를 찾지 못했다.[78]

비평가들은 자격시험이 편견에 사로잡혀 있고 이것이 교사의 인종 다양성을 가로막는 가장 큰 장애물이라고 보았다. 교사선발시험에 대한 교사길드 위원회는 교사 지원자의 90%가 시험 통과에 실패했다고 추정했다. 1950년대 초반 뉴욕시장 명의의 보고서는 이 교사선발시험이 너무 진부하고 판에 박혀 "시험 방식을 이미 잘 알고 있는 '내부자'들만이 통과할 수 있을 것"이라고 혹평했다.[79] 1960년대 초, 교육위원회는 교사 이동 실태와 교원 승진 기회가 얼마나 개방적인지 혹은 공정하다고 생각하는지를 묻는 조사연구를 실시했다. 뉴욕대 학교지원 및 사회교육센터Center for School Service and Off-Campus Courses가 수행한 면담 조사에 따르면, 829명의 백인 교사 중 74%가 승진 기회에의 접근이 개방적이고 또 공정하다고 답한 반면, 90명의 흑인negro 교사 중 58%만이 그렇다고 답변했다. 연구자들은 단 2명의 푸에르토리코계 교사와 면담할 수 있었는데, 이들의 답변은 서로 달랐다. 그런데 이를 두고 연구팀은 이들 중 50%가 "승진 기회가 모두에게 공정하게 열려 있다"는 데 동의한다고 기술했다.[80]

(선발시험에) 편견과 차별이 있다는 주장은 '인종불문 능력주의'라는 교사길드의 어법과 더욱 포괄적인 '사회정의' 정치 지향과 충돌했다.[81] 이런 긴장 상태를 조정하기 위한 노력의 일환으로, 1950년대 중반 교사길

드 소속 교사들은 브라운 대 교육위원회 판결 이후 소위 "오퍼레이션리클레임Operation Reclaim(흑인 교사 재배치)"[4]이라 불리는 프로그램에 따라 각 지역 학교에서 해고된 남부 흑인 교사들을 대거 불러들였다. 그러나 이런 실험적인 일에 교사길드의 참여는 그리 길게 가지 않았다. 뉴욕시 교원 인사 담당자에 따르면, "뉴욕시에서 교사가 되고 싶어 하는 흑인negro 교사들은 너무나 빈번하게 선발시험 위원회의 말하기 기준에 도달하지 못했다."[82] 1년도 채 되지 않아 교사길드가 이 프로그램에서 발을 빼는 모습을 보면서 교원노조 위원장이었던 셀든David Selden은 탁월한 능력은 인종을 따지지 않는다는 어법을 다시 꺼내 들었다. 개인이 선발시험의 기본적인 기준을 통과하지 못하고 있었기 때문에 이들을 어떻게든 선발해 고용하는 것은 불가능했다. 셀든 같은 노조 지도자들이 보기에, 문제는 시험이 아닌 후보자에게 있었던 것이다.[83]

한편, 같은 시기 교사길드는 소속 교사들이 승진시험에 합격하는 데 도움을 주기 위해 일련의 후원 프로그램을 기획했다. 일부 프로그램은 유쾌한 방식으로 다른 프로그램은 좀 더 진지한 방식으로 진행되었다. 그런데 이는 앞서 이야기한 오퍼레이션리클레임에서 취하던 방식과는 상반되는 것이었다. 1954년 교사길드의 춘계 콘퍼런스 발표 자료를 보면, 〈면접 준비 잘돼 가?〉라는 제목의 클라인Max Kline의 시가 실려 있다. "나는 한 멍청이가 '장난스러운mischievous'이라고 말하는 소리를 들었네/ 그는 이 말이 '비통한'이라는 말과 끝소리가 비슷하다고 생각했을 텐데 말이야."[84]

아주 기초적인 수준에서, 이 시는 일종의 유머로 교사길드가 개최하는 콘퍼런스에 분위기 전환을 가져다주었다. 그런데 이는 교사길드가

---

4. [옮긴이 주] 〈American Education〉(1966) 자료 참조. 1954 브라운 판결 이후 남부 지역에서 해고된 흑인 교사들을 뉴욕 취약 계층 지역의 학교 교사로 재교육, 재배치하는 프로젝트를 일컫는다.

시험에서 어려운 단어를 제대로 발음하도록 나서서 돕는 상황으로 일종의 시험 준비 기능도 담당했다. 클라인의 시 마지막 구절에서 보여 주듯이, 시험과 시험이 나타내는 출중한 능력은 사회적인 함의를 가졌다. 이런 구체적 사례를 보면 교사 전문직성은 학교를 넘어선 위상을 의미하는 것으로, 자신의 힘으로 획득해야 하고 배타적인 특성을 보이는 것이었다. 클라인의 언어로 이야기해 보자면 교사 전문직성은 교사가 "사회적 장애를 뛰어넘도록 하는" 것이었다. 1960년대 초, UFT는 선발시험 준비를 위한 일련의 문서를 발행했는데, 이번에는 아무런 유머도 섞지 않았다. UFT는 음성병리학자인 프리드랜더George Friedlander 박사를 초청해 구술 면접을 위한 준비로 수업 시연과 일련의 모의시험을 조직하도록 했다. 승진시험을 준비하는 노조원들은 시험용으로 작성된 문장 속 단어들을 똑똑하게 발음하는 연습을 했다. "과수원에 잘 익은 과실이 흔들리는 나뭇가지에 매달려 앞뒤로 흔들리면서 태양 볕에 빨갛게 익어 간다Hanging from the swinging branches of the trees were the ripening fruits of the orchard, swaying and reddening in the sun." 뉴욕시의 노조 가입 교사들은 앞의 문장을 다 함께 소리 내어 발음했다.[85] 노조는 교사의 자격 시험 수호에 깊이 관여했는데, 온갖 상반된 이해관계로 가득 차 있었다. 이 시험은 2차 세계대전 이후 좀 더 광범위한 인종 간의 정치역학을 보여 주었다. 흑인 교사들이 시험을 쳐야 하는 상황에서 그 시험은 정확하고 또 가치 있는 것을 분명하게 재는 도구가 되었다. 이것이 학교에서 승진을 기대하는 백인 노조원들과 관련되는 상황이라면, 그 시험은 (어떤 함정이 있는지) 미리 알려 준다면 시험 대상자들이 미리 피할 수 있는 요령과 함정으로 가득 찬 일종의 허들(장애물)이 되었다.

'평범한 교육 성과'에 맞선 투쟁: 임금과 성과급제

뉴욕, 시카고, 보스턴 같은 거대 도시에서 학교 교사 입직을 위한 속성 과정이 제공된 지 얼마 되지 않아 지역 정책결정자(고위 인사)들은 이런 정책 방안들이 다양한 문제를 야기한다는 점을 깨달았다. 교사 입직을 위한 속성 경로는 즉각적인 비난이 불꽃 튈 정도였다. 게다가 이들이 목표로 내세웠던 것처럼 충분한 수의 능력 있는 성인들을 학교 교실로 유인하지 못했다. 전후 기간은 교사 채용 환경을 아주 극적인 방식으로 바꿔 놓았다. 2차 세계대전 전에 대도시에서 가르치는 직업, 즉 교직은 대체로 여성들에게 일정한 사회적 지위와 임금을 제공하는 탐나는 일거리였다. 결과적으로 교사 선발시험에 합격하고 자격요건을 갖췄지만, 아직 학교에 배치가 안 된 유자격 교사들이 상당히 많았다. 학교장들은 교사 충원이 필요한 상황이 되면 심사가 끝난 꽤 길게 이어지는 후보자 명단에 의지했다. 전쟁이 끝난 직후, 뉴욕시 교장들은 다시 한번 이 목록에 따라 905명의 교사를 임용하려고 했는데, 충격적이게도 거의 절반에 이르는 후보자가 임용 제안을 거부했다. 이 과정을 지켜본 한 교장은 "한 번도 들어 보지 못했던 상황"이라며 크게 충격을 받았다. 교사 후보생 명단에 오른 대부분의 사람은 "이 직업, 즉 가르치는 직업을 우습게 여겼다. 이는 전 시대에는 상당히 귀하게 여겨졌던 직업이었다"라고 1945년 〈뉴욕타임스〉가 보도했다.[86] 문제는 예비교사의 수가 충분하지 않다는 게 아니라, 다른 선택지가 있을 경우 공립학교에서 일하려는 예비교사가 충분하지 않다는 것이었다. 뉴욕시 학교지도자들은 교사 수급과 교사의 자격 수준을 우려하면서 전후 시기 교사 부족을 채우는 문제 해결이 속성 경로와 같은 임시변통 수단만으로는 충분하지 않다는 것을 깨달았다. 이들은 대신, 이전에 전혀 시도하지 않았던 일을 했는데, 즉 적극적으로 교사 유치에 나섰다.

2차 세계대전이 벌어지는 동안 뉴욕시 학교지도자들은 이미 널리 알려진 교사 채용 방법을 시행했다. 물론 이것은 대체로 실패했다. 상당히 논쟁적인 이 개혁 방안의 핵심은 금전적 보수와 보상이었다. 파인은 보고서에 이렇게 기록했다. "뉴욕시 학교 시스템은 유능한 교육가들을 초빙하기 위해 지원자가 자신의 거주 지역에 상관없이 뉴욕시의 교직 및 교육행정직에 지원할 수 있도록 했다. 즉, 이 문제가 이 지역에 국한된 게 아님을 보여 주는 것이었다." 정책결정자들에게 이런 교사 채용 노력은 "새로운 피를 뉴욕시에 불러들이려는" 더 큰 사회 캠페인의 일환으로, 지나친 내부의 동종교배 위험을 피하려는 것이었다.[87] 전쟁이 끝나고, 시카고 학교지도자들은 앞서의 상황과 유사하게 "외부사들에게 직위"를 개방했는데, 이는 미 전역의 대학을 대상으로 교사 채용 프로그램을 개발한 "사반세기 만에 이루어진 최초의 사건"이었다.[88] 1950년대 말까지, 국가안보와 국제 경쟁력을 둘러싸고 이루어진 「국가방위교육법」[5]과 냉전체제의 영향으로 전국의 학교지도자들은 국가 단위의 교사 채용 프로그램을 도입했다. 예를 들어, 뉴욕시 정보국Office of Informational Services은 전국 일간지에 실을 광고를 준비했다. 광고 문안을 보자. "미국의 안위는 우리가 유능한 수학자를 얼마나 많이 길러 내는가에 달려 있다." "뉴욕시 교육위원회는 당신을 위한 직업을 준비하고 있다. 당신이 대학을 졸업했거나 수학 관련 학과 졸업반이라면 지원하라."[89] 뉴욕시 교육위원회는 예비교사들이 뉴욕시 교사로 들어오는 것을 방해하는 일련의 요소들, 예를 들어 교외 지역 학교 및 생활의 매력 등을 인정하면서 도시 생활의 이점을 과대 선전하는 채용 관련 자료집을 만들

---

5. [옮긴이 주] 「국가방위교육법(National Defense Education Act」(1958). 미소 간의 우주전쟁에서 소련의 스푸트니크호 발사를 계기로 미국이 뒤처진다고 판단되자, 대통령이었던 아이젠하워는 미 연방정부 차원의 과학기술 발전을 위한 대대적인 지원을 통해 교육개혁의 필요성을 역설했다. 4개년간의 수학 및 과학 관련 교육 프로그램에 대한 재정 지원을 담고 있다. 1959년 1억 8,300만 달러, 1960년 2억 2,200만 달러의 재원이 관련 8개 프로그램에 투입되었다.

었다. 전국의 대학에 배포된 채용 관련 자료집에는 "전 세계 문화의 중심지인 뉴욕시에서 교사로 일하라"라는 문구가 있었다. 〈블랙보드정글Blackboard Jungle〉은 도시 학교는 위험한 장소라는 이미지를 담고 있는데, 이 팸플릿은 이와 논조를 달리하면서 "메트 빌딩the Met 및 링컨센터에서 전 세계적으로 유명한 박물관과 도서관에 이르기까지 모든 것을 갖추고 있는 도시에서의 삶과 가르치는 직업의 이점"을 홍보했다.[90]

뉴욕주 정책결정자들은 손에 잡히는 유형의 보수와 같은 요소들이 최고의 기량을 지닌 사람들을 끌어들이고 주의 공립학교 교사를 충원하는데 나름대로 능력을 발휘할 것이란 점을 잘 알고 있었다. 1947년까지, 샌프란시스코에서부터 버펄로, 세인트폴, 저지시티 및 여러 지역에서 온 교사들이 임금인상을 요구하며 파업을 벌였다. 여러 교사가 임금인상 협상에 성공했지만, 뉴욕과 같은 주에서는 앞으로 발생할 유사한 행동을 예방하려는 시도로 파업에 대한 강렬한 방어 장치를 만들었다. 버펄로에서는 교사들이 매년 625달러의 임금인상을 성공시켰는데, 이곳에서 교사 파업이 시작될 즈음 뉴욕주 의회는 「콘던-왈딘법」[6]을 통과시켜 파업에 나선 교사 및 공무원들에게 불이익과 처벌을 가했다. 이 법에는 5년간의 수습 기간 설정, 경력에 따른 호봉 상실 및 3년간 임금인상권 상실 등이 포함되어 있다.[91] 「콘던-왈딘법」으로 교사들의 파업을 금지하기는 했지만, 지역 학교지도자들이 이 법의 가장 가혹한 처벌 방안들을 이행하려는 정치적 의지가 있는지는 여전히 의문이었다. 이 법으로 교사 파업이 제한되고 완전 파업이 불가능하기는 했어도, 교사들은 전후 호전성에 기대 다양한 범위의 노동 중단 방안을 마련했다.

---

6. [옮긴이 주] 「콘던-왈딘법(Condon-Waldin Act」(1947). 뉴욕주에서 공무원으로 고용된 사람들의 파업을 금지하거나 처벌할 수 있도록 한 법. 구체적으로는 업무 환경을 바꾸겠다고 근무지를 이탈하는 공무직원들은 해고될 수 있다는 내용이다. 1960년 이 내용에 대해 위헌을 판결한 Pruzan vs. Board of Education of City of NY까지 유지되었다.

그러나 전후 학교 정치학은 엄청날 정도로 복잡했다. 교사들은 새롭고 좀 더 강경하게 파업을 벌이고 자신들의 집단적 힘을 시험하는 한편, 끓어오르는 적색 공포가 반대자들을 틀어막으면서 강력한 평형추로 작동했다. 뉴욕주의 「파인버그법Feinberg Law」은 법안을 발의한 뉴욕주 상원의원의 이름을 딴 것으로, 학교에서 전복의 두려움, 교사 부족 사태, 점차 심화되는 교사들의 강경한 행동이 이어지는 맥락에서 등장했다. 한때 이 법이 담고 있는 다양한 내용은 1950년대 공산주의자 색출 및 숙청을 위한 여지를 주었다. 그리고 단일임금체계를 통해서 뉴욕주에서 교사 투쟁을 최소화하고 임금인상 및 능력별 성과급제를 통해 학교에 더 많은, 그리고 더 유능한 교사들을 유인하도록 했다.[92] 교사노조Teachers Union는 1940년대 공산당Communist Party과의 연관성 및 관련 기관과 연계된 교사들 때문에 미국교사연맹AFT 지부 자격이 철회됐는데, 「파인버그법」 조항에 근거해 전복 행동에 대한 공격을 정면으로 받게 되었다. 코겐과 다른 교사길드 지도자들은 「파인버그법」이 학문의 자유라는 이름으로 행한 조사에 반대했을 뿐만 아니라 조사관들이 공산주의자가 아니라는 일종의 증표로 교사길드 조합원 여부를 바라보면서 타격받지 않은 채 남았다.[93] 대신, 교사길드는 이 법의 단일임금체계와 능력별 성과급 조항에 주의를 기울이면서 단체의 전열을 모아 갔다. 물론 각 사안은 불꽃 튀는 논쟁을 불러왔다.

「파인버그법」의 5조와 6조는 단일임금체계와 능력별 성과급 계획을 담고 있다. 즉, 이 법은 의회 의원들이 교사 부족 사태로 인해 발생한 교사 수급과 자질 문제에 대응하기 위해 설계한 일련의 개혁 방안이었다. 「파인버그법」 이전에 뉴욕의 학구들은 미국 다른 지역의 학구들과 마찬가지로 학교급별(초등학교, 중학교, 고등학교)로 서로 다른 임금체계를 가지고 급여를 차별적으로 지급해 왔다. 이에 따라 고등학교에서 가르치는 교사가 가장 특권적인 지위를 갖고 초등학교에서의 일과 교사생활을 교직 입문 단계로 인식하는 일종의 경력 단계 구분이 생겨났다. 전쟁이 끝나고 바로 이듬해 미 전역의 교사 부족 사태는 초등학교에서 가장 심각했다. 베이비붐 세대가 처음 유치원에 입학하는 상황이었기 때문이다. 주 정책결정자들은, 임금을 평준화하면 교사가 가장 필요한 곳인 초등학교로 교사들을 불러들일 수 있으리라고 판단했다. 당연히 초등학교 교사는 이 방안에 대해 크게 환영했다. 그런데 고교 교사들은 이 방안을 반대했다. 교원임금 평준화가 고교 교사들에게 손해될 일은 아니었는데도 말이다. 이들은 교사의 임금평준화 방안이 자신들의 직업적 가치를 훼손하고 성별로 구분되어 움직이는 교직 내에 오랫동안 잠복해 있는 긴장을 수면 위로 끌어올릴 것이라고 주장했다.

단일임금체계 방안이 교사들의 입장을 반으로 갈라놓았다면 능력기반 성과급 방안은 교사들 사이에 일치된 의견을 보였다. 한마디로, 모두 반대 의견이었다. 능력주의는 1958년 영국 사회학자인 마이클 영 Michael Young이 창안한 개념으로 그의 저서 출간 이후 전 세계로 퍼져갔다. 흥미롭게도 영은 이 말을 상당히 풍자적으로 썼는데, 이 개념은 전 세계적으로 주류적 흐름을 반영하는 말로 정착되어 갔고, 성공과 영향력을 측정하는 객관적인 방식을 제안했다.[94] 「파인버그법」에 따르면, 현직에서 6년을 가르친 교사들은 이후 승진에 따른 가산점을 얻어야 임금이 인상된다. 1년 단위의 임금인상이 아니라 교사들은 특출난 서비스를 했다는 것을 증명해야 했고. 이에 따라 "최우수 성과" 등급을 받은 교사만이 임금이 인상되었다. 주 정책결정자들에게, 능력에 기반한 성과급 방안은 경쟁과 혁신을 촉발하고 학구가 교사들의 실제 능력 정도에 따라 임금을 지급하게 할 것이었다. 찬성론자들은 자유시장 이론에 의지하여 이런 정도의 보수는 경쟁과 높은 임금을 갈망하는 새로운 유형의 사람들이 학교교육에 채용되도록 하고 기존 교사들이 좀 더 잘할 수 있도록 지도 격려하는 게 될 것이라고 주장했다. 이 공식에서 능력기반 성과급제는 일종의 보상이자 인센티브로 기능했다. 「파인버그법」의 의미를 되새기면서, 교사길드의 의회 대변인인 레프코비츠는 이렇게 썼다. "우리가 100% 승리를 거뒀다고 할 수 없는 상황이 유감스럽다." 그는 교사길드가 단일임금체계와 적어도 최초 교사 경력 5년 동안 임금인상을 보장하게 되었음을 치하하고 있음에도, "이 방안의 최대 약점은 최우수 성과에 대한 규정"이라고 주장했다. 그리고 그는 이 방안이 없어지기 전까지는 교사들에게 쉼이란 있을 수 없다고 일깨웠다.[95]

단일임금체계 방안

단일임금체계는 처음으로 뉴욕에서 법으로 성안되었지만 이후 전국의 다른 주 및 도시에서 채택되었다. 이는 초등학교 교사 및 교사단체의 성공으로 볼 수 있는 사건인데, 여기에는 나름대로의 이유가 있다. 우선, 이 방안은 모든 학교급을 통틀어 형평성을 약속한다. 초기 보통학교 시절부터 여성이 교직의 대부분을 차지하고 있었는데, 이들 대부분은 주로 초등학교에 몰려 있었다. 남성 교사들이 주로 고등학교로 향한 것과는 대조적인 모습이었다. 한 예로 1950년까지 뉴욕시의 공립학교에는 4만 3,587명의 교사가 있었는데, 이 중 73%가 여성이었다. 「퇴역군인원호법 GI Bill」에 따라 이전에 없던 남성들이 공립학교 교사로 자리 잡게 되었고 이들 중 대부분은 공립고등학교에 고용되었다. 고등학교에는 남녀 비율이 대략 반반 정도로 구분되어 있었다. 한편, 교사 대부분이 자리 잡은 초등학교에는 거의 90%의 교사가 여교사로 채워져 있었다.[96]

교사길드 위원장이자 전직 초등학교 교사였던 사이먼슨Rebecca Simonson에 따르면, "단일임금정책은 학년 수준 및 교사가 가르치는 교과에 상관없이 교사자격 및 경력이 동일하다면 모든 교사가 동일한 봉급을 받게 된다는 것을 의미"한다. 사이먼슨, 교사길드 및 전국의 교원단체들에게 교사자격은 (이들의 능력을 대변하는) 세 가지 이력에 의해서만 공인될 수 있었다. 교사자격시험, 학위와 이수한 학점, 경력 기간이다. 사이먼슨은 이어서 이렇게 설명한다. "이 정책은 형평성을 갖추고 있고 또 정의롭다. 이 정책은 개인과 특정 그룹에 대한 잠재적 차별의 가능성을 없앴다." 단일임금체계의 승자들에게 이 방안은 더 많은 교사가 초등학교에 발을 들여놓도록 할 뿐만 아니라 고교에서의 교직생활이 더 중요하고 또 더 어렵다는 잘못된 인식을 바로잡아 줄 것이었다. 그녀는 "교사에게 초등학교 학생 한 명은 고교생 한 명과 똑같이 중요한 가치를 지닌다"라고 썼다.

더 나아가 그녀는 1957년에 "모든 아동은 초등학교에 다녀야 한다. … 그러나 대략 절반을 약간 웃도는 정도의 학생만이 고등학교에 입학하고 졸업한다. 초등학교 교사 자리는 가장 훌륭하게 자격을 갖춘 교사들로 채워져야 한다"라고 제안했다. 그녀는 더 낮은 봉급을 받는 자리에 있는 사람이 아주 안락한 교직생활을 누릴 수 있는 사람은 거의 없으므로 단일임금체계는 교사들이 "가장 유능하다"라고 느끼는 장소에서 일하게 할 것이라고 추정했다.[97] 전쟁이 한창이던 시기에 산업민주주의협회League for Industrial Democracy가 주최한 강연에서, 사이먼슨은 "교직이 존엄성을 얻는 것이" 꼭 고등학교 교사가 되고 나서인 것은 아니라고 하면서 초등학교 교사들의 불편한 지위를 강조했다.[98]

단일임금체계는 교사길드 지도자들에게 교사들의 집단적 정체성을 광범위하게 일깨우는 단체 구호를 발전시키도록 했다. 1956년 여름, 시카고 교사이자 노조 지도자였던 메겔Carl Megel은 미국노동연맹American Federation of Labor과 산업체연합회Congress of Industrial Organization가 공동으로 주최한 피츠버그에서의 연합집회에서 단일임금체계를 전국적으로 채택하라고 요구했다. 그는 이런 유형의 금전적 보상이 정실주의와 "교육적 평범함"을 사라지게 할 것이라고 주장했다. 메겔과 미국교사연맹AFT이 보기에 교사자격 취득 후 이들의 능력을 측정할 수 있는 유일한 방법은 어떤 훈련을 받았는가와 교사로서의 경력이 얼마나 되는가였다. 메겔의 강연과 특히 그가 교사의 평범함에 대해 던진 경고가 〈연합뉴스〉 기사로 보도되었다. 다음 날 아침, 전국의 독자들은 교사들의 저임금, 교사 간 차별적 대우, 교육적 평범함 등의 주제를 다룬 기사를 읽었다.[99] 그런데 전국의 노동조합 지도자들에게 단일임금체계는 초등학교 교사들의 지위 향상보다 노조 연대라는 마법과도 같은 수사가 만들어지는 데 중요한 의미를 가졌다.

비록 단일임금체계가 노조 지도자들에게 이런 전폭적인 지지를 받았지만, 이로 인해 교사집단 내에 오랫동안 묵어 있던 긴장이 한껏 고조되었다. 우선 고교 교사들은 이 방안에 반대 입장을 분명히 했는데, 단일임금체계가 고교 교사들의 직업적 가치를 낮추고 덜 전문적인 것으로 만든다고 보았다. 1950년대 베이비부머 세대 아동이 고등학교에 입학하게 되면서 교사 부족 사태 또한 고등학교로 옮겨 갔다. 그러자 고교 교사들은 단일임금체계 방안을 더욱 강하게 반대했다. 고교교사연합회High School Teachers Association, HSTA가 발간한 〈뉴욕 공립학교의 위기 Crisis in New York City Public High Schools〉라는 팸플릿을 보면, "뉴욕시 고등학교는 한때 전국적으로 탁월했지만 지금은 위기 상황에 처해 있다." 도대체 무엇이 이런 문제를 야기했는가? 고교교사연합회는, "고등학교 교사들에 대한 저임금 상태의 지속이 물질적으로 이 상황을 악화시켰고, 이로써 중등학교 시스템의 토대가 허물어지고 있다"라고 주장했다. 학교급에 상관없이 교직은 모두 같은 단일한 직업이라고 주장하는 초등학교 교사들, 노조 지도자들, 정책결정자들과는 대조적으로, 고교 교사들은 중등 단계의 교직은 상당히 다르고 또 더 어려운 일이라고 주장하면서 고등학교에서 가르치는 직업이 전문가적 지위로 상향 조정되기를 바랐다.[100] 단일임금체계 이전에 초등학교 교사는 13단계에 걸쳐 연간 최대 3,390달러를 벌 수 있었고 중학교 교사들은 12단계에 걸쳐 연간 최대 3,830달러, 고등학교 교사는 15단계에 걸쳐 연간 최대 4,500달러를 받을 수 있었다.[101] 단일임금체계는 학교급을 통틀어 이런 차이를 없앴다. 그리고 1956년까지 모든 뉴욕시 학교의 교사들은 최대 7,600달러를 받을 수 있었다. 고교교사연합회HSTA는 평준화된 임금체계는 고교 교사들의 사기를 떨어뜨리고 자신들의 전문가적 수준을 낮출 뿐만 아니라 자신들을 불공정하게 다루는 것이라고 주장했다. 전쟁 전 수준에 비추어 임금상승 정도를 보면, 고등학교 교사 급여는 대략 68%가 인상되었고 초등학교 교사는 124% 이상 임금이 상승했다. 고교교사연합회는 "소위 단일임금 지급 방안 때문에 뉴욕 고등학교 교사들은 1947년 이후 불어닥친 불공정 조치로 힘들어한다"라고 불평했다. 남성 위주의 고교 교사연합회 소속 회원들에게 봉급은 중요했다. 그러나 (초등학교 교사와의) 차별화라는 정서적 가치 또한 중요했다. 이들은 이러한 정서적 차별화 없이는 "교직에 진입하려는 자격 있는 사람들이 좀 더 돈벌이가 되는 직업으로 돌아설 것"이라고 주장했다.[102]

몇몇 도시는 1950년대 중반까지 단일임금체계 방안을 따르지 않고 학교급 간 차별화된 봉급체계를 유지했다. 보스턴이 대표적인 곳이었는데, 고등학교 교사들의 반대가 핵심적인 역할을 담당했다. 〈크리스천사이언스모니터Christian Science Monitor〉는 "보스턴에서는 고등학교에서 가르친다는 이유만으로 교사들은 자동으로 연간 몇백 달러를 더 받는다. 보스턴보다 더 큰 도시에서는 이런 일을 없애고 있다. 즉, 모든 학교급의 교사가 동일한 수준의 교육을 받았다면 동일한 임금을 받게 된다"라고 보도했다. 1956년 봄, 300여 명의 초등학교 및 중학교 교사들이 임금평준화를 요구하는 청문회장 안에 꽉 들어찼다. "건물안전기준(화재법) 때문에 회의장에 들어가지 못한 300여 명의 교사가 청문회 내용을 듣기 위해 바깥에 있었다." 정말 많은 교사들이 청문회장을 메우고 있었다. 이미 전국의 많은 곳에서 교사단일임금체계가 법률로 만들어지고 있었지만, 보스턴의 고교 교사 400여 명은 이 방안에 강력한 반대 입장을 거두지 못했다. 시의회의 교육위city's committee 위원장이었던 리Joseph Lee는 "점차 커지는 (사회적) 요구에 부응하는 전문가들을 지원하고 격려하기 위해 우리는 고등학교 교사들에 대한 (재정) 지원에 우선 집중해야 한다"라고 설명했다.[103]

고교 교사들의 반대는 역사적인 정서에 바탕해 있었다. 전국의 학교 지도자들에게 남성 교사는 무척 탐나고 모시기 어려운 부류를 대표하는 사람들로, 2차 세계대전이 끝나자 그들은 남성 교사들을 모시기 위한 가장 직접적이고 성공적인 청원에 나섰다. 교사길드에서 출간한 한 보고서를 보면, "전쟁에서 돌아오는 퇴역 군인들의 요구에 맞추기 위해 (학교 조직을) 어떻게 재조직하는가가 지금 당장 우리가 해결할 문제다"라고 설명했다.[104] 1946년 겨울, 교육길드 위원장 사이먼슨은 복귀하는 예비역 교사들에 관한 다음과 같은 내용의 서한을 교육위원회에 보냈다. "학교 시스템으로 돌아오고 싶어 하는 퇴역 군인들을 위해 무엇이 준비되어 있는가?" 사이먼슨은 "이들이 복귀하도록 학교 시스템을 가급적 단순하고 또 효과적으로 조정하기 위한" 교육위원회의 역할이 무엇인지 물었다.[105] 당시 부교육감이었던 그린버그Jacob Greenberg는 교육위원회를 대표한 글에서 교육행정가들이 퇴역 군인들의 학교 복귀를 쉽게 만들려 한다고 설명했다. 그는 "퇴역 군인들이 다른 학교로 옮기기를 원한다면, 그가 재량권을 가진 지역 학교의 교사 공석 정보를 제공할 것이"라고 썼다. 여기에 더해, 교육위원회는 「퇴역군인원호법GI Bill」에 따라 (대학에서) 수학하는 데 관심 있는 퇴역 군인들의 연구년을 마련하고자 현재의 안식년 규정을 이들에게는 적용하지 않겠다고도 했다.[106] 1946년 〈아메리칸티처〉는 『브리태니커 대백과사전-영화편Encyclopedia Britannica Films』을 홍보하는 광고를 게재했다. 이 광고에 등장한 젊은 퇴역 군인은 양복을 입고 넥타이를 맨 정장 차림으로 불꽃 속도를 측정하는 차트 앞에 서서, '학교는 이 영상물을 구입해야 한다'고 이야기했다. 이 교사 위쪽에는 "이 선생님은 소년을 남자로 성장시켰다. 지금은 군복을 벗고 학교 교실로 돌아와 있다. 국가의 부름을 받고 군인이 되기 전에 학생들을 가르치던 곳으로 다시 돌아온 것이다. 우리는 이 선생님이 이 교실에서 영상물을 활용해 흥미로운 수업 방식으로 교실 수업을 진행하길 고대한다"[107]는 홍보문구가 있다. 다음 달, 쿠엔즐리Irvin Kuenzli는 "2차 세계대전에서 퇴역한 군인들이 전후 사회에서 학교 교사 확보와 관련해 정말 훌륭한 자원이 되어야 한다"라고 썼다. 그러나 조심스럽게, "임금 수준이 비참할 정도로 낮아서야 이런 훌륭한 사람들을 유인하기는 어려울 것"[108]이라고 경고했다. 당대의 많은 사람은 학교에 남성이 존재해야 직업을 전문직화할 수 있다고 한목소리로 주장했다.

전쟁이 끝나고, 〈파이델타카파Phi Delta Kappa〉는 학교에 남성들을 유인하기 위해 기획된 교사 채용 프로그램을 시작했다. 오리건교육대학Oregon College of Education의 교육&심리학과 학과장인 캐플런Louis Kaplan은 1948년 학회지의 논문에서 '왜 남성 교사가 필요한지' 설명했다. 캐플런은 여섯 가지 항목으로 그 이유를 제시했는데, 남성은 "여교사보다 대체로 더 안정적이고 더 잘 적응"하며, 남교사가 학교에 있다는 것이 여학생에게 "남자가 행동하는 방식이 어떻고 여성이 남성에게 어떻게 행동해야 하는지" 가르칠 수 있다고 주장했다.[109] 〈파이델타카파〉에 실린 다른 글을 보면, 혼Francis Horn은 에둘러 표현하지 않고 이렇게 직설적으로 말했다. "우리 모두 알다시피, 남자가 교사가 되지 않으려 하거나 교사가 되었더라도 절망하거나 지쳐 버린 이유는 낮은 월급 때문이 아닌가?" 혼은 단일임금체계가 "여교사를 다수 불러 모을 수 있을지" 몰라도 남교사를 채용하는 데는 근본적인 장애물이라고 주장했다. 학교급에 따른 차등 임금을 옹호하는 혼과 동료들은 가정 수입에 대한 논쟁으로 돌아가, 남성 교사는 가장으로서 더 많은 수입이 필요하다고 주장했다. "남교사는 건전한 가계수입을 유지하도록 남교사가 가진 이점을 사용하고, 학교위원회를 통제하고, 교육행정직을 점유해야 한다. 이것이 학교에 더 많은 남자를 유인하는 데 긴요"하다고 혼은 주장했다. 혼을 비롯해 고등학교 교사들에게 학교급별 차등적 임금체계는 학교에 남자 교사를 끌어들이는 데 중요한 요인일 뿐 아니라 이것이 곧 고교에서의 교직을 전문직화하는 것이었다. 혼은 "당신들이 어떻게 결정하는가에 따라 교사는 '전문직 종사자'가 되거나 아니면 '단지 어딘가에 고용된 남교사 혹은 여교사, 즉 노동자'가 된다"라고 했다. 그는 "나는 교직에서 노동조합이 부흥하는 것이 전혀 바람직하지 않다고 확신한다"며 글을 마무리했다.[110]

능력기반 성과급

단일임금체계를 채택하면서 교사집단 내 긴장과 불화가 나타난 데 반해, 교사들은 능력기반 성과급 방안에 대해 통일된 목소리를 냈다. 능력기반 성과급제 방안은 원래 1920년대 게리Gary, 인디애나Indiana, 세인트폴St. Paul, 미니애폴리스Minneapolis 등의 도시에서 처음 등장했고 대공황기에 흐지부지되어 사라지고 말았다. 2차 세계대전이 끝나고, 능력기반 성과급에 대한 요구가 다시 수면 위로 올라왔는데, 1945년 펜실베이니아주에서 처음 나타났고, 이후 1947년 「파인버그법」을 제정한 뉴욕주에서 등장해 주목받았다. 뉴욕주의 계획하에 지역 학구가 이 방안을 이행할 것인지를 선택할 수 있도록 했는데, 교사들은 임용 후 최초 6년 동안 단일임금체계에 따라 임금인상이 이루어진다. 이후에 이 계획을 선택한 학구의 교사들은 "학생들에게 특출난 서비스를 제공"했다거나 "학외활동을 통해 지역사회에 두드러진 서비스를 제공"했다는 내용을 포함하는 "특별 공헌" 등의 "객관적 증거"를 제시해야 승진 장려금을 얻을 수 있었다. 뉴욕주의 계획에 따라 첫 임용 후 몇 년이 지나서 급여가 인상

되려면 "능력의 탁월함이 소명되어야만" 했다.[111] 이 상황을 지켜보는 많은 사람에게 「파인버그법」은 아주 흥미로운 상황을 만들어 주었다. 어떤 신문이 보도했듯이 "지금까지의 공교육 역사에서 3만 명이 넘는 교사 그리고 장학관들에게 도대체 훌륭한 가르침이란 게 무엇인지 생각하게 한 적이 이전에는 없었다".[112] 1948년 뉴욕주 교육부차관assistant commissioner of education, New York인 모리슨J. Cayce Morrison 박사에 따르면, 교사에게 "임금인상을 위해 전문성 향상을 소명"하도록 요청한 것은 "호러스 맨이 최초의 사범학교를 설립한 이래 공립학교 학교 수업의 질을 향상시키기 위해 이 나라에서 봐 온 가장 위대한 실험"이었다.[113]

이 법이 제정되고 뉴욕주 전 학구에서 채택되기 시작하면서 주지사인 듀이Dewey와 주 교육감인 스폴딩Francis T. Spaulding 박사는 교사 (능력) 평가를 담당할 부교육감assistant superintendent들을 불러 모아 특별회의를 개최했다. 흥미롭게도 뉴욕시는 예외적으로 이 정책을 채택하지 않았는데, 노조 가입 교사들이 아주 강력하게 이 방안을 반대했기 때문이었다. 아무튼 이 특별회의에 참여한 모두는 교사가 "민주주의 사회에서 전인적 인격을 만들 수 있는 제반 인품을 갖추어야" 한다는 데 동의했다. 또한 이 위원회는 교사로서의 성공과 전문성으로 "어린애들에게 사랑과 친근함", 그리고 "동정심"과 "건전한 판단력"이 아주 중요한 요인이라는 데 합의했다.[114] 이 방안에 찬성하는 사람들은 능력에 대한 반대자들의 "공포증"을 언급하기는 했지만, 이들은 능력기반 성과급 방안이 교사들의 전문직화를 돕고 공립학교의 질을 향상시킬 것이라고 믿었다.[115] 바A. S. Barr는 "너무 순진하게 평가 기술을 적용한 것" 때문에 이런 모든 혼동과 반목이 생겼다고 생각했다. 그는 "인간 효능감에 대한 평가는 지나치리만큼 복잡하고 어려운 일"이라 반드시 과학에 토대해 진행해야 한다고 확신했다.[116] 이 계획에 찬성하는 사람들은 교사가 받아 왔던 "기존 방식을 고수하는 행태"가 전문성을 깎아내릴 뿐만 아니라 비민주적이라고 했다.[117] 윌슨Wendall Wilson은 1960년에 쓴 글에서, "민주주의 사회에서 보상은 개인이 기여한 공헌의 양과 질에 따라 주어져야 한다"라고 했다.[118]

능력기반 성과급 조항은 공립학교에 적어도 세 가지 이점을 약속했다. 첫째, 경비를 절약하는 방안이 될 것이었다. 벨Terrel Bell은 자신의 책에서 (교사들의) 능력을 인정하고 또 그에 맞는 보상을 제공해야 한다고 설명했다. 특히 정말 많은 학구에서 "(교사를 교육에) 기여한 바에 따라 최상의 대우를 한다는 명목으로 일부 최악이라 할 만한 교사들의 임금도 최고 수준으로" 올렸다.[119] 둘째, 경쟁적인 보수체계는 더 우수한 사람들을 학교로 유인하고 이들이 더 보상받는 체제를 성착시킬 것이었다. 셋째, 파도를 타는 배처럼 능력기반 성과급 방안은 평범한 교사들을 더 열심히 하도록 동기부여 할 것이었다. 이 방안을 지지하는 사람들은 다음과 같이 이 방안의 장점을 요약했다. "능력기반 성과급은 단지 교직에서 더 뛰어난 사람들을 인정하는 공정한 방법인 것만은 아니다. 여기에 더해 가르치는 과정을 더 개선하도록 진작케 하는 수단이기도 하다."[120]

노조에 가입한 교사들에게, 이 쟁점은 전혀 애매모호하지 않았다. 대신, 뉴욕뿐만 아니라 전국의 노조 교사들은 이 방안이 얼마나 위험한 것인지 반대 이유를 조목조목 제시했다. 미국교사연맹AFT의 집행부 및 간부진은 능력에 따라 성과를 매기는 일이 "위험한 망상"이라고 했는데, 이것은 1957년 시카고교원노조Chicago Teachers Union 소속 헤릭Mary Herrick과 전국 교원노조 대표가 유행시킨 말이었다.[121] 정책결정자들은 이 방안이 교사 전문직화와 더 높은 임금을 약속한다고 설명했다. 그러나 노조 교사들은 이 방안이 노조의 분열, 권한 약화, 점진적인 노조파괴로 이어지리라고 생각했다. 헤릭과 동료들에게 능력기반 성과평가란 "주관적인 평가에 따른 진퇴양난의 급여체제"에 지나지 않았다.[122] 정책결정자들과 마찬가지로 노조 교사들은 교사가 중요하며 잘 가르치는 일이 학생들의 성공에 중요하다는 데 동의했다. 그런데 도대체 잘 가르친다는 것이 뭘 의미하는 것인가? 미국교사연맹이 헤릭의 이름으로 발간한 팸플릿 〈능력 평가: 위험한 망상인가, 원대한 계획인가?Merit Rating: Dangerous Mirage or Master Plan〉에 따르면, "'잘 가르친다는 것'이 무엇을 의미하는지에 대한 합의가 전혀 없다". 위스콘신대학교 교수였던 바A. S. Barr를 포함한 많은 사람이 효과성의 특성이라며 훌륭한 가르침을 구성하는 요소를 목록으로 만들어 내놓기도 했다. 여기에는 지성, 감정적 안정성, 쾌활함, 잡아끄는 힘(매력), 세련됨 등이 있다. 헤릭은 사람들에게 "교사는 창의적이고 모험심 강하며 말이 많고 생기발랄한, 그러면서도 재치 있는 사람이다. 동시에 교사는 근엄하고, 과묵하며 겸손한 사람이기도 하다"라고 말했다. 다른 평가 세획안들을 보면, 교사는 "자신감이 넘치고 추진력 있고 용감하며 독립적이고 사회적 시선에 개의치 않으며, 자족적이고 자기주장이 강하다. 동시에 교사는 삶에 직면해 손쉬운 쪽을 택하는 현실주의자이고, 별로 감흥이 없으며 공손한 태도, 절제하는 모습, 유연하고 신뢰할 만하며 자비로운 사람"이다.[123] 메겔Carl Megel은 1955년 〈크리스토퍼킹사운딩보드Christopher King Sounding Board〉라는 국영 라디오 채널의 청취자들에게, 주관성을 피하고 "불공정, 부적절, 거칠고 혹은 보복적인 성과평가에서 능력 있는 교사를 지키기 위한" 단 하나의 방법은 "교육 정도와 경력에 따른 봉급 산정 방식뿐"이라고 했다.[124] 노조 지도자들은, "이런 기획으로 능력에 따른 성과를 평가하는 것은 '단지 알 듯 말 듯한 인상'에 따라 교사들의 전문성 정도를 판단하고 보상을 제공하는 것에 불과하다"라고 주장했다. 게다가, 이들은 "'탁월superior' 등급으로 매겨지는 교사의 수행이 '우수excellent' 등급으로 매겨지는 교사의 수행"과 어떤 분명한 차이가 있느냐고 질문했다.[125]

교사들은 오랫동안 잠복해 있던 (상호 간) 신뢰 이슈를 수면 위로 끌어올리면서 학교 내 지도자들이 자신들을 공정하게 평가할 수 있다고 믿지 않았고, 행정가들이 고부담 평가에 교사들을 내던지는 일은 곧 자신들의 격을 낮추는 일이라고 주장했다. 1947년 10월 미국노동연맹AFL은 "교사 성과평가 계획에 따라 교사들의 봉급을 정하는 일은 학교 정치가들의 손에 강력한 무기 하나를 들려주는 일로, 교실에서 수업하는 교사들의 자유와 진취적 기상을 심각하게 훼손하는 것이며, 학교 교실에서 교사들의 전문적 효능감이 아닌 정치적 아첨을 조장할 뿐"이라고 했다.[126]

덴버교원노조Denver Federation of Teachers, DFT 위원장인 에클룬드John Eklund는 승진이란 게 명목상으로 능력에 따른 성과에 따라 이루어질 것이고, 이 말은 곧 교사들이 교장에게 "종속"되고 이들 간에 "생색내는 후원 관계가 형성되는" 결과로 이어질 것이라고 경고했다.[127] 사이먼슨은 이에 따른 "도덕적 해이"는 불가피할 것이라고 했다. 이런 능력에 따른 성과기반평가계획은 교장 등 학교관리자들에게 "한 교사와 다른 교사를 이간질하는 상황을 만들" 것이었다. "즉, 교사 상호 간에 의심과 경쟁 관계를 싹트게 할 것이었다." 사이먼슨과 동료들은 도대체 이런 방안이 해결하려는 문제가 도대체 무엇인지 모르겠다는 것이 가장 핵심적인 질문이라고 했다. 사이먼슨은 "우리 직업, 즉 가르치는 교사로서의 직업은 도대체 무슨 문제가 있는가?"라고 묻고는 이렇게 답했다. "교사 준비 부족, 학습에 필요한 기자재 부족, 수천 명에 이르는 속성 자격을 받은 수준 이하의 교사들이 가장 큰 문제다." 사이먼슨은 "능력기반 성과평가체제는 케케묵은 교사관리 방식, 즉 보상 및 처벌"을 강화하겠지만, 근본적으로 아무런 문제도 해결하지 못할 것이라고 결론지었다.[128] 결과적으로, 비록 학교장이 아주 객관적인 평가 방법을 고안해 낸다고 하더라도, 도대체 어떻게 모든 교사를 타당한 방식으로 평가할 수 있느냐고 노조 지도자들은 물었다.

모든 학교급의 교사집단이 추정한 바에 따르면, 제안된 능력기반 성과평가 방안이 실행되면 그 결과는 실패할 것이 뻔했고 이에 따라 교사들은 상처를 입게 될 터였다. 1950년 6월, 〈하이포인츠High Points〉는 에이브러햄링컨고교Abraham Lincoln High School 개교 20주년을 기념한 내용의 패러디를 실었다. 같은 해에 발표된 대중가수 바턴Eileen Barton의 노래에 따라, "네가 올 줄 알았다면 내가 계획을 세웠을 텐데." "똑똑똑, 좋아, 좋아, 내 상관이 여기 있네. 1년 넘게 당신을 본 적이 없는데. / 회장님: '난 8회 차라는 것을 잘 알아. 오늘이 금요일이지? 오늘은 6월 16일이고. 하지만 이번 회차에 내가 관찰하러 오든 안 오든 당신은 신경 쓰지 않을 거잖아. 안 그래?"[129] 노조 지도자들은 다음과 같은 글을 벽에 붙였다. 능력에 따른 성과평가제 아래에서 승진하고 또 더 많은 돈을 받고 싶어 하는 교사들은 선택의 여지가 없었다. 자신의 신뢰할 만한 전문성과 권위를 금전적 수익에 희생하면서 학교 내 지도자들의 변덕에 순응하는 것을 택하는 것밖에는 없었다.

교사들만 이런 이유를 내세우며 능력기반 성과평가를 반대한 것은 아니었다. 티처스칼리지의 엘스브리Willard Elsbree 교수와 미 연방교육부 장관US Commissioner of Education인 스터드베이커John Studebaker 등도 이 방안에 강한 의심의 눈초리를 보냈다. 엘스브리 교수는 이 성과에 따른 평가 방안이 교사 및 관리자들 간의 응집력을 흐트러뜨릴 것이라고 보았다. 그는 "교사들이 학교관리자와 편하게 자신이 처한 난관 혹은 어려움을 이야기하고 또 도움을 얻고자 하기보다는 자신의 약점을 감추고 잘잘못을 최소화한다거나, 뭔가 실패한 것을 덮고 없었던 일로 하려고 무척 애쓸 것"이라고 내다봤다. "이렇게 되면 교사를 평가한다는 것은 더 어려워질 테고, 관리자가 교사를 장악한다는 기본적인 목표는 실패하게 될 것이다." 스터드베이커 장관은 일부 교사들이 다른 일부 교사에 비해 아마도 더 훌륭할 수 있다는 점을 인정하면서도, 이 문제에 관한 다른 비판점을 열거하면서 도대체 얼마나 많은 돈을 들여 이렇게 불

안정한 평가계획을 시행하려고 하는지에 관심을 기울였다.[130]

헤릭은 "가르치는 일은 아주 복잡한 기예로, 옳다거나 최선이라고 할 만한 단일한 방법을 이야기할 수 없다"라고 하면서, 교사와 대학 전반에 널리 공유되고 있는 담론을 지지했다. 사실 뉴욕시 및 다른 여러 지역의 학교지도자들은 이 모든 비판적 의견들을 너무 잘 알고 있었다. 즉, 학생 개개인이 처해 있는 맥락과 지역사회 및 학교를 둘러싼 환경이 특정한 지역에서 일하는 교사들의 의지와 동기에 어떻게 기여하는지에 대해서 말이다. 하지만 능력에 따른 성과기반 평가계획은 이러한 쟁점들에 별로 신경을 쓰지 않는 듯했다. 적어도 노조 교사들이 보기에는 그랬다. "쓸 수 있는 학습 기자재가 부족하고 형편없는 학교 건물에서 2부제 수업을 진행해야 하는 교사들은 아무리 개인적인 노력을 기울인다고 하더라도 더 좋은 교수-학습 환경에서 있었다면 얻었을 대단한 성과를 보여주지 못할 것"이라고 헤릭은 말했다.[131] 메겔은 〈킹라디오King Radio〉 프로그램의 청취자들에게 "성과기반평가는 가르치는 일이 어디에서, 어떤 환경에서 이루어지는지에 아무런 관심을 기울이지 않는다"라고 말했다.[132]

노조에 참여하든 그렇지 않든 모든 교사가 성과기반평가를 강하게 비판하는 또 다른 내용이 있었다. 정책결정자들은 비즈니스 모형을 교육 분야에 잘못 적용하려고 한다는 점이었다. 벨목Jay Belmock이라는 가명으로, 한 교사는 성과기반평가 계획을 "보수적 산업가 및 기업가"들의 작품(이 만들어 낸 것)이라고 칭했다. "기업가들은 교사가 (국가) 안보가 위태로운 지경에 처해 있는데 (아무런 기여도 하지 못하고) 아무것도 하지 않는다고 말한다. 기업가들은 전체 조직이 자연스레 기능하도록 피고용인들이 기여한다고 느끼는 정도에 따라 봉급을 지불하는 데 자신들이 성공했다고 강조하면서, 신선하고 역동적인 생각은 성과기반 임금계획이 만들어 낸 산물이라고 주장한다. 다시 말하지만, 이들은 경쟁이 모든 만연한 문제를 해결해 주는 마법과도 같은 요소라고 본다. (하지만)

이것은 아무런 가치도 없는 시시한 것이다." 벨목은 계속해서 「파인버그법」에서 제안되었던 이 정책 방안은 "동료보다 몇 푼 더 벌자고 인내심, 이해, 대단히 유능한 기술을 치열하고 경쟁적으로 사투를 벌이는 전쟁감으로 바꾸면서 우리 교육 구조를 파괴시킬 것"[133]이라고 말했다. 뉴욕주교사연맹Empire State Federation of Teachers 대표였던 월시Margaret Walsh 와 피즈Harriet Pease는 〈아메리칸티처〉에 "우리는 일반 대중들에게 성과기반평가가 나름 그럴듯하게 들린다는 것을 깨달았다"라고 썼다. 월시와 피즈는 흔히 반복해 전달되는 "성과기반평가가 공장에서 활용된다면 학교에서는 왜 안 되는가?"라는 문구를 반박하며, 교사가 하는 일과 학교라는 기관이 하는 일의 특성은 일반적으로 기업이 하는 일의 조건 및 환경과 비교될 수 없다고 못 박았다. 사람들에게, 훌륭히 가르치는 것이 가져다주는 "가장 중요하고 광범위하게 영향을 미치는" 결과는 "금방 손에 잡히지 않는 것들로, 이 중에는 어떤 것은 절대 측정할 수 없고, 심지어 눈으로 확인하기 어려운 것들도 많다"라고 했다.[134] 뉴욕 스케넥터디교원노조Schenectady Federation of Teachers의 조합원들 또한 이런 생각에 동의하면서 능력에 따른 성과제에 반대하는 이유를 내놓았다. "이런 조치가 오래 지속되면 당사자인 교사조차도 알아채지 못할 정도의 나쁜 결과를 불러올 것이며 학생들의 삶 속에서도 정말 오랜 시간이 지나야 드러날 것"이라고 했다. 그리고 "누가 다른 교사에 맞서 경쟁할 만한 교사에게 금전적 가치를 설정할 자격이 있는가?"[135]라고 물었다.

마지막으로, 이런 여러 비판 중에서도 아마 가장 중요하다고 할 만한 것이 있다. 노조 지도자들에게 성과기반 임금 방안은 의심할 여지 없이 반노조적으로 보였다. 게다가 교사 조직을 서서히 좀 먹으려고 기획된 음모로 보였다. 벨목은 성과기반 임금 방안이 교사들의 "화합을 파괴할 것"이라고 했다.[136] 하버드대 교수이자 성과기반평가안을 찬성한 타이드만David Tiedman은 뉴잉글랜드교육감협의회New England Association of

School Superintendents의 초청으로 강연을 했는데, 그 자리에서 이렇게 설명했다. "(이 사안의) 쟁점은 간단히 교사의 전문직화냐 아니면 교원의 노조화냐다."[137] 노조 지도자들은 한때 타이드만의 주장을 둘러싸고 동의할지 말지 아주 곤란한 입장에 빠졌다. 하지만 노조 지도자들은 이때 이후로 전문직과 노조가 갈등, 대립 관계라는 주장을 공식적으로 강력하게 부인했다. 그러나 이들도 성과에 기반한 임금 방안을 통해 제안된 정책결정자들의 전문직화 개념은 위험하다고 인정했다. 여러 면에서 타이드만의 발언은 기본적으로 노조 교사들과 정책결정자들이 교사 전문직성 및 능력에 따른 성과라는 것을 서로 대립되는 방식으로 정의하고 있음을 요약해 보여 주었나. 노조 교사들에게, 능력에 따른 성과는 전문성을 가진 교사가 소유한 증표로 변하지 않고 정적인 것이었다. 즉, 능력에 따른 성과란 다음 세 가지에 따라서만 평가될 수 있다. 자격증, 취득 학위와 이수 학점, 그리고 교직 경력이다. 노조 교사들이 전문직이라고 개념화한 것의 핵심에는 표준화와 집단성이라는 기본적인 노동 원칙이 자리 잡고 있었다. (그러나) 정책결정자들에게, 능력에 따른 성과는 유연하고 정해진 틀이 없는 것으로, 경력을 거치며 획득되고 (실제) 증명되는 것이었다. 노조 교사들은 이런 개념이 피상적으로는 매혹적으로 보일지 몰라도 공립학교에서 단순히 지켜질 수는 없다고 봤다. "공립학교에서 교사들은 개인으로서 거의 통제권이 없는 환경에서 다수를 대상으로 하는 일에 종사하기 때문이다."[138]

1951년 능력기반 성과급 상황은 뉴욕주 스케넥터디에서 폭발적으로 증가했다. 능력기반 성과급을 택하지 않겠다고 한 뉴욕시와 달리 뉴욕주 북부의 도시들은 대체로 능력기반 성과급 제도를 정책화했다. 이 지역의 노조 교사들 또한 뉴욕주 남부 도시 및 전국의 여러 지역의 동료 교사들이 앞서 제기했던 똑같은 문제를 강하게 내세우며 반대했는데도 불구하고. 결국 이 지역에서는 성과기반평가가 시작되었다. 노조 가입 교사들이 가장 크게 두려워했던 일, 즉, 성과기반평가계획의 등장으로 잘못될 수 있는 모든 문제가 현실로 나타났고 이 상황으로 인해 교사들이 제기했던 문제들을 두 눈으로 볼 수 있게 되었다. 성과기반평가가 처음 시행된 것은 1950-1951학년도로, 스케넥터디의 모든 교실 수업을 담당하는 교사들에게 적용되었다. 1950년 가을, 중앙교육위원회 간부는 188명의 교사에게 공지문을 보내, 승진(승급)에 따른 임금인상을 원한다면 평가를 받아야 한다고 했다. 이 중 12명은 평가에 참여하기를 거부했는데, 대부분 퇴직했기 때문이었다. 교사들은 다음 달인 8월이 되어서야 이 평가 결과가 어떻게 되었는지를 알게 되었다. 149명이 승진하게 되었고 나머지 27명은 승진이 거부되었다.[139] 이 소식을 전해 듣자마자 스케넥터디교원노조는 "[중요 긴급]: 이 안내문을 당신이 일하는 학교 교사 모두에게 즉시 전달하시오"라고 쓰인 전단지를 준비했다. "우리는 올해 27명이 승진에 따른 임금인상이 이루어지지 않았다는 이야기를 방금 전에 전해 들었다. 이들이 누구인지 우리는 모른다." (이들에 대한) 지원과 지지를 표명하면서, "교원노조는 힘이 있다"라는 말로 끝냈다.[140] 1951년 가을까지, 스케넥터디교원노조는 27명의 교사가 누구인지 확인하고 미국교사연맹AFT은 이들이 법적 소송을 진행하는데 필요한 재정 지원을 약속했다.[141] 지역 노조 지도자들은 이 사건이 교사에 대한 명백한 차별의 증거라고 주장했다. 일부 교사들은 자기 경력철에 들어 있는 경멸적인 진술이 거짓이거나 혹 오도하는 것들이라고 주장했다. 일부 다른 교사들은 자기 학교 교장이 실제 자기 교실에 들어와 수업을 관찰한 적이 없다고, 또 다른 일부 교사들은 "자신들이 스케넥터디교원노조에서 했던 행동 때문에 불리한 평가등급을 받게 되었다"라고 주장했다.[142] 이를 종합해 고려해 보면, 스케넥터디나 전국의 다른 지역 교사들에게 이 사건은 능력기반 성과평가체제는 "결코 성공적으로 시행되지 못할 것임"을 보여 주는 사례였다.[143]

이 사건을 담당한 원고 측 변호사 슈메이커William Schoomaker는 여섯 가지로 논점을 정리했다. 첫째, 「파인버그법」에 따른 교사 평가는 학교장과 교사가 수업 관찰 및 이후 피드백을 위해 정기적으로 만나는 것을 염두에 둔 장학 과정을 전제한다. 슈메이커는, 승진이 거부된 교사 27명의 경우, "평가를 받은 교사들은 아무런 '평가 사정'도, '개별 면담'도, '(수업에 대한) 토론'도 이루어지지 않았다"라고 주장했다. "'봄학기를 위한 사전 점검'만이 있었을 뿐이다." 슈메이커와 스케넥터디교원노조 소속 교사들에게 "평가 실행은 하나의 합의된 원칙, 즉, 평가란 지속적인 장학 과정에 따른 분명한 협상"이었다. 둘째, 주교육부 지침에 따라 "대외비로 분류된 각 교사의 기록을 해당 교사가 열람할 수 있어야 함"에도 불구하고, 교육위원회가 교사 열람을 허용해야 한다고 판결하기 전까지 교사들은 관련 기록을 열람할 수 없었다. 셋째, 평가를 담당한 상관의 피드백은 "본질에서 벗어난 것이거나 관련이 전혀 없는 것들"이었다.[144]

스케넥터디에서, 학교장들은 정리 정돈을 잘하는지, 유머 감각은 있는지와 같은 아주 개인적이고 관계적인 특성과 "학생들이 관심과 열정을 보이는가"와 같은 수업 효과성 측정치, "학부모를 쉽게 그리고 공손하게 만나는가", "학교 시스템을 위해 친구들을 사귀는가" 등 동료 교사 및 대중과의 관계성을 평가한다는 지침에 따라 교사 등급을 매겼다.[145] 승진이 거부된 27명의 교사는, "A 교사는 아픈 남편 때문에 학교 밖에서 시간을 보낸다고 생각한다"라거나 "B 교사는 유머 감각을 더 길러야 한다"는 등의 피드백을 받았다.[146] 슈메이커 변호사는 나머지 논점을 제시하면서 "교사로서 가르치는 일과 숫자화된 등급 간의 일관된 상호관련성을 찾을 수 없다"라고 주장했다. 즉, 교사 등급은 주관적이고 "일관성 없게 부여된 것"이며, "결과를 타당한 평가로 용인할 만한 원고 측 교사들에 대한 충분한 수업 관찰은 없었다"라고 결론지었다.[147] 1952년 2월, 슈메이커 변호사가 재판에서 사건에 관한 논고를 마치기 전에, 스케넥터디 교육위원회는 성과기반평가를 없애기로 결정했고, 결국 연간 정기적인 임금상승을 포함한 단일임금체계로 돌아갔다.[148]

「파인버그법」의 성과기반 임금제 방안이 뉴욕시에서는 뿌리 한 번 내리지 못했지만, 노조 교사들은 성과기반평가에 대한 그 어떤 언급이라도 나올까 싶어 노심초사하며 경계를 늦추지 않았다. 1958년 가을, 당시 교사길드 위원장인 코겐과 뉴욕시 교육감인 시어벌드John Theobald는 이 사안의 선동적인 특성과 점차 커지는 교원노조의 힘에 대해 강조했다. 10월 첫 주에 지역 신문들은 시어벌드가 뉴욕시에 능력기반 성과급제를 도입하는 데 관심을 표명했다는 내용의 기사를 내보냈다. 코겐은 시어벌드에게 이 기사의 내용이 도대체 뭔 내용인지 분명히 하라고 서한을 보냈고, 시어벌드는 "내기 보기에 교사길드는 교사들의 봉급 문제에 있어 내 입장을 오해한 듯하다"라고 답을 보내왔다. 그러나 "교사 임금 수준은 좀 더 높게 조정될 필요가 있다"고 하면서 자신은, "교사가 자기 임무를 수행하는 정도와 상관없이 자동적으로 임금 기준표(단계별, 경력별 임금 예상액을 써 놓은 표)의 가장 높은 수준에 올라가서는 안 된다"고 생각한다고 답했다. 시어벌드는 계속해서 "성과에 기반한 임금인상 체계가 아주 조심스럽게 수행된 연구를 필요"로 하기는 하지만, 결국 능력기반 성과평가 체제는 도입될 수 있으리라고 생각했다.[149]

6일이 지난 후, 코겐은 전보를 보내 시어벌드가 "반복해 능력기반 성과평가를 대중 앞에서 언급한 것"에 대해 교사들이 잔뜩 경계의 눈초리를 보내고 있다고 했다. 그리고 "수용할 만한 기준에 따라 모든 교사를 위한 임금인상" 논의의 장을 만들라고 요구했다.[150] 교사길드는 시간 낭비할 의사가 전혀 없었다. 교사길드는 바로 다음 날 기자 회견을 열었다. 기자회견문은 "뉴욕시에 진짜 학교 위기가 찾아왔다"라는 말로 시작했다. "우리는 이런 엄중한 상황에서 교사들에 대한 능력기반 성과평가에 대해 논란이 될 만한 질문을 교육감이 던진 것에 심히 유감스럽게 생각한다. 우린 이런 사실을 접하고 교육감에게 전보를 보내 그의 해명을 요구했고 답신을 기다리고 있다. 그의 머릿속에 있는 성과기반평가라는 것이 어떤 방식인지와는 상관없이, 이 일로 인해 교사들의 사기는 꺾였고 파괴되었다. 게다가, 이런 주제를 벗어난 쟁점 토론은 지금의 엄중한 상황 속에서 초점을 흐트러뜨리고 있다. 우리 학교가 처한 위기는 교육감의 기자회견이나 정치적 술수로 해결될 수 없다.”[151] 시어벌드에게서 아무런 회신을 받지 못한 코겐은 바로 다음 날인 1958년 10월 22일 〈뉴욕타임스〉 편집자에게 편지를 발송했다. 〈뉴욕타임스〉는 독자들에게 도대체 이 갈등의 핵심적 문제가 무엇인지 설명하는 기사를 처음 내보내고, 10월 27일 코겐의 편지를 신문에 게재했다. 코겐은, “교육감인 시어벌드는 이미 의기소침해진 학교 시스템에 소위 ‘능력기반 성과평가’에 따른 임금인상 방안이라는 폭탄을 던졌다”라고 했다. 코겐은 능력기반 성과급 방안을 둘러싼 이미 잘 알려진 다섯 가지 비판을 열거하면서 능력기반 성과평가는 궁극적으로 “사람을 기계적으로 순응하게 만들고, 아이들의 마음에 교사가 미치는 세심한 영향을 살인적이고 금전적인 평가로 몰아세울 것”이라고 했다. 코겐에게, “뉴욕시 교사 임금은 주변 다른 지역의 교사보다 낮고 근무 환경 또한 더 열악하다. 이들의 사기는 형편없는 수준”이었다. 노조 교사들의 처지에서 보면, 시어벌드가 교사들과의 대화에 능력기반 성과평가를 끼워 넣으려고 한 것은 “일종의 회피이지, 결코 해결책이 아니”었다.[152]

코겐은 〈뉴욕타임스〉에 또 한 통의 편지를 보냈고, 이어서 다른 노조들에게 지원을 요청했다. 당시 중앙노동협회Central Trades and Labor Council의 위원장이던 아스데일Harry Van Arsdale Jr.에게 쓴 편지에서, 코겐은 “소위 능력기반 성과평가 방안은 노조 원칙을 근본적으로 위반한다. 능력기반 성과평가에 따르면, 임금은 직업에 따라 결정되는 것이 아니라 상관의 견해에 따라 결정된다. … ‘성과기반평가’는 노조의 연대를 파괴하는 것으로 제한된 최고 수준의 임금을 얻으려는 직업을 둘러싼 경쟁에서 교사 간의 긴장과 갈등을 만들어 낸다"라고 비판했다. 이 방안이 잠재적으로 노조를 산산이 부서뜨릴 뿐만 아니라 (코겐에게 정말 모욕적으로 다가온 것은) "교육감이 이 사안에 대해 교사 대표들과 마주 앉아 논의하는 대신, 기자회견을 통해 대중 앞에서 이런 능력기반 성과평가라는 폭탄을 던지면서 능력기반 성과평가라는 것이 도대체 무엇인지에 대해 반대되는 의견을 내놓을 기회조차 주지 않았다는 점"이었다.[153]

〈뉴욕타임스〉 편집자에게 보낸 편지를 본 교육감 시어벌드는 같은 날 코겐에게 편지를 썼다. 그는 "찰스에게', 난, 능력기반 성과평가에 대해 의문을 제기하며 최근 당신이 〈뉴욕타임스〉에 보낸 편지 때문에 상당히 놀랐네. 난 당신이 되돌릴 수 없는 결론을 그토록 쉽사리 내리는 사람이라고 생각하지 않아." 점점 뜨거워지는 논쟁의 온도를 식히려는 뜻에서 시어벌드는 능력기반 성과평가계획을 없던 일로 하고 "이제 당신과 내가 믿을 수 있는 시스템을 구축해 나갈 수 있는 건설적인 프로그램에 대해 우리가 함께 생각할 시간이 되었네"라고 했다.[154] 코겐은 1958년 11월 11일 이 제안에 답신을 보냈는데, 아직은 물러서려는 뜻이 없었다. 코겐은, "당신은 분명히 이렇게 말했지. '나는 분명히 능력기반 성과평가를 지지한다'고. 이 말은 당신이 가진 직책을 고려해 볼 때 말 그대로 해석될 수밖에 없었어. 즉, 우리는 이 말이 뜻하는 바에 대해 그 어떤 모호함도 없다고 확신한 거야"라고 설명했다. 계속해서 코겐은 "불미스러운 뜻을 담고 있는 그런 감정 섞인 용어"를 사용하지 말라고 경고했다. 이 답신에서 코겐이 겨냥한 목표는 능력기반 성과급 논의를 일축하는 것뿐만 아니라 대중 앞에서 교육정책 문제에 대해 시어벌드의 견해가 포함된 혹은 그런 견해를 전달하지 못하게 하려는 좀 더 광범위한 문제의식을 전달하는 것이었다. 그는 "당신이 잘 알고 있는 주제에 관한 대중 담

---

7. [옮긴이 주] 코겐의 이름으로 친근한 사이임을 보여 주는 호칭이다.

화가 교사 대부분을 포함한 엄청난 수의 사람들을 동요와 소요로 이끌기 전에 교사 의견을 들어 보는 것이 낫지 않겠나?"라고 물었다. 코겐은 자신의 글을 1958년 11월 21일 교육감의 대면 미팅을 기대한다는 말로 마쳤다.[155] 며칠 후, 시어벌드는 아주 간결하면서도 우호적인 태도의 서신으로 답변을 해 왔다. 답신은 "찰리(마찬가지로 코겐을 친근하게 부르는 호칭)에게"라는 말로 시작하는데, 이 두 남자 간의 동료의식을 드러내고 둘 사이의 긴장을 늦추려는 의도였다. "내가 능력기반 성과평가 방안에 대해 우호적이라는 말을 하면서 조금은 다른 절차를 따랐다면 이런 오해를 사지는 않았으리라 생각한다. 시간이 지나면서 당신과 학교장 및 교사들이 교원 정책에 관한 모든 사안에 대해 내가 늘 교사들의 의견을 청취하는 과정을 거치리란 사실을 알게 되리라 생각한다. 나는 우리 상호 간의 이익을 위해 교사라는 직업의 토대에 관해 의견을 교환할 수 있는 관계를 만들어 갈 수 있다고 믿는다."[156] 시어벌드의 이런 말을 통해, 두 사람은 드디어 긴장 완화 상태에 이르렀다. 즉, 둘 사이의 긴장 관계를 통해 두 주체 사이에 어떤 주제는 도저히 건드려서는 안 되는지, 그리고 어떤 주제에 대해 논의할 때 누가 늘 협상 테이블에 앉아야 하는지에 대해 암묵적인 동의가 생긴 셈이다.

교사교육에 대한 비판

전후 시기는 교사교육에 대한 비판이 널리 퍼지게 된 시기로 기록된다. 교사교육자들은 교실 교사들과 함께 비슷한 종류의 비난을 받았고 또한 이들 또한 교사 비난 대열에 동참했다. 이러한 순환적인 교사 비난 수사법은 (교사자격을 위한) 근대적 표준과 학점인정운동에 불을 당겼고, 더 나아가 교사의 직업 생활에 대한 규제 강화와 합리화에 기여했다. 비평가들은 교육대학의 교육과정으로 교사 수급 및 교사 질 문제가 불거지고, 공립학교의 평범성이라는 막연한 우려가 확산되었다고 비판하면서 교육대학들이 역사적으로 의지해 온 교사훈련을 몰아내라고, 그리고 인문교양교육에 근거한 교사교육을 실시하라고 요구했다. 그런가 하면, 교육대학 교수들은 각자의 대학 교정에서 아주 복잡한 입장(공간적 위치, 특정 학과 및 프로그램)에 처해 살아남으려 애쓰면서 대공황기 동안 하나의 직업교육으로 변화시켜 가면서 계속 움츠러들었다. 일리노이주립대University of Illinois의 역사학 교수이자 교육발전기금Fund for the Advancement of Education의 연구원인 베스터Arthur Bestor는 이런 비판적인 목소리를 대변했다. 교육발전기금은 포드재단Ford Foundation의 재정 지원하에 우드링Paul Woodring이 이끌고 있었다. 이들이 보기에 미국의 교사 부족 사태를 포함한 공립학교 문제의 핵심은 교사의 비전문성에 기인했다. 이들은 재정립된 교사교육을 위한 교육과정은 교직을 일종의 전문직으로 간주해 선택하는 더 훌륭한 인재를 유인하려는 것이라고 주장했다. 이는 단지 학교에 좀 더 나은 수준의 교사를 배치하는 것을 넘어서는 일이었다.

베스터는 "우리 모두가 동의하고 있듯, 교직은 전문직으로 간주되어야지 단순한 직장 혹은 허드레 직업으로 받아들여져서는 안 된다"라고 했다. 그가 보기에, 교사들이 대학 교육을 많이 받고 있기는 하지만, 이는 잘못된 교육이었다. 베스터는 "지금 당장 교사훈련이 더 길어져야 하지만, 이 교사훈련에서 교수법이라는 메뚜기들이 수확할 곡식을 다 먹어치웠다"라고 설명했다. 그는 예비교사들에게 가장 필요한 것은 이런 교수법보다 "인문교양 및 과학 교육에서의 철저한 교육으로, 직업적 고려나 기술 습득의 압박에 의해 훼손되지 않는 공부"라고 주장했다. 이런 관점에서, 교육대학은 "한낱 교수법으로 강제된 요건을 증식함으로써 인문교양을 공부할 능력을 교사에게서 박탈"했다. 베스터에게 "대중으로부터 존경받는 전문직으로서의 교직을 앞당기기 위해 해야 할 일"은 교사양성과정을 교육대학에서 종합대학의 다른 학과로 당장 옮기는 것이었다. 왜냐하면 "이런 교육과정이 정말 지적으로 탁월한 능력을 지닌 젊은이(남녀)들이 다시 한번 공립학교에서 가르치는 일을 더 매력적인 직업으로 여기게끔 할 것이기 때문"이었다.[157]

교육발전기금은 베스터 교수와 유사한 입장을 취하면서 "돌파 프로그램breakthrough programs"이란 이름의 교사 훈련 실험을 지원했다. 이 프로그램은 "유능한 남녀가 전문직으로서의 교직에 들어갈 수 있도록 유인하고, 대학의 교사양성교육을 방해하는 전통이라는 장애물을 깨부수면서 교식을 더 매력적인 직업으로 만들기 위해" 계획되었다.[158] 우드링과 교육발전기금의 다른 연구원들에게 교육대학은 교사훈련이 피해야 할 "전통"을 대변하는 곳에 지나지 않았다. 우드링은 전후 시기 교육의 목적이 어떠해야 하는지를 성찰하면서, 1957년 다음과 같은 글을 썼다. "자유로운 사회의 모든 개인은 … 자신을 위해 중요한 결정을 내려야 한다. 이들이 스스로 결정을 내리지 못한다거나, 혹 누군가 이들을 위해 대신 계획해주어야 한다면 그 사회는 더 이상 자유롭다고 할 수 없다. 그 사회를 관리 통제하는 체제가 아무리 자비롭다고 하더라도 말이다." 우드링에게 인문교양교육은 교육받은 시민의 주춧돌이었다. "우리 교사들을 포함해 시민이라 불리는 우리 대부분은 지금 우리가 받는 것보다 더 나은 자유교양교육을 받아야 한다." 우드링과 교육발전기금이 지원하는 교사훈련 실험은 교사들이 특화된 교수법을 익히는 것보다 자신의 일에 좀 더 광범위한 의미를 찾도록 강제했다.[159]

이러한 노력이 포괄적으로 진행되는 가운데 교육대학 교수들은 자선기관들이 자신을 점차 차갑게 대한다고 느꼈다. 그리고 많은 기금이 인문교양교육 프로그램과 지역 학구와 강한 연계를 구축하는 프로그램으로 몰린다는 것을 깨닫게 되었다. 우드링에 따르면, "이런 기금이 뜻하는 바는, 교사 준비에 있어 공립학교가 지금까지와는 달리 더 큰 역할을 해야 한다는 신념이 점차 커졌다는 것이다. 즉, 공립학교가 교육대학보다 문제(를 해결하는 데) 더 낫다." 한 예로 바너드대학Barnard College은 1956년 5월 67,500불의 기금을 받았는데, 이 기금으로 "탁월한 능력의 남녀를 교사가 되도록 준비하게 하는 교육 컬로퀴엄"을 만들도록 했다. 컬럼비아대학교의 교육대학인 티처스칼리지는 이 기금 수혜에서 빠졌다. 흥미로운 것은 바너드 컬로퀴엄Barnard Colloquium에서 강조하고 있는 "탁월한 업적의 인물"이라 할 수 있는 모범적 인물이 티처스칼리지의 킬패트릭William Heard Kilpatrick 교수였는데 말이다. 어찌 되었건, 가장 큰 규모의 바너드 컬로퀴엄 기금을 받게 된 곳 중에 예시바대학교Yeshiva University가 있었는데, 이 학교는 당시 리버만Myron Liberman 총장이 이끌었다. 자그마치 52만 5,000달러의 기금을 받았는데, 이 기금으로 운영되는 프로그램은 인문학 전공 졸업자들에게 2,000달러의 장학금을 주어 지역 공립학교에서 3개 학기(9개월) 동안 교실 수업을 담당하게 하는 것이었다. 장학금 수혜자들은 "몇몇 학급의 운영을 책임지고, 수업을 관찰하고, 교사의 조언을 받아 수업을 할 터"였다. 학생들은 일주일에 4일 동안 저녁 시간에 대학 세미나실에 모여 각자 학교에서 했던 일에 대해 토론하고 성찰하는 시간을 가질 것이었다.[160]

그런가 하면, 교육대학의 교수진들은 대학 규정과 대학이 정한 일련의 사항들로 운신의 폭이 잔뜩 줄어들었다. 모든 교수가 다 그런 것은 아니지만, 적어도 많은 교수가 그렇게 받아들였다. 기부금도 적고 대학 차원의 지원도 최소수준인 상황에서 교육대학은 "동문들 사이에서 의붓자식" 취급을 당했다. 그리고 교육대학 운영은 온전히 수업료에 의존해야 했다. 컬럼비아대학교 및 동급의 다른 대학들은 의대생 교육에 교사교육 비용의 100배나 많은 지원을 해 왔다. 이런 "비참한 패러독스"에 대해 〈뉴욕타임스〉의 한 기사를 참고할 필요가 있다. 즉, 가르치는 직업인 교직은 "민주주의 사회에서 가장 중요한 직업"이라고 여기면서도, "교사교육은 가장 열악하고 가장 소홀히 여기고 있다."[161] 전후 교사 부족 사태가 이어지고 교사교육 프로그램을 겨냥한 비판의 목소리가 높아지면서, 교육대학 교수들은 대학 내 자신들의 입지와 자립적 기관으로 기능하는 것 사이의 줄타기를 이어 갔다. 캐스웰 교수Hollis Leland Caswell가 티처스칼리지 학장으로 취임하는 자리에서의 강연 내용을 살펴보자. "우리는 대학 내 우리의 입지를 중요하게 여긴다." 그러나 바로 이어지는 문장에서 그는 "(저는) 티처스칼리지가 뚜렷하게 두드러진 업적을 만들어 내기를 간절히 바란다."[162] 뉴욕대학교New York University의 교육학과 교수인 마이어스Alonzo Myers는, "뉴욕대 교육대학의 존속과 관련해 지금이 가장 위험한 시기다. 지금, 그리고 가까운 미래에 이뤄지는 결정이 향후 15년, 아니 20년간 교육대학의 위신과 영향력을 크게 결정할 것이다." 학과 동료들을 대표해 체이스 총장University Chancellor Chase에게 보내는 글에서, 마이어스는 많은 교육대학 교수진들은 "(자기가 속한 교육대학의) 존속을 정당화해야 한다"라고 느꼈다고 설명했다. 그는 "다른 대학에서와 마찬가지로 뉴욕대학교의 교사교육은 '값싼' 교육이 되어 버렸다"라며 말을 이어 갔다. 마이어스 교수는 재정 부족으로 인해 "교육대학의 교육 서비스 질"에 우려가 커졌다고 언급했다. 마이어스 교수는 "교육대학이 종합대 전체에 통합되어 있다고 생각했고, 대학의 여러 경비에 나름 적절한 기여를 계속할 수 있고, 또 그래야 한다"는 데 동의했다. 그러나 마이어스는 교육대학이 "대학 전체 활동을 지원하는 '돈줄'로서 더 이상 취급되지 않아야 한다"라고 강조했다. 그는 교육대학이 대학 차원의 활동을 지원하는 일이야 바람직하지만 늘 적자를 양산하는 대학 활동을 무작정 지원하는 입장은 바람직하지 않다고 보았다. 마이어스는 "교육을 일종의 직업으로 바라보는 졸업생들을 가르칠 수 있고 또 그렇게 가르쳐야만 한다고 할 때, 우리 앞에는 반드시 깨져야 하는 높고 단

단한 장벽이 있다"라고 경고했다.[163]

교육대학은 재정적 압박으로 인해 학교 운영이 제한되었고, 어쩔 수 없이 교육대학을 향한 비판에 대응해야 했다. 단순히 오래된 대학 예산 구조 때문에 이런 재정 부족 문제가 발생한 것은 아니었다. 비평가들은 양성되는 교사가 충분하지 않고 그나마 길러 내는 교사도 제대로 훈련되지 않았다며 교사 부족 사태의 책임을 교육대학의 탓으로 돌리고 있었다. 하지만 교육대학 교수들은 교사 부족 사태로 인해 자기들 손이 오히려 묶였다고 주장했다. 교육대학 교수들은, 교육대학에 입학하려는 학생들이 줄어든 것은 물론이거니와 (지역 공립학교의 교사 수요가 크다는 것을 염두에 둘 때) 누굴 입학시킬 것인가를 판단할 때 까다롭게 선발할 여유가 없다고 주장했다.

러트거스대학교Rutgers University의 교육학 교수인 모리스Van Cleve Morris는, "우리는 어쩌다 보니 우리가 배출하는 이 교사들의 질에 대해 감시받는 시대에 살고 있다. 거기다 비평가들은 우리가 만들어 낸 생산품(교사)이 학교에서 영 볼품없다며, 이게 다 우리 책임이라는 둥, 직업적 태만을 저지르고 있다는 둥 비판한다"라고 썼다. 모리스 교수와 그의 동료들은 "'누구나 학교에서 가르칠 수 있다'는 대중적 신념에 강력히" 반대하고 있음에도 불구하고, (교사 부족 사태가 지속되고 있기 때문에) 교사훈련 기관의 교사교육 교수들 또한 자기가 훈련하는 학생들이 가장 훌륭하고 또 최고의 기량을 갖추고 있지 않다는 점을 잘 알고" 있다.[164] 티처스칼리지의 학장이었던 러셀Russell은 이런 분석에 대해 조금은 다른 각도로 바라보고 있다. 티처스칼리지가 교수진을 내보내고 필요 없어진 강의실을 세놓으면서까지 "능력이 검증된" 학생들만 받아들여야 하는가, 아니면 실제 지원한 학생 모두를 입학시켜야 하는가?[165] 전국의 학교지도자들에게, 이 선택 상황의 답은 분명했다. 전자가 아닌 후자였다. 뉴욕대 학장이었던 멜비는 이렇게 설명했다. "매해 수천 명의 남자,

여자가 교사자격을 부여받는다. 이들은 아무런 상상력 없이도 가르칠만 한 자격이 있다고 여겨진다. 이들은 더 나은 후보자들을 확보할 수 없다는 이유 때문에 받아들여졌다."[166] 멜비와 기타 전문가들은 공립학교를 짓누르는 공급 문제가 또한 교육대학을 짓눌렀다고 주장했다.

그러나 일부 교수진에게 교육대학다운 교사교육의 형태는 강제나 제약의 작용이 아니라 연구에 토대한 이성적인 접근이었다. 비평가들이 교사교육에 인문교양교육의 폭을 넓히고 이를 중심으로 교육과정을 운영하라고 요구하면서 전국의 일부 교육대학 교수진들은 오히려 교육과정의 폭을 좁혔다. 더 나아가 이 시기 교사교육은 대공황 시기 등장했던 직업교육으로서의 교사훈련으로 움츠러들었다. 이런 학자들은 종합대학의 전통을 언급하면서 자신들을 "교육주의자educationists"라고 칭하고는 교육연구가 독자적인 전통과 규범으로 가득한 교육 분야를 대표한다고 주장했다. 티처스칼리지의 바로우맨Merle Borrowman 교수는 (교사교육의) 목표는 "교육의 학문적 도야에 이르게 하는 것으로, 보다 포괄적이고 통합적인 지식과 탁월한 교사들의 교수법에 더 광범위하게 영향을 미칠 것"이라고 했다.[167] 또 티처스칼리지의 비글로Karl Bigelow 교수에 따르면 베스터 교수 같은 비판가들은 기본적으로 교사가 어떤 일을 하는지 제대로 이해하지 못하고 과소평가하는 사람들이었다. 비글로가 생각하기로, 훌륭한 교사들은 미국 학교 교실 현장에서 단지 지적인 수월성만이 아니라 "특별한 지식과 기술"을 갖추고 있었다.[168] 캐스웰은 이런 비글로의 입장에 공감하면서 "일부 사람들은 자유교양교육이 교육적인 일을 하는데 필요한 모든 역량을 가져다주리라 믿는다. 이런 관점은 교육의 복잡성과 교육적인 일에 요구되는 특화된 역량을 제대로 이해하지 못한 데서 나온 것"이라고 주장했다.[169]

1954년 헌터칼리지Hunter College의 교수진은 〈헌터교사교육과정Hunter Teacher Education Program 졸업생들에게 기대되는 태도, 가치, 특질〉이라는 제목의 연구를 수행했다. 이 연구 결과는 "우리 사회에서 어떤 사람이 교사가 되어야 하는지 혹 교사가 되려는지에 관한 복합적인 그림"을 보여 주었다. 이 연구에 따르면, 헌터칼리지의 교수진은 "탁월한 지성을 겸비하는 것에 대해서는 그다지 높은 가치를 두지 않으면서도, 모든 특질 가운데 초중등학교 교사들에게 중요한 하나의 특질이 있다면 '신체적 매력'이라고 답변했다." 대신, 이 학교의 교수진에게 미래 교사가 되려는 사람들에게 가장 중요한 요인은 "감정적 안정성과 나긋나긋함", "유머 감각" 그리고 "교육과정, 교수법, 학습자료에 관한 지식"이었다.[170] 뉴욕대학교의 마이어스와 같은 일부 교수진이 여러 교육대학을 드나드는 학생들이 "과도하게 전문화되는 경향이 있다"라며 경고하긴 했지만, 비글로 같은 다른 학자들은 교육대학의 복적은 학생들에게 "자기가 가르칠 교과를 어떻게 가르칠 것인지 직접" 경험하도록 해야 한다는 입장을 보였다.[171]

전후 시기 (교육대학을 향한) 날선 비판이 난립하는 가운데 뉴욕시뿐만 아니라 전국의 교육대학 교수진들은 지역 학구와 협력을 단단히 맺고 있었다. 이들은 예산 배분 구조에 따른 운영비 부족과 인문교양교육을 우선시하는 대학 풍토 속에서 소외되어 있으면서 새로운 방향을 모색해 나갔다. 교육대학 교수진들은 졸업생들을 바라보면서 자신들이 배출하는 교사들은 일반적인 능력을 지닌 사람이 아니라, 구체적인 장소와 상황에 적합한 사람으로 준비된다는 것을 알게 되었다. 1959년 교육위원회에서 발간한 교사 채용 문건을 보면, "일군의 뉴욕시 교사집단이 뉴욕시의 공립대학 및 사립대학 출신이라는 것은 잘 알려진 사실이다. … 이들 대학 관계자들과의 소통 채널이 지속적으로 강화된다는 것이 중요"하다.[172] 뉴욕시 교육위원회의 한 문서에 따르면, 교육대학 교수진, 특히 교생실습 담당자들은 "수행해야 할 아주 명확한 목표를 중심으로 중개자로서의 능력"을 발휘했다.[173] 여기에는 학생들을 안정적으로 배치하는 일뿐만 아니라 "전문적인 학습자료"를 입수하는 일 등이 포함되었다. 교육대학 교수진은 이 프로젝트에서 협력자로서의 입지를 점차 키워 가게 되는데, 이들은 지역 학구로 관심을 돌려 교과 및 학교급 등에서 필요로 하는 특정 교사가 있는지, 그리고 학교장들이 희망하는 (교사들의) 특성과 자질은 무엇인지 알아내려 했다. 헌터칼리지의 교수였던 스마일리Marjorie Smiley와 스프래그Arthur Sprague는 1957년 본부 산하 대학연구센터에서 지원하는 연구를 수행했다. 이 연구는 뉴욕시 및 주변 지역의 학교장들에게 신임 교사들이 가장 고생한다거나 더 많은 훈련이 필요하다고 생각하는 분야에 대해 물었다. 결과적으로 이 연구는 스마일리와 스프래그에게 교육대학이 유지해 온 직업교육으로서의 방향이 정당하다는 것을 보여 주었다. 동시에 연구에 참여한 지역 학교장들은 이들 지역에 더 많은 관심을 기울여 줄 것을 요구했다.[174]

하지만 많은 교육대학 교수들이 보여 준 이 시기의 활동은 교육대학의 성과를 둘러싼 비판을 잠재우는 데 그다지 효과적이지 않았다. 대신, 교사를 전문가로 교육시키는 것을 둘러싼 이상과 현실의 간격은 근본적으로 다른 두 비전, 즉, 교사교육에 인문교양교육을 더 확대해야 한다는 비전과 직업교육에 뿌리를 두고 교사교육을 이끌어야 한다는 비전 사이의 간격을 더 넓혔을 뿐이다. 이 둘 사이에 다리가 놓여 중재될 가망성은 점점 멀어졌다. 교사와 교육대학을 둘러싸고 비판적인 분위기가 확산되면서 교사교육 프로그램에 대한 규제와 인가 문제가 제기되기 시작했다. 전국적으로 각계의 비평가들은 교육대학을 조롱하고 이들의 문제점을 영 마땅찮은 공립학교와 직접 연계지었고, 정책결정자들은 질 관리와 표준화라는 기제를 요구하기에 이르렀다. 뉴욕주 교육부는 1952년 〈주별 교사교육기관 승인을 위한 최소 기준Purposed Minimum Standards for State Approval of Teacher Preparing Institutions〉이란 제목의 책자를 발간했다. 따라서 맥그래스 교육부장관은 각 주정부가 "교사교육을 담당하는 대학에서 수업의 질을 높이고 보다 높은 통일성을 갖추도록 하겠다"는 희망을 품고 교사교육의 최소 기준을 정하도록 압박했다. 이 보고서에 따르면, 가장 높은 수준의 표준화가 필요한 분야는 (교사교육 기관에의) 입학이었다. 연방정부 및 주정부 교육부장관들로 구성된 위원회는 "아마도, 대학의 우수성(가치)을 가늠하는 단 하나의 지표로 입학 정책만큼 중요한 게 없다"라고 했다. 게다가, 이 보고서는 일반적인 학습, 교수법, 임상윤리(생명윤리) 등에 뿌리를 둔 광범위한 교육과정을 권했다.[175]

연방정부의 1952년 보고서에서 비롯된 이후, 전미교사교육인증협회 NCATE, National Council for the Accreditation of Teacher Education는 1954년 "교사교육 대학 및 교사교육 프로그램을 구체적으로 인증하는 공식적인 기관"이 되었다. 이 기관은 "교사교육 프로그램이 인증받으려면 반드시 충족해야 할 표준"을 설정하고 제시할 책임이 있다고 했다.[176] 1957년 NCATE와 이 단체의 전국 위원회는 7개의 핵심 표준을 성안했다. "(1) 교사교육의 목표, (2) 교사교육 조직 및 운영, (3) 교사교육을 위한 학생 관리 프로그램 및 서비스, (4) 전문성 함양 교육을 위한 교수진, (5) 교사교육 프로그램, (6) 예비교사들을 위한 전문가적이고 실험적인 경험, (7) 교사교육 설비 및 교수 학습자료" 등.[177] NCATE의 효과는 초기에 그다지 크지 않았다. "1,200개에 이르는 교사교육 기관 대부분은 NCATE의 인증 등급을 무시했다." 그럼에도 교육현장에서 (제시된) 표준을 통해 "평범하고 열악한" 교사들을 선별한다는 포괄적인 목표가 20세기에 걸쳐 가속화될 프로젝트를 촉진시켰다.[178] 결과적으로 교사교육 프로그램 인증이 부상한 것은 역사의 아이러니라 하지 않을 수 없다. 교육대학으로부터 교사들의 전문가적 훈련을 몰아내려는 요청과 교사교육을 인문교양교육의 토대에 두자는 움직임이 기관 인증의 동력으로 작동했다. 그러나 표준이란게 교육대학에서의 교사교육에 뿌리를 두고 있었기 때문에 그 특징은 서로 대립되는 방식으로 영향을 미쳤다. 즉, 종합대학 내 협력관계를 복잡하게 만드는가 하면, 다른 학문 분야들이 교육대학과의 협력관계에 별 흥미를 보이지 않는 방식으로 말이다.

표면적으로 전후 시기는 합의의 시대였다. 국제 사회의 경쟁, 국가안보, 사회복지에 대한 공동의 관심이 학교교육의 중요성과 동시에 학교교육의 문제점에 대해 합의를 이끌어 냈다. 정책결정자 및 사회비평가들은 이전 시대의 사람들과 마찬가지로 고전을 면치 못하는 학교의 문제를 바로 학교 교사 문제로 바라봤다. 미국인들은 이전과 마찬가지로 (교사) 비난 담론에 잔뜩 이끌려 교사를 질적 수준과 관련한 문제로 어려움을 겪는 집단으로 바라봤다. 그러나 이번에는 여기에 심각한 교사 수급 문제까지 포함되었다. 교사 부족 사태는 새로운 시급성에 따른 개혁 방안을 마련하게 했고, 이전보다 더 직접 교사와 학교의 운명을 연결했다. 탁월한 능력을 좇고 (교육의) 평범함이란 두려움을 피하려고 다양한 배경을 지닌 개혁가들은 교사의 전문직화를 만병통치약으로 여겼다.

그러나 앞서 이야기한 국민적 합의는 막을 내렸다. 노조 교사, 다양한 학교급의 교사, 정책결정자, 학교지도자, 교사교육가들이 탁월한 능력(능력에 따른 성과)에 대한 경쟁적 개념으로 전문가로서의 교사와 교사 전문직화를 위한 개혁에 대해 다양한 생각을 내놓고 분열했기 때문이다. 첫 번째 집단의 입장을 보면, (교사의) 탁월성과 전문직화라는 말은 곧 전문가로서 교사가 폭넓게 준비되어야 하고, 이를 위한 경쟁을 증진해야 한다는 요구로 이어졌다. 두 번째 집단에서, 이런 (교사의) 탁월성과 전문직화에 대한 요구는 대신 규제와 표준을 늘리고 교사가 하는 일에 대해 직업적인 측면을 강조하는 것으로 이어졌다. 여러 측면에서, 첫 번째 입장을 지지하는 사람들이 기대하는 것은 다른 전문직종을 그대로 따라 하는 것이었지만, 교사가 감당해야 할 일상적인 업무의 실질적 구조를 전혀 개혁하지 않으면서 이런 변화를 요구하는 것은 대체로 실행하기 불가능하면서 도발적인 방안으로 남겨졌다. 두 번째 입장을 지지하는 사람들은 교사 노조화의 확산을 위한 토대를 쌓아 갔다. 이 부분은 다음 장에서 자세히 논의할 것이다. 이 시기 동안의 노조 권력의 출현은 구체적이고 계산된 전략을 취한 것이라기보다는 공립학교 교직의 특성을 반영한 것이었다. 공립학교 조직은 당시 논의되던 교사 전문직성에도 불구하고 규모, 규정, 노동자의 자율성이라는 측면에서 20세기 중반 산업단지 공장들의 모습을 닮아 있었다.

제5장

용감한 새로운 부류의 교사들

교사 권력과 고립, 1960~1980

1970년 봄 뉴욕교사연맹UFT, United Federation of Teachers 위원장 샨커 Albert Shanker는 시라큐스대학교에서 강연하기 위해 뉴욕주 북부지역으로 향했다. 교사교육자와 예비교사 대상의 강연이었는데, 그는 "행정가들과 교육위원회가 전문가라는 단어를 교사가 가진 무기로 사용한다"라고 설명했다. 샨커는 전문가라는 단어가 교사에게 적용될 때는 "일종의 '말 안 듣는 말썽꾸러기'나 '꾸지람'"의 의미로 활용된다고 생각했다. 그는 교원노조 지도자들이 이런 전술을 간파했기 때문에 더 이상 이런 표현을 지지하지 않을 것이라고 청중들에게 설명했다. 그는 노조 권력을 통한 교사 권력의 형성을 그 대안으로 제안했다. 그가 생각하기에는 "전문가란 단지 시키는 대로만 하는 것은 아닌" 사람이었다. 샨커는 전통적인 남성적 이미지에 근거해 "전문가는 특정 분야에 식견이 높은 사람이고 더불어 고도의 의사결정권을 지닌다"라고 주장했다.[1]

1960년대 초 자기주장이 강한 집단, 즉 교원노조가 새롭게 등장했는데, 교원노조원들은 학교, 교사의 질, 그리고 (교사)개혁에 대한 토론에 적극 참여했다. 사실 일찍이 1890년대 교사집단의 조직화, 1902년 노동조합과의 연대, 1916년 전미교사연맹의 결성 등, 수십 년에 걸쳐 이들은 학교 정치학에서 존재감을 꾸준히 유지해 왔다. 이들의 존재감이 적지는 않았는데, 1960년대 초 교사의 투쟁성과 단체교섭의 부상으로 미국

사회와 공립학교에서 교원노조의 역할이 바뀌기 시작했다. 뉴욕시 고등학교 교사들은 샨커, 코겐Charles Cogen, 셀든David Selden 등과 같은 영향력 있는 노조 지도자들과 함께 전문가 교사라는 비전을 내세웠고, 이는 교원노조의 이해관계와 분리될 수 없다고 생각했다. 대도시 교원노조 지도자들이 생각하기에, 억압적인 행정구조, 학교의 높은 빈곤율, 교사교육과정과의 단절을 포함한 교사의 직업 생활 여건들이 교사의 탈전문화에 영향을 미쳤다. 이들은 행정가, 유색인종공동체, 교사교육자로부터의 권력 탈환이 교사 전문직화의 해법이라고 주장했다.

　오늘날 학교지도자, 사회비평가, 교원노조 지도자들은 역사적으로 교사에 대한 양가적 시각이 존재한다고 주장한다. 교사를 희망이라고 보는 시각과 학교 실패의 원인이라고 비난하는 시각이 동시에 존재한다는 의미다. 교육위원이었던 하우Harold Howell는 1968년 자신의 보고서에서 "우리 사회는 학교가 지난 사회의 부정의를 보완하고 급속한 사회 변화의 영향을 완화하며 전통적인 학문적 기능을 실현해 나가도록 요청하고 있다"라고 설명했다. 하우가 추정하기에, 공립학교는 "한계점"에 다다랐다. 이런 요구가 학교로 집중되고 있는 것도 그 이유겠지만, 무엇보다 학교에서 "재능 있는 교사들이 이탈하고" 있기 때문이었다.[2] 샨커는 구술사에서 이런 비판을 계속하면서, "교직에 있지 말아야 할 교사들이 많았다. 이들 대부분은 학창 시절 학급에서 꼴찌였기 때문에 (교사 이외의) 다른 일을 찾을 수가 없었다"라고 회고했다.[3]

　도심 학교교육의 현실이 교사 비난 담론의 형성과 전문가 교사에 대한 인식에 영향을 미쳤다. 1965년 5월, 메이어Martin Mayer는 뉴욕시 학교 관계자 두 사람의 대화 내용을 〈뉴욕타임스〉 독자들에게 전했다. "뉴욕시 관계자 한 사람이 '당신의 문제는 … 폭풍전야라고 생각한다는 겁니다'라고 짐작건대 다른 사람에게 말한 것 같다. 선임 지도자는 '잠깐, 폭풍은 지나갔어'라며 안심시켰다."[4] 1960년대에 사회비평가, 교육개혁기, 교원노조 지도사들은 뉴욕시와 도심 지역 학교들이 곤경에 처해 있다는 점에 의견을 같이했다. 한 저자는 "학교 시스템이 책임져야 한다고 생각하는 어떠한 기능도 제대로 수행하지 못하고 있다"라고 주장했다.[5] 전임 뉴욕시 교사이자 행정가인 라스Abraham Lass도 이에 동의하면서, 공립학교를 "공공기물 파손자, 노상강도, 강간범, 불안하고 위험한 학생과 외부자들이 침입하는 공포의 장소"[6]로 묘사했다. 게다가 기반시설이 무너지고 범죄와 빈곤율이 급증하면서 시험점수는 하락하고 그만큼 학교 재정 지출은 늘어났다. 1954년 '브라운 대 교육위원회' 판결과 도심 북부의 자유주의 지향성에도 불구하고, 학교와 지역사회는 여전히 심각하게 인종차별적이고 불평등했다. 메이어는 "학교 시스템에 대한 대중의 신뢰는 무서울 정도로 떨어졌다"라고 썼다. "백인 아동은 한 해에 4만 명씩 도심 학교를 떠나고 있다. … 설상가상으로, 흑인 중산층이 거의 완전히 사라졌다." 뉴욕시의 인종 간 긴장이 고조됨과 더불어 학교 관료주의는 성장했다. 1970년대, 뉴욕시의 학교 시스템은 100만 명의 학생, 7만 5,000명의 교사, 5만 5,000명의 행정가로 이루어졌다.[7] 메이어는 뉴욕에서 멀리 떨어진 스위스에서 지금 기사를 쓰고 있지만, 뉴욕 학교의 실제에 학교 행정기관보다는 조금 가까이에 있다며 기사를 마무리했다. 메이어와 작가들에게 학교를 개선하는 데 최소한 한 가지 장애물은 분명했다.[8]

이 기간에 지역 단위 교원노조는 정치력과 경제력을 갖춘 전국 조직으로 성장했다.[9] 하지만 평범한 학교 교사의 권한은 거의 확대되지 않았다. 오히려 뉴욕시 교사들은 여전히 입에 오르내리고 비난받는 개혁의 대상자로 남아 있었다. 교원노조 권력을 곧 교사 권력이라고 보는 관점은 교사를 교실에 고립시켰고 교사들이 가르치는 유색인종공동체와의 긴장을 고조시켰다. 제5장은 "미친 듯이 싸우는 교사들"로 시작한다. 이 절에서는 뉴욕교사연맹United Federation of Teachers, UFT을 만든 고교교사연합회HSTA와 교사길드 간의 합병 과정을 살펴본다. 뉴욕교사연맹은 교사노동운동의 선구자이자 전국 각지 지역 노동운동의 모델이 될 만한 조직이었다. 합병은 노동자의 승리와 단체교섭을 향한 중요한 발걸음이었다. 하지만 이 과정에서 교원노조화의 역설이 드러나게 되었다. 단체행동과 수적 강세라는 주문에 이끌려 추진된 단체 간 합병은 초등학교 여교사들과 이들이 이제 막 쟁취한 단일임금체계를 희생하게 했다.

다음 절 "UFT와 새로운 전문가 교사"는 단체교섭의 부상에 이어 뉴욕시에서 표면화된 전문가 교사라는 비전을 연대순으로 기술한다. 역사는 조직화된 노동자의 승승장구는 점진적 발전의 결과라는 점을 보여준다. 하지만 뉴욕시 교원노조 지도자들은 자신들의 과업을 과거와의 혁신적이 단절로 규정했다. 이 시기에 교직은 여전히 여성이 지배적인 직업이었고 전례 없는 규모로 여성들이 교원노조에 가입했다. 그러나 교원노조 지도부에는 남자 고등학교 교사들이 진출했고, 뉴욕교사연맹 지도자들은 이것을 학교에서 남자고등학교 교사들의 존재를 전환하는 기회로 삼았다. 이 시기에는 여성이 나약하고 헌신적이지 않다는 정형화된 묘사가 대세였는데, 이 노조 지도자들은 여교사에 대한 이런 묘사를 공공연히 활용했다.

교사 권력은 교원노조의 통제권을 의미했다. 이런 관점에서 행정가, 유색인종공동체, 교사교육자들은 교사 권력을 훼방하는 사람으로 여겨졌다. 코겐, 샨커 같은 교원노조 지도자들은 전문직성을 향한 첫 번째 단계는 행정가들의 관리 통제에서 벗어나는 것이라고 생각했다. 이에 대해서는 다음 절 "순종적이지만은 않은 교사"에서 연대순으로 기술한다. 다음 절 "교사 전문성 혹은 유색인종공동체의 권한?"에서 살펴보겠지만, 교원노조 가입 교사들은 흑인권력운동의 성장으로 고무된 유색인종공동체로부터 통제권을 빼앗으려 했고, 대표권, 발언권, 권한이 공정한 제도의 기본적인 요소라고 주장했다. 교원노조 지도자들은 전문가적 권한과 백인다움을 동일시하는 뿌리 깊은 인종차별적 생각에 머물러 있었다. 또한 자신들이 가르치는 유색인종공동체와 갈등을 겪었는데, 결국 교원노조가 뉴욕시에서 인종적 정의를 가로막는 장벽이 되었다. 교원노조 지도자들은 권위를 확보하기 위해 전문적 교사양성과정에 대한 통제권도 주장했다. 다음 절 "비통하리만치 불충분한 교사교육"에서 볼 수 있듯이, 교원노조 지도자들은 전통적인 대학 계통에서 교사의 전문적 양성과정을 분리하려고 했다. 대학기반 교육대학도 제도적 이해관계에 제약을 받으며 움직일 수밖에 없었는데, 협력을 대가로 통제권을 양도했다. 그 결과 재정 지원자의 변덕에 충성해야 했고, 교사들이 공유할 만한 지식체계와 전문가적 응집력이 바탈된 교사양성 모델은 일종의 불협화음을 보일 수밖에 없었다.

샨커는 1960년대의 투쟁성을 따르면서, 자신을 교사라기보다는 학교개혁가 혹은 교사 관련 전문가라고 내세웠다. 더욱이 마지막 절 "전문성, 권위, 관료제"에서 살펴보겠지만 교원노조에서 교사들의 위치는 학교 관료제에서와 별반 다르지 않았다. 이 기간 동안 공립학교의 기능은 불평등으로 손상되었는데, 점점 복잡해지는 도심 상황에서 공립학교의 기능에 대한 이데올로기적 논쟁을 배경으로 교사 비난 담론이 전개되었다. 고군분투하는 학교를 개혁하려는 일련의 노력들이 교사가 어떻게 관리되고 대표되고 교육되는지를 결정하는 보이지 않는 구조를 만들었고, 이 모든 것은 백인 남성성을 권위로 인정하는 성차별적이고 인종차별적인 생각에서 기인했다.

미친 듯이 싸우는 교사들

뉴욕시 공립학교 교사들은 자신들의 노동 조건을 단일한 방식으로 인식하지 않았고, 단일한 목소리로 개선 방안을 내지도 않았다. 2차 세계대전 이후 뉴욕시에 존재한 일련의 교사조직으로 이런 상황을 잘 확인할 수 있다. 고등학교 교사에 더 많은 남성이 고용되면서, 이러한 차이는 커지게 되었다. 무엇보다 초등학교 여교사와 고등학교 남교사는 특히 뉴욕시의 임금 기준표에 대해 입장이 서로 달랐다. 1920년대 성별 임금 체계에 대한 불만이 높았음에도 불구하고 뉴욕 및 기타 다른 지역에서는 고등학교 교사에게 더 많은 임금을 지불했다. 덧붙이자면, 남교사의 대부분이 고등학교에서 근무했다. 1935년에 1년 차 고등학교 교사는 초등학교 초임 교사보다 2.5배 높은 임금을 받았다.[10] 이전 장에서 논의했듯이, 1947년 제정된 「파인버그법」은 단일임금체계에 관한 내용을 담고 있었는데, 단일임금체계는 2차 세계대전 직후 교사 부족 시기에 초등학교 교사를 유인하기 위한 시정 조치이자 방법이었다. 교사길드 위원장이자 초등학교 교사였던 사이먼슨Rebecca Simonson에게 단일임금체계는 일종의 승리였다.

1950년대 초 교사길드 통신문은 "지위 문제가 핵심"이라며 핵심 쟁점을 설명했다. 교사길드 조합원들은 이 상황을 다음과 같이 이해했다. "1947년 이전 뉴욕시 교사들은 거의 카스트와 같은 힘을 지닌 지위체계에 의해 관리됐다. 고등학교 교사들은 자신들을 엘리트 집단이라고 *이해했다*." 이에 반해, 〈우리가 주장하는 것What All the Shouting's About〉이라는 문서에서 "초등학교 교사들은 교육 농장의 일꾼과 같다"라고 설명했다. 사이먼슨 같은 교사길드 지도자들은 "고등학교와 초등학교 교사의 차별적인 지위는 "어린 학생들을 가르치는 것은 전통적으로 여성의 일"이었다는 사실 때문에 더욱 부각되었다고 논평했다. 마치 학교의 성차별적 역학관계에 대해 어느 정도는 알고 있다는 느낌을 풍기면서 말이다. 1947년 보상 정책은 과거의 이런 불평등을 바로잡을 것이라고 예고했다. 교사길드가 발간한 리플릿을 보면, "전통, 남성 우월성, 도덕적·법적 승인, 가족과 문화적 존경이라는 달콤한 보상, 이 모든 것들이 상호작용해 고등학교 교사를 특별한 계층으로 만드는 데 일조했다. 이런 특권의식은 교실 수업에서 더 훌륭한 수업을 했는지와는 상관없이 분명한 사회적 실재였고, 고등학교 남교사 본인의 의식에 확고하게 자리 잡고 있다"라고 설명했다.[11]

고등학교 교사들은 "미친 듯이 싸우고 있었고" 모든 정규 교육과정 이외의 활동을 거부한다고 위협했다.[12] HSTA 지도자들은 "고등학교 교사들의 사기는 절망적이었고 거의 위기에 빠져 있다"([그림 6])라고 공격했다.[13] HSTA 간행물인 〈고등학교교사High School Teacher〉의 기사는 "초등학교 교사 10명 중 9명은 여성이다"라고 말하는 HSTA 지도자 혹버그Samuel Hochberg의 말을 인용했다. 그는 "여교사가 하는 일이라곤 매년 조금은 단순하고 기초적인 개념들을 초등학생들에게 가르치는 것이다. 따라서 여교사에게 요구되는 것은 다양한 교과 영역에서 일반적이고 피상적인 수준의 내용"[14]이라고 설명했다. 대조적으로, 혹버그를 비롯한 HSTA 조합원들에게 고등학교 교사가 되는 것은 (이보다 더) 벅찬 일이었다. 게다가 남성은 과업 수행과 관련된 명성과 요구되는 지적 우월성 때문에 (초등학교가 아닌) 고등학교에서 자신의 길을 찾았다. 이들은 임금 평준화가 교직 희망자의 교직 입문을 막을 것이라고 경고했다. 만약 "임금 평준화가 없다면 교직에 입문했을 수도 있는 유능한 사람들이 월급을 더 많이 주는 직업으로 가게 하고" 있기 때문이라는 것이다.[15] 1950년대에, 임금 평준화는 초등학교 교사와 교사길드가 고등학교 교사들과 HSTA에 대항하여 계속 투쟁하게 한 불화의 원천이었다.

하지만 1959년에 교사길드 위원장이자 고등학교 교사인 코겐Charles Cogen은 시야를 좀 더 넓히기로 했다. 그는 교사길드의 다른 지도자들과 함께 뉴욕시 모든 교사를 대표할 단일 조직을 결성하기 위해 고교교사연합회HSTA와의 합병을 제안했다. 당시 뉴욕시 공립학교 교사들은

[그림 6] 뉴욕시 공립고등학교의 위기(고교교사연합회HSTA, 1956)
출처: New York City Board of Education Collection, Municipal Archives, New York
City Department of Records.

12개의 작은 조직에서 나뉘어 활동하고 있었다. 하지만 교사길드의 셀든David Selden이 생각한 것처럼 HSTA와의 합병 논의는 "교사길드가 임금차별화의 원칙을 수용하고 단일임금체계의 무효화에 동의하는 경우에만 진척될 것"이었다.[16] HSTA 위원장인 트론Emil Tron은 코겐의 합병 제안에 회의적인 태도를 보이면서 코겐에게 이렇게 답글을 썼다. "어떠한 사람도 내가 제기하는 문제에 대해 모호함을 느끼지 않도록 부연하자면, 내가 기억하는 한 교사길드는 '모든' 교사를 위한 단일임금체계 도입의 필요성을 늘 옹호해 왔다. 단일임금체계가 실제 시행되고 있는 작금의 상황에서 HSTA는 늘 과격하게 단일임금체계 시행을 반대해 왔다." 트론은 "교사길드가 모든 교사를 위한 단일임금체계 정책을 포기하고 모든 고등학교 교사들을 위해 차별적 임금 정책을 지지해야만, 우리가 만나서 향후 어떻게 할지 논의할 수 있을 것"이라며 글을 마무리했다.[17]

코겐은 연설할 때마다 일관되게 단일임금체계에 대한 지지 입장을 표명했다. 그럼에도 그는 교사길드 지도자들과 고등학교 교사들에게 차별적으로 재정을 배분하는 임금인상 계획안을 만들기 시작했다. 다음은 교사길드 지도자들이 현 조합원과 예비 조합원들에게 배포한 뉴스레터에 실린 글이다. "모든 교사집단의 통합을 위한 강력한 논쟁거리가 있다."[18] 코겐은 1959년 〈월드텔레그램World Telegram〉의 에모리Helen Emory에게 이렇게 말했다. "최근 협상에서 교사길드는 임금인상을 평준화하는 것에 주요 목적을 두었지만, 우리는 향후 수용할 수 있는 타협안이 나오리라고 믿는다. … 우리는 어떠한 그룹의 교사도 최고 월급에 도달할 수 있어야 한다는 기본 원칙에서 벗어날 생각이 없다. 그러나 만약에 특별히 조정안이 교원들을 하나의 강력한 조직으로 통합할 수 있다면, 이러한 틀 내에서 약간의 조율이 가능할 수도 있다."[19] 코겐의 입장은 교사길드의 오랜 정책과는 분명히 달랐다. 1959년, 그의 선임자인 사이먼슨은 코겐이 제안한 HSTA와의 합병을 언급하면서 문제점을 지적하고 이렇게 경고했다. "나는 위원회가 교사길드의 정책과 위배되는 조건들을 제시하려고 했다는 것을 알고서 놀랐다. … 무엇보다, 우리 단체가 무엇을 위해 존재하는 것인지 생각해 보라."[20]

사이먼슨의 반대에도 불구하고, 교사길드와 HSTA는 1960년 3월 합병해 UFT를 결성했다. UFT의 초기 포스터 중에는 UFT 조직위원회 구성원들의 모습이 담긴 사진이 있었다. 한가운데 코겐과 혹버그가 나란히 서 있었다. 통신문은 고등학교 교사들을 겨냥했는데, 이 새로운 조직의 단결이 "모든 고등학교 교사들을 위한 즉각적인 임금(과 관련한) 정의"를 이끌어 나갈 것이라고 설명했다.[21] 코겐의 "승급형임금인상 promotional increment, PI" 계획안은 두 단체 간 합병을 가능케 할 토대였다. 그는 단일임금체계에 대한 초등학교 교사들의 요구와 차별적인 임금에 대한 고등학교 교사들의 요구, 이 둘의 균형을 맞추기 위한 방법으로 이 계획안을 제안했다. 그러나 새로운 계획은 단일임금체계의 이점을 포기한 것이었다. UFT 문서에 따르면, "승급형임금인상은 다양한 교과 영역 교사들의 전문화된 능력을 보상하고 고무하기 위한 UFT의 계획이다. … (이 계획에 따르면) 고등학교 및 중등학교 교사들, 그리고 5년간의 교사교육을 거쳐 자격증을 취득한 교사들에게는 1,000달러를 추가 지급하게 될 것이다. 비슷한 조건을 충족한 모든 초등학교 교사들에게도 똑같이 1,000달러를 지급할 것이다."[22] 이 계획의 기저에는 높은 학교급에서 가르치는 것은 어렵고 더 많은 훈련이 필요하다는 평가가 깔려 있었다. 초등학교 교사들도 임금인상을 목적으로 자격을 취득할 수 있지만, 이들은 교사자격증이 요구한 것 이상의 교육을 받아야 한다. 게다가 교육 기간을 늘린다고 바로 승급형임금인상 자격 요건을 충족하는 것이 아니었다. 그보다 "승급형임금인상 계획이 수립된 후 정규 자격증을 받은 모든 초등학교 예비교사들은 승급형임금인상을 위해 각자의 전공 영역에서 시험에 통과해야 할 터"였다.[23]

승급형임금인상 계획안은 단일임금체계의 이점을 포기하면서 교사 권력투쟁의 중요한 디딤돌이 되었다. HSTA-교사길드가 합병한 이후 UFT는 뉴욕시 교육위원회 위원들에게 요구 사항을 보내면서, "교사 평가의 날"인 1960년 5월 17일 단체교섭을 위한 파업을 계획했다. 뉴욕시 관계자들은 협상을 약속함으로써 파업을 피했다. 그러나 이들 간의 협상이 결렬되자 교사들은 1960년 11월 7일 학교 밖으로 거리 행진에 나섰다.

출처: https://www.uft.org/news/videos/strike-november-1960

2,000명의 교사가 병가를 내고 국제 여성 의류 노동자International Ladies Garment Workers를 포함한 다른 노조와 함께 시위에 나섰다.[24] 1935년 「국가노동관계법National Labor Relations Act」은 민간 부문 노동자들에게 단체교섭권을 주었는데, 이 법에 따라 교원노조 대표자들은 고용주들과 공동으로 고용 기간을 협상할 것을 보장받았다. 그러나 공공 부문 노동자들에게는 1960년까지 그런 단체교섭권이 없었다. 1960년대 초, 미국 전역에서 교사의 투쟁성이 높아지고 단체교섭 요구가 분출했는데, 뉴욕시 교원노조원 교사들이 이를 선도했다. 교원노조 지도자들은 1960년 여름 오하이오주 데이턴Dayton에서 개최된 AFT 전국 회의에서 "우리는 교사들을 위한 단체교섭권과 대표권을 얻기 위해 전국적인 노력

을 전개"했다고 밝혔다.[25]

첫 번째 뉴욕시 파업을 거치며 UFT가 창립되었고 전국적으로 교사
와 공공부문 노동자를 위한 단체교섭의 토대를 마련하였다. 교사들은
시카고에서 그레이Gray 및 루이빌Louisville 지역에 이르기까지 "최후의
수단"으로 파업을 활용했다. 교사들은 승급형임금인상, 학교 직무 축소,
정책 논의 참여를 요구하면서 학교 밖으로 행진했다.[26] 시카고대학교 연
구원인 와일드맨Wesley Wildman에 따르면, "1965년 봄은 국가적으로 가
장 극심한 격동의 시기였는데, 공립학교 교사들이 근무조건의 개선을
위해 점점 더 투쟁적으로, 더 적극적으로 움직였기 때문"이다.[27] 교사들
은 볼티모어 같은 도시에서조차 단체교섭이 불법으로 규정되고 있다고
주장했다. 지역 교원노조의 사무국장인 라움하임Charles Laubheim은 규
정을 설명하면서, "교원노조가 단체교섭을 요청한 모든 도시에서 단체교
섭은 불법이었다. 그러나 교사들이 단체교섭을 요구하자 곧 합법으로 개
정되었다. 우리는 볼티모어에서도 단체교섭을 합법으로 만들 것"이라고
설명했다.[28] 1960년부터 1974년까지 대략 1,000개 이상의 파업이 진행되
었는데, 교사들은 거리 행진을 하면서 미국 전역에서 교사의 투쟁성을
표출했다.[29] 1966년 이루어진 한 연구는 미국에서 교사단체와 지역 학교
위원회 간의 합의서가 대략 1,500개 이상 존재한다고 추정했다.[30] 미국
교육위원회 위원인 하우가 살펴봤듯이, "미국 학교 교사들은 한때 가장
유순한 공무원이었다. 하지만 이들은 교원노조와 교사 조직에서 조합원
이 된 후 오늘날 학교에서 맹위를 떨치는 파업투쟁에 참여"하고 있다.[31]

미국 전역에서 파업 참여 교사에 대한 비판이 높아졌다. 연방 교육위
원회의 케펠Francis Keppel 위원장은 "학교 문을 닫는 파업"을 가리켜 "공
동체가 심각하게 병들었다는 극적이고 분명한 신호"라며 교사 파업을
비난했다.[32] 정책결정자들과 일반 대중은 교사들이 갈등 해결을 위한 다
른 수단을 모색하게 했지만, 교사들이 이런 시위로 권력을 갖게 되고 주

목을 받게 되었음을 부인할 수는 없었다. 뉴욕주의 「콘던-왈딘법Condon-Waldin」[1]과 같은 법률은 심각한 처벌 조치들을 내세웠는데, 이로써 1950년대에는 많은 교사집단이 파업하는 것을 주저하게 되었다. 하지만 뉴욕시와 같은 지역에서 교사들이 파업이 끝나고 학교로 돌아가게 되자, 전국의 교사들은 지역 정책결정자들이 가장 심각한 위협에 대처할 정치적 의지도 자원도 없다는 것을 깨닫게 되었다. 정책결정자들은 파업하는 조직에 높은 벌금을 매기고 교원노조가 조합비를 징수하는 것을 금지시킴으로써 교원노조 행위를 억제하려고 애썼다. 뉴욕시 관계자들은 1975년 파업을 추적하고 1967년 샨커Shanker 같은 지도자들을 파업을 이유로 감옥에 보냈지만, 교원노조의 참여와 투쟁적 행위는 오히려 더 키웠다. 대체로 교사들의 시도가 성공했기 때문이다.[33] 미국 전역에 걸쳐, 가르치는 일 이외의 일은 줄어들었지만 임금은 상승했다. 미시간주 테일러타운십Taylor Township 지역의 교사들은 충분한 의료보험 혜택을 쟁취하게 됐고 생명보험에 가입하게 됐다. 샌프란시스코 교사들은 "성적표와 학생 등록 양식, 출석표를 기입할 데이터 처리 센터"를 요청했고, 필라델피아 교사들은 학교지도자들과 함께하는 전문가 컨설팅 시간을 한 달에 1회 확보했다.[34] 코젠에 따르면, "단체교섭은 학교에서 자유와 전문직성이라는 새로운 분위기를 창출했다. 자유 정신은 계약의 절차적 혁신의 산물이다. 자유는 해방적이고 자기표현, 자기결정을 구성 요소로 한다".[35]

교원노조 지도자들은 단체행동의 원칙과 대의의 개념을 마련했는데, 이런 원칙과 개념이 교사 권력 운동을 지탱했다. 그런데 이러한 노동 개념과 이 개념에서 나온 교원노조의 관료 조직은 만장일치를 전제하지도 개인을 지향하지도 않았다. 물론 교사들은 곧 이 사실을 알게 되었다. 이론적으로 모든 교사는 동일한 임금을 받을 수 있지만, 실제는 그

---

1. [옮긴이 주] 4장 각주 6번 참조(p. 230).

렇지 않았다. 새로운 승급형임금인상 계획은 UFT가 설립되고 단체교섭 권한을 얻도록 하는 데 중요한 계기가 되었다. 이에 따라 UFT는 차별적인 임금 배분 이야기를 되풀이했고 상급학교 교사와 남교사에 호의적인 태도를 보였다. 뉴욕시 초등학교 교사들은 코겐에게 항의하였는데 장려 방식의 임금인상으로 단일임금체계가 폐지되었다고 지적했다. 그들은 단일임금체계의 폐지에 따른 상황에 몹시 당황해했다. 한 예로 이트킨May Itkin은 1962학년도 말 코겐에게 이런 내용의 서한을 보냈다. "나는 승급형임금인상 방안 때문에 몹시 당황스럽다. … 만일 이 방안이 석사학위를 소지하지 않은 중등, 그리고 고등학교 교사들에게 적용된다면, 그것이 단일임금체계를 깨뜨리는 것이 아닐까요?"[36] 코겐은 거의 한 달이나 지나서 그녀에게 짧은 답변을 보냈다. "친애하는 이트킨 선생님께, 우리는 교육연한에 따른 승급형임금인상 방안이 단일임금체계 원칙에서 벗어나지 않는다고 생각합니다. … 우리는 당신이 UFT의 조합원으로 가입하기를 바랍니다.[37] 당신에게 신뢰를 보내며, 찰스 코겐Charles Cogen 위원장." 1962년 6월, UFT 조합원 위원회는 82개 학교에 조합원이 "전무"하고 이 학교들 모두 초등학교임을 알게 되었다. 새로 구성된 UFT 지도부는 그 이유를 여교사들의 직접적 행동성과 전문적 헌신의 부족으로 해석했다. 이들은 이트킨과 사이먼슨처럼 교사들의 분노와 시카고 교사연맹의 여교사로 거슬러 올라가는 초등학교 교사들의 행동과 유산을 깊이 새겨 보지 않았다.[38] 1964년, UFT 초등학교 실무위원회 위원 7명 중 5명이 남성이었다. 반면 초등학교 교사의 거의 90%는 여성이다.[39] UFT의 결성은 교원노조 권력의 역사에서 중요한 전환점이었지만, 그 승리는 단적으로 초등학교 여교사의 희생에 따른 결과였다.

UFT와 새로운 전문가 교사

UFT와 과거 뉴욕시 교원노조의 강력한 연결고리에도 불구하고, UFT 지도자들은 자신들의 활동을 새로운 방식으로 바라봤다. 그들은 UFT 의 활동이 과거 교원노조주의자와 차이가 있을 뿐만 아니라, 과거의 뉴 욕시 교원노조와도 뚜렷이 단절된 것이라고 주장했다. UFT 지도부는 전 임자들의 활동을 무시하고 비판하면서 차별화했다. 그들은 전통적이고 남성적 용어로 교사의 전문적 권위와 전문성을 정의했다. 이런 용어 사 용을 통한 교사 전문성에 대한 정의는 곧 과거와 현재 교원노조주의자 간에, 그리고 과거와 현재 교사들 간 경계를 만들었다. 코겐, 혹버그, 셀 든, 자페Sol Jaffe, 마시Alice Marsh 등은 UFT의 지도부에서 핵심적 위치를 차지했는데, 이들은 이전 교원노조를 이끌던 사람들이다. 이들은 1960 년까지 서로 연대하며 교사길드, 고교교사연합회HSTA 및 다양한 소규 모 교사단체들과 함께 수십 가지 일들을 해 왔다. 그러나 정말 수많은 개인 간의 편지, 교원노조 출판물, 연설, 소규모 회의, 혹은 인터뷰에서 조차 이들은 과거를 회고하지 않았다. 적어도 UFT의 지도자들 입장에 서 UFT는 초기 교원노조주의자와의 활동 연속성보다는 이들과의 명확 한 단절을 특징으로 했다. 코겐에 따르면, UFT와 단체교섭의 발전이 "우 리 학교 시스템을 혁신"했다.[40]

초기 UFT 지도자들은 대체로 초기 교원노조주의의 활동이 대체로 비생산적이었다는 점에 의견이 일치했다. 부위원장 혹버그는 UFT가 발 행하는 〈유나이티드티처The United Teacher〉에 실린 기사에서 과거 교원 노조 활동을 "비전문적인 말싸움으로 점철된 시기"로 특징지었다.[41] 수 십 년 후 셀든이 참여한 구술 기록 자료를 살펴보면, 그는 교사길드를 "오히려 핑크티[2] 단체와 같이 별로 공격적이지 않은" 조직이라고 생각했 다.[42] 코겐은 1963년 디트로이트 교원노조원들 앞에서 이와 비슷한 감정을 담아 연설했다. 그는 교사들이 전문직성을 외치지만 이를 실현할 힘과 행동력이 부족해서, 전문직성이라는 개념이 "이론적으로는 추구할 만한 이상적인 단어지만 현실에서는 신기루 같은 것"이라고 주장했다.[43] 이후 인터뷰에서는, 교사길드와 전임 위원장들이 "싸울 힘이 부족했다"라고 주장하면서 자신의 입장을 재확인했다.[44] UFT 지도자들은 과거 교원노조의 활동과 자신들의 교사개혁 운동은 모든 면에서 전혀 다른 것이고, UFT 이전의 교사들은 전문가가 아니라는 데 의견을 같이했다. 물론 이들은 UFT 조합원 중에 전문가라 할 수 없는 교사들이 포함되어 있다는 점도 인정했다.

코겐의 구술 기록에는 UFT의 활동이 다른 유산과 관련된다고 기술되어 있는데, 그는 특히 UFT의 탄생을 곰퍼스Samuel Gompers의 활동이 결실을 맺은 결과물이라고 여겼다. 당시 곰퍼스, 교사, 여성 노동자 간의 관계가 복잡하고 험악했음에도 불구하고 코겐은 곰퍼스를 안타깝게 바라봤다.[45] "곰퍼스는 교사들의 조직화에 매우 중요한 역할을 했다. 그는 여러 회의에 참석하는 등 굉장히 역동적으로 UFT의 설립을 지원했다. 이런 사실에는 의심의 여지가 없다."[46] 두 단체 간 합병이 이뤄지기 직전, 코겐은 〈스프링콘퍼런스저널Spring Conference Journal〉에서 교사들에게 다음과 같은 질문을 던졌다. "[교사들은] 교원노조로부터 뭔가를 배웠는가?" UFT 지도부는 교직을 초월해 일반 노조주의자들과 연대하면서 강력한 남성성과 남성적 투쟁성이라는 이미지를 만들어 냈다. 이러한 이미지 때문에 초기 UFT 조합원이 된 교사들은 점잔 빼는 인물이 되어 버렸다. 사이먼슨은 노동조합의 지도자로 교사의 권리를 위해 일해 왔지만, 그녀는 다른 전략을 썼다. 사이먼슨은 교사길드의 지도부

---

2. [옮긴이 주] 진보주의 시대 '핑크티'라고 불리던 사교모임은 남성들의 간섭 없이 여성들이 투표할 권리(여성참정권)를 획득하기 위한 여성 조직으로, 대체로 상층 여성들이 참여하는 사회적으로 수용 가능한 범주의 사회활동이었다(참조: https://mollybrown.org/no-pink-tea/).

에 있었던 시간을 회상하면서, 자신의 활동을 "꽃잎 하나씩만 펴서 한 송이의 꽃을 피우는 것"에 비유했다.[47] 이런 대비되는 모습을 통해 UFT 와 UFT의 조합원들은 점진적 변화보다는 혁명적으로 변화를 일구어 낸다는 인식을 강화하도록 도왔다. 연맹의 결성 직후 인쇄된 포스터에는 "UFT는 정말 새로운 조직인가?"라는 질문과 함께 "분명히 그렇다!"라는 답변이 함께 들어 있었다.[48] 지도자들이 생각한 것처럼, 새로운 유형의 교사로 구성된, UFT는 새로운 유형의 조직이 될 것이다.

UFT 초기 지도자들은 과거와의 단절에 초점을 두면서 교원노조의 새로운 이미지를 구축함과 동시에 교사에 대한 이미지 또한 새롭게 구축했다. UFT와 미국노동자연맹-산업조직의회AFL-CIO는 공동으로 〈UFT 이야기The UFT Story〉라는 영상을 만들고 UFT 교사들과 이전 단체 교사들의 차이점을 압축적으로 담았다. 영화는 아이들에 둘러싸인 지난날의 "참을성 많고 부드러운 여교사", 즉 과거 여교사에 대한 이미지로 시작한다. 이어 영상은 갑자기 1960년대 초의 교사와 "오늘날의 교사들"로 이동한다. UFT 실무위원회는 남성과 여성 각각 한 명으로 구성됐는데, 이들은 회의 테이블에 둘러앉아 있다.^{아래 그림 참조} 드레스를 입고 있는 마시Alice Marsh는 여성이자 입법위원회 위원장이었다. 그녀를 제외하고 남자들은 어두운 비즈니스 슈트, 빳빳한 백색 셔츠, 넥타이를 매고 있다.[3]

3. [옮긴이 주] https://m.facebook.com/uftny/photos/a.396670087712/10152098399 382713/?type=3 참조.

이 새로운 교사들은 일명 "용감한 새로운 부류의 교사"로, 교실 앞에서 사진을 찍은 적도, 아이들에 둘러싸여 본 적도 없는 전문가들이었다. 영상에서 그들은 "UFT는 양육하는 여성 교사라는 오랜 정형을 타파하고 이를 남성적 이미지로 대체한다. 남성적 이미지는 전문가에 대한 대중적 인식을 따른 것"이라고 자랑스럽게 주장한다.[49]

UFT는 할 수 있는 한 모든 곳에 이러한 이미지를 덧씌웠다. 이런 이미지가 무엇을 의미하는지 현 조합원, 미래 조합원, 행정가, 교사교육자, 일반 대중에게 계속해서 설명했다. 1961년 〈스프링콘퍼런스〉에서 발간한 팸플릿의 처음 몇 페이지에는 "UFT의 초상"이 커다랗게 자리 잡고 있다. 사진에 등장한 거의 모든 남성은 비즈니스 슈트를 입고, 회의를 개최하고 또 진행한다. 아이들과 학교는 사진에 등장하지 않는다. 이와 달리 1963년의 〈스프링콘퍼런스〉 팸플릿은 올 한 해 가장 자랑스러운 업적이라며 UFT 본부의 개소를 소개했다. "모든 교사를 위한 자부심의 장소, 아름다움과 품위의 UFT 본부 사무실."[50] 이 지도자들이 새로운 교사상을 구축한 바대로, '과거'의 교사가 전형적으로 여성적이라면 새로운 교사는 기본적으로 남성적 특성을 띠었다. 코겐은 디트로이트의 동료 교원노조원들에게 "[뉴욕시의] 4만 3,000명의 교사가 유순하고 수동적이고 냉소적이었던 모습은 아주 오래된 과거의 일이 아니다"라고 말했다. 그는 계속해서 이 교사들은 "소심하고 겁이 많으며 아주 보수적이었다"라고 말했다. 그러나 코겐은 향상된 교사 전문직성이 교사를 해방시켰고, 이것이 교사를 새로운 인물로 만들었다며 승리감에 차서 설명했다.[51] 새로운 교사는 자신감이 있고 과거 교사는 "소심"하다. UFT의 교사들은 책임감 있고 자부심이 있는 반면에 다른 교사들은 비굴하고 온화하다.[52] 이것은 뉴욕시 교육위원회가 후원하는 교사 잡지 〈하이포인츠High Points〉에 실린 글로, 이분화된 교사상의 대비를 좀 더 상세히 담고 있다. 쇼Frederick Shaw는 "교사들은 어떻게 다치는가"를 설명하면서,

여교사들은 아마 관절염과 눈 질병 때문에 계단 아래로 떨어지는 등 주로 학교 운동장에서 다치는 것 같다고 했다. 그의 분석에 따르면, 여교사의 부상은 개인적 요인과 밀접하게 관련되어 있다. 치료가 필요한 여교사의 부상은 중년에 이른 교사들의 삶, 그리고 이후의 육체적, 그리고 감정적 어려움과 주로 연결되는 것 같다. 이와 반해, 쇼는 남교사의 부상은 "무거운 물건을 들고, 기계 혹은 도구를 사용하는 등 주로 신체 활동과 연계된 움직임 때문에 발생"한다고 설명했다.[53] 이러한 쇼의 진단에 따르면, 여교사는 나이가 들어가면서 연약해지고 결국 학교의 골칫거리가 되는 데 반해, 남교사는 오히려 적극적이고 강해진다. 남교사는 부상을 입더라도 학교 활동에 적극 참여한다.

UFT의 영상물과 많은 출판물에 나타난 것처럼, UFT의 "새로운" 교사는 전통적인 남성적 특성을 띠었고, 따라서 UFT의 새로운 교사는 남성이었다. 이 교원노조주의자들은 교사에 대해 성차별적인 형용사뿐만 아니라 흔히 성차별적인 명사를 거리낌 없이 사용했다. 코겐은 전문직화와 향상된 교사 자율성의 중요성을 이야기하면서, "교사는 자기 업무에 영향을 미치는 일상적 의사결정에 직접 참여하게 될 터인데, 앞으로 교직 활동의 모든 측면에 자연스럽게 더 많이 참여하게 될 것"이라고 설명했다. 이런 방식으로 교사의 참여를 공식화한 것은 과거와의 명확한 단절을 보여 준다. 예를 들어, 사이먼슨은 1942년 산업민주연맹League of Industrial Democracy 조합원들에게 연설하면서 청중에게 이렇게 경고했다. "(여)교사가 사회적 존경과 자신감으로 고취되지 못한다면, 민주주의와 자존감을 경험할 기회와 시간을 갖지 못한다면, 교사(여성형)의 민주주의 참여는 틀림없이 제한될 수밖에 없다"[54]라고 경고했다. 교원노조의 지도자들이 교사를 보편적으로 남성으로 언급하기 시작한 것은 1960년대에 들어선 이후이다.

〈하이포인츠〉는, 교사를 지칭하는 대명사에 성차별적 언어를 채택한 것은 우연적 실수라고 하기 어려울 만큼 적극적 언어 선택을 뜻한다고 주장했다. 교사가 필자로 기고한 글에서, 교사들은 자신들이 사용한 언어의 의미를 잘 안다고 주장했다. 많은 기사들, 특히 남성이 작성한 기사들은 교사를 남성 대명사로 언급했다. 하지만 다른 많은 기사에서는 전혀 그렇지 않았다. 한 예로, 캡슨Eleanor Capson은 1961년에 기고한 글에서 동료 교사들에게 영재아를 가르치는 어려움을 이야기했다. "해당 교사에게는 수업계획안이 있다. 따라서 교사('she')는 학급 아이들이 수업 시간 내내 특정 주제에 대해서만 학습하게 할 수 없다. 그 아동('영재아')이 뭐라도 배우게 하려면 말이다."[55] 수년이 지나 (성차별적 요소를 배제하고) 보다 공정한 방식으로 글을 작성한 사례는 성과에 기반한 학교 시스템의 중요성을 기술한 거버Irving Gerber의 글에서 확인할 수 있다. "뉴욕의 예비교사로서 그('he') 또는 그녀('she')가 정규 자격증을 받을 자격이 없는 것으로 판단되려면 유별나거나 특이한 행위를 한 사실이 밝혀져야 한다."[56] 그리고 커닝햄James Cunningham의 〈내가 만난 최고의 교사The Best Teacher I Ever Had〉라는 풍자적인 글에서 이와 유사한 관점을 발견할 수 있다. "나는 그녀 혹은 그의('her', 'his') 교실에 있을 때 늘 최선을 다하고자 애썼다."[57]

UFT 지도자들은 새로운 전문가 교사의 이미지를 만들고 지원하기 위해 남성 지배적인 네트워크를 구축했다. 실무위원회 위원들은 (남성들로 이루어진 구성원) 상호 간, 뉴욕시 남성 관계자들, 전통적으로 남성이 지배하는 산업세계의 노조 지도자들에게 편지를 써 보냈다. 명백히, 이 많은 편지는 대체로 불필요하고 쓸데없어 보인다. 이들은 중요한 교원노조 사업에 대해 논의하지도 않았고, 구체적인 약속을 하지도 않았다. 그보다 이 편지들에는 진심이 담겨 있었다. UFT 실무위원회 위원들은 다른 부류의 남성에게도 편지를 썼는데, 승진을 축하하고 죽음에 애도를 표하거나, UFT에 대한 남성들의 지지에 감사를 표하기 위해서였다. 1963년

찰스 코겐
출처: https://en.wikipedia.org/wiki/
Charles_Cogen

알버트 샨커
출처: https://alchetron.com/Albert-
Shanker

8월, 코겐은 미국 운수노조의 위원장인 퀼Michael Quill에게 편지를 보냈다. "친애하는 형제 퀼에게"로 시작하는 편지에는 이런 내용이 담겼다. "저는 8월 4일에 했던 당신의 인터뷰 기사를 보았습니다. 무엇보다 UFT와 저에 대한 당신의 발언에 깊이 감사드립니다. 우리는 늘 당신을 노동운동에 헌신적인 친구로 기억할 것입니다." 코겐은 편지를 끝맺으며 사인을 했다. "형제로서의 진심을 담아, 찰리Charlie로부터."[58]

이런 편지에 별 중요한 이야기가 없어 보이지만, 암묵적으로 아주 중요한 의미가 담겨 있다. 그 편지들은 교직의 전통적인 여성성이라는 경계를 넘어 다른 단체/개인과 유대를 맺으면서 새로운 경계를 여교사 중심에서 남교사 중심으로 이동하도록 하고 있기 때문이다. 배타성이라는 언어가 이들 연대를 강화했다. 이 편지들로 인해 대규모의 "새로운" 교사들은 친절하면서도 비공식적인 방식으로 형제애를 내세운

교원노조 조직으로 들어왔다. 편지를 쓴 사람들은 자기 이름을 직접 사용하고, 때로는 자기 별명으로 편지를 쓰기도 했다. 각각에게 보내지는 편지는 "친애하는 형제에게"라는 인사말로 시작하고 "진심을 담아"라는 말로 끝맺었다. 하지만 코겐과 UFT 실무위원회 위원들은 네트워크로 이

어진 자신들의 "형제"를 위해서만 이런 언어들을 사용했다. 1962년 4월, 그래닛Granite 교사연맹 위원장인 기드온Genevieve Gideon은 코겐에게 편지를 보내, UFT가 수행한 지난 수년간의 성공을 축하하는 인사를 건넸고, 코겐은 2주 후 답신을 보냈다. "친애하는 기드온 씨, 당신이 보내온 축하에 감사합니다. 학교위원회와의 단체교섭을 통해 우리가 이루려는 목적은 아이, 교사, 학교 시스템의 요구를 만족시킬 만한 협약을 체결하는 것이었습니다. 이것을 성취하기 위해 우리가 지닌 모든 힘을 다해 최선의 노력을 기울이고 있습니다. … 진심을 담아." 그는 남성 조합주의자인 "코겐Charles Cogen"의 소통과는 다른 스타일과 톤으로 간단히 메모를 마무리했다.[59]

이런 비공식적인 의사소통이 교사들 간의 연대와 경계를 구축했다. 이 같은 연대와 경계는 교직 사회에 새로운 남성 전용 공간을 만들고 새로운 남성적 교사와 과거의 여성적 교사의 간극을 더 벌려 놓았다. 무엇보다 UFT 지도자들은 교원노조화된 교사를 새로운 방식으로 이해했다. 이전 시대의 교사들은 교원노조 내에서 자신들의 위치가 어딘지 고심했지만 UFT 지도부는 그렇지 않았다. 코겐은 인터뷰에서 "우리는 스스로를 교실에서 일하는 노동자로 생각한다"라고 자랑스럽게 주장했다.[60] 일부 사람들은 교원노조 지도자들이 진실성이라는 각본에 의지해 전문직성을 위해 투쟁하는 모습을 아이러니한 눈으로 쳐다봤다. 그러나 교원노조 지도자들은 남성적 호전성을 교사 권력에 대한 필수적인 관점이라고 전제하면서 교사 권력이 교사 전문직성에 대한 UFT의 개념을 뒷받침한다고 믿었다.

1963년 봄, UFT의 조합원인 자코브Joseph Giacobbe는 코겐의 이런 주장에 의문을 제기하면서 다음과 같은 질문을 담아 편지를 썼다. "난 당신이 우리를 존경받는 교사로 여기는지, 아니면 교원노조 조합원으로만 생각하는지 궁금하다."[61] 코겐은 일주일 내로 답장을 보냈다. "당신이 편지 끝부분에 던진 질문은 이분법적입니다. … (그러나) 우리는 두 가지가 다르지 않고 같다고 생각합니다."[62] UFT가 발간하는 잡지 〈유나이티드 티처〉 9월호에 인쇄된 이미지는 이러한 양면성을 잘 나타내는데, 작업복을 입은 한 남성이 사각모와 학위복을 입은 다른 사람과 악수를 하고 있다. 이미지 아래의 문구를 읽어 보면 이해하기 더 쉽다. "노동자와 지식인."[63] 이 두 인물은 대립되지 않고 오히려 융합되어 있는데, UFT의 이상적 교사 조합원을 형상화한 것이다. (제3장에서 논의했듯이) 대공황과 세계대전 시기의 교사들이 전문직화와 교원노조화를 중재하려고 많이 노력했던 반면, 1960년대 초 전문직화와 교원노조화는 교원노조 지도자들에게 상호보완적인 관계였다. 코겐이 디트로이트 교사를 상대로 한 연설 내용을 보자. "우리는 투쟁성이 좋은 결과로 이어진다는 것을 증명해 왔다. UFT 조합원들은 자기 권리를 위한 투쟁에 참여해야 한다. 아무런 노력도 하지 않는 사람들에게는 아무것도 주어지지 않을 것이다.[64] 코겐과 다른 UFT 지도자들에게 자신들의 전문적 권력을 보호하기 위해 힘을 사용하는 것은 바로 남성성의 표현이고, 자신들의 전문직성을 증명하는 것이었다. 로드아일랜드Rhode Island의 포터컷Pawtucket 지역 출신 교사는 이렇게 주장했다. "교사들은 더 이상 소심하지도, 수줍어하지도 않는다. 우리 교사들에게는 이제 패기가 있다."[65]

　뉴욕시 교사 인력의 대다수가 여성이고, UFT 평조합원의 최소 절반 이상을 여성이 차지하지만, UFT의 지도부는 남성이 차지했다. 1960년, 뉴욕주 교사의 70% 이상이 여성이었지만, 연맹 실무위원회의 75%가 남성이었다. 1964년 UFT의 지도부에서 남성이 차지하는 비중은 88%까지 높아졌다.[66] 교원노조 지도부에 남성이 많은 것과 달리 소수의 여성만이 UFT 실무위원회에 진출했다. 입법위원회의 위원장인 마시Alice Marsh는 가장 눈에 띄는 여성으로 1960년부터 1964년까지 최고위층에서 일했다. 동료 여교사들은 이 기간에 다양한 비교원노조 활동 영역에서 교원노조를 대표하는 인물로 마시를 선택했다. 당시 마시의 편지들을 살펴보면, 그녀는 자기를 일반 조합원 및 동료 여교사들과 구별하면서, 스스로를 오히려 배타적 형제애에 편입시키고 있다. 하지만 최고위층 여성들이 회의에 참여하고 있을 때조차도 성차별적인 언어가 회의록에 남아 있을 만큼 당시 여성을 배타적으로 대하는 분위기가 지배적이었고, 이에 항의하며 여성 위원들이 회의에 불참하는 경우도 있었다. 예를 들어 1960년 실무위원회는 33명의 조합원으로 구성되었는데, 그중 여성은 9명이었다. 그들은 더 많은 조합원을 모아야 한다고 결의했다. "각 위원회 위원 및 직원은 최소 12명 혹은 그 이상의 사람들을 만나 조합에 가입하라고 권유해야 한다. 각 위원은 접촉하기를 원하는 사람들을 교사 명부에서 선택할 수 있다. 자, 그때부터 '그'(he[4])는 결과에 책임져야 할 것이다."[67]

마시는 함께 성장한 동료 여교사들과 자기 자신을 차별적으로 묘사했다. 나중에 진행된 인터뷰에서 그녀는 UFT 지도부에서 자신이 한 일을 성찰하면서, 그녀는 자기 집에 전일제 도우미가 있었기 때문에 아이와 집안 살림 걱정 없이 교원노조 활동에 참여할 수 있을 만한 "유연성"을 갖게 되었다고 말했다.[68] 또 다른 조합원인 리치먼드Fredda Richmond는 UFT 지도부에서 여성은 복잡한 위치에 있었다고 강조했다. 리치먼드는 마시와 마찬가지로 실무위원회의 위원이었지만, 1961년 봄에 실무위원직을 그만두었다. 1961년 〈스프링콘퍼런스저널〉에 '전문직 단체의 비전과 할 일A Professional Organization's Vision and Mandate'이라는 제목으로 실린 글에서 동료 지도자들은 그녀의 사직에 따른 인사를 전하고 있다. "우리는 리치먼드가 (UFT 내에서) 보여 준 엄마의 모습을 더 이상 볼 수 없게 되어 안타깝다."[69] 이 시기에 일하는 여성의 삶은 복잡했다. 교사의 경우에는 어쩌면 이중으로 더 복잡했다. 사회적 풍습에 더해 여성 교사에 대한 예전부터의 인식이 가시지 않았기 때문이었다. 점점 더 많

---

4. [옮긴이 주] 여성 위원들을 고려하지 않은 대명사 사용.

은 여성이 일터로 나가 일을 했지만, 집에 머물며 '가사에 전념하는 (가정주부로서의) 엄마'라는 개념은 중산층 아메리칸드림 신화의 중심을 이뤘다. 1962년, 갤럽George Gallup과 힐Evan Hill은 〈새터데이이브닝포스트Saturday Evening Post〉의 여론조사를 했다. 여기에는 미국 전역의 여성 2,300명이 참여했는데, 갤럽과 힐은, "우리 연구는 전국적으로 가정주부만큼 행복한 사람은 거의 없다는 것을 보여 줄 것"이라고 주장했다. 조사 결과, 전국의 여성들은 "남성에 종속되는 것이 여성다움의 일부이다. 그리고 여성의 명성은 그녀에 대한 남편의 견해에서 나온다." 이 여론조사는 "미국 여성은 그녀가 원하는 권력 모두를 가졌다"라고 결론 내렸다.[70]

UFT 여성 조합원은 거의 예외 없이 무명인 채로 존재했다. 여성 조합원은 남성과 함께 위원회에 참여하고 다양한 행사를 조직하는 역할을 했지만, 이들의 존재는 역사적 기록의 이면에 이름 없이 남아 있을 뿐이다. 예를 들어, 대다수 여성은 초기에 조직 구성원으로서 〈스프링콘퍼런스Spring Conferences〉 조직위원회를 이끌었다. 하지만 〈스프링콘퍼런스〉에서 1964년까지 실제 연설을 한 여성은 한 명도 없었다.[71] 한편, 사교활동과 같은 교원노조 활동은 여성의 고유한 영역으로 남아 있다. 사회위원회의 여성지도부 활동은 (공식적으로) 존재감을 인정받을 수 있는 명백한 기회였음에도 불구하고, 이들의 회의록과 교원노조 내부의 편지를 살펴보면 남성이 지배적인 다른 위원회의 회의록 및 내부서신과는 확연히 달랐다. 다른 위원들이 주고받은 편지의 마지막에 "형제애를 담아"라고 서명한 것과 달리, 여성 위원들은 "진심을 담아"라는 인사로만 서명하고 편지를 마무리했다. 게다가 UFT 다른 위원회의 거의 대부분의 문서는 위원장의 이름으로 전해졌지만, 여성들은 "사회위원회"라는 이름으로 편지를 작성했고, 자신들의 이름을 드러내지 않는 방식으로 익명성을 유지했다. 교원노조의 여성 조합원들은 UFT의 여러 행사 중에서 가정파티, 브리지토너먼트, 싱글믹서, 여름외출, 주말여행을 계획했는데, 이는 공동체를 형성하고 조합원을 늘리는 방법이었다. 교사 권력이라는 수사학이 UFT 창설 초기에 등장했고, 빅토리아 시대의 성차별적인 규범에 뿌리를 둔 고유한 남성 영역과 고유한 여성 영역이라는 개념 역시 등장했다. 이 고유한 영역들은 교사 전문직성에 대한 관점과 교사 권력이라는 수사/주문에서 중심적 역할을 했다. 독립 공간은 때때로 리더십 역할을 하기도 했지만, 위원회 차원에서는 한편으로는 실질적이고, 다른 한편으로는 수사적인 역할을 담당했다. UFT는 여성이 노조 내부에서 대체로 종속적인 위치에 있었기 때문에 조합원 가입을 대거 늘릴 수 있도록 홍보하면서도, 노조의 얼굴은 계속 남성성으로 유지할 수 있었다.

2차 세계대전 이후 모집된 남교사 수가 여교사 수를 앞질렀지만, 1960년 뉴욕시 전체 교사의 단지 30% 정도만 남성이었다.[72] 하지만 시어벌드 John Theobald 교육감은 1960년 발간한 연례 보고서에서 이전 시기부터 누적되어 온 성별 불균형이 커졌다며 염려를 전하고 있다. 뉴욕시 전체 교직원 중 여성이 거의 대부분이었지만 학교급별로 여교사가 동일한 대표성을 띠는 것은 아니었다. 시어벌드에 따르면, "정규 학교 교사 중 여성의 비율은 의무교육법에 따라 종사하는 교원의 30.7%에서부터 초등학교 교원 중 90.1%에 이르기까지 다양"했다.[73] 1970년 뉴욕시의 교사와 교사 지원 인력의 70%는 여성이었다. 초등학교는 교사의 80%를 여성이 차지했다. 그러나 상급학교 단계에서는 이 수치가 달라졌다. 19세기 중반 보통학교가 시작된 이래 처음으로 남성이 여성의 비율을 앞질렀는데, 고등학교 교사의 61%가 남성이었다. 이러한 차이는 행정직 분야에서 훨씬 더 두드러졌는데, 초등학교와 중등학교 관리자의 66%가 남성이었다.[74] 교원노조는 이러한 패턴을 되풀이했다. 남성 지도부가 주로 여성 평조합원을 이끌었다. 뉴욕시 교사들의 70%가 여성이었지만, 1960년에 UFT 45개 학구에서 단 두 곳만이 여성이 위원장이었다.[75]

UFT가 전문직화 프로젝트를 수행해 가면서 제기한 다양한 요구와 이들이 전문직화를 위해 투쟁한 독특한 방식에서 UFT의 성차별적 역학관계가 드러났다. 한 예로 승급형임금인상 요구는 남성의 사회경제적 지위를 유지하는 데 중점을 뒀다. 코겐의 방송 인터뷰를 보자. "젊은이는 직업을 고려할 때 가까운 장래에 자신이 어느 정도 벌 수 있는지 알고 싶어 한다. 교직에 들어선 이후 생각해 볼 수 있는 미래는 절망적이다."[76] 또 다른 인터뷰에서는 "한 남성이 지금 뉴욕시의 교사가 된다면 첫해 연봉으로 5,300달러를 받는다. 14년 차가 되면 그는 기껏해야 9,170달러를 받게 될 것임을 안다. 이것이 그 남성 앞에 놓인 전반적인 장래성을 의미하고 직업을 선택할지 말지를 결정하게 하는 상황이다"라고 설명했다.[77] 4명의 남교사는 〈하이포인츠High Points〉에서 동료 및 학교지도자들과 유사한 생각을 표명했다. "임금 수준은 교사 사기의 중요한 부분이다. 실제 받는 월급 정도와 더불어 많은 요인이 월급에 대한 사람들의 태도로 이어지기 때문이다. … 교사들은 자신이 사는 지역사회에서 상대적으로 지위가 낮다고 느낀다. 교사들의 월급이 이웃의 월급을 따라가지 못하기 때문이다. 심지어 이들은 사회 전체적으로 더 낮은 계층으로 지위가 하락한다고 느낀다." 교사 월급의 중요성은 단지 돈 몇 푼의 문제가 아니었다. 교사 급여 수준은 지역사회에서 이들의 사회경제적 지위를 구체적으로 드러낸다. "불행하게도, 많은 사람은 지역사회에서 그 남성의 지위를 그가 버는 돈의 정도로 판단한다." 그들은 이어서 "월급의 이런 측면은 실제 받는 월급보다 훨씬 더 중요할 수도 있다. 특히 남교사에게는 이 문제가 가장 중요하다. 자신의 아이를 자신이 성장한 지위보다 더 낮은 지위에서 성장하게 하는 것은 남성의 입장에서 통상적으로 실패한 것으로 인식된다."[78] 이들은 대공황 시기의 논리를 펼쳤는데, 이 문제는 남교사들에게 특별히 극심했다.

UFT 지도자들은 승급형임금인상, 안식년, 질병에 대한 유급휴가에 역시 동의했다. 그렇지만 휴가 중 가장 빈번한 유형인 출산휴가는 무급이었고 교사들의 휴가 목록에서 고의적으로 빠트렸다.[79] 지역 신문은 이렇게 보도했다. "AFT는 1970년 첫 여성 권리 결의안을 채택했다. 진지하게 여성들을 대접하지 않을 것 같은 남성 대표단의 낄낄거림, 교활한 외모, 떠들썩한 웃음 속에서 말이다."[80] 이와 유사하게, 할핀Patricia Halpin은 지도부 일을 3년간 쉬고 나서, AFT가 여성교원노조연대CLUW에 참여하는 것과 관련해 샨커에게 편지를 보냈다. "CLUW 위원장인 마다르Olga Madar가 나에게 연락해서 CLUW 부위원장으로 일해 달라고 요청했다. … 그 제안을 받고 놀랐지만, 나는 곧 우리가 지금까지 많은 CLUW 조합원들과 노조 활동을 해 왔다는 사실을 깨달았다. 당신은 CLUW와 AFT가 계속 함께하기를 원하는가? 원하지 않는다면, 나는 마다르 위원장의 요청한 부위원장으로 나서지 않을 것이다."[81] 결국 할핀은 그 자리를 맡지 않았다. 그런데 불가사의하게도 AFT는 여성의 권리와 관련된 모든 문제에 계속 침묵을 지켰다. 여교사들이 자신의 조직 내부에 자리한 가부장주의와 차별주의에 반대하는 결의안을 통과시키기 위해 모두 뭉친 것은 1981년이 되어서였다. 이들은 "실은, AFT 직원의 여성 비율은 AFT의 여성 비율이든 전문직의 여성 비율이든 이를 대변하지 못한다. 따라서 그것이 해결되려면 AFT, 주연맹, 지부가 실질적으로 여성 직원의 수를 증가시키기 위해 공석인 자리에 여성들이 지원하도록 장려해야 한다"라고 주장했다.[82]

UFT 지도자들은 교원노조 지도자들의 전통적 교사와 새로운 교사에 대한 인식 및 여성적 직업과 남성화된 직업 간 차이를 더욱 확대했다. 더불어 이들은 교사가 교직의 비본질적인 업무 측면, 즉 "비교수 활동, 즉 가르치는 일 이외의 직무"로부터 벗어나야 한다고 주장했다. 코겐이 1962년 UFT의 〈스프링콘퍼런스저널〉에 보내는 서문에서 지칭한 것처럼, 교사들은 등록 및 출석 확인, 우유 급식비 등의 비용 모금, 기록 보관, 게시판 작성 등 "가르치는 일 이외의 정말 많은 잡스러운 일들"

로 시간을 낭비했다.[83] 코겐은 교사들이 이런 추가적인 활동들로 "일상적 삶이 과도하게" 짓눌리고, "전문가 정신의 자유로운 행사"가 억눌렸다고 주장했다.[84] UFT가 내세운 교사의 활동 공식에 따르면, 새로운 교사, 학자, 전문가, 무엇보다 남성은 그런 일을 할 시간이 없고, 만약 그가 이 일을 해야 한다면 그런 잡일들은 교사의 "품위를 떨어뜨리는 일"[85]이었다. UFT 지도자들은 이런 일상적 잡일들을 해결하기 위해 행정가들이 엄마, 비서, 다른 조력자들을 불러 모아야 한다고 주장했다.

1964년 1월, UFT 조합원들과 교육위원회는 비본질적인 업무를 포함한 노동조건에 관한 65페이지의 합의문에 서명했다. 그 합의문에서 UFT 지도자들은 고등학교와 초등학교 교사의 차별적인 특성과 책임을 분명히 전제하고 있는데, 초등학교 교사보다 고등학교 교사가 교직을 수행하기 위해 조력자와 다른 지원 인력으로부터 1일 기준으로 3.5배 더 많은 지원을 받는 것으로 단체교섭을 했다.[86] 1962년 봄, 코겐은 105가 공립학교 졸업식 연설에서 학생들에게 최근의 교사 행동으로부터 배우라고 격려했다. 그는 졸업생들에게 "교육이 여러분을 용기 있는 사람으로 만들 수 있다"라고 이야기했다. "남자가 시민으로서의 권리를 주장할 때처럼 여러분이 성장하려면 도덕적 용기를 발휘해야만 한다."[87] 코겐의 입장에서 UFT와 이 조직의 새로운 투쟁성은 전부 자신들의 권리를 주장하는 남성에 대한 것이다. "책임 있는 투쟁성"은 난폭한 게 아니라 강인한 것을 의미하는데, 이는 코겐이 현대적 개념으로 남성다움을 이해한 방식이었다.[88]

순종적이지만은 않은 교사

코겐은 1962년 연설에서 "교사는 너무도 자주 대중으로부터 순종적이고 반듯한 인간으로 묘사된다. 일부 사람들은 우리를 전문가라는 이름에 가두면서, 의식적으로 혹은 무의식적으로 우리가 옹호하는 권리를 추구하려는 잠재된 열망을 억누르려 한다.[89] 셸든은 교사들이 "자신의 직업 수행 조건에 대한 통제권을 거의 갖고 있지 않기" 때문에 "교사로서의 지위에 대해 불만족스러워한다"라고 설명했다. 전국적 명성을 가진 코겐, 셸든 같은 뉴욕의 교원노조 지도자들이 판단하기에 새로운 교사들은 공립학교의 근무 환경이 얼마나 부적절한지 잘 알고 있었다. 따라서 "교육기관에 대한 교사의 분노가 급증하여 교사개혁을 위한 광범위한 압력"을 만들어 냈다.[90] "교실 규모가 점점 커지면서 교사들이 짊어져야 할 책임은 늘어났지만 교사들은 팽창하는 학교 관료제의 가장 낮은 단계에 자리해 있었다. 마치 교사는 교육이라는 생산라인의 생산공 지위로 추락했다."[91] 1960년대, 뉴욕시 학교 관료제의 조직 구조는 점점 복잡해졌다([그림 7]). 교육위원회는 심화되는 관료제를 이해하기 위해 그림으로 라인을 상호 연결하면서 연계된 부서를 만들고 권한의 정도를 기술한 흐름도를 개발했다. 이로써 뉴욕시의 학교 운영에서 교사들은 배제되었는데, 조직도의 어디에도 교사들은 존재하지 않았다. UFT 지도자들이 보기에, 이러한 역학관계가 교사 권력과 교사 전문직성을 가로막는 중요한 장벽이었다.

UFT 지도자들은 학교와 뉴욕시 지도자들의 거만한 가부장주의가 교사 전문직성을 가로막는다고 생각했다. 교사에게 1961년 파업에 동참하도록 요구하는 UFT의 한 포스터를 보면, 당시 뉴욕 시장과 교사의 관계를 그림으로 묘사했다. 시장은 큰 체격의 남성으로, 교사는 남자 옷을 입은 작은 소년으로 그려져 있다. 시장이 교사의 손에 동전을 주면서 "착한 소년처럼 달려가라"고 소리를 치는 상황이다. 그런데 교사는 잔뜩 움츠리고 있다([그림 8]).[92] 이 상황과 연계해 샨커는 이렇게 회상하고 있다. "나는 아주 열악한 초등학교에서 교직을 시작했다. 당시 나는 내가 잘 해낼 수 있을지 굉장히 의심스러웠다. … 2주 뒤, 교감이 내 교실 문 앞에 나타났다." 그는 자신이 '전문직에서 40년'을 보냈다고 설명했다. "난 당시, '하느님 감사합니다! 제게 은총을 내려 주시는군요'라고 생각했다." 그러나 교감은 샨커가 기대한 조언과 지원을 주는 대신 눈짓으로 마룻바닥을 가리켰다. 그리고 교실을 떠나기 전에 "샨커 선생님, 3층 복도에 종이가 많이 떨어져 있네요. 아주 보기 흉하고 비전문적인 상황입니다'라고 말했다."[93] 코겐은 교사들은 행정가들에게 "존경"과 "평등"을, 그리고 무엇보다도, "오랜 기간 이루지 못한 새로운 전문가적 품위를 요구해야 한다"[94]라고 주장했다. 교육감 시어벌드가 파업에 참여한 교사들을 해고하라고 요구했을 때, 코겐은 이에 맞서 "나는 교사들 없이 학교를 운영할 수 없다!"라고 응답했다.[95] 코겐은 UFT가 이끈 첫 번째 파업의 배경을 설명했다. "우리는 우리의 직업 생활과 관련한 기본적 의사 결정들이 더 이상 가부장적 관리자들에 의해 일방적으로 이루어져서는

전미교사연맹(American Federation of Teachers) 위원장인 셀든(David Selden)이 디트로이트교사연맹(Detroit Federation of Teachers)의 라이어든(Mary Ellen Riordan) 위원장과 뉴욕교사연맹(United Federation of Teachers)의 해리스(Sid Harris) 위원장 사이에 앉아 있다.
출처: https://reuther.wayne.edu/node/11167

안 된다고 결의했다. 나는 우리가 진심으로 마음 쏟는 일을 우리가 결정하기 위해 극단적 조치를 취해야 했다."[96]

전국의 교사들은 "권위적인 교장"들(성별과 상관없이)이 교사 전문가의 목소리를 짓누른다며, 이 교장들은 교사를 "주인-하인 관계", "소년 심부름꾼"처럼 대한다고 불평했다. 덴버 출신의 한 고등학교 교사는 "교사와 관리자가 하나의 대가족을 이루고 있다는 생각은 더 이상 맞지 않는다. … 우리는 오늘날 교사와 관리자가 각각 독립적 기능을 한다고 깨닫게 되었다"라고 말했다.[97] 샹커는 이전에는 교사와 관리자 사이의 권력 불균형이 정당할 수 있다고 생각했는데, 교사와 관리자 사이에 교육적 간극이 있었기 때문이라고 봤다. 그러나 새로운 UFT 교사들은 교사-관리자의 불균형한 역학관계를 도저히 받아들일 수 없었다. 이들은 "교사가 더 많은 것을 알고 있으므로 교사에게 더 큰 권력이 있어야 한다"라고 주장했다.[98] 학교에서 교사 권위를 향상하고 통제 권한을 가질 수 있도록 완전히 개편하는 것은 UFT의 교사 권력과 전문직성에 대한 관점에 터해 있다.

샹커는 전문가를 정의할 때 전통적이고 남성적인 개념에 의지했는데, "전문가는 상대적으로 감독받지 않는다"라고 설명했다. 그는 교사 전문가를 의사와 비교하면서 다음과 같이 말했다.

외과 의사가 병원 수술실에 들어갈 때, 병원위원회 위원장 혹은 병원장이 수술실에 들어가는 외과 의사에게 오른쪽으로 조금 자르고 혹은 왼쪽으로 조금 자르라고 말하는 상황은 절대 없을 것이다. 그렇다고 병원 관리자들이 전문가가 아닌 것은 아니다. 관리자가 자신의 영역에서 식견이 없는 것도 아니다. 사실, 병원이 적절하게 경영되지 않는다면, 외과 의사는 자기 일을 적절하게 잘 수행할 수 없다. 즉, 그들 각각은 독립적인 전문성을 갖춘 것이다.[99]

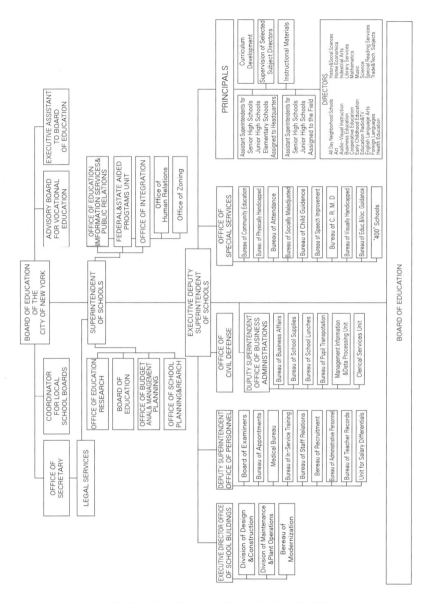

[그림 7] 뉴욕시 학교 시스템 조직도(1966년 1월 31일)

출처: New York City Board of Education Collection, Municipal Archives, New York City Department of Records.

[그림 8] 무변화의 예술
1960년대 중반 UFT의 홍보물

출처: United Federation of Teachers Records, WAG 022, box 17, folder 7, the Tamiment Library/Robert F. Wagner Labor Archives, New York University.

이러한 논리에 근거해 샨커는 독립적인 교사양성체제와 과정을 요구했다. 이 기간에, 뉴욕시 학교장과 하급 단계 관리자들 대부분은 담임교사로 경력을 시작한 사람들이었다. 그는 "관리자를 행정 역량에 기초하여 교사 이외의 직위에서 고용하는 것을 지지"하면서[100], 교사 출신 학교관리자 임용 관행을 끝내라고 요구했다.

샨커와 그 밖의 UFT 지도자들은 교사 권력과 전문가적 권위는 교실과 교육과정 문제와 관련된 이슈라고 생각했다. 학교지도자가 "교수법 지도자"로 봉사하라는 요구에 반발하면서 UFT 지도자들은 노동의 새로운 영역을 지지했다. 교수법 지도자는 1930년대에 등장해서 1970년대와 1980년대에 다시 확산된 개념이다. 샨커는 앨비언칼리지Albion College에서 "교사들은 관리자와 동등하게 대우받기를 원한다"라고 청중에게 말했다.[101] 전국을 누비고 다니며 연설하고 전문직성에 대한 질문에 광범위하게 글을 쓰면서 샨커는 제임스 월리James Worley 비유를 예시로 가장 빈번하게 들었다. 그는 〈전문직 만들기〉라는 에세이에서 "학교에 오고 간 모든 학교장이 제임스 월리를 자랑스러워했다"라고 설명했다. "당시 신임 학교장이 도착했다." 샨커는 이렇게 전개되는 대하소설 〈월리〉에서의 다음 장면을 다양하게 바꿔, 개작했다. 1971년에 시라큐스에 모인 청중들에게 그는 자신이 만들어 낸 초기 버전의 월리 이야기를 들려주었다. "사람이 자신의 헌신을 표현하는 방법은 자발적으로 희생하는 것이다. 나는 이 자리에서, 우리(UFT 조합원) 교사들이 다른 교사보다 헌신적이고 더 자발적이라는 점을 강조하고 싶다. 그 이유는 우리가 더 전문적이기 때문이다. 나는 여러분에게 이번 주말 집에 가서 1년 동안의 상세한 시간 단위 수업계획을 짜서 월요일에 다시 갖고 돌아오라고 말한다."[102] 몇 년 뒤, 샨커의 〈월리〉는 다음과 같이 이야기가 바뀌어 있었다. "교장이 처음 한 행동 중 하나는 모든 교사에게 미리 2주 동안의 상세한 수업계획을 제출하라고 요구한 것이었다."[103] 아무튼 시라큐스 청중은, "월리는 학교장에게 가서 '나는 좋은 평가 기록을 여기 갖고 있다. 나는 게으르지 않다. 나는 일과 계획을 작성하고 아주 상세한 주간 계획서와 2주 동안의 계획서를 제출할 것이다. 그리고 내가 올 한 해 동안 무엇을 성취할 것인지에 대해 글을 작성할 것"이라는 이야기를 들었다. 사람들은 나중에, 월리는 단순히 복종하는 것을 거절했음을 알게 되었다. 어느 경우든, 결론은 똑같았다. 월리는 무능했기 때문이 아니라 순종하지 않았기 때문에 해고되었다. 샨커는 〈전문직 만들기〉에서 "수업계획 제출은 교사로서 그의 위신에 대한 공격"이었다고 설명했다.[104]

단체교섭이 등장한 직후인 1961년, UFT는 관리자들을 조합원에서 제외했다. UFT(이전에는 교사길드)에 소속된 관리자는 그 수가 적었지만, UFT 지도자들은 관리자가 노조 조합원인 것은 기본적인 노동 원칙 위반이라고 주장했다.[105] 관리자에 대한 UFT의 입장은 전미교육협회NEA와 차별되는 핵심 요인이었다. 샨커에 따르면, "교원노조의 한 구성원으로 관리자를 조합원으로 받아들이지 않는 것이 노동 실제에 적절히 부응하는 것이었다. 동일한 교원노조지만 UFT와 NEA의 대립은 정확히 교원노조 내부에서 장학사의 역할을 어떻게 규정하는가에 달려 있다. 교원노조는 피고용인을 위한 것이다. UFT가 자유주의, 진보주의, 혹은 친노동을 내세우더라도 경영진과 고용주를 조합원에서 배제해야 한다는 원칙을 우리는 고수해야 한다."[106] 1960년대 중반, NEA 조합원은 94만 명이었고, AFT에는 대략 11만 명의 조합원이 있었다. 하지만 한 기자가 언급했듯이 작은 규모에도 불구하고 "AFT 조합원은 지난 5년 사이에 거의 2배"가 되었다.[107] AFT 소속 교사들이 투쟁성을 채택한 반면, NEA 지부들은 그런 접근을 조롱했고 대신 제재 조치를 가했다. 두 조직 모두 교사 전문직성이라는 이름으로 자신들의 접근을 정당화했다. 점점, 전국적으로 가장 인구밀도가 높은 도심의 교사들은 자연스럽게 AFT에 가입하는 한편 NEA는 도심 주변 지역과 농촌지역 교사들을 대변하는 조직으로 자리 잡게 되었다. "경영진이 지배하는 기업 교원노조" 참여에 관심이 없는 뉴욕시, 필라델피아, 로스앤젤레스, 클리브랜드, 그리고 디트로이트, 또 다른 도시에 있는 교사들은 자신들의 단체교섭 행위자로서 AFT를 선택했다.[108]

AFT의 급성장을 목격하면서, NEA 위원장은 1966년에 합병을 제안했다. AFT 지도자들은 이 계획에 별 관심이 없다는 답변을 담아 전보로 답신을 보냈다. "AFT는 관리자의 지배에서 벗어나 미국 사회의 개선에 헌신하는 연합 교사 조직을 대변한다. 우리의 AFL-CIO 간의 연대는 이러한 목적을 추구하는 데 큰 이점이 있다. 따라서 우리는 교원노조와의 연대를 그만두지 않을 것이다."[109] UFT 지도자들은, 교원노조의 지원이 없다면 교사는 행정가들의 영향력 때문에 지역 지도자들의 비위나 맞추고 "학교위원회가 하라고 하는 것은 뭐든 수용해야 할 것"이고 주장했다."[110] 교원노조 교사들이 생각한 전문직성과 권력은 행정 통제와 간섭에서 벗어나는 자유에 초점을 뒀다. 교원노조 지도자들은 행정가와 협력하기보다는 통제권을 요구했다. 하지만 이 점에 있어 이들에게는 별 매력이 없었다. 샌커와 UFT 다른 지도자들은 강력한 수사적 표현을 앞세워 권력을 기획했지만, 굉장히 잘 관리되고 일상화된 환경에서 계속 일해 온 평범한 일개 학급담임 교사의 권한을 거의 확대시키지는 못했다.

교사 전문성 혹은 유색인종공동체의 권한?

뉴욕시 심사위원회의 1963년 보고서는, "신규 교사들의 열악한 학교 배치 혹은 배정에 대한 수용 거부"[111]라는 "여전히 해결되지 않은 문제"를 강조했다. UFT가 1960년대 교사들의 계약 조건을 협상할 때, 교원노조 지도자들이 해결하려고 한 주요 근무 환경 중 하나는 소위 열악한 상황에 있는 학교였다. 열악한 상황의 학교란 결핍주의자들의 생각에 기반해 빈곤율이 높은 지역 혹은 유색인종 아동이 많은 학교를 가리키는 말이다. 예를 들어, 교원노조 교사들은 1967년 계약 협상에서 세 가지 중요한 사항을 요구했다. 첫째, 교원노조 지도자들은 의무적 순환근무를 폐지하라고 요구했다. 의무적 순환근무제는 우수한 교사를 빈곤율이 높은 지역으로 전입시키는 유일한 방법으로 행정가들이 주장해 왔던 것이다. 둘째, 점점 많은 교사가 교외로 이사하고 많은 사람이 도시가 안전하지 않다고 주장함에 따라 교원노조 교사들은 모든 신설 학교 건축 프로젝트에 교사 전용 주차장을 포함해야 한다고 요구했다. 셋째, 교원노조 지도자들은 교사들이 "문제행동 학생"을 자신의 교실 밖으로 내보낼 수 있는 자유를 요구했다. 지역사회와 학교지도자들이 공정과 사회정의에 대한 우려를 표명하자 교사들은 소위 문제행동 학생들이 자신들의 전문적 활동을 방해한다고 꿋꿋하게 주장했다.[112]

샨커는 인터뷰에서 교사 경험을 되돌아보면서 자신의 학생에 대한 인상을 말하고 있다. 그는 대담자에게, "나는 굉장히 충격을 받았다. 6학년 학생은 덩치가 약간 크고 거칠었다. 그리고 비속어를 쓰고 비명을 지르고, 악다구니를 부렸다. 그런데 어떤 아이들은 아무런 말도 하지 않았다"라고 기억했다. 그가 보기에 이런 아이들과 이들을 기르는 공동체는 탈전문화하고 있었다. 그의 구술 기록에 따르면, "폭력적인 생활에서 벗어나 이웃과는 다른 삶을 살고 다른 부류의 사람과 함께하려는 것이 대학에 가는 동기 중 하나였다. 그리고 여기 나는 대학에 진학했고 박사학위 후보자가 되었다. 그런데 나는 내가 도망치려 했던 바로 그 아이들과 함께 교실에 나 자신을 가뒀다."[113] 뉴욕시의 가장 고위층에 오른 흑인 지도자 중 한 사람인 도노번Bernard Donovan 부교육감은 샨커와는 전혀 다른 용어로 이 문제를 규정했는데, 그는 '열악한 지역'의 학교에서 가르치기를 거부하는 교사들은 "전문직성"과 "헌신"이 부족하다고 주장

했다.[114]

이런 계약조건의 협상은 뉴욕시와 국가의 인종 정치학에서의 변화에 따라 이뤄졌다. 이 과정에서 백인 교사가 주를 이루는 도심 교사들과 그들이 가르치는 유색인종공동체 간의 분열이 증폭되었다. 1960년대 후반기 뉴욕 도심의 북부지역에서 통합에 대한 희망은 줄어들었다. 교외 지역이 부상하면서 오랫동안의 분열, 인종차별, 불평등은 증폭되었는데, 이런 상황은 전국 각지에서 사회정의 실현을 내세우며 새로운 전략을 모색하는 풀뿌리 활동가들을 자극했다. 경찰, 주택위원회, 공립학교에 대한 지역사회 통제 요구는 흑인 권력 운동의 기본인 일종의 권력 이동을 보여 주는 전형이었다.[115] 한 활동가가 설명하고 있듯이 백인이 지배하는 뉴욕시 학교체제와 협력해 일하는 백인 교사들은 "흑인 저소득층을 빈민가로 연결되는 파이프라인에 가두었다."[116]

교육위원회는 포드재단이 재정 지원한 지역사회 통제 실험을 승인했는데, 뉴욕시 내부의 긴장이 점점 증가하는 상황에서 이를 벗어나려는 열망 때문이었다.[117] UFT가 승인한 이 계획으로, 학부모위원회와 지역사회위원회가 (실험이 진행되는) 시범 학구에서 중앙집권화된 교육위원회를 대체해 활동했다. 초기에, UFT 지도자들은 지역 교육위원회로 의사결정권을 위임함으로써 학교를 분권화하려는 계획들을 성가신 통학버스 문제를 피하게 해 주는 협력용 제스처 정도로 이해했다. 하지만 학구 교육감인 맥코이Rhody McCoy가 19명의 교사와 행정가를 오션힐브라운즈빌Ocean Hill-Brownsvill 학구 밖으로 내보내라고 요구하자 교원노조 지도자들은 분노했고 파업을 선언했다. 이 파업은 다음 학년도까지 이어지게 된다. UFT 교사들은 여러 달에 걸쳐 불규칙적으로 샨커와 함께 학교 시위를 이어 갔다. 그는 지역사회위원회의 결정이 "새로운 권력과 전문가 교사의 품위를 간과했다"[118]라고 주장했다. 한편, 많은 흑인 교사들이 뉴욕시 교사의 단지 8%에 지나지 않는 흑인 교사들과 흑인 교사 협의회를 대표했는데, 이들은 학부모와 지역사회 활동가들과 함께하기 위해 피켓 시위 라인을 가로질렀다.[119] 한 지역 학부모가 기자에게 설명했듯이, "백인 교사들은 우리 지역에 와서 자신들의 시간 대부분을 우리 아이들을 가르치기보다는 더 높은 지위에 오르기 위해 공부하는 데 사용"한다. 또 다른 학부모는 백인 교사들의 높은 전출 희망 건수를 가리키면서 이렇게 이야기했다. "그들은 우리와 같은 지역에서 가르치는 것을 원하지 않는다. 우리도 이런 부류의 교사들을 원하지 않는다."[120]

파업은 1968년에 끝났는데, 주정부는 대체로 지역사회에 승인한 모든 권한을 다시 이전 상황으로 되돌렸다. 그러나 인종차별적 긴장은 학교와 도시에서 계속되었다. 지역사회의 지도자들은 평화를 되찾으려고 뉴욕시 학교들을 위한 유색인종 교사들을 적극적으로 모집했다. 준전문가 프로그램을 통하거나 일부 교사들을 위한 자격 요건을 완화하는 방법을 쓰기도 했다. 고용정책에 따라 뉴욕시 학교의 유색인종 교사 수가 늘어났지만, 이와 동시에 이들은 학교 관료제의 가장 낮은 위치에 자리 잡게 되었다. 여하튼, 이득은 한순간이었다. 지역 정책결정자들은 1975년 재정 위기가 뉴욕시에 닥치자 지역 노동자를 대량 해고했는데, 이것이 은행 파산을 피하기 위한 유일한 방법이라고 봤다. 기퍼즈Gifford 부위원장은 다른 지역 지도자들과 함께 단체교섭에서 합의한 연공서열 규칙이 새로 고용된 유색인종 교사들에게 직격탄이 되리라고 경고했다. 하지만 샨커는 교원노조 권력의 핵심인 연공서열 규칙을 꺾으려 하지 않았고 기퍼즈의 예측은 현실로 나타났다. 뉴욕시 학교에 진출한 유색인종 교사들 대다수가 다시 한번 해고되었기 때문이다.

뉴욕시의 많은 사람이 유색인종 교사의 해고를 보면서 백인의 이익이 흑인 공동체의 이익보다 우위에 있음을 분명히 볼 수 있었다. 이에 지역 활동가들은 이렇게 주장했다. "아주 많은 흑인 교사들은 연공서열 때문에 휴직되거나 해고되었다는 사실에 경각심을 갖고 연공서열 정책이 흑인의 경제적 복지에 비우호적이라는 점을 주장하고자 시청에서 시위를 조직했다."[121] 1975년, 인종차별적 고용 관행에 대한 오랫동안의 주장이 연방주택·교육·복지국HEW의 인권부서OCR에 제기되었다. 인권부서의 위원장인 게리Martin Gerry와 직원들은 남부지역의 결핍 문제에서 북부와 서부의 고질적인 인종차별 문제로 초점을 이동하면서 대도시를 중심으로 전국적인 조사를 실시했다. 그 결과 교원노조와 교사들이 변화를 가로막는 큰 장애물이라는 점을 알게 되었다.[122]

1976년, 게리는 뉴욕시 학교들을 대상으로 조사를 했다. OCR팀은 단체협약까지 거슬러 올라가 광범위한 조사를 통해 인종차별의 근거를 찾아 90일 내 시정 조치를 취하라고 요구했다. "법률은 북부와 남부에 동일하게 적용되고 큰 규모든 작은 규모든 모든 학교체제에 적용된다."[123] 이러한 설명에 샨커는 이들의 조사 보고서가 비논리적이고 파괴적이라고 혹평했다. 그리고 이런 조치를 통해 뉴욕시에서는 인종적 긴장이 더 악화될 것이라고 전망했다.[124] 그럼에도 지역 학교지도자들은 뉴욕시 학교들이 매년 받는 2억 달러가 넘는 연방정부 보조금을 회수한다는 인권부서의 위협을 받고서, 뉴욕시 학교를 다양화하기 위한 계획을 개발하기 시작했다. 게리가 조사 보고서를 발표한 지 거의 1년 뒤인 1977년 9월, 뉴욕시 학교지도자들은 인권부서 관료들의 승인을 받을 만한 계획을 수립했다. 해결 방안은 두 가지 차원에 집중했다. 하나는 백인 교사들이 지원할 수 있는 직위로서, 소수인종 교사 비율이 20%가 넘는 학교들에 만드는 것이다. 또 하나는 흑인과 히스패닉 교사들을 위한 직위로서, 소수인종 교사들이 전체 교사의 10% 미만으로 구성된 학교들에 만드는 것이다. 한 기자는 "뉴욕시 학교 시스템이 만들어진 초기에 교사들은 공식적으로 인종별로 배치되었다"면서 주의를 환기시켰다.[125]

뉴욕시는 교육정책과 개혁을 위한 국가 차원의 선도자였다. 따라서 전국적인 주목을 받았다. 1977년, 의회 의원들이 뉴욕시 고용정책의 장점을 논하는 자리에서 시민권 부서의 책임자인 타탈David Tatal과 같은 부류의 사람들은 이 합의 사항을 1964년의 「시민권법」과 1972년 「차별금지수정교육법」을 준수하기 위한 "중요한 조치"라고 봤다. 마찬가지로, 지역사회의 흑인 공동체 구성원들은 이 계획을 일종의 진보로 바람직한 방향으로 가고 있다고 믿었다. 지역사회13 학교위원회 위원장인 몽고메리Velmadette Montgomery는 지역 신문 기자에게 이렇게 설명했다. "저는 연방주택·교육·복지국HEW이 자신들의 통합 요구를 더욱 발전시켜 뉴욕시가 전반적인 차별 문제를 해결할 수 있기를 기대합니다."[126] 한편, 시장 후보였던 코크Ed Koch와 상원의원인 모이니한Daniel Patrick Moynihan 같은 지역 정치인들은 "분열과 적대감에 대한 문제 해결"을 요구하면서, 인종별로 교사를 고용한다는 계획에 맹공을 퍼부었다. 모이니한은 교직에 들어가기 위해 인종에 따라 교사들이 줄 서 있는 모습을 "히틀러 치하의 독일에서 죽음의 캠프를 위해 인간을 선별하는"[127] 이미지와 대비시키기까지 했다. 이런 비판을 상기하면서, UFT의 많은 조합원에게 교사의 인구학적 구성에 대한 배려와 더 공정하게 배분하려는 노력은 계획해 온 능력에 따른 보상체계의 무너짐을 의미했다. 샨커는 학교지도자들이 다양성을 추구한다면서 "상당수의 문해력도 갖추지 못한 수준 낮은 교사를 고용하는 지경에 이르렀다"라고 주장했다.[128] 샨커는 〈뉴욕타임스〉의 〈우리가 서 있는 곳Where We Stand〉 유료판 연재물에서 "우리는 우리 학교들이 통합되기를 원한다. 우리는 인종차별이 없는 사회를 위해 매진해 왔다"라고 설명했다.[129] 샨커의 입장에서 보자면, 차별 철폐 조치 정책은 능력주의의 이상을 훼손하고 교사 다양화 방안은 전문직의 질을 손상시켰다. 흑인다움을 문제시하고 교사 전문직성을 백인다움의 영역 내에 위치 짓게 하는 정당성을 부여했기 때문이다.

1977년 10월이면 고용계획이 아직 충분히 실현되기 전인데, 뉴욕시의 백인이 다수를 차지하는 학구들 중 한 학구의 지도자들이 뉴욕시와

HEW를 상대로 소송을 제기했다. 이들은 이 소송에서 샨커와 UFT와 협력하게 되었다. 결국 이 소송에서 뉴욕시와 HEW가 승소한다. 그러나 거의 2년에 걸친 법정 싸움을 치른 뒤였다. 그런데 소송의 결과와 상관없이 지역 학교지도자들은 이미 이 계획을 철회한 상태였다. 1978년 4월 7일, 앵커Irving Anker 위원장School Chancellor은 교육위원회의 결정을 전하며, 인종을 구분해 고용하는 일을 하지 않겠다 발표했다. 물론 인권부서는 인종별 교사 고용계획을 계속 추진하라고 격려했다. 위원회 구성원들은 비공개 회의를 열어 인종별 교사 고용계획 대신 자발적 순환근무와 무작위 선발 고용계획을 채택했다. 익명의 한 위원회 구성원에 따르면, 이들은 인종별 고용계획이 "아주 불쾌해서" 그 계획을 바꾸었다. 교육 인사 문제를 담당하는 위원회의 실무위원장인 아리케일Frank Arricale도 비슷한 감정을 내비치며 이렇게 말했다. "나는 마치 외줄을 타고 있는 듯하다. … 나는 어린이들을 위해 수백만 달러를 낭비하지 않기 위해 인종별로 교사를 배치해야 한다고 생각했지만, 그 절차는 역겨웠고 기분이 몹시 상했다."[130] 형평성과 정의를 향해 가는 손쉬운 방법이란 없다. 역사적 힘, 고용과 주거 기회, 깊이 뿌리박힌 인종차별적 인식이 작용하기 때문이다. 교원노조 지도자들은 이제 막 싹트기 시작한 제도적 이해관계로 불붙은 전문가 교사라는 비전을 위해 투쟁했다. 물론, UFT 소속 교사들은 주변 상황에 대해 홀로 책임을 지지 않았다. 그러나 노조 소속 교사들은 기존 질서를 옹호하는 것뿐만 아니라 교사들이 봉사하는 지역사회와 구별되는 전문가 교사를 전망하는 위계적 권력관계도 확고히 지지했다. 이런 상황에서 노조 지도자들은 변화를 가로막는 장애물이자, 전국적으로 사회적 제도의 조직망을 통해 불평등이 만들어진 복잡한 상황들을 대변했다.

비통하리만치 불충분한 교사교육

교사 권력과 전문적 식견이라는 주문은 전문직성이라는 이름으로 통제 및 분리와 단단히 연계되어 있었는데, 이것은 UFT가 학교관리자, 지역사회 구성원, 교사교육자들에 대해 어떤 관점을 지니고 있는지, 그리고 이들과 어떻게 상호작용하고 있는지를 보여 주었다. 샨커와 UFT 지도자들이 학교관리자를 상대로 계획한 일종의 권력 이동은 전혀 결실을 맺지 못했다. 그러나 교사양성과정에 대해서는 나름대로 성공적이었는데, 수십 년 동안 교사교육자와 교육대학이 비난받으면서 취약해졌기 때문이었다. 하버드대학교 교사교육 석사 프로그램의 전임 학과장인 코어너James Koerner는 1963년의 〈미국 교사들의 잘못된 교육The Miseducation of American Teachers〉에서 수십 년 전 시작된 교사에 대한 비난을 이어 가면서 "교사교육자의 지적 능력이 교사교육 분야의 근본적 한계"라고 혹평했다. 그의 분석에 따르면, 자칭 "교육자들"은 "의심의 여지 없이 미숙하고, 반복적이고, 따분하고, 애매모호한" 수업을 했다. 코어너는 이전의 다른 사람들처럼, 교사들을 위한 보다 학문적인 교사교육을 요구했고 학부 수준 양성 프로그램의 폐지를 요구했다.[131] 1950년대 동안 자격인증과 전미교사교육인증협회National Council for the Accreditation of Teacher Education, NCATE가 급성장했는데, 일부 사람들은 이들 조직의 발전이 높은 수준의 교사자격과 통일된 교사 자질을 보장하는 방법이라고 믿었다. 그런데 1960년대 초 자격인증체제 도입 이전 검토 단계에서 교육대학 혹은 NEA 소속 지도자들이 자격인증자로 참여하는 것에 비판이 일었다. (한마디로 이들은 자격인증에 참여해서는 안 된다는 말이었다.) 이로써 이들은 자격인증체제가 교사교육의 변화를 만들어 내는 동력이 되기보다는 교사교육의 핵심적 문제이고, 오히려 이러한 문제를 더 악화시킬 것이라고 주장했다. 코어너를 비롯해 전임 하버드대학교 총장이었던 코넌트James Conant 및 동료 교수들이 이 문제를 주도적으로 이끌었다. 코넌트 교수는 "교수법 및 자격인증체제" 모두 자격 없는 교사들을 고용해 가르치게 하는 전국 학교들이 책임을 져야 한다고 주장하며, 자격인증팀에 미자격 교사를 배출한 학교를 폐쇄 조치하도록 하기 위해 총장, 학장, 교수들을 방문했다.[132]

위스콘신대학교의 교육대학 상황은 코넌트와 같은 비판자들에게 좋은 먹잇감이 되어, 비판에 필요한 근거 자료를 제공했다. 위스콘신대학교 교육대학은 이미 인증받은 기관이었다. 그러나 스타일스Lindley Stiles 학장은 1962년 초등수준 교사교육에서부터 박사학위 과정까지 학교의 모든 프로그램을 재인가받으려고 했다. 그 결과는 대학과 "학문적 혁신을 이끈" NCATE 간의 "심각한 불일치"였다. 1962년 9월, NCATE 자격인증자들은 스타일스에게 자신들이 대학원 프로그램은 승인하지만 학부 교사교육 프로그램에 대한 승인은 유예한다고 알렸다. 방문한 NCATE 팀은 대학의 교사양성과정에서 교양교육을 어떻게 위치 지을 것인가에 대해 학교 측에 입장을 밝히라고 요구했다. 게다가 개보수가 필요한 대학 시설 문제, 그리고 음악 및 농업 분야 교사양성과정이 지나치게 세분화되어 있다는 지적도 부수적으로 제기되었다. 이것들은 스타일스가 교사교육 프로그램 인증과는 아무런 관계가 없다고 주장한 내용이기는 하다. 한 보고서에 따르면, "위원회는 학생들이 비전공 강좌, 일반교양 강좌, 인문교양 강좌를 수강하는 방식으로 교사자격을 취득할 수 있는 다양한 경로와 교육과정 이수 유형이 있다고 비판"했다. 그런데 이런 상황은 기존 교육학계, 자선단체 회원 및 기타 사회비평가들이 정확하게 요구해 왔던 사항이었는데, NCATE는 이 문제에 대해 분명히 다른 입장을 취했다. (흥미롭게도 NCATE는 이런 경계선을) 모래에 그었다는 게 함정이었다. NCATE는 "거대한 인문학자들로만 구성된 부대"가 아니었다.[133] 스타일스는 NCATE를 "엄격하고", "제멋대로"라고 맹공격하면서,

NCATE가 교육대학 교수들, 주 교육위원들, 기타 교사단체 대표들로 구성된 것이 문제라고 지적했다.[134] 1970년대 교사자격표준에는 이런 비판을 극복하려는 시도로 "책임 있는 실험과 혁신"이란 내용이 담겨 있었고, "교육 계획"에 필요한 개성, 상상력, 혁신성을 고무하려는 세심한 노력"이 기울여졌다.[135] 하지만 그 변화들은 비판을 달래기에 충분하지 않았고 대체로 눈에 확연히 띄지 않았다.

1960년대 연방정부의 영향이 지역 학구로 더욱 확대되면서 교육위원회 위원인 하우Howe는 "앞으로 교사가 될 만한 사람들이 교사양성과정, 학교의 현실적 상황, 대학과 학교현장 간의 단절로 중간에 교직 진입을 단념하는 일이 생긴다"라고 보았다. 하우가 판단하기에, "(교사교육에 대한) 전통적인 접근"은 전도유망하고 재능 있는 사람들을 중도에 좌절시키고, 그뿐만 아니라 제대로 "준비도 시키지 않은 채"[136] 교사로 전국의 학교에 보냈다. 1967년 봄, 하우는 주상원의 상임위원석에 앉아서는, "현재의 교사양성과정은 전국의 학교에 필요한 교사의 규모, 유형, 자질 등 그 어떤 것에도 영향을 주지 못하고 있다"라고 증언했다.[137] 이런 문제에 대응하고자, 교육위원회의 존슨Johnson 위원장은 1967년 관련 연구 및 특별 프로그램을 위해 「교육전문직개발법Education Professions Development Act」에 서명했다. 이 법은 교사교육의 개선을 통해 미국 초등학교와 중등학교의 수업을 개선하려는 것으로, 690만 달러의 예산이 배정되었다.[138]

UFT 지도자들은 교사교육이 가진 포괄적인 문제 두 가지를 제기하며 교사교육에 대한 비판의 대열에 끼어들었다. 이들은 첫 번째이자 가장 중요한 문제로 교사교육 교육과정이 지극히 사소하다는 점을 들었다. 샨커는 시라큐스대학교에서 연설하면서 지금의 교사훈련이 대체로 (교사가 하는 일과) 아무런 관련성이 없다고 비판했다. 선배 교사들과 마찬가지로 산커는 교사교육이 교사의 실제 업무와 무관하다고 봤다. UFT

는 두 번째 문제로 교육대학이 교직의 실제 생활과 전혀 연결되어 있지 않다고 주장했다. 즉, UFT는 이번에는 비판의 화살을 교육대학 교수에게 겨누었다. 그는 "(교육대학의 교수들은) 학자와 이론가들로 초등학교든 중등학교든 제대로 가르쳐 본 적 없는 사람들이 교사양성과정에서 교육과정을 운영하고 있다. … 이런 교수들을 퇴장시키고, 상당한 정도의 교실 수업 경험을 가지고 교실에서 계속 실천한 사람들이 대신 그 자리를 차지해야 한다"라고 주장했다.[139]

UFT는 교사의 전문적 양성이라는 관점을 지원하기 위해 광범위한 현직 교사 교육 프로그램을 실행했다. 지도부는 교사연수원Teacher Centers, UFT 소규모 강좌, 전도유망한 학부 3학년생을 겨냥한 교육 프로그램을 후원했다. 이로써 UFT는 교사교육에서 빼놓을 수 없는 주체로 자리하게 되었다. 뉴욕시 교육위원회는 1969년 여름에 UFT가 후원하는 현직 교사교육 프로그램의 교육과정을 승인하고 강좌 이수를 승급형임금인상과 연계했다.[140] UFT가 개발한 현직 교사 대상 교육 프로그램은 교사가 주도적으로 이끌었는데, 교사연수기관이 제대로 제공하지 않는 것을 보완하고 무엇보다 "실천가들을 위한 "실제" 지식을 전달하는 데 초점을 뒀다. "개별 교사는 바퀴를 재발견할 필요가 없다.[5] … 이것이 UFT 소규모 강좌(이론에 대한 긴 강좌가 아니라 특별한 것을 하는 방법 또는 특정 개념을 가르치는 방법에 대한 2시간 강좌)에 깔려 있는 생각이다."[141] 이 프로그램들은 "직무에 기반한 실천적" 지식을 발전시키고 실제 학급을 담당하는 교사가 진행했다. UFT는 이런 프로그램이 전통적인 프로그램에 대한 대안이자 교사 임금인상을 위한 과정이라며 자신들의 일을 홍보했다.[142]

예를 들어, UFT는 1974년에 뉴욕시 소재 교사대학들의 학장과 교사자격인증기관 담당자들에게 공개서한을 보냈다. 교원노조는 자신들이

---

5. [옮긴이 주] 매번 이론을 새롭게 배울 필요가 없다는 의미.

교사 전문가 교육에서 권위를 지닌 주체라고 주장하면서, "교사 참여를 보장하기 위해 UFT가 모든 수준의 교사교육 프로그램 개발에 대표성을 가질 것을 요청한다"고 했다. 그 편지에서 UFT는 대학 관계들이 이미 잘 알고 있는 우려를 적극 활용하면서 "교사교육과정의 프로그램 개발과 실행의 매 단계에 교사들을 참여시켜야만 교사들은 협력할 것"[143]이라고 주장했다. UFT 지도자들은 교육과정 수립뿐만 아니라 교사양성 과정과 교사훈련에서 UFT가 적극적이고 가시적인 역할을 할 수 있도록 요구했다. UFT는 "학교 교실과 교육대학 사이의 장애물을 없애려고… 실제 교실 수업을 하는 교사가 현직 교사교육의 강사로 역할을 할 수 있도록 해 달라고"[144] 요구했다.

그런데 이 기간에 뉴욕시의 교육대학 교수들은 새로운 방식으로 교원노조에 의지했다. 그 예로 1968년 2월에 컬럼비아대학교 티처스칼리지에 있는 강좌 담당 부서의 교수인 그라니스Joseph Grannis는 샌커에게 편지를 보냈다. 이 편지는 "티처스칼리지에 있는 우리는 우리 학교의 교사훈련 프로그램이 어떻게 도심 학교들의 교육 현실과 그에 따른 요구에 맞출 수 있을지 고심해 왔다"로 시작한다. 솔직하게, "사람들은 대학이 몇 해 전부터 이런 접근이 필요하다는 점에 대해 동의할 것이다. 좀 더 기다려 본다고 상황이 더 쉬워질 것 같지도 않다." 그라니스는 샌커의 조언과 지원이 필요하다면서 이렇게 설명했다. "우리는 2년짜리 석사 과정을 고려하고 있다. 예비교사들은 1년 차에는 다양한 도심 지역 교직 상황에 조금씩 적응해 가면서 2년 차에는 중등학교에서 유급 인턴을 하게 될 것이다." 그라니스는 티처스칼리지의 기존 프로그램을 수정하겠다고 약속하면서 "(이 일이 잘 진행될 수 있도록) UFT가 지원해 달라. 곧 만날 수 있기를 기대한다"라고 썼다.[145] 감사하게도, 샌커는 UFT와 AFT의 지도부에서 일하는 동안 뉴욕뿐만 아니라 전국을 돌아다니며 대학 교수를 만나고 연설을 했다.

종합대학교의 교육대학은 기부금 부족, 등록금 과다 의존, 대학본부로부터의 비용 부담 압력 등 재정상의 현실적 문제를 안고 있었다. 따라서 각 교육대학은 외부의 비판뿐만 아니라 이러한 현실적 재정문제를 어떻게 타개해 나가야 하는지에 대해서도 UFT에 의존하지 않을 수 없었다. 하버드대 교육대학원과 같은 엘리트 기관들은 포드재단의 전임 직원인 일비소케르Paul Ylvisaker 학장의 지도하에 "재정 지원이 줄어들고 학생을 개별적으로 지도해야 한다는 필요에 따라 작은 규모의 학생들을 선택"했다. 그러나 (이런 엘리트 기관으로 분류되지 않는) 다른 교육대학들은 이런 행동 방침을 따라 할 수 없었다.[146] 전국의 교육대학 대부분은 오히려 학교 밖으로 손을 뻗어 지원을 요청하게 되는데, 새로운 방식의 등록금 수입원이 될 협력자를 찾기 위해서였다. 한 예로 뉴욕대 교육대학 관계자들은 UFT, 연방정부, 교육위원회와 협력하여 새로운 프로그램을 만들었다. 이들 그룹 모두 뉴욕대학교, 특히 교육대학의 교사양성과정에 대해 심각하게 비판했던 사람들인데, 사실 대학 교수진과 학교 관계자들은 이런 비판을 거의 무시했다. 1972년, UFT의 떠오르는 스타이자 장래 위원장이 되는 펠드먼Sandra Feldman은 뉴욕대학교의 교사교육 프로그램에 대해 자신이 어떻게 생각하는지 대학교수들에게 이렇게 말했다. "대부분의 교사훈련은 교사의 실제적 요구에 적합하지 않다." 그녀는 편지의 나머지 부분에 가능한 변화를 열거했고, 다음과 같이 말하면서 편지를 마무리했다. "⋯ 나는 여러분이 이 편지 내용으로 교사교육에서 어디에 중점을 둬야 할지 알게 되기를 기대한다."[147] 마찬가지로, 교사연수원을 위한 UFT의 제안서에서도 교사교육 프로그램의 불충분함이 비판받고 있다. 뉴욕대학교의 그리피스Griffiths 학장은, 이런 비판에 대응하는 차원에서, 교수로서 교사들에 너무 많이 의존하게 되면 교사양성과정을 볼거리와 이야깃거리로 전락시킬 수 있다고 점잖게 경고했다. 그러나 (UFT의 교사연수기관) 제안서는 "매우 훌륭하고", "우리는 당신들과

함께 일하게 되어 기쁘다"라는 말로 협력관계를 받아들였다.[148]

뉴욕대학교의 경우처럼 교육대학은 교사 전문가 양성이 어떠해야 하는지를 규정하면서 교원노조와 함께 새로운 프로그램을 만들었다. 동시에 교육대학은 교원노조가 아닌 다른 집단들과의 회담에도 참여해 근본적으로 다른 교사양성과정을 만들었다. 연방정부가 재정 지원한 국가교사단National Teacher Corps, NTC은 1968년 뉴욕대학교를 비롯해 미국전 지역의 여러 교육대학과 협력했다. 이 국가교사단은 전통적인 교사교육 프로그램에 대한 대안으로 설계되었는데, 교육대학은 이 프로그램을 기꺼이 받아들였다. 뉴욕대는 국가교사단의 첫 2기에 대한 성과보고서를 작성했는데, 이 프로그램의 책임자인 로저스Frederick Rodgers는 국가교사단 개혁 방안에 투입된 비용에 주목하였다. "뉴욕대학교 교사단 프로젝트New York University Corps Project에 지원한 금액은 3번의 여름 계절학기를 포함해 초기 2년 동안 53만 8,594달러에 달했다." 그는 학교 지도부에 이런 사실을 명확히 전달하면서 보고서를 마무리했다. "뉴욕대학교의 교사단 프로그램은 전체적으로는 대학교이고 특별하게는 교육대학의 재정과 프로그램의 성장에 크게 기여했다."[149] 한편으로, UFT가 후원하는 프로그램에 등록한 학생들은 학급경영의 실천적 측면들을 배웠고, 다른 한편으로, 국가교사단 과정의 학생들은 장차 가르칠 학생들의 사회적 배경에 대해 배우면서 지역사회 구성원과 함께 자신들의 시간을 보냈다.

또 다른 독자적 경로를 따르고 이 시기에 나타난 새로운 제도의 비일관적인 특성을 증폭시키면서, 뉴욕대학 교육대학 역시 동시에 교육위원회와 긴밀한 관계를 만들기 시작했다. 뉴욕대학교 교육위원회는 1978년 교육대학과 뉴욕시 공립학교를 연계하면서 역사적인 협력관계를 구축했다. 이 자리에서 위원회 인사부서의 실무 책임자인 아리케일은 관리자들이 장래의 "교사 자원"이 받기 원하는 훈련의 유형에 대해 설명했다.

뉴욕대학교는 스피너Arnold Spinner 부총장이 대표로 참석했는데, 뉴욕대학교는 위원회가 승인한 시간에 특정 수업을 운영한다는 데 동의했다. 이렇게 되면 위원회는 강좌에 대한 비용을 지불할 것이었다. 그 제안서는 무엇보다도 재정을 매개로 한 계약이었는데, 여기에는 다음과 같이 적혀 있다. "이 협약의 승인은 뉴욕시의 교육위원회가 등록생 수와 상관없이 협약한 총액을 뉴욕대학교에 지불할 의무를 갖게 됨을 의미한다. 이 협약의 이행에 따라 우선 50%가 지불될 것이고, 1978년 12월 1일에 25%, 1979년 6월 1일에 25%가 마지막으로 지불될 것이다."[150] 협약에 따른 계약금 총액은 12만 6,792달러였다. 하지만 재정상의 계약을 넘어, 그 협약은 교육대학의 교육 방식에 엄청난 영향을 미쳤다. 예를 들어, 그리피스 학장은 1980년 교육과정 편람 발간에 앞서 제안된 강좌들이 수용될 수 있는지를 검토하도록 위원회 위원에게 보냈다. 블룸Monica Blum은 강좌와 관련해 그리피스 학장에게 답신하면서 이렇게 요청했다. "1980년 뉴욕대학교에서 열리는 3주간의 여름 계절학기는 차별적 급여와 승급형임금인상PI 신청을 위한 자격 요건을 충족시키기 위해 허용되어야 한다."[151] 이 외에도 외부 요청에 따른 대학 강좌의 개설이 많았다. 1984년에, 버지니아대학교의 커리교육대학Curry School of Education 학장인 쿠퍼James M. Cooper는 학구를 향해 앞으로 교육대학이 양성한 교사의 자질을 보증할 것이라고 선언했다. 그 시간 이후로 쿠퍼 학장은 TV 광고를 언급하면서, "나는 메이태그Maytag[6] 수리공처럼 될 것이다. 수리 문의를 접수하는 수리공은 전화를 받은 적이 없다.[7] 우리는 우리의 상품에 자신이 있다"라고 주장했다. 그렇다면 불만 사항이 발생하면 어떤 일이 일어났을까? 쿠퍼 학장은 헌신적으로 "그 문제를 해결할 교수를 파견하는

---

6. [옮긴이 주] 가정용 전자제품을 생산하는 회사로 1915년 새로운 조립라인을 구축하고 본격적인 제품 생산에 돌입했다. https://www.maytag.com/services/about.html 참조.
7. [옮긴이 주] 수리 요청이 들어올 필요 없이 제품을 잘 만들었다는 의미이다.

데" 헌신했다.[152]

뉴욕대 교육대학의 관리자들은 늘 등록생 수가 많다는 사실에 익숙해져 있었는데, 교사교육 프로그램의 학생 수가 줄어들자 긴장할 수밖에 없었고, 해결 방안을 찾아 다른 곳으로 시선을 돌렸다. 직원들은 이런 내용을 1980년부터 보고서에 포함시켰다. "비록 교사교육 프로그램이 계속 제공되고 있긴 하지만 교육대학이 재정적 건전성을 유지할 수 있었던 것은 새로운 연구 분야, 즉 새롭게 등장하는 건강 및 예술 관련 직업으로 이동했기 때문이다."[153] 이런 새로운 상황을 강조하면서 뉴욕대 교육대학은 1974년 교육·건강·간호·예술 직업 학교School of Education, Health, Nursing, and Arts Professions, SEHNAP로 이름을 바꾸었는데, 이것은 4개의 독립적이면서 대등한 영역으로 구성되었다. 미국 전역에서, 교육대학은 유사한 요인에 의해 기관의 이름을 바꾸고 교사양성과정 기능을 넘어서려고 했다. 예를 들어 1971년에, 캘리포니아주립대학교California State University, CSU는 전문적이고 응용 학문에 전념하는 새로운 대학을 만드는 차원에서 교육대학을 연설, 범죄학, 사회 복지 프로그램과 통합했다. CSU 총장인 실즈Donald L. Shields는, "우리 교육 프로그램을 교사 훈련에 국한하기보다는 다른 분야로 확장하는 것이 향후 전망에 더 좋을 것"이라고 봤다.[154] 이로써 교육대학은 교사의 전문적 양성에 대한 자신들의 역할을 양도하는 방향으로 나가게 되는데, 이들은 다른 전문직이 그들 전문성의 근거로 삼는 대학에서의 학문적 훈련과 지위를 교사에게서 박탈한 셈이 되었다. UFT 지도자들은 자신들의 권위를 내세우면서 교사교육에 대한 전례 없는 통제권을 갖게 되었다. 하지만, 역설적이게도 교원노조 지도자들은 교사들이 추구한 지위로부터 교사들이 멀어지게 했다. 그들은 전문적 권위라는 이름으로 훈련의 직업적 측면들을 우선시하고 교사들을 대학으로부터 고립시켰다.

1970년대 후반까지 공식적 교육 프로그램에 대한 비판이 높아졌고 교원노조 교사의 권력은 커졌다. 이런 맥락에서 UFT는 연방정부 교육 개혁의 최상위 과제로 교사연수원Teacher Centers에 대한 제안서를 올렸다. 1977년 한 보고서를 보자. "지난 수십 년 동안 교사교육이 충분하지 않다는 것을 우리 모두 너무 잘 알고 있다. … 꽤 오랫동안 교사와 교사교육은 전문가적 지위를 주장해 왔다. 그러나 이는 열망이 그렇다는 것이지 실재와는 거리가 멀다는 점을 잘 알지 않는가?"[155] 지역 UFT 지도자들이 주장하듯이 교사교육은 "비통하리만치 불충분"했다. 그리고 이들 결함은 무시무시한 결과를 초래했다. 제안서에서 "UFT 지도부는 지금까지의 교사교육이 교직 능력을 충분히 발전시켜 주지 못해 실패했다고 확고히 믿는다"라고 기술하고 있다. 교사연수원은 "교사에게 전문성을 개발할 첫 번째 기회를 부여해 줄 것"이었다.[156] 1978년, 연방정부는 전국적으로 300개의 연수원을 지원하기 위해 4,500만 달러를 지출했다. 뉴욕시 교사연수원 리더였던 쿠퍼Myrna Cooper에 따르면, 훈련 프로그램은 "사기가 꺾인 사람들의 관심을 끄는 데 약간 성공"했다. 교사연수원 초기 모델은 교사가 교사를 가르치는 것에 초점을 뒀다. 헤리티지재단Heritage Foundation과 같은 보수 단체들은 교사연수원을 "국민 세금으로 운영하는 교원노조 회관"이라며 조롱했다. "학구의 학교위원회는 우선순위를 새로 정할 수 있다. 예를 들어, 모두에게 읽기 프로그램을 개별화할 수 있다. 그리고 나서 위원회 위원들은 집에 가서 잠을 잔다." 이런 식으로 말이다. 그러나 쿠퍼는 "교사들이 직접 교재를 선정하고, 아동을 진단하고 평가하도록 돕는 것이 우리 일"이라고 했다.[157]

AFT 보고서에 따르면, "교사들은 마침내 자신이 가르치는 교실에서 필요한 변화와 개선을 결정하는 주요 책임자가 될 것"이었다.[158] 이것은 미국 전역에 걸쳐 다양한 형태로 운영되는 교사연수원을 통해서 이루어질 것이다. 교사연수원 프로그램의 전임 책임자인 에델펠트Roy Edelfelt는 "열악한 작업환경, 초라한 임금, 낮은 사회적 존경에도 불구하고, [교사들은] 교사연수원이 일을 더 잘할 수 있도록 지원하고, 믿어 주고, 자유를 부여하고, 자극하고 돕는 곳이라고 여기며, 교사연수원에 의지하고 있다"라고 생각했다.[159] 교사연수원 설치와 같은 내용의 교원노조가 제안한 개혁 방안들은 전국적으로 발전했는데, 이로써 교원노조는 대학 기반 교사교육 프로그램을 옆으로 제쳐 둔 채 교사들에게 교실 밖으로 나와 자신들의 이야기를 나눌 기회를 제공했다. 이 개혁 방안들은 (교사들에게) 환대를 받았다. 하지만 개혁가들은 이런 방안이 학생 학습에 어떤 방식으로 영향을 미치게 될지 잘 몰랐다. 결국 새로운 개혁 방안은 고상한 수사학을 동원해 넘쳐났지만, 학교의 위계적인 권력 구조는 그대로 유지됐고 교사들의 기본적인 근무 환경은 아무런 변함이 없었다.

전문성, 권위, 관료제

산커는 1960년대의 투쟁성을 앞세운 교사 파업 및 가두 시위를 지켜보면서 이렇게 기록했다. "우리는 우리에게 거대한 권력이 있음을 입증했다. … 우리는 더 이상 이를 입증할 필요가 없다."[160] 그는 1974년 AFT의 위원장직을 맡게 되는데, 다른 자리를 위해서도 열심히 노력했다. 결과적으로 그는 AFT 위원장 이외에도 AFL 내의 직위를 갖게 되었고, 그뿐만 아니라 1986년까지 UFT의 위원장직도 함께 맡았다. 산커는 1965년 미시간에 모인 청중들에게 "교육에서 중요한 쟁점은 교사들이 어느 정도로 정책 결정에 참여할 수 있느냐"라고 설명했다.[161] 그는 교원노조의 최고지도자 직위에 있으면서 다른 UFT 지도자들과 함께 교사들이 전문가로서 전문적 식견에 대한 명성을 얻는 유일한 방법은 관리자 및 교사교육자와 동등한 지위를 갖는 것이라는 주장을 반복했다. 교사들은 이런 지위를 어느 정도는 달성했다. 교원노조는 그때 이후로 지금까지 교육 시스템의 한 부분이 되어 버린 것처럼 지역과 국가 수준의 정책결정에 대한 수많은 권력을 획득했다. 그리고 그는 존경받는 교육 정치가가 됐다. 클린턴 대통령은 1997년 샨커를 기리는 추모식에서, "그를 20세기 가장 중요한 교사 중 한 명이라고 소개했다."[162] 그 후 오바마 정부의 교육부장관이었던 던컨Arne Duncan도 비슷한 생각을 표현하면서, 샨커를 "전설적인" 개혁가이자 지도자로 회고했다.[163] 하지만 UFT가 하나의 기관으로서, 샨커는 한 개인으로서 성공과 명성을 얻기는 했지만, 교사들은 뭔가 더 나은 권위를 얻지는 못했다.[164] 더욱이 샨커는 다른 개혁가들과 마찬가지로 수많은 연설과 글을 통해 교사들에 대해 말했다. 교육계의 여느 주제와 마찬가지로 교사 비난 담론은 인자한 가부장주의라는 성차별적이고 인종차별적인 샨커의 브랜드를 이끌었다.

예를 들어 샨커는 UFT 활동 시기를 회고한 글에서, 당시 학교의 문제에 대해 곰곰이 생각하고는 교사들을 비난했다. 왜 학생들은 제대로 공부하지 않는가? 그는 그 이유를 형편없는 가르침 때문이라고 말했다. 그는 형편없는 가르침은 비난받아야 한다고 했다. 이를 설명하기 위해 그는 두 가지 시나리오를 비교하면서 다음과 같이 썼다. "내가 학교에서 새에 대해 배운다고 해 보자. 선생님은 아마 방 구석구석에 새 플래시카드와 그림을 걸어 둘 것이다. 마침내 우리는 새에 대해 시험을 볼 것이고, 시험을 치르고 3주가 지나기 전에 나는 새에 대해 잊어버릴 것이다. (젠장!) 하지만 어쨌든 난 그 새들을 미워하는 법을 배웠다는 데서 완전히 시간을 허비한 것은 아닐 것이다." 샨커는 새에 대해 교사에게서 배우지 않고 보이스카우트 활동을 했을 때 부대 지도자에게서 배웠다고, 그래서 감사하다고 회상했다. 그러고는 "새를 연구해 상으로 배지를 받은 사람이라면 누구나 새에 대한 흥미를 수년 동안 계속 갖고 있을 것"이라고 결론 내렸다.[165] 1960년대 후반 뉴욕시 공립학교 교사의 97%를 대표하고 있었음에도 불구하고, 샨커는 여전히 그 직업의 문제는 어느 모로 보나 능력 있는 교사를 유인하지도, 그렇다고 우수한 교사를 계속 유지하지도 못하는 학교 시스템의 무능에 있다고 주장했다.[166] 초기 교원노조 지도자들과 교사들은 전문가적 신뢰성의 표식으로 교사양성과정과 자격인증이 중요하다고 생각했지만, 1985년 샨커는 이 둘 모두를 "우스갯소리"로 치부했다. 그는 교사들의 주장을 폄훼하면서, "의사면허증을 기초 물리학 시험 결과로 발급하고, 기초적인 수학 시험에 터해 회계사와 보험 계리인 면허증을 부여하는 것과 동일하게 교직에 진입하기 위한 장벽을 세워야 한다"라고 주장했다.[167]

샨커는 교원노조 지도부에 참여한 일을 "아주 신나는 지적 경험"으로 묘사했고, 스스로를 일개 교사에서 "원로 정치인"[168]으로 변모시켜 나갔다. 그의 자서전인 〈전문직 만들기The Making of a Profession〉에서 자신의 변화된 이미지를 이렇게 설명했다.

> 연설 다음 날, 나는 유타주로 갔다. 우리는 그곳에서 교사를 조직화하고 있었다. 내가 유타주에 도착한 날 아침, 지역 신문 1면은 "교원노조 보스가 교사 평가를 지지하다"라는 표제로 장식되어 있었다. 나는 솔트레이크시티에 있는 두 곳에서 연설했다. 다음 날 신문은 "연설자는 국가수준 평가에 대한 지지를 되풀이하다"라는 표제를 뽑아 내놓았다. 셋째 날 표제는 "교육자는 교사 평가를 지지하다"였다. 사흘 만에 나는 교원노조 보스에서 교육자가 되었다. 이것이 우리 역할은 무엇이고 대중이 우리를 어떻게 인식하는지를 보여 주는 전부다.[169]

개혁가로서 샨커는 UFT와 전국 각지에 새로운 관심을 불러일으키는 역할을 했다. 그가 이미 교직에 있는 사람들을 비난했지만 말이다.

그의 모습은 주로 시장, 주지자, 대통령, 혹은 외국 고관들과 함께 찍은 사진에서 볼 수 있다. 이에 반해 교실에 있는 그의 모습은 거의 볼 수 없었다. 그의 급부상은 잘 준비된 것이었다. 1968년 가을 오션힐브라운즈빌에서의 파업에 이어 샨커는 이러한 이미지를 고치기 위해 홍보 담당 자문가를 고용했다. 그는 자문을 받고 〈뉴욕타임스〉에 '우리는 어디 서 있나'라는 제목의 칼럼을 썼다. 편집판처럼 만들어진 주간 광고에서, 샨커는 다양한 쟁점들을 다뤘다. "사 보라고 하면 아무도 그것을 읽지 않을 것"이라고 주장하면서, 그는 소요되는 비용을 연맹이 지불했지만 자신의 개인 칼럼이라고 우겼다. 하지만 샨커는 논란을 의식하면서 "연맹이 광고비용을 지불하고 있지만, 여러분이 원하는 것을 여러분이 말하도록 허용되어야 한다는 것을 의미한다"라고 말했다. 그는 소위 자신의 흥미를 유발하는 "교육적 쟁점, 정치적, 사회적, 인권, [그리고] 노동 이슈"에 대해 말하려고 칼럼을 활용했는데, 교사에게 국한되지 않고 더 많은 대중에게 호소했다. 비록 그가 불가피하게 교사를 대표해 글을 쓰기는 했지만, 그가 교사들을 염두에 두고 글을 쓰지 않았다는 점은 분명했다. 그는 교사들을 달래기 위해 "내 글의 주 독자가 교사들만은 아니다. 하지만 내가 쓰는 두 번의 칼럼 중에 한 번 혹은 세 번, 네 번의 칼럼 중에 한 번은 교사에 관한 무언가가 있을 것"이라고 설명했다. 샨커는 칼럼의 영향으로 다양한 방식의 초대를 받았는데, 원고 검토와 유료 강연이었다. 그는 태국에서의 만찬 초대를 이렇게 회상한다. "크레잉삭Kreingsak 총리가 보낸 저녁 만찬 초대장을 호텔 편지함에서 확인했다. 우리가 호텔에 도착해 총리 주최의 만찬장에 들어갔을 때, 총리는 거기에 없었다. 대신 음악 연주를 하는 작은 연주단과 5~6명의 의원, 그리고 약간의 군인들이 있었다. 우리가 칵테일을 마시고 있을 때, 총리가 들어와 의원들을 지나쳐 바로 나에게 다가왔다." 한편, 샨커는 돈을 내고 칼럼을 읽는 교사들에게 자신이 미친 영향을 얘기하면서, 이 교사들이 협회에 의해 일종의 악명을 경험했다고 설명했다. 그는 인터뷰 진행자에게 이렇게 말했다. "교사들은 [가족 혹은 친구들]이 샨커가 지난주 혹은 두 주 전에 쓴 것에 대해 자신들과 함께 토론하면서 '나는 샨커가 말한 것에 동의해'와 같은 말을 했다고 하면서, 구성원들에게 (자신이 얼마나) 강력한 영향을 미치고 있는지 알게 됐다." 그는 자신의 일은 다양한 청중과 선거구민의 요구와 균형을 맞추는 것이라고 생각했다. 교사들은 자신이 관련된 많은 그룹 중 하나에 지나지 않았다.[170]

샨커는 UFT 위원장과 이어지는 AFT의 위원장으로서 조직 내 위계관계에서의 이의제기를 거의 참지 않았다. 한 예로 1965년 2월, 야간고등학교 재직 교사들은 파렌트Roger Parente의 지도 아래 파업을 계획했다. 샨커는 승인되지 않은 파업이 가진 위험성에 대해 정확하게 알고 있었고, 결과적으로 교원노조가 와해될 수도 있었다. 따라서 그는 한 야간학교에서 회의를 소집했다. 그의 기억을 들어 보자. "파렌트는 거기에 앉아 있었다. 어떤 사람이 '우리는 여기 샨커와 토론할 파렌트 선생님이 있고 각각 10분씩 이야기할 것'이라고 말했다. 그런 다음 어떤 사람이 녹음기를 꽂고 샨커가 먼저 할 거라고 말했다." 그는 녹음하는 것을 거절하고 그 자리에 있는 사람들에게 충분한 시간이 필요하다고 요구하면서 이렇게 설명했다. "이것은 나의 회의이다. 여러분이 원하면 파렌트 선생을 만나라. 그러나 이 회의에서는 아니다." 그는 모여 있는 교사들에게 그들이 UFT의 지지를 받지 않았다는 점을 반복해 설명했다. "여러분이 결국 자신들의 숨통을 끊을 것이다. … 나는 개인적으로 여러분의 일을 대체해 수행할 만한 수천 명의 사람을 불러 모을 수 있다. 나도 그들 중 한 명이다."[171] 야간학교 교사들은 그의 경고를 심각하게 받아들이고 샨커를 지지하는 뉴욕시 교사들과 함께하기로 했다.

"전문가는 숙련된 사람이다. [보통 말하는 그런] 공정하고 독립적으로 행동하고, 의사결정하고, 재량권을 행사하고, 직접적인 감독에서 자유로운 그런 사람이다. 그러나 새로운 교원노조에서 최소한이라도 이것을 경험하는 교사는 거의 없다."[172] 역설적으로 교원노조가 성장하면서 노조 지도부는 평조합원과는 점점 더 멀어지고 있었다. 샨커는 "이런 상황이 조합원에게는 흥미롭지 않다"는 점을 인정했다. 그는 UFT 내에서 관료 구조가 점점 심화되고 있는 상황을 수긍하면서, 과거 조합원들이 단체 행동으로 결집한 사안들에 대해 "요즘은 대체로 조용히 대응한다"라고 했다.[173] UFT는 교사의 성장을 추적하기 위해 "전문가성장기록" 양식과 "전문가성장학점승인요청" 양식을 만들었는데, 이러한 것들이 학교 시스템의 관료제를 재생산하고 있었다.[174] 이 시기 교사들이 권력을 얻게 해 줄 대표를 찾아다니면서 역대급으로 많은 교사가 교원노조에 가입했다. 학교의 관료적 구조 속에서 교사는 아무런 발언권이 없었기 때문에 교원노조가 행정가에 대한 교사들의 불평을 지원하는 장치가 되기를 기대했다. 하지만 조합원 수가 많았기 때문에, UFT는 "명확하지 않거나 중요하지 않다고 생각하는 고충 사항을 조사하고 추려내는[175] 절차를 별도로 두고 신속하게 처리했다. 이 과정에서 권한의 위계가 UFT의 관료적 구조를 규정하고, 주로 남성 지도부와 여성 평조합원을 명확히 구분했다. 샨커는 노조 내 지도자들은 이렇게 명확히 분리된 두 집단 사이의 소통을 중재했다고 설명하면서 "교사를 이끈 우리는 한때 비전을 가지고 행동했던 단지 소수의 신봉자"였다고 했다.[176]

UFT 소속의 모든 교사가 샨커에 동조하거나 그의 행동을 지지한 것은 아니었다. 교원노조 지도부가 교사 권력을 요구하고 교사 목소리를 대변한다고 했지만, 교사들은 평조합원으로 조직 내에서 어떤 권한도, 발언권도 없다는 것을 깨달았다. 1967년 파업이 끝났을 때, 교사들은 샨커가 시장 린지Lindsey의 중재안을 너무 빠르게 수용했다고 느꼈다. 화가 잔뜩 난 교사들은 9월 그에게 편지를 보냈다. 그가 받은 많은 편지 중에 이런 내용이 있다. "당신은 우리에게 용기를 가지라고 했다. 그런데 당신은 우리를 팔아먹었다."[177] 모든 조합원에게 보내는 9월 말경의 편지에서 샹커는 과거 비판을 되돌아보고 자신만의 승리를 위한 언어를 고르며 선언했다. "우리는 이겼다WE HAVE WON."[178] 그는 UFT의 대표로서 힘든 상황에 있었다. 무엇보다 조직 규모가 크고 조합원들의 관점 및 기대가 다양했기 때문이다. 일부 교사들은 그가 너무 쉽게 포기했다고 생각하지만, 1967년 파업을 빨리 끝내라고 요청하는 전보 또한 많은 조합원으로부터 받았다. 새뮤얼스Seymour Samuels는 "지금 파업을 끝내야 한다. 나는 학교로 돌아가 가르치기를 원한다"라는 편지를 보냈고,[179] 마크스Lilian Marks와 로즈Frances Rose는 "흥정을 멈추고, 학생과 교사가 학교로 다시 돌아갈 수 있도록 협약을 체결하라"라는 전보를 쳤다.[180] 1975년 파업을 치르면서, UFT 본부는 또다시 성난 편지들로 빗발쳤다. 평조합원인 더빈Mark Durbin은 불만 섞인 편지를 보냈다. "나는 그 협약에 깊은 유감을 표하고 싶다. 당시 나는 〈펠트 포럼Felt Forum〉에서 이 사안에 대해 투표하고 싶었지만 그렇게 할 수 없었다. 파업하기로 투표한 날처럼 왜 밤늦게까지 (협약과 관련한 일을 결정하는 데) 투표를 진행하지 않았는가? 당신은 평조합원이 파업을 계속하겠다는 의견에 투표할까 봐 두려웠던가? 나는 협약과 관련된 투표에 대해 충분한 정보도, 투표에 대한 내용도 전달받지 못했다. 나는 UFT를 탈퇴할까 고민하고 있다. 그리고 많은 교사가 해고되고 있는 곳에서 정말 임금이 인상되었는가? 우리 교원노조는 죽었다. 더 이상 위대하지도 강력하지도 않다. 나는 어느 날 새로운 불사조가 잿더미에서 날아오르기를 기도한다."[181]

많은 이들이 "샹커가 교사들을 팔아먹었다"[182]라고 성토하며, 다시 한 번 그가 자신의 정치적 이익을 위해 타협했다고 비난했다. 또 다른 사람은 "당신은 분명히 평조합원의 배신자다. 교원노조의 역사에서 당신 자리가 어딘지 확실해졌다"라고 썼다.[183] 비록 편지 작성자들이 원한 답신은 아니었지만, 굉장히 효율적이고 관료적인 구조 덕분에 각자는 샹커의 비서가 발송한 공식 편지를 받았다.

앨버트 샨커가 _____의 편지에 대한 감사 인사를 전하라고 요청했다. 당신만이 좌절감에 빠져 힘들어하는 게 아니다. 여러분도 알다시피, 많은 다른 UFT 조합원들도 매우 화가 났다. UFT 조합원들은 거의 기적적인 결과를 만들어 내는 파업에 익숙해져 있다. 현재 뉴욕시의 위기 상황에서 파업이 기적적인 일꾼이 전혀 아니라는 현실을 수용할 수 있는 사람이 없다는 것이 기적적인 결과이다.

진심을 담아Your Sincerely,
부위원장 홉킨스Ned Hopkins.[184]

UFT의 권력이 커짐에 따라 조직 내부의 관료제도 심화되었다. 교원노조는 교사들을 대표한다고 했는데, 역시 교사와 관련성은 있지만 딱히 교사는 아니었기 때문에 자신들의 제도적 입장만을 대변했다. 출발 당시 교원노조를 추동했던 전문가주의와 교사 권력에 대한 기본적 요구는, 1980년대 초반, 지역 및 전국 차원의 교원노조 구조와 교원노조 내 교사의 위치 때문에 아주 약해졌다.

이 시기, 전문직성이라는 교사 권력은 교사의 남성적 투쟁성의 발달과 교원노조의 주도권을 선동했다. 20세기가 도래한 이후 교사들은 교원노조와 연대해 왔는데, 1960년대에 단체교섭의 부상으로 기존 질서는 근본적으로 변화되었다. 그때 교원노조 지도자들은 교사운동의 성장을 2차 세계대전 이후 인성의 승리이자 남교사 진출로 인해 생긴 결과라고 설명했다. 그러나 교사 투쟁성을 위한 공간을 개척하는 데는 여러 중요한 요인들이 작동했다. 점진적인 역사적 진화에 더해 아마 무엇보다 (교사 투쟁성을 강화하게 한) 중요한 요인은 교사들의 근무 환경이었다. 1960년대, 뉴욕시 교사들은 범죄율과 빈곤율이 엄청나게 높고 과밀한 교실로 무너져 가는 도심 한복판 학교에서 가르치고 있었다. 한편, 학교 관료주의는 학교 조직도에 더 이상 교사를 표시하지 않을 만큼 확대되었다. 교사들이 자신의 교직생활이 규제되고 관리된다는 것을 깨달았을 때 교사 대 행정가의 비율은 거의 1:1 수준이었다.[185] 교원노조의 부상과 교원노조의 전략을 설정해 온 노동 전술집은 점차 산업화된 공립학교 교직의 특성에 잘 맞았다.

1960년대 뉴욕시 학교에는 더 많은 남자 교사들이 진입해 들어와 있었지만, 교직은 여전히 여성이 지배하는 직업이었다. 여성들은 역대급 기록을 세우고 UFT의 평조합원으로 참여하며 조직 내에서의 권한을 계속 요구했다. 하지만 성 역학관계가 조직 지도부 위계에서는 전환되어 남성이 우세했다. 한 세기 이상 여교사의 권한을 약화시킨 여교사들에 대한 전형적인 이미지를 문제삼기보다, 남성 지도자들은 오히려 자신들은 새롭고 다르다며 포장하는 데 여교사의 이미지를 활용했다. UFT 지도자의 권력과 권한에 대한 요구에, 남성 지도자들은 행정가와 지역사회가 아니라 오히려 교사, 교사교육자들이 통제권을 가져야 한다고 주장했다. 그러나 평조합원 교사들은 학교에서든, 혹은 교원노조에서든 권력도, 권한도 모두 경험하지 못했다. 그 가운데 교원노조는 성장을 추구하면서 관료제적 체계를 발전시켰다. 1980년대에 지역 교원노조 지도자들, 전국 단위 교원노조 지도자들은 교육정책 논쟁에 꼭 참여하는 인물들이 되었고, 교원노조는 공립학교 구조에 빼놓을 수 없는 구성 요소가 되었다. 그럼에도 불구하고 교사를 표준화하고, 규제하며, 이들의 권력을 약화시키는 구조는 그대로 남아 있다. 결론적으로 교사 비난 담론은 지역의 공립학교 시스템의 관료적 구조, 대학기반 교사교육 프로그램, 그리고 교원노조를 활성화하고 강화했다.

후기

로티Dan Lortie는 1975년 〈직업윤리의 본질과 내용에 대한 탐구〉란 주제로 교사를 대상으로 한 사회학 연구서인 『교직사회』를 집필했다.[1] 그는 학교 교실을 사회적이고 지적인 차원에서 교사를 고립시키는 계란판이라고 간주하면서, 공립학교의 구조적 안정성과 미시적인 수준의 학교 조직적 특성에 대해 기술했다. 로티와 동료 연구자들은 교사양성과정의 특징을 규명하는 일에서 시작해 행정적 위계로 연구 범위를 확대하면서 교사가 처한 근무 환경 때문에 교사는 준전문가 범주로 설정할 수밖에 없다고 보았다.[2] 로티의 연구를 포함한 여러 논의를 살펴보면, 공립학교 교사들은 낮은 임금에서부터 낮은 권한까지 많은 어려움을 겪고 있고, 이런 문제로 교사의 전문적 지위의 결핍이 상당하다. 많은 연구자는 이런 문제를 교사의 고립에서 비롯된다고 봤다. 그런데 교사들의 이런 낮은 지위는 근대 학교 관료제의 발달에 따른 의도치 않은 결과로 생긴 어려움에서 기인한 것이었다. 그럼에도 불구하고 교사들의 전문가적 운명은 교사들 손에 달려 있다. 로티는 교사들이 "어떤 역할을 수행하고 어떤 역할은 다른 이들에게 넘길 것인지 선택해야 한다"라고 주장했다.[3] 계속해서 그는 교직과 공립학교 개선이 교사들의 "집단적 책임"(서로를 신뢰하고 자신들의 목소리를 내며, 학교 운영에 참여하는 일)에 달려 있다고 했다. 로티는 "교사들이 자기 직업과 관련된 전문적 지식을 개발하는

데 기여할 것이라고 기대하는 것은 나름 타당해 보인다. 그들이 이 일에 기여하는 만큼 교사의 향후 입지와 근무 환경은 좋아질 것이다"라는 전망으로 연구를 마무리했다.[4] 이러한 정책 서사에서 "개천용 능력주의"의 화신, 학교와 교사들이 당면한 문제, 그리고 이런 이데올로기가 지속되는 상황은 왜 교사들이 자신들의 운명을 바꿀 만큼 집단적으로 충분히 일을 하지 않았는지에 대해 교사를 추적하게 했다.

교사 비난에 뿌리를 둔 기본적인 정책 서사와 그 서사가 만들어 낸 개혁들은 그 시기의 사회적, 경제적, 정치적 환경에 따라 계속 변화해 왔다. 하지만 교사 비난이라는 근본적인 줄거리는 변함없이 일관되게 남아 있다. 역사를 뒤흔드는 위협처럼 그 정책 서사는 21세기 교육개혁의 정당성을 뒷받침하고 있다. 2011년 여름, 교육부장관이었던 던컨Arne Duncan은 미국전문가교사표준위원회National Board of Professional Teaching Standards가 주최한 행사에 참석해, 전국 공립학교 교사들이 얼마나 중요한지 언급했다. 그러나 그는 "똑똑하고, 헌신적인 젊은 미국인들이─우리 학생들이 교실에서 요구하는 바로 그 사람들─ 교사로서 일할 소명에 응답하지 않는다"라며 통탄했다. 그가 보기에 "교직은 국가의 영광스러운 직업"임이 틀림없지만, 그리 간단한 문제가 아니었다. 던컨 장관은 향후 교사 퇴직 현황을 기술하면서 (이때야말로) "교직을 현대화하고 재능 있는 인력 풀을 확장할 절호의 기회"라며, "교사를 모집하고, 훈련하고, 지원하고, 평가하고, 그리고 교사들에게 보상하는 방식에 있어 획기적인 변화"가 필요하다고 주장했다. 던컨은 행사에 참석한 청중들에게 이런 변화에는 많은 비용이 소요된다고 설명했다. 전문직화된 교사들은 지속되고 있는 성취 격차들을 완화하고 기술 혁신과 국제 경쟁력을 지원할 것이다. 던컨이 로티를 떠올렸는지 모르겠지만, 그는 학교 개선을 위한 해결책이자 잠재적 장애 요인으로 교사를 꼽았다. 그는 "변화는 우리 교실에서 매일 열심히 일하는 남녀 교사들로부터 올 수 있다"라고 했다. 또 "우리는 우리의 아이, 우리의 부모, 우리의 교사, 우리의 국가가 더 나아졌다고 인정할 수 있도록 교직 그 자체를 다시 만들어야 한다"라고 주장했다.[5] 이 책의 독자는 던컨이 요구하는 다양한 개혁 방안들이 아마 친숙하게 들릴 것이다. 이러한 개혁 방안들에는 교사평가체제, 전문직으로 가는 대안적 경로, 교사양성과정 및 성과급에 대한 더 강한 통제권이 포함되어 있다. 던컨과 동료들은 변화에 대한 요구를 급진적이고, 새로운 실험이라고 말하고 있지만, 이들은 교사를 비난하는 동일한 정책 담론을 반복하고 있다. 그런 서사로부터 합리화로서의 전문직화라는 예측 가능한 개혁 방안들이 탄생했다.

이 책에서 연대기적으로 살펴본 역사는 '엉터리 교사'라는 수사에 끈질기게 도전한 역사였다. 역사적 사건 그 이상으로, 일련의 교육개혁은 학교 개선을 위한 교사 개선이라는 이름으로 시작됐다. 이런 교육개혁은 성장하는 관료제의 가장 낮은 단계에 교사를 고립시키고, 이들의 전문성을 약화시키며, 이들을 침묵하게 만들고, 의사결정하고 자율적으로 행동할 수 있는 교사의 능력을 제한했다. 전문직성이라는 역사적 주문이 쉽게 공감대를 형성하면서 정책결정자들은 공립학교를 표준화하고 규제하고 공립학교의 효율성을 개선하기 위한 방법으로 교사 전문직화 개혁을 추진했다. 전문직화는 지위와 권위에 관한 은유이다. 하지만 전문직화라는 이름으로 이루어진 교사 개혁들은 다른 전문직을 구축하는 과정과 닮은 점이 거의 없었다. 전문가 교사라는 언어는 기본적으로 긍정적 함의를 갖고 공감대를 형성했지만, 교사 전문직화, 체계화, 합리화는 실제로 동일한 하나의 과정이었다. 이 모든 것들은 공립학교 체제의 효율성과 효능감을 증가시키려는 교사 비난 담론에 의해 촉진된 것들이다. 공립학교 교육의 사회적 가치에 대한 이데올로기가 다양한 개혁 집단들의 제도적 이해관계와 결합되어 교사들을 위한 전문직화 조치들을 규정했다.

역사는 교직이 단순히 백인 여성이 지배적이었던 직업이 아니라 그렇게 계획된 직업이었다는 점을 보여 준다. 정책결정자, 학교지도자, 교사교육자, 교원노조 지도자들은 인종차별적이고 성차별적인 렌즈로 학교를 바라봤다. 이러한 인식에 터해 정책은 교직을 백인 여성을 위한 직업으로 만들고, 그렇게 실행했다. 그 과정에서 어떤 사람은 끌어들이고 또 어떤 사람들은 배척당했다. 요약하면, 교사 인력을 어떻게 구성할 것인지, 그리고 공립학교 교사란 어떤 사람이어야 하는지는 매 순간 설계된 것이었다.

이 책은 역사가 과거와 현재의 명백한 경계선 없이 우리 주변을 둘러싸고 전개된다는 것을 보여 준다. 우리가 이런 사실을 알든 그렇지 않든 상관없이 말이다. 우리는 역사를 가시화하면서 현재를 이해하고 미래를 설계하는 렌즈를 얻는다.[6] 첫 단계는 기원의 역사이다. 과거에 대한 이해는 우리가 직면한 문제 및 도전과제들이 어디서 왔는지, 그리고 다른 사람들이 그것들을 어떻게 해결하려고 노력했는지를 이해하도록 돕는다. 이와 관련된 역사적 지식은 진화한 것이 있는지 관심을 이끌면서 새로움이라는 (언어적) 환상에서 깨어나게 한다. 뭔가 변화가 있을지 모르지만, 우리는 아주 넓은 과거의 유산, 즉 역사적 대서사의 일부일 뿐이다. 무엇보다도, 과거에 대한 이해는 파괴적이어야 한다. 역사를 진지하게 대한다는 말은, 우리가 역사적 사실이라며 수용해 온 기본적인 가정과 표준에 의문을 제기한다는 의미다.

이 책의 중심 주제는 교사 전문직화 개혁이 오히려 교사를 위한 전문가적 지위를 침해해 왔고, 전문직화 개혁 방안을 더 많이 요구하게 했다는 것이다. 이러한 중심 주제가 기본적으로 시시포스 신화와 같다면, 종국적으로 우리는 이 신화 속 바위를 어떻게 언덕까지 들어 올릴 수 있을까? 이 책의 의의라면 '교사 비난하기'라는 역사적 정책 서사를 정의하고, 정책결정자, 교사교육자, 교원노조 지도자 및 사회비평가들이 그런 서사를 만들고, 경쟁하고, 유지해 온 방법을 추적하며, 마지막으로 이들 정책 서사에 자리를 양보한 경쟁적 개혁 방안들을 회복시키는 데 있다. 좋은 소식은 정책 서사는 변화할 수 있다는 점이다. 이 서사들은 객관적 사실이라기보다는 사회적 창조물이고, 우리가 세계를 어떻게 보기를 원하는지에 대한 염원이 반영된 결과다. 하지만 곤란한 점이 한 가지 있다. 이들 정책 서사는 우리 상상이 만들어 낸 산물이지만, 그것들은 실재하는 결과로 우리 삶에 영향을 미친다는 점이다.

21세기, 이들이 협력해 일군 학교개혁은 교사를 주변으로 밀어냈다. 교사를 관리되어야 할 문제적 존재로 고립시키고, 교사들이 경쟁적인 개혁의 바다에서 표류하게 만들었다. 교사양성과정은 무능한 교사들의 원흉으로 계속 주목받았다. 대학기반 교사양성과정에 초점을 둔 개혁 방안은 책무성을 강화하고 표준화했다. 전미교사교육인증협회The National Council for the Accreditation of Teacher Education, NCATE의 후신인 예비교사기관인증협회The Council for the Accreditation of Education Preparation, CAEP는 전국의 교육대학이 공립학교에서 일할 교사를 양성하고 있다는 증거를 확보하고, 교실에서 한 번 더 교사의 성장을 추적하는 프로그램을 요구했다. 한편, 릴레이교육대학원Relay Graduate School of Education은 대학기반 교사양성과정과는 다른 방식으로 만들어진 프로그램으로, 실시간 직업 훈련을 내세우며 전국적으로 퍼져 나갔다. 이와 동시에 교직으로 들어가는 대안적 경로가 티치포아메리카Teach for America, 뉴욕시교사펠로The New York City Teaching Fellows, 경력전환자를 위한 프로그램과 같은 개혁 방안으로 확대됐고, 관련 프로그램들이 급증했다. 아주 소란스럽게 개혁을 부르짖으며 등장한 것을 넘어, 이런 실험 조치들 모두가 교사들에게서 공유된 전문가적 지식을 박탈했다. 자격인증기관, 교사교육자, 개혁가들은 교사양성과정의 성격을 두고 충돌했는데, 근본적으로는 각자의 이익을 실현하려는 논거를 앞세웠기 때문이었다. 개혁 논쟁의 영향으로 교사들은 공유된 지식체계 없이 전국의 학교로 진출했다.

마찬가지로, 교사단체들은 형편없는 교사의 또 다른 원인이라며 공격을 받았다. 비판자들은 캘리포니아 및 뉴욕 등의 대도시에서 단체교섭 합의안의 주요 내용인 정년보장정책을 교육개혁을 향한 장애물로 여기고는, 정년보장정책을 뒤집기 위한 법정 다툼에 나섰다. 2018년 여름, 대법원은 교사를 대표하는 교원노조를 포함해 공공부문 노동조합은 조합원이든 아니든 모든 노동자에게 더 이상 회비를 부가할 수 없다고 규정했다. 전미교사연맹AFT의 멀그루Michael Mulgrew 위원장은 보도자료를 통해, "필사적으로 노동권을 파괴하고 공립학교를 약화시키려는 권력으로 설계된 시간들"의 축적[7]이라며 그 판결을 평했다. 교사가 참여하는 단체 및 조직을 해체하려는 위협들은 낮은 임금, 자원 부족, 과밀한 학교 등의 열악한 근무 현실과 결합됐다. 로스앤젤레스에서 시카고, 오클라호마에 이르기까지 교사들이 학교를 떠나면서 새로운 투쟁성에 불을 붙였다. 교원노조 지도자들은 노동조합 조직이 교사들에게 기본적인 보호장치를 제공한다고 주장했다. 반교원노조 기치를 내건 학교지도자들은 교원노조는 개혁을 억제한다고 주장한다. 결과적으로 노조 지도자와 반노조 학교지도자는 서로를 필요로 하는 공생관계를 형성했고 두 집단 모두 교사들의 전문적 권위를 약화시켰다.

오래전부터 자리한 교사평가, 표준화시험, 케케묵은 교육과정을 추진하라는 압력은 21세기 방식의 학교개혁을 떠받치는 중요한 받침대로 등장하면서 가속화되어 왔다. 사기업은 "학업성취 격차"를 줄이는 일에 관심을 보인 것만큼 교사를 시키는 대로 고분고분하게 만드는 일에 관심을 보이며 교육개혁운동에 참여했다. 사기업에게 개혁운동이란 학교교육을 이익을 내는 시장으로 본다는 의미이다. 예를 들어, 2013년 피어슨사는 〈교직의 전문직화: 다음 세대〉라는 주제의 교직 관련 학술대회를 후원했다. 세션은 'edTPA'와 같은 시판용 평가 도구의 토론에 집중했는데, 이것은 신규 교사가 "교직을 수행하기 위해 준비되어 있는지 아닌지"[8]를 객관적으로 판단하는 방법에 이름 붙여진 매트릭스였다. 교사 비난 정책 서사는 관련 산업과 단체들을 만들어 냈는데, 이들은 이러한 서사가 지속되어야만 존재하고 이러한 서사의 유지로 이윤을 얻게 된다.

1980년대 이래, 개혁가들은 교사 인력의 인구학적 구성에 조바심쳤다. 지역과 국가 차원의 정책결정자들은 급속하게 다양해진 학생 구성에 직면해서야 교직에서 왜 백인들이 여전히 지배적인지 궁금해하며 그 이유를 탐구했다. 그렇게 탐구된 연구물은, 이미 많은 유색인종을 둘러싼 차별적 가정 및 경험적으로 알고 있는 내용을 보고서로 정리한 것 정도였지만 말이다. 동일 인종의 역할 모델이 학생들에게 중요한데, 곧 대표성의 문제다. 정책결정자들은 비난 담론의 정책 서사를 확장해 나가면서, 교사 공급 문제를 원흉으로 지목했다. 즉, 교직을 원하거나 자격을 갖춘 유색인종 교사들이 충분하지 않다는 둥, 그래서 이러한 서사가 계속된다는 둥 하는 내용이었다. 이러한 비난의 공식에 따라, (교사 부족) 문제는 다른 직업을 선택하거나 공립학교 교사가 될 만큼 충분하게 준비하지 못한 유색인종 개인들의 문제로 조명되었다. 이러한 프레임은 역사와 구체적인 정책과 실천들을 못 본 척, 혹은 그런 일이 없었던 듯 외면하게 만든다. 즉, 학교지도자들이 나서 유색인종 교사의 교직 입문을 막는 장벽을 만들고 교직을 백인 여성의 일로 설정한 역사와 세부 정책, 그리고 구체적인 실천들이 이런 틀 짓기로 사라진다는 말이다.[9]

꽤 오랫동안 많은 학자와 개혁가들은 교사들이 발언하고 적극적인 자세로 역할을 수행해야 한다고 주장하면서, 전문직성에 대한 인식 부족은 이에 대한 교사들의 무관심 때문이라고 단언했다. 하지만 이런 추론 방식은 교사들이 오랜 역사 속에서 이러한 노력을 하지 않았다고 가정한다. 이 가정은 직접적으로는 교사를 비난하는 정책 서사에서 나왔다.

일종의 신화라고 할 수 있다. 연대적으로 기록한 이 책의 내용에서 잘 볼 수 있듯이 말이다. 교사들은 종종 처벌의 위험을 감수하고서 자신들의 목소리를 내왔다. 사실이다. 그러나 이들은 늘 자신들을 침묵하게 하고 자신들의 목소리를 합법적인 것으로 인정하지 않는 강력한 장벽에 직면했다. 이 또한 언제나 사실이었다. 교사 비난 정책 서사에서 비롯된 개혁들이 근대 공립학교를 만들고, 대학기반 교사교육과정, 그리고 교원노조를 설립하게 했고, 따라서 이들 요인 중에 어느 하나가 다른 요인보다 교사들이 겪고 있는 어려움에 더 큰 책임이 있는 것은 아니다. 이들 모두 다 똑같이 비판받아야 한다. 이들 기관은 교사(공립학교) 비난 담론에 기대어 자신들의 생존을 거래했고, 그것에 성공했다. 한 치의 오차도 없이 사실이다. 그러나 이들은 경쟁에 나선 각자의 이익이란 무게를 짊어지고는 충돌하는 정책의 역사를 온몸으로 맞아야 했다.

우리 교사들은 100년간의 개혁이란 흐름 속에서 만들어졌다. 지금도 그렇다. 한 사회의 일원으로 우리가 그들로 인해 행복하지 않다면, 우리는 우리 자신을 비난해야 한다. 교사를 전문직화하는 것은 단순히 교사에 귀를 기울이고 의사결정 과정에 이들을 포함하는 그런 문제일 수 없다. 그보다는 공교육 전체 구조를 특징짓는 권력의 균형이 이동해야 한다. 실제, 교사는 계속 권한을 요구해야 한다. 하지만 권력에는 한계가 있다. 전문직화가 전국 교사들의 목적이라면, 전문직화를 경험한 다른 직업들처럼 정책결정가, 학교지도자, 교사교육자, 그리고 교원노조 지도자 모두 기꺼이 자신들의 권한을 내려놓아야 한다.

감사의 글

나는 뉴욕대학교New York University에서 박사과정을 시작했다. 이때는 아버지가 돌아가시고 몇 달이 채 지나지 않았었고 그가 같은 대학교에서 박사학위를 수여받고 20여 년이 지난 해였다. 워싱턴스퀘어파크를 지나 그린스트리트Greene St.을 걸어 내려가면서 난 아버지가 걸었던 발걸음을 되짚어갔다. 나는 밥스트Bobst에 있던 책더미에 앉아 태미먼트Tamiment에 보관된 자료를 뒤적이면서 이 책의 주제를 발전시켜 갔다. 그러면서 마치 아버지가 내 옆에 함께 있다는 느낌을 받았다. 이 책은 아마 박사과정 1년 차 아니면 2년 차에 월코비츠Danny Walkowitz와 함께 수강했던 노동 관련 세미나에서 시작되었다. 하지만 이 주제의 뿌리는 이보다 훨씬 더 먼 곳에서 발견할 수 있다. 트루일로트Michel-Rolph Trouillot는 『과거를 침묵시키기Silencing the Past』Beacon Press, 1995에서, "저녁 먹는 자리에 역사가 늘 한 자리 차지하고 있는 가정에서 자랐다"라고 했다. 내 이야기도 다르지 않다. 우리 집을 가득 채운 서가의 책들과 내 어린 시절을 만들어 준 대화 및 이야기들 속에서 나는 과거를 사랑하는 법과 과거가 현재의 나와 어떤 관련을 맺는지 이해하는 법을 배웠다.

엄마Frank D'Amico와 청명한 다지아스펜Dodge Aspen에서 드라이브를 즐겼던 여름을 잘 기억한다. 당시 우리는 할머니Dolores Paniccia를 다시 댁으로 모셔다드리려고 브롱크스Bronx를 지나가던 참이었다. 난 카

벨Carvel에서 아이스크림을 사 주겠다는 약속에 꾀여 함께 가면서 할머니가 어린 자녀들을 데리고 미국에 이민해 온 이야기와 2차 세계대전 당시 이탈리아의 여러 동굴에 피신했던 이야기를 엄마의 통역으로 듣고 있었다. 이야기를 들으며 나는 창문 밖으로 손을 뻗어 뉴욕시의 따뜻한 공기를 맞았었다. 1980년대 아버지는 종종 언니와 나를 위해 연필 한 움큼을 가져왔는데, 연필에는 "역사 속 여성을 다시 써라Write Women Back into History"라는 글씨가 금색으로 박혀 있었다. 그 연필로 숙제를 하기도 하고 할머니에 관한 학교 프로젝트를 "허스토리Herstory"란 제목으로 수행하기도 했다. 내 책장에는 그것 중 아직 깎지 않고 남아 있는 짙은 홍색의 연필 한 자루가 놓여 있어 아버지를 회상하게 해 준다. 아버지는 내가 내 삶에서 어떤 일을 성취해 낼 것인지에 대해 생각하도록 이끌었다. 내가 이 일이 어떤 것인지 알기도 훨씬 전에 말이다.

내가 이 프로젝트의 수행과정을 돌아보고 세상 사람들과 이 내용을 공유하려고 준비하면서 새삼스럽게 나와 이 프로젝트를 지원하고 지지했던 뭇 사람들에 대한 감사함으로 몸 둘 바를 몰랐다. 내가 비난받는 교사들에 관한 장구한 역사에 대해 이 책을 쓰면서 (다른 많은 사람처럼) 내가 성취해 낸 어떤 것이 있다고 한다면 그 공은 나를 가르쳤던 분들께 돌아갈 것이다. 가족에 대한 감사 다음으로 내가 가장 고맙게 생각하는 사람은 치머만Jonathan Zimmerman이다. 그를 처음 만난 건 내가 아직 학부생이었을 때로 그와의 첫 만남에 대한 인상은 거의 20여 년이 지난 지금까지 그대로 남아 있다. 그는 좀 더 너그러워진 모습으로 변하긴 했다. 그는 내 글에 대해 가장 신뢰할 만한 비평가라 할 수 있는데, 역사에 대한 애정을 담아 그때 이후 나와 글을 함께 써 왔다. 펜실베이니아주의 랭카스터에 있는 프랭클린앤마샬대학교에 계신 분들에게 특별히 감사의 마음을 전하고 싶다. 작고하신 앤드루John Andrew, 오하라Patricia O'Hara, 스티븐슨Louise Stevenson, 화이트셀Phyllis Whitesell 등이다. 내가 역사학으로 석사학위를 받은 컬럼비아대학교의 티처스칼리지에 계신 크로코Margret Crocco, 프랭클린V. P. Franklin, 웨이트Cally Waite에게도 고마움을 전한다. 뉴욕대학교의 프레이저James Fraser, 매팅리Paul Mattingly, 월코비츠Danny Walkowitz, 치머만Jon Zimmerman, 작고하신 웩슬러Harold Wechsler에게 감사의 마음을 전한다. 이분들의 풍부하고 친절한 조언과 비평에 큰 빚을 졌다.

특별히 내게 큰 도움을 준 동료들이 있다. 1년 동안의 박사후과정을 브라운대학교 교육학과에서 방문교수visiting assistant professor로 보내며 대학에서의 경력을 시작할 수 있었던 것은 더 없는 행운이었다. 따뜻하게 맞아 주고 점심 먹으며 대화를 이어 준 캐슬Carl Kaestle, 우애를 쌓으며 늘 조언을 아끼지 않은 스테페스Tracy Steffes, 멘토로서의 정성과 내 연구에 깊은 관심을 이어 주신 웡Ken Wong에게 감사하다. 조지메이슨대학교에서 여러 동료들과 함께 공부하고 또 배울 수 있었던 기회가 있어 행복했다. 특별히 브라운Betsy Levine Brown, 콜커밍스Meagan Call-Cummings, 드멀더Betsy DeMulder, 얼리Penny Earley, 폭스Becky Fox, 프랭크Toya Frank, 갈루초Gary Galluzzo, 긴즈버그Mark Ginsberg, 해터리Angie Hattery, 흐잘마손Margaret Hjalmarson, 레티에크Bethany Letiecq, 샤클리Bev Shaklee, 스미스Rob Smith, 라레Michelle Van Lare, 베슬리Colleen Vesley, 웡Shelly Wong에게 감사한다. 특별히 나는 홉슨Rodney Hopson, 호스퍼드Sonya Horsford, 뷰Jenice View의 연구와 멘토십, 그들의 우정으로 인해 늘 힘을 얻고 영감을 받아 왔다. 우리 가족은 우리 삶의 질, 그리고 내가 진짜 중요하게 생각하는 학술적 관심사를 위해 헌신되고 창의적이며 참여적으로 일하는 교수진과 협력할 기회를 갖고자 대륙을 가로질러 이곳 노스다코타주 그랜드폭스Grand Forks, North Dakota로 이사 왔다. 이들이 얼마나 나를 따뜻하게 맞아 주었는지 모르는데, 특별히 이곳 노스다코타대학교University of North Dakota의 여러 선생님(베일리Tamba-Kuii Bailey,

클린턴Virginia Clinton, 고어뉴Bonni Gourneau, 후덱Sherry Houdek, 헌터 부부 Cheryl and Josh Hunter, 잉왈슨Gail Ingwalson, 준투넌Cindy Juntunen, 켄Andre Kehn, 런스키 부부Tricia and Jamie Lunski, 모초룩Jim Mochoruk, 나바로Rachel Navarro, 오자키Casey Ozaki, 피어슨Donna Pearson, 프레스콧Cindy Prescott, 스투프니스키Rob Stupnisky, 위버하이타워 부부Becky and Marcus Weaver-Hightower), 월리Deb Worley)에게 감사 인사를 드린다. 이 책은 내 박사과정 학생들(데이비스Khaseem Davis, 디머Rebecca Diemer, 기든Andrea Guiden, 패터 슨Tiffany Mitchell Patterson)과의 협업의 결과로 이들의 수많은 질문, 흥미 공유, 다양한 참여에 큰 빚을 졌다. 특별히 특급수준의 연구보조로 함께 한 바우저Katherine Bowser와 델핀Dee Delfin, 키난Heather Keenan에게 감 사를 표한다

내가 몸담았던 학교 혹은 기관에서 함께했던 동료들 이외에도 이 프 로젝트는 다양한 외부 독자들로부터 피드백과 조언을 받을 수 있었다. 이 책에 흠이 있다면 그건 오로지 내 부족 때문이겠지만, 이 책에 나 름대로 의미 있는 성과가 있다면 그것은 이 책이 발전해 온 여러 국면 에서 다양한 부분의 글을 읽고 조언해 준 수많은 학자의 공이라고 해 야 한다. 특별히 이 책의 제목에 통찰력 있는 조언을 해 준 비티Barbara Beatty를 비롯해 블런트Jackie Blount, 버크홀더Zoe Burkholder, 그레이엄 Patricia Graham, 헤일Jon Hale, 주라비치Nick Juravich, 오그런Chris Ogren, 페 릴로Jonna Perrillo, 리즈Bill Reese, 로즈마에레Kate Rousmaniere, 어반Wayne Urban, 윌리엄스Tim Williams 등이 있다. 마찬가지로 나는 미국교육학 회American Educational Research Association, AERA, 미국역사학회American Historical Association, AHA, 미국교육사학회History of Education Society, HES, 미국사협회Organization of American History, OAH, 하버드대학교 교육대학 원, UCLA 교육대학원에서 주최하는 학술모임에 참여해 박식하고 사려 깊은 청중들의 견해를 들을 수 있었고, 이들이 제기한 문제와 이들이 보

여 준 프로젝트에 대한 환호로 작업을 계속 이어 갈 수 있었다. 이 책의 일부는 저술을 위해 마련된 거주지에 홀로 머물며 작업할 (아주 드문) 기회를 활용해 작성되었다. 그 수 주일 동안 나는 포르쉐스The Porches 에 머물며 이 프로젝트를 향한 열정과 내 저술 활동에의 기쁨을 되살려 낼 수 있었다. 특별히 헤일Trudy Hale에게 감사를 표하는데, 그는 마법의 공간과도 같은 곳으로 나를 초대해 주었다. 마지막으로 이 책의 원고를 하나도 빠짐없이 읽고 진지한 제안을 해 준 저스티스Ben Justice에게, 출판 과정의 모든 일을 순조롭게 처리해 준 러트거스대학교 출판 편집부의 배닝Lisa Banning에게 감사 인사를 드린다.

이 책의 각 페이지를 채우고 있는 풍부한 기록들이 없었다면 이 책의 출간은 불가능했을 것이다. 다음에 나열하는 기관/기구/대학의 훌륭한 연구지원과 기록관 및 사서들의 지식으로 인해 이토록 중요한 역사를 꺼내 드러낼 수 있었다. 시카고역사협회Chicago Historical Society, 뉴욕시립대학교 기록관City College of New York Archives, 티처스칼리지고츠만 도서관Gottesman Libraries at Teachers College, 헌터칼리지 도서관Hunter College Library, 코넬대학교 킬센터Kheel Center at Cornell University, 연방의회 도서관Library of Congress, 뉴욕시립 기록관Municipal Archives of the City of New York, 뉴욕역사협회New York Historical Society, 뉴욕공립 도서관New York Public Library, 뉴욕대학교 밥스트 도서관 내 태미먼트 도서관 특별문헌관Tamiment Library and Special Collections at New York University's Bobst Library, 웨인주립대학교 월터로이터도서관Walter P. Reuther Library of Labor and Urban Affairs at Wayne State University. 특별히 골로드너Dan Golodner, 맘그린Gail Malmgreen, 멘트David Ment가 풍부한 식견을 바탕으로 자기 시간을 써 내 연구를 지원한 것에 깊은 감사를 드린다.

내가 앞서 이야기한 이들로부터 받은 친절함과 관대함에 더해 이 연구는 다양한 기관의 지원을 받았다. 뉴욕대학교는 자잘한 연구기금 및 상금이 포함된 큰 규모의 연구 재원을 지원했는데, 나는 그 기간 오로지 연구에 전념하며 여러 기록관을 찾아다니고 학술행사에 참여할 수 있었다. 스펜서펠로십NAEd/Spencer Dissertation Fellowship을 통해 나는 논문을 작성하면서 동시에 여러 관심사를 가진 동료 학자들을 만날 수 있었다. 내 학위논문은 교육정치학회우수논문상을 수상했고 이 상의 영예 덕분에, 그리고 논문상위원회가 제공한 훌륭한 피드백으로 인해 학위논문을 책으로 출간할 수 있게 되었다. 브라운대학교, 조지메이슨대학교, 노스다코타대학교의 재정 지원을 받아 이 프로젝트의 연구 및 저술이 완성될 수 있었다. 특별히 이 학교의 지원으로 기록관 방문, 학술대회 발표, 저술 전용 주택을 위한 재정 및 시간을 확보할 수 있었다.

내가 지금까지 언급한 모든 감사를 넘어 내가 가장 큰 빚을 지고 있는 사람들은 가족이다. 이들로 인해 내가 살아갈 수 있었다. 내 부모님인 토마스Thomas와 프랑카Franca는 사랑과 웃음으로 가득한 집에서 내가 자랄 수 있도록 해 주었다. 아버지는 내가 언제나 호기심 많은 아이로, 기꺼이 위험을 감수할 줄 아는 아이가 되도록 가르쳤다. 만성질환으로 늘 고통을 느끼면서도 그는 내게 강인함, 끈기, 용감함의 전형이 되어 주었다. 어머니는 무언가를 격렬하게 보호하도록 가르쳤다. 그리고 가장 모범적인 할머니로, 내 아이들에게 한없는 사랑을 쏟아부었다. 언니인 기나Gina D'Amico는 배려심 많고 웃음기 많은 사람으로, 창의성과 정의로움을 그 무엇보다 앞세우는 교사다. 그리고 조카를 위해서라면 다른 누구라도 부끄럽게 만드는 훌륭한 이모다. 그레이스, 엘라, 토마스, 로버트, 이 네 아이로 인해 내 삶은 행복감, 유머, 즐거움으로 가득 차 있다. 이 네 아이가 각자 얼마나 독특하고, 특별하며, 그리고 중요한지 무엇이 이 아이들을 이렇게 만들고 있는지 두꺼운 책 한 권은 거뜬히 채워 넣을 수 있다. 이들이 자라는 모습을 보는 것이 내 삶의 가장 큰 기쁨이고 내가 하는 일은 모두 이 아이들을 위한 것이다. 나는 내가 사는 날 동안 어떤 이유로든 혼돈과 어리석음에 내 자리를 내주지 않을 것이다. 이 책이 발간되는 것은 (내 아이들과의) 아주 복잡 미묘한 사랑이 뒤섞인 것이다. 그런 사랑에도 불구하고 책을 낼 수 있었던 게 아니라. 무엇보다 이타적인 지원과 지지, 격려를 보낸 내 남편인 로버트Robert Pawlewicz에게 한없는 감사를 표한다. 우리 둘은 대학에서 만났다. 그때까지만 해도 우리는 아직 한참 어린 애들이었다. 하지만 그때도 지금처럼 잘 알고 있었다. 우리 삶은 이렇게 서로 얽힐 운명이었다. 우리는 함께 성장하고, 함께 꿈꾸고, 함께 경력을 쌓아 가고, 우리의 아이를 함께 낳고, 우리 가정을 꾸렸다. 우리가 함께 만든 삶을 위해, 그리고 아직 다 이뤄지지 않은 우리의 모험을 위해서 이 책을 내 남편 로버트에게 바친다.

[서문]

1. "School Reform Probable," *New York Times*, January 18, 1891, 14.

2. "Teachers Who Teach Note," *New York Times*, April 27, 1891, 5.

3. "A Teacher's Protest," *New York Times*, April 29, 1891, 9.

4. Caroline B. LeRow, "Essentials of a Good Teacher," *Ladies' Home Journal* 7, no. 9 (August 1890): 11.

5. 일례로, 다음 문건을 참조 바란다. "Closing the Opportunity Gap: Remarks of U.S. Secretary of Education Arne Duncan at the *Brown v. Board of Education* National Historic Site, Topeka, Kansas," September 18, 2012, U.S. Department of Education, https://www.ed.gov/news/speeches/closing-opportunity-gap.

6. Mortimer Smith, *And Madly Teach* (Chicago: Henry Regnery, 1949), vii.

7. Frederick Hess, "The Work Ahead," *Education Next* 1, no. 4 (Winter 2001): 12.

8. Department of Education, *Report of the Commissioner of Education Made to the Secretary of the Interior* (Washington, DC: Government Printing Office, 1870), 62.

9. Richard Dowling의 다음 연설에서 발췌, 인용한 것이다. "The Teacher's Position in Our Present Social Status," *Vital Speeches of the Day*, November 15, 1938, 66-68.

10. "Teachers and Task-Masters," *The Century Magazine*, December 1879, 303.

11. Arne Duncan, "Change Is Hard: Remarks of U.S. Secretary of Education Arne Duncan at Baltimore County Teachers Convening," August 12, 2012, U.S. Department of Education, http://www.ed.gov/news/speeches/change-hard; "The RESPECT Project Vision Statement," U.S. Department of Education, 2015, http://www.ed.gov/teaching/national-conversation/vision.

12. "Trump Jr. Tells Young Conservatives Don't Let Teachers 'Indoctrinate' You with Socialism," *Washington Post*, February 17, 2019, https://www.washington post.com/video/politics/trump-jr-tells-young-conservatives-dont-let-teachers-indoctrinate-you-with-socialism/2019/02/17/e9bb78d3-20ea-43a9-a399-4b9f42ca159d_video.html.

13. Deborah Stone, *Policy Paradox: The Art of Political Decision Making* (New York: W. W. Norton, 2012); Murray Edelman, *The Symbolic Uses of Politics* (Urbana: University of Illinois Press, 1985); John W. Kingdon, *Agendas, Alternatives, and Public Policies* (New York: Harper Collins, 1984); David Rochefort and Roger Cobb, eds., *The Politics of Problem Definition: Shaping the Policy Agenda* (Lawrence: University Press of Kansas, 1994); Mark K.

McBeth, Michael D. Jones, and Elizabeth Shanaham, "The Narrative Policy Framework," in *Theories of the Policy Process*, ed. Paul A. Sabatier and Christopher M. Weible (Boulder, CO: Westview Press, 2014), 225-266; Anne L. Schneider, Helen Ingram, and Peter deLeon, "Democratic Policy Design: Social Construction of Target Populations," in Sabatier and Weible, *Theories of the Policy Process*, 105-150.

14. W. Lance Bennett and Murray Edelman, "Toward a New Political Narrative," *Journal of Communication* 35, no. 4 (December 1985): 159.

15. U.S. Bureau of the Census, *Eleventh Census: Occupational Statistics* (Washington, DC: Government Printing Office, 1895).

16. U.S. Bureau of the Census, *1970 Census of Population: Occupation by Industry* (Washington, DC: Government Printing Office, 1972).

17. Andrew Abbott, *The System of Professions: An Essay on the Division of Expert Labor* (Chicago: University of Chicago Press, 1988); Eliot Freidson, *Professionalism Reborn: Theory, Prophecy, and Policy* (Chicago: University of Chicago Press, 1994); Eliot Freidson, *Professionalism: The Third Logic* (Chicago: University of Chicago Press, 2001). For one discussion of the role of university-based education in professionalization, refer to Rakesh Khurana, *From Higher Aims to Hired Hands: The Social Transformation of American Business Schools and the Unfulfilled Promise of Management as a Profession* (Princeton, NJ: Princeton University Press, 2010).

18. Amitai Etzioni, *The Semi-Professions and Their Organization: Teachers, Nurses, Social Workers* (New York: Free Press, 1969); Dan C. Lortie, *Schoolteacher: A Sociological Study* (Chicago: University of Chicago Press, 1975); Richard M. Ingersoll and Gregory J. Collins, "The Status of Teaching as a Profession," in *Schools and Society: A Sociological Approach to Education*, ed. Jeanne H. Ballantine, Joan Z. Spade, and Jenny M. Stuber, 6th ed. (Los Angeles: Sage Publications, 2018), 199-213; Jal Mehta, *The Allure of Order: High Hopes, Dashed Expectations, and the Troubled Quest to Remake American Schooling* (New York: Oxford University Press, 2013); Bureau of Labor Statistics, "Labor Force Statistics from the Current Population Survey," January 18, 2019, https://www.bls.gov/cps/tables.htm#charemp.

19. Burton J. Bledstein, *The Culture of Professionalism: The Middle Class and the Development of Higher Education in America* (New York: W. W. Norton, 1978); Thomas L. Haskell, *The Emergence of Professional Social Science: The American Social Science Association and the Nineteenth-Century Crisis of Authority* (Baltimore: Johns Hopkins University Press, 2001); Nathan A. Hatch, *The Professions in American History* (Notre Dame, IN: University of Notre Dame Press, 1988). For important work on the gendered meanings of professionalism, refer to Daniel J. Walkowitz, *Working with Class: Social Workers and the Politics of Middle-Class Identity* (Chapel Hill: University of

North Carolina Press, 1999); Dee Garrison, *Apostles of Culture: The Public Librarian and American Society, 1876-1920* (New York: Macmillan Information, 1979); Barbara Melosh, *"The Physician's Hand": Work Culture and Conflict in American Nursing* (Philadelphia: Temple University Press, 1982); Nel Noddings, "Feminist Critiques in the Professions," *Review of Research in Education* 16, no. 1 (January 1, 1990): 393-424; Anne Witz, *Professions and Patriarchy* (London: Routledge, 1992); Joan Jacobs Brumberg and Nancy Tomes, "Women in the Professions: A Research Agenda for American Historians," *Reviews in American History* 10, no. 2 (June 1, 1982): 275-296.

20. "The Status of the Teaching Profession: Report of the Committee of the State Teachers' Association of South Carolina, 1917," *Bulletin of the University of South Carolina*, no. 61 (October 1917): 3.

21. Mehta, *The Allure of Order*, 28.

22. "Educational Interests of the State Will Be There," *Daily Capital Journal*, December 16, 1916, 7.

23. "Code of Ethics Being Prepared for Boston Teachers' Guidance," *Boston Daily Globe*, July 3, 1927, A3.

24. "Teacher Is Tried for Her Criticism," *New York Times*, May 16, 1922, 15.

25. Smith, *And Madly Teach*, 3-4.

26. Mary Holman, *How It Feels to Be a Teacher* (New York: Bureau of Publications, Teachers College, Columbia University, 1950), 156, 2.

27. Lois MacFarland and David G. Wittens, "I'm Through with Teaching," *Saturday Evening Post*, November 9, 1946.

28. Jack Mabley, "Teacher's Plea: Don't Blame Us," *Chicago Tribune*, July 18, 1977, 4.

29. JoAnne Brown, *The Definition of a Profession: The Authority of Metaphor in the History of Intelligence Testing, 1890-1930* (Princeton, NJ: Princeton University Press, 1992).

30. Eliot Freidson, *Professionalism Reborn: Theory, Prophecy, and Policy* (Chicago: University of Chicago Press, 1994).

31. John Field, "Medical Education in the United States: Late 19th and 20th Centuries," in *The History of Medical Education*, ed. C. P. O'Malley (Berkeley: University of California Press, 1970), 501-530; Kenneth M. Ludmerer, *Learning to Heal: The Development of American Medical Education* (Baltimore: Johns Hopkins University Press, 1996); Regina Markell Morantz-Sanchez, *Sympathy and Science: Women Physicians in American Medicine* (New York: Oxford University Press, 1985); Steven G. Brint, *In an Age of Experts: The Changing Role of Professionals in Politics and Public Life* (Princeton, NJ: Princeton University Press, 1994); Harold L. Wilensky, "The Professionalization of Everyone?," *American Journal of Sociology* 70, no. 2 (1964): 137-158.

32. 미국 남부 지역 전체에 걸쳐 '분리되어 있지만 평등하다'라는 법적 판단과 이중과세가 부과된 '플레시(Plessy)' 시대 속 흑인 교사들은 학교교육의 사회적 역할이 중차대

함을 인식하고 있었다. 당시 이들은 지자체 학교 시스템과 분리되어 자발적으로 운영되는 지역사회 학교에서 일했었다. 이 책의 뒷부분에서 더 자세하게 논의하겠지만, 워싱턴 DC와 같은 도시에서는 흑인 교사들이 지자체 학교 시스템에 대거 유입되기도 하지만, 뉴욕시와 같은 도시에는 아예 진입조차 못 하게 막았다. 중요하게 언급되어야 할 부분은, 브라운 대 교육위원회 판결을 계기로 흑인 교사들이 학교현장에서 쫓겨나게 되었다는 점인데, 대법원이 공립학교 학생들의 통합을 명령하면서도 공립학교 교직원에 대한 이야기는 일절 하지 않았기 때문이다. 물론 각 학구가 연방 차원의 명령에 따르기를 완강히 거부하면서 흑인 교사들은 집단적으로 해고되었다. 흑인 교사들의 역사에 관한 더 자세한 내용은 다음 책을 참고하기 바란다. James D. Anderson, *The Education of Blacks in the South, 1860-1935* (Chapel Hill: University of North Carolina Press, 1988); Vanessa Siddle Walker, *Their Highest Potential: An African American School Community in the Segregated South* (Chapel Hill: University of North Carolina Press, 1996); Michele Foster, *Black Teachers on Teaching* (New York: New Press, 1997); and Adam Fairclough, *A Class of Their Own: Black Teachers in the Segregated South* (Cambridge, MA: Harvard University Press, 2007). 브라운 대 교육위원회 판결 이후 흑인 교사들의 집단 해고에 대한 내용은 다음 책을 참고하기 바란다. Adam Fairclough, "The Costs of Brown: Black Teacher and School Integration," *Journal of American History* 91, no. 1 (2004): 43-55; Michael Fultz, "The Displacement of Black Educators Post-*Brown*: An Overview and Analysis," *History of Education Quarterly* 44, no. 1 (April 1, 2004): 11-45; Linda C. Tillman, "(Un)Intended Consequences? The Impact of the *Brown v. Board of Education* Decision on the Employment Status of Black Educators," *Education and Urban Society* 36, no. 3 (May 1, 2004): 280-303; and Sonya Douglass Horsford and Kathryn Bell McKenzie, "'Sometimes I Feel Like the Problems Started with Desegregation': Exploring Black Superintendent Perspectives on Desegregation Policy," *International Journal of Qualitative Studies in Education* 21, no. 5 (September 1, 2008): 443-455. 교사 차별과 해고에 관한 좀 더 최근의 연구는 다음 책을 보기 바란다. Diana D'Amico et al., "Where Are All the Black Teachers? Discrimination in the Teacher Labor Market," *Harvard Educational Review* 87, no. 1 (2017): 26-49.

33. Tracy Steffes, *School, Society, and State: A New Education to Govern Modern America, 1890-1940* (Chicago: University of Chicago Press, 2012); David Tyack, *The One Best System: A History of American Urban Education* (Cambridge, MA: Harvard University Press, 1974); Carl Kaestle, *Pillars of the Republic: Common Schools and American Society, 1780-1860* (New York: Hill and Wang, 1983); Michael Katz, *The Irony of Early School Reform: Educational Innovation in Mid-Nineteenth Century Massachusetts* (Cambridge, MA: Harvard University Press, 1968).

34. David F. Labaree, *The Trouble with Ed Schools* (New Haven, CT: Yale University Press, 2006); Jurgen Herbst, *And Sadly Teach: Teacher Education and Professionalization in American Culture* (Madison: University of Wisconsin

Press, 1989); James W. Fraser, *Preparing America's Teachers: A History* (New York: Teachers College Press, 2007); Geraldine Jonçich Clifford and James W. Guthrie, *Ed School: A Brief for Professional Education* (Chicago: University of Chicago Press, 1990).

35. Jackie M. Blount, *Fit to Teach: Same-Sex Desire, Gender, and School Work in the Twentieth Century* (Albany: State University of New York Press, 2005); Patricia Anne Carter, *"Everybody's Paid but the Teacher": The Teaching Profession and the Women's Movement* (New York: Teachers College Press, 2002); Myra H. Strober and David Tyack, "Why Do Women Teach and Men Manage? A Report on Research on Schools," *Signs* 5, no. 3 (April 1, 1980): 494-503; Joel Perlmann and Robert A. Margo, *Women's Work? American Schoolteachers, 1650-1920* (Chicago: University of Chicago Press, 2001); Geraldine Jonçich Clifford, "Man/Woman/Teacher: Gender, Family and Career in American Educational History," in *American Teachers: Histories of a Profession at Work*, ed. Donald R. Warren (New York: Macmillan, 1989), 293-343; Jo Anne Preston, "Gender and the Formation of a Women's Profession: The Case of Public School Teaching," in *Gender Inequality at Work*, ed. Jerry Jacobs (Thousand Oaks, CA: Sage Publications, 1995), 379-407.

36. Geraldine J. Clifford, *Those Good Gertrudes: A Social History of Women Teachers in America* (Baltimore: Johns Hopkins University Press, 2014); Kate Rousmaniere, *City Teachers: Teaching and School Reform in Historical Perspective* (New York: Teachers College Press, 1997); Doris Hinson Pieroth, *Seattle's Women Teachers of the Interwar Years: Shapers of a Livable City* (Seattle: University of Washington Press, 2004); Janet Nolan, *Servants of the Poor: Teachers and Mobility in Ireland and Irish America* (Notre Dame, IN: University of Notre Dame Press, 2004); Larry Cuban, *How Teachers Taught: Constancy and Change in American Classrooms, 1890-1980* (New York: Longman, 1984); Richard J. Altenbaugh, *The Teacher's Voice: A Social History of Teaching in Twentieth-Century America* (London: Falmer Press, 1991); Carter, *"Everybody's Paid but the Teacher."*

37. Jonna Perrillo, *Uncivil Rights: Teachers, Unions, and Race in the Battle for School Equity* (Chicago: University of Chicago Press, 2012); Jon Shelton, *Teacher Strike! Public Education and the Making of a New American Political Order* (Urbana: University of Illinois Press, 2017); Marjorie Murphy, *Blackboard Unions: The AFT and the NEA, 1900-1980* (Ithaca, NY: Cornell University Press, 1992); Wayne J. Urban, *Why Teachers Organized* (Detroit: Wayne State University Press, 1982); Wayne J. Urban, *Gender, Race, and the National Education Association: Professionalism and Its Limitations* (New York: Routledge Falmer, 2000); Jon Shelton, *Public Education and the Making of a New American Public Order* (Urbana: University of Illinois Press, 2017).

38. 연방교육부의 교육개혁 정책에 대한 논의는 다음 책을 참고하기 바란다. Maris

Vinovskis, *From a Nation at Risk to No Child Left Behind: National Education Goals and the Creation of Federal Education Policy* (New York: Teachers College Press, 2008); Gareth Davies, *See Government Grow: Education Politics from Johnson to Reagan* (Lawrence: University Press of Kansas, 2007).

39. "New York Mixed Schools," *The Sun*, March 5, 1903, 2; "Topics in New York: White Pupils Object to a Negro Teacher," *The Sun*, April 30, 1903, 7.

[제1장] 혼돈의 국가: 지역 공립학교 시스템의 등장과 교직의 제도화

1. Lawrence A. Cremin, ed., *The Republic and the School: Horace Mann on the Education of Free Men* (New York: Teachers College Press, 1957), 79-112.

2. Horace Mann, *A Few Thoughts on the Powers and Duties of Woman: Two Lectures* (New York: Hal, Mills and Company, 1853), 84.

3. Lorraine S. Pangle and Thomas L. Pangle, *The Learning of Liberty: The Educational Ideas of the American Founders* (Lawrence: University Press of Kansas, 1993).

4. 보통학교 운동 및 초기 공립학교에 대한 좀 더 자세한 논의는 다음 책을 참고하기 바란다. Carl Kaestle, *Pillars of the Republic: Common Schools and American Society, 1780-1860* (New York: Hill and Wang, 1983); Michael Katz, *The Irony of Early School Reform: Educational Innovation in Mid-Nineteenth Century Massachusetts* (Cambridge, MA: Harvard University Press, 1968); and Lawrence A. Cremin, *The Transformation of the School* (New York: Knopf, 1961). 뉴욕시 공립학교 역사에 대한 자료는 다음 책을 참고하기 바란다. Diane Ravitch, *The Great School Wars: A History of the New York City Public Schools* (Baltimore: Johns Hopkins University Press, 1974); Thomas Boese, *Public Education in the City of New York: Its History, Condition, and Statistics; An Official Report to the Board of Education* (New York: Harper and Bros., 1869); and William Oland, *History of the Public School Society of the City of New York: With Portraits of the Presidents of the Society* ··· (New ork: W. Wood & Co., 1873).

5. Department of Education, *Report of the Commissioner of Education Made to the Secretary of the Interior* (Washington, DC: Government Printing Office, 1870), 62-63.

6 Joseph M. Rice, "Substitution of Teacher for Text-Book," *The Forum*, August 1895, 681.

7. Jon A. Peterson, *The Birth of City Planning in the United States, 1840-1917* (Baltimore: Johns Hopkins University Press, 2003); Edwin G. Burrows, *Gotham: A History of New York City to 1898* (New York: Oxford University Press, 1999).

8. Joseph C. G. Kennedy, *Population of the United States in 1860: Compiled from the Original Returns of the Eighth Census under the Direction of the Secretary of the Interior* (Washington, DC: Government Printing Office, 1864), iv.

9. "No. 22: Address of the President," in *Documents of the Board of Education*

of the City of New York for the Year 1855 (New York: Wm. C. Bryant & Co. Printers, 1855), 5.

10. Kennedy, Population of the United States in 1860, xxix, xxxii.

11. "Slumming in This Town: A Fashionable London Mania Reaches New-York. Slumming Parties to Be the Rage This Winter—Good Districts to Visit—Mrs. Langtry as a Slummer," New York Times, September 14, 1884, 4.

12. Eric Homberger, Mrs. Astor's New York: Money and Social Power in a Gilded Age (New Haven, CT: Yale University Press, 2002); Burrows, Gotham.

13. Matthew Frye Jacobson, Whiteness of a Different Color: European Immigrants and the Alchemy of Race (Cambridge, MA: Harvard University Press, 1999).

14. Linda Kerber, Women of the Republic: Intellect and Ideology in Revolutionary America (Chapel Hill: University of North Carolina Press, 1980).

15. Cremin, The Republic and the School, 79-112.

16. Ira Mayhew, Popular Education: For the Use of Parents and Teachers and for Young Persons of Both Sexes (New York: Daniel Burgess & Company, 1855), 411.

17. Fourteenth Annual Report of the Board of Education of the City and County of New York for the Year Ending January 1, 1856 (New York: Wm. C. Bryant & Co. Printers, 1856), 23.

18. Paul Mattingly, The Classless Profession: American Schoolmen in the Nineteenth Century (New York: New York University Press, 1975).

19. Geraldine Jonçich Clifford, "Man/Woman/Teacher: Gender, Family and Career in American Educational History," in American Teachers: Histories of a Profession at Work, ed. Donald R. Warren (New York: Macmillan, 1989); Jackie M. Blount, "Spinsters, Bachelors, and Other Gender Transgressors in School Employment, 1850-1990," Review of Educational Research 70, no. 1 (March 1, 2000): 83-101; Kimberley Tolley, "Music Teachers in the North Carolina Education Market, 1800-1840: How Mrs. Sambourne Earned a 'Comfortable Living for Herself and Her Children,'" Social Science History 32, no. 1 (February 20, 2008): 75-106; James C. Albisetti, "The Feminization of Teaching in the Nineteenth Century: A Comparative Perspective," History of Education 22 (1993): 253-263; John G. Richardson and Brenda Wooden Hatcher, "The Feminization of Public School Teaching: 1870-1920," Work and Occupations: An International Sociological Journal 10 (1983), 81-99; Myra H. Strober and Audri Gordon Lanford, "The Feminization of Public School Teaching: Cross-Sectional Analysis, 1850-1880," Signs: Journal of Women in Culture and Society 11 (1986), 212-235; Joel Perlmann and Robert A. Margo, Women's Work? American Schoolteachers, 1650-1920 (Chicago: University of Chicago Press, 2001); John L. Rury, "Who Became Teachers? The Social Characteristics of Teachers in American History," in Warren, American Teachers, 9-48; John L. Rury, Education and Women's Work: Female Schooling and the Division

of Labor in Urban America, 1870-1930 (Albany: State University of New York Press, 1991).

20. "No. 1: Remarks of Erastus C. Benedict, Esq., on His Re-election as President of the Board of Education, at Its Organization, January 11, 1854," in *Documents of the Board of Education of the City of New York for the Year 1854*, 2.

21. Department of Education, *Report of the Commissioner of Education* (Washington, DC: Government Printing Office, 1870), 58.

22. *Fourteenth Annual Report of the Board of Education*, 25-28.

23. Catharine E. Beecher, *The True Remedy for the Wrongs of Woman: With a History of an Enterprise Having That for Its Object* (Boston: Phillips, Sampson & Co., 1851), 57.

24. "No. 3: Monthly Report of City Super," in *Documents of the Board of Education of the City of New York for the Year 1855*, 2.

25. "No. 14: Annual Report of the City Superintendent of Schools," in *Documents of the Board of Education of the City of New York for the Year Ending December 31, 1861* (New York: C. S. Westcott & Co. Printers, 1862).

26. Department of Education, *Report of the Commissioner of Education with Circulars and Documents Submitted to the Senate and House of Representatives on June 2, 1868* (Washington, DC: Government Printing Office, 1868).

27. Briscoe E. Man, "Personality of Teachers," *The North American Review* 146 (June 1888): 711.

28. *Report of the Commissioner of Education* (Washington, DC: Government Printing Office, 1868), 833-848.

29. *Report of the Commissioner of Education* (Washington, DC: Government Printing Office, 1870), 38.

30. U.S. Bureau of the Census, *Eleventh Census: Occupational Statistics* (Washington DC: Government Printing Office, 1895).

31. "The Color Line," *Chicago Tribune*, April 20, 1883, 2.

32. U.S. Bureau of the Census, *Eleventh Census: Occupational Statistics* (Washington DC: Government Printing Office, 1895).

33. "Schools in Baltimore," *New York Times*, December 27, 1880, 1.

34. "No. 1: Remarks of Andrew H. Green," in *Documents of the Board of Education of the City of New York for the Year 1856* (New York: Wm. C. Bryant & Co. Printers, 1858), 2.

35. Richard Larremore, *Address of Richard Larremore, Esq. on his Election as President of the Board of Education of the City of New York: Delivered January 8, 1868* (New York: Wm. C. Bryant & Co. Printers, 1868).

36. *Fortieth Annual Report of the Board of Education of the City, and County of New York for the Year Ending December 31, 1881* (New York: Hall of the

Board of Education, 1882), 36.

37. John D. Philbrick, *City School Systems in the U.S.* (Washington, DC: Government Printing Office, 1885), 127.

38. *Manual of the Board of Education of the City of New York* (New York: Hall of the Board of Education, 1889), 48.

39. "The Salaries of Public School Teachers," *New York Times*, April 4, 1867, 4.

40. "No. 15: Report from the Committee on Teachers," in *Documents of the Board of Education of the City of New York for the Year Ending December 31, 1859* (New York: Joseph Russell, 1860), 2.

41. "Dissatisfied School Teachers," *New York Times*, April 22, 1884, 8.

42. *Journal of the Board of Education of the City of New York, 1883* (New York: Wm. A. Wheeler, 1883), 592–593.

43. 예를 들어 다음 자료를 참고하기 바란다. Prism Gardner, "Pay the Teachers at Once," *Chicago Daily Tribune*, June 5, 1879, 12; "Pay Up the Teachers," *Atlanta Constitution*, July 9, 1890, 5.

44. "The Salaries of Public School Teachers," 4.

45. William H. Neilson, *Remarks of Wm. II. Neilson, Esq. on Assuming the Presidency of the Board of Education: January 14, 1874* (New York: Cushing & Bardua, Steam Printers, 1874), 7.

46. "No. 1: Inaugural Address of Andrew H. Green, Esq., President, Department of Public Instruction, Board of Education, City of New York February 4, 1857," in *Documents of the Board of Education of the City of New York, for the Year Ending December 31, 1857* (New York: Pudney & Russell, Printers, 1858), 5.

47. "No. 34: Annual Report of the Board of Education," in *Documents of the Board of Education of the City of New York, for the Year Ending December 31, 1856* (New York: Wm. C. Bryant & Co. Printers, 1858), 41.

48. "No. 3: Monthly Report of the City Superintendent of Schools," in *Documents of the Board of Education of the City of New York for the Year 1855*, 3.

49. *Journal of the Board of Education of the City of New York* (New York: Wm. C. Bryant & Co. Printers, 1883), 863.

50. *Thirteenth Annual Report of the Board of Education of the City of New York for the Year Ending January 1, 1855* (New York: Wm. C. Bryant & Co. Printers, 1855), 6.

51. P. R. Burchard, "Our Educational Outlook," *Scribner's Monthly*, May 1872, 97–103.

52. *Report of the Commissioner of Education for the Year 1879* (Washington, DC: Government Printing Office, 1881), xxi.

53. "No. 34: Annual Report of the Board of Education," 38.

54. "No. 34: Annual Report of the Board of Education," 52.

55. "No. 14½: Remarks of Wm. H. Neilson, Esq., at the Inauguration of the Daily Normal School," in *Documents of the Board of Education of the City of New*

York, for the Year Ending December 31, 1856, 5.

56. *A Manual of Discipline and Instruction for the use of Teachers of the Grammar Schools Under the Charge of the Board of Education of the City of New York* (New York: J. S. Babcock, 1884), 11, series 49, New York City Board of Education Collection, Municipal Archives, New York City Department of Records (hereafter Municipal Archives).

57. "Live Teachers," *New York Daily Times*, January 29, 1855, 4.

58. Burchard, "Our Educational Outlook," 103.

59. *Report of the Commissioner of Education* (Washington, DC: Government Printing Office, 1868), 16.

60. J. G. Schurman, "Teaching—A Trade or a Profession?," *The Forum*, April 1896, 171; "Live Teachers," 4.

61. "Two Ways of Teaching English," *The Century Magazine*, March 1896, 793–794.

62. Rice, "Substitution of Teacher for Text-Book," 681; "Pedagogical Law: The Law as to the Teacher's Morality," *American Educational Monthly*, January 1867, 15-20.

63. B. G. Northrop, *Examination of Teachers* (New Haven, CT: Tuttle, Morehouse & Taylor, 1880), 6; *Fourteenth Annual Report of the Board of Education*, 27.

64. "Live Teachers," 4.

65. "The Teachers' Association," *Atlanta Constitution*, August 18, 1886, 7.

66. Schurman, "Teaching," 176-177.

67. Burchard, "Our Educational Outlook," 102.

68. Beecher, *The True Remedy for the Wrongs of Woman*, 26.

69. Diana D'Amico, "An Uneasy Union: Women Teachers, Organized Labor, and the Contested Ideology of Profession during the Progressive Era," *LABOR: Studies in Working-Class History of the Americas* 14, no. 3 (September 2017): 35-54; Cathy N. Davidson and Jessamyn Hatcher, eds., *No More Separate Spheres! A Next Wave American Studies Reader* (Durham, NC: Duke University Press Books, 2002); Joan W. Scott and Debra Keates, *Going Public: Feminism and the Shifting Boundaries of the Private Sphere* (Urbana: University of Illinois Press, 2005); Joan B. Landes, "Further Thoughts on the Public/Private Distinction," *Journal of Women's History* 15 (2003): 28-39.

70. Horace Mann, *A Few Thoughts on the Powers and Duties of Woman: Two Lectures* (Syracuse, NY: Hall, Mills and Co., 1853), 105-106, 125.

71 *Fourteenth Annual Report of the Board of Education*, 26.

72. "Teachers' Associations," *New York Times*, May 27, 1858, 5.

73. "No. 15: Report from the Committee on Teachers," 3.

74. Philbrick, *City School Systems in the U.S.*, 7-8.

75. Christine A. Ogren, *The American State Normal School: An Instrument of Great Good* (New York: Macmillan, 2005); Barbara M. Solomon, *In the*

Company of Educated Women: A History of Women and Higher Education in America (New Haven, CT: Yale University Press, 1985). For more on the early education of women, refer to Margaret A. Nash, *Women's Education in the United States, 1780-1840* (New York: Palgrave Macmillan, 2007).

76. Ogren, *The American State Normal School*.

77. Christine Ogren, "The History and Historiography of Teacher Preparation in the United States: A Synthesis, Analysis, and Potential Contributions to Higher Education History," in *Higher Education: Handbook of Theory and Research*, ed. Michael B. Paulson (Dordrecht, Netherlands: Springer, 2013), 405-458.

78. Katherina Kroo Grunfeld, "Purpose and Ambiguity: The Feminine World of Hunter College, 1869-1945" (EdD diss., Teachers College, Columbia University, 1991).

79. "No. 10½: Annual Report of the City Superintendent of Schools," in *Documents of the Board of Education of the City of New York for the Year Ending December 31, 1860* (New York: George Russell, 1861), 8.

80. *Manual of the Board of Education of the City and County of New York, 1856* (New York: Edward O. Jenkins, 1856), 12.

81. "No. 18: Annual Report of the Board of Education for the Year Ending December 31, 1860," in *Documents of the Board of Education of the City of New York for the Year Ending December 31, 1860*, 44.

82. "No. 2: Report from the Executive Committee on Normal Schools," in *Documents of the Board of Education of the City of New York for the Year Ending December 31, 1859*, 18.

83. "Teachers and the Normal Schools," *New York Daily Times*, October 12, 1853, 4.

84. "On Grading the Salaries of the Teachers of the Common Schools," *New York Daily Times*, July 18, 1854, 3.

85. A. Teacher, "Proposed Re-Examination of School Teachers—City Normal Schools," *New York Daily Times*, July 13, 1854, 3.

86. "Article 17: Normal Schools," in *By-Laws and General Rules and Regulations of the Board of Education*, 1856, 107, series 35, box 9, Municipal Archives.

87. Grunfeld, *Purpose and Ambiguity*.

88. Grunfeld, *Purpose and Ambiguity*; "25th Anniversary," *New York Press*, February 15, 1895.

89. Linda M. Perkins, "African-American Women and Hunter College: 1873-1945," *Echo: Journal of the Hunter College Archives* (1995): 16-25.

90. "Appendix: Dedication of the New York Normal College, October 29, 1873," *Journal of the Board of Education of the City of New York, 1873* (New York: School Journal Print, 1873), 1.

91. James Richardson, "Our New Normal College," *Scribner's Monthly*, September 1874, 535-537.

92. *Fortieth Annual Report of the Board of Education of the City, and County of*

New York, 181.

93. "Appendix: Dedication of the New York Normal College," 42.

94. "Appendix: Dedication of the New York Normal College," 32.

95. *Fortieth Annual Report of the Board of Education of the City, and County of New York*, 188.

96. Joseph Mayer Rice, "Our Public School System: Evils in Baltimore," *The Forum*, October 1892, 145–158.

97. *Fortieth Annual Report of the Board of Education of the City, and County of New York*, 46–47.

98. *Fortieth Annual Report of the Board of Education of the City, and County of New York*, 182–183.

99. *Report of the Commissioner of Education for the Year 1885–1886* (Washington, DC: Government Printing Office, 1887), 653.

100. "A Bill Granting Aid for the Establishment of Free Common Schools and for the Professional Education of Public School Teachers," H.R. 3327, 50th Cong., 1st sess. (January 9, 1888), in *Report of the Secretary of the Interior*, vol. 1 (Washington, DC: Government Printing Office, 1887), 10.

101. "School Matters in New York," *The Outlook*, June 20, 1896, 1140–1141.

102. "Our Schools," *New York Daily Times*, March 12, 1856, 3.

103. "Report of the City Superintendent," in *Documents of the Board of Education of the City of New York for the Year Ending December 31, 1859*, 28.

104. B. G. Northrop, *Examination of Teachers* (New Haven, CT: Tuttle, Morehouse & Taylor, 1880), 2.

105. Philbrick, *City School Systems in the U.S.*

106. *Manual of the Board of Education of the City and County of New York, Hall of the Board of Education* (New York: Wynkoop and Hallenbeck, 1879), 130–133, series 35, box 10, Municipal Archives.

107. *Forty-Ninth Annual Report of the Board of Education of the City of New York* (New York: Hall of the Board of Education, 1891), 122.

108. *Fortieth Annual Report of the Board of Education of the City, and County of New York*, 126.

109. Isaac Stone, *The Elementary and Complete Examiner; or Candidate's Assistant: Prepared to Aid Teachers is Securing Certificates from Boards of Examiners, and Pupils in Preparing Themselves for Promotion, Teachers in Selecting Review Questions from Normal Schools, Institutes, and in All Drill and Class Exercises* (New York: A. S. Barnes & Company, 1864), iii.

110. Andrew S. Draper, *Uniform Examination Questions for Teachers' Licenses, in the State of New York* (Rochester, NY: Educational Gazette, 1888).

111. Reprinted from the *New York School Journal* as "Not Too Many Teachers," in *Eclectic Teacher and Southwestern Journal of Education*, September 1879, 6.

112. "Appendix: Dedication of the New York Normal College, October 29, 1873," 9.

113. "No. 28: Department of Public Instruction, State of New York. Board of Education, City of New York, October 3, 1855," in *Documents of the Board of Education of the City of New York* (New York: Wm. C. Bryant & Co. Printers, 1855), 3.

114. "No. 18: Annual Report of the Board of Education," 28.

115. *Manual of the Board of Education of the City and County of New York, Hall of the Board of Education, 1856* (New York: Wm. C. Bryant and Co. Printers, 1856), 69, series 35, box, Municipal Archives.

116. "Politics in the Schools," *New York Times*, December 10, 1888, 8.

117. "A Bill Granting Aid for the Establishment of Free Common Schools," 5.

118. John N. Fain, "Examination of Public School Teachers," *Atlanta Constitution*, May 25, 1890, 24. For other selected examples, refer to "Examination of Howard County Teachers," *The Sun*, July 1, 1887, 4; "Examination of Teacher," *Chicago Press and Tribune*, February 18, 1860, 1; "Teachers' Examination: How Applicants will be Put on the Gridiron," *Los Angeles Times*, July 11, 1885, 5.

119. "Rejected Negro Teachers," *New York Times*, July 23, 1884, 5.

120. "No. 11: Board of Education, Remarks of E. C. Benedict, Esq., President of the Board of Education, on Laying before the Members the Act Revising the School Laws Relating to the City, June 16, 1851," in *Documents of the Board of Education of the City of New York for the Year Ending December 31, 1851* (New York, 1851), 8.

121. "No. 18: Annual Report of the Board of Education," 56.

122. "No. 18: Annual Report of the Board of Education," 36.

123. "No. 18: Annual Report of the Board of Education," 56.

124. 표준화 시험의 등장에 대해서는 다음 자료를 참고하기 바란다. William J. Reese, *Testing Wars in the Public Schools: A Forgotten History* (Cambridge, MA: Harvard University Press, 2013).

125. "No. 18: Annual Report of the Board of Education," 36.

126. "Charges Against a Teacher," *New York Times*, June 30, 1881, 8.

127. "Teachers Who Teach Not," *New York Times*, April 27, 1891, 5.

128. Man, "Personality of Teachers," 712.

129. Department of Education of the City of New York, *First Annual Report of the City Superintendent of Schools to the Board of Education for the Year Ending July 31, 1899* (New York: John Polhemus Printing Company, 1900), 39.

130. "Individuality in Teaching," *The Century Magazine*, September 1888, 790.

131. William Desmond, "Open Letters: The Evolution of the Educator," *The Century Magazine*, December 1889, 318.

132. Man, "Personality of Teachers," 711.

133. A. Teacher, "Proposed Re-Examination of School Teachers-City Normal Schools," *New York Daily Times*, July 13, 1854, 3.

[제2장] 사명에 걸맞은 존엄한 수준으로 교사 전문성 제고하기: 진보주의 시대 근대 학교 관료제 및 교원정년보장정책의 발달

1. "East Side Parents Storm the Schools," *New York Times*, June 28, 1906, 4.
2. "Throat-Cutting Rumors Revive School Mob," *New York Times*, June 29, 1906, 9.
3. Ossian Lang, "Educational Events," *The Forum*, July 1902, 105.
4. "Topic of the Time: The New Movement in Education," *The Century Magazine*, May 1890, 151-152.
5. J. H. Van Sickle and John Whyte, "The Larger Cities," in *Biennial Survey of Education, 1916-18*, vol. 1 (Washington, DC: Government Printing Office, 1921), 115.
6. "How to Strengthen the Schools," *Journal of the National Education Association* 14 (January 1925): 3-4.
7. Joseph Mayer Rice, "Our Public School System: Evils in Baltimore," *The Forum*, October 1892, 151. For more on the scholarly debates surrounding Americanization, refer to Gary Gerstle, "Liberty, Coercion, and the Making of Americans," *Journal of American History* 84, no. 2 (September 1997): 524-558; David Hollinger, "National Solidarity at the End of the Twentieth Century: Reflections on the United States and Liberal Nationalism," *Journal of American History* 84, no. 2 (September 1997): 559-569. For more on the cultural meanings of professionalism, refer to Burton J. Bledstein, *The Culture of Professionalism: The Middle Class and the Development of Higher Education in America* (New York: W. W. Norton, 1978); Magali S. Larson, *The Rise of Professionalism: A Sociological Analysis* (Berkeley: University of California Press, 1979); and JoAnne Brown, *The Definition of a Profession: The Authority of Metaphor in the History of Intelligence Testing, 1890-1930* (Princeton, NJ: Princeton University Press, 1992).
8. David Tyack, *The One Best System: A History of American Urban Education* (Cambridge, MA: Harvard University Press, 1974); Tracy Steffes, *School, Society, and State: A New Education to Govern Modern America, 1890-940* (Chicago: University of Chicago Press, 2012); Jal Mehta, *The Allure of Order: High Hopes, Dashed Expectations, and the Troubled Quest to Remake American Schooling* (New York: Oxford University Press, 2015); Herbert M. Kliebard, *The Struggle for the American Curriculum, 1893-1957* (New York: Routledge, 2004).
9. William O'Shea, "Inaugural Address," May 13, 1924, folder 426A, box 25, series 6, James Earl Russell Papers, Gottesman Libraries, Teachers College, Columbia University.
10. Campbell Gibson and Emily Lennon, "Table 19. Nativity of the Population for the 50 Largest Urban Places: 1870-1990," U.S. Census Bureau, Population Division, https://www.census.gov/population/www/documentation/twps0029/tab19.html, last revised October 31, 2011.

11. U.S. Immigration Commission, *The Children of Immigrants in Schools* (Washington, DC: Government Printing Office, 1911).

12. Niles Carpenter, *Immigrants and Their Children, 1920: A Study Based on Census Statistics Relative to the Foreign Born and the Native White of Foreign or Mixed Parentage* (Washington, DC: Government Printing Office, 1927).

13. "이상적"인 교사에 대해서는 다음 자료를 참고하기 바란다. Kate Rousmaniere, *City Teachers: Teaching and School Reform in Historical Perspective* (New York: Teachers College Press, 1997), 33-53; Jonna Perrillo, "Beyond 'Progressive' Reform: Bodies, Discipline, and the Construction of the Professional Teacher in Interwar America," *History of Education Quarterly* 44, no. 3 (2004): 337-363.

14. William Ettinger, "Address to the Teachers of New York City," September 20, 1918, series 392, box 3, scrapbook vol. 13, New York City Board of Education Collection, Municipal Archives, New York City Department of Records (hereafter Municipal Archives).

15. William Vlyman, "The Teaching of English in Classes other than English Classes," *Bulletin of High Points in the Work of the High Schools of New York City*, May 1924, 3.

16. *Biennial Survey of Education, 1916-18*, vol. 3 (Washington, DC: Government Printing Office, 1921), 8-12.

17. Nicholas Murray Butler, "The Educational Progress of the Year," *The Outlook*, August 5, 1899, 755-766.

18. Frederick Harrison, "Thoughts about Education," *The Forum*, December 1891, 488.

19. William Burnham, "Some Aspects of the Teaching Profession," *The Forum*, June 1898, 481.

20. Nicholas Murray Butler, "The Unity of Education," *The Outlook*, January 13, 1896, 94-95.

21. Rice, "Our Public School System," 151.

22. U.S. Bureau of the Census, *Census Statistics of Teachers* (Washington, DC: Government Printing Office, 1905), 16; see also Janet Nolan, *Servants of the Poor: Teachers and Mobility in Ireland and Irish America* (Notre Dame, IN: University of Notre Dame Press, 2004).

23. U.S. Bureau of the Census, *Twelfth Census of the United States: Statistics of Occupations, 1900* (Washington, DC: Government Printing Office, 1907), 350-351. It is likely that these proportions were even larger than indicated in this report, as the *Twelfth Census* paired teachers with college professors, forming a single occupational group.

24. Verne McGuffey, "Some Elements of the Cultural Background of Students in One of the New York City Training Schools for Teachers," *Educational Administration and Supervision Including Teacher Training* 4 (April 1928): 279-282. For other sources on the composition of the teaching profession of this

time, refer to John L. Rury, "Who Became Teachers? The Social Characteristics of Teachers in American History," in *American Teachers: Histories of a Profession at Work*, ed. Donald R. Warren (New York: Macmillan, 1989), 9-48; and Rousmaniere, *City Teachers*.

25. McGuffey, "Some Elements of the Cultural Background of Students," 281.

26. U.S. Bureau of the Census, *Eleventh Census: Occupational Statistics* (Washington, DC: Government Printing Office, 1895); U.S. Bureau of the Census, *Fourteenth Census of the United States: Occupations* (Washington, DC: Government Printing Office, 1920).

27. "New York Mixed Schools," *The Sun*, March 5, 1903, 2.

28. "New York Mixed Schools," 2; "Topics in New York: White Pupils Object to a Negro Teacher," *The Sun*, April 30, 1903, 7.

29. David M. Kennedy, *Over Here: The First World War and American Society* (New York: Oxford University Press, 2004).

30. U.S. Department of the Interior, U.S. Bureau of Education, *Proceedings Americanization Conference: Held under the Auspices of the Americanization Division* (Washington, DC: Government Printing Office, 1919), 22 (hereafter Proceedings Americanization Conference).

31. *Proceedings Americanization Conference*, 25.

32. *Proceedings Americanization Conference*, 108.

33. *Proceedings Americanization Conference*, 27.

34. *Proceedings Americanization Conference*, 78

35. *Proceedings Americanization Conference*, 109-111.

36. Stephen Petrina, "The Medicalization of Education: A Historiographic Synthesis," *Higher Education Quarterly* 46, no. 4 (February 24, 2017): 503-531; Barbara Beatty, Emily D. Cahan, and Julia Grant, eds., *When Science Encounters the Child: Education, Parenting, and Child Welfare in 20th-Century America* (New York: Teachers College Press, 2006).

37. "Teaching Is Not Attractive," February 14, 1919, series 392, box 3, scrapbook vol. 13, Municipal Archives.

38. "Opposes Socialists in the City's Schools," *New York Times*, April 27, 1919, 6.

39. William Ettinger, "Work of the Teachers' Association," *School* 11, no. 7 (1899): 54.

40. "The Week: Dr. Maxwell on the American Teacher," *The Outlook*, December 27, 1902, 968-969.

41. John Gilmer Speed, "Higher Pay and Better Training for Teachers," *The Forum*, October 1895, 247.

42. Rice, "Our Public School System," 151.

43. Joseph M. Rice, "The Futility of the Spelling Grind—II.," *The Forum*, June 1897, 419.

44. Rice, "Our Public School System," 151.

45. "Opposes Socialists in the City's Schools," 6.

46. Joseph M. Rice, "Educational Research: Talent vs Training in Teaching," *The Forum*, April 1893, 588-607.

47. Rice, "Our Public School System," 148.

48. Andrew S. Draper, "Common Schools in the Larger Cities," *The Forum*, June 1899, 391. For more on working conditions, see Rousmaniere, *City Teachers*.

49. Robert H. Weibe, *The Search for Order, 1877-1920* (New York: Hill and Wang, 1966), 42.

50. Rice, "Our Public School System," 147.

51. William J. Reese, *Power and the Promise of School Reform: Grass Roots Movements during the Progressive Era* (New York: Teachers College Press, 2002).

52. Joseph M. Rice, "Obstacles to Rational Educational Reform," *The Forum*, December 1896, 389.

53. Weibe, *The Search for Order; Tyack, The One Best System; Steffes, School, Society and State; Mehta, The Allure of Order;* Michael McGerr, *A Fierce Discontent: The Rise and Fall of the Progressive Movement in America, 1870-1920* (New York: Free Press, 2003).

54. Edward Thorndike, "The Measurement of Educational Products," *School Review: A Journal of Secondary Education* 20, no. 5 (May 1912): 289.

55. Edward L. Thorndike, "The Nature, Purposes, and General Methods of Measurements of Educational Products," in *The Seventeenth Yearbook of the National Society for Study of Education: Part II. The Measurement of Educational Products*, ed. G. M. Whipple (Bloomington, IL: Public School Publishing, 1918), 16.

56. John Dewey, "My Pedagogic Creed," *School Journal* 54 (January 1897): 77-80.

57. Ellen Condliffe Lagemann, "The Plural Worlds of Education Research," *History of Education Quarterly* 29 no. 2 (Summer 1989): 183-214.

58. "The Week: The New York Schools," *The Outlook*, September 24, 1898, 213-214.

59. For more on the professionalization of school leaders, refer to Steffes, *School, Society, and State.*

60. Nicholas Murray Butler, "The Educational Progress of the Year," *The Outlook*, August 5, 1899, 755-766.

61. Samuel Haber, *The Quest for Authority and Honor in the American Professions, 1750-1900* (Chicago: University of Chicago Press, 1991); Bledstein, *The Culture of Professionalism.*

62. "A Question of Humor," *School* 11, no. 13 (1899): 100.

63. Rice, "Obstacles to Rational Educational Reform," 385-395.

64. Committee on By-Laws and Legislation, June 15, 1897, series 48, Municipal Archives.

65. Teacher, "Correspondence: Politics vs. Education," *The Outlook*, March 14, 1903, 648.

66. John Dewey, "Professional Spirit among Teachers," in *The Middle Works of John Dewey, vol. 7, 1899-1924*, ed. J. A. Boydston (Carbondale: Southern Illinois University Press, 1979), 109-112.

67. Alice Thompson, "The Superintendent from the Primary Teacher's Point of View," *The Forum*, March 1901, 47-55.

68. E. N. P., "Grievance of Teachers," *New York Times*, June 28, 1903, 8.

69. "The Week: Education and Teachers," *The Outlook*, April 10, 1897, 966-967.

70. "School Bills Attacked," *New York Times*, February 17, 1899, 3.

71. "The School Budget," *School* 11, no. 7 (1899): 54.

72. "The Week: The Ahearn Bill," *The Outlook*, April 1, 1899, 714.

73. "The Week: Teachers' Salaries," *The Outlook*, April 15, 1899, 855.

74. "Teachers' Suits Begun," *School* 11, no. 14 (1899): 110.

75. "A Question of Humor," 100.

76. "The Week: Educational Progress," *The Outlook*, November 17, 1900, 681.

77. National Education Association of the United States, *Report of the Committee on Salaries, Tenure, and Pensions of Public School Teachers in the United States to the National Council of Education, July, 1905* (n.p.: National Education Association, 1905), 73-75.

78. "Wants Negro Teachers Paid Same as Whites," *The Sun*, February 26, 1920, 20; "Black Teachers Paid Same as White," *New York Times*, August 23, 1905, 6.

79. "The Public School Teacher," *New York Times*, February 9, 1883, 8.

80. "Teachers Protected in Their Positions," *Los Angeles Daily Herald*, January 11, 1890.

81. "Teachers' Tenure," *Boston Daily Globe*, March 27, 1885, 5.

82. "No Tenure for Teachers," *The Sun*, June 13, 1883, 1.

83. "The Public School Teacher," 8.

84. John D. Philbrick, *City School Systems in the U.S.* (Washington, DC: Government Printing Office, 1885), 110-112.

85. E. L. Cowdrick, "Notes and Comments: The Tenure of the Teacher's Office," *The North American Review*, October 1897, 507.

86. Lee Russell, "The Crisis in Education," *Scribner's Monthly*, January 1921, 60.

87. Cowdrick, "Notes and Comments," 507.

88. "Tenure of Teachers," *Atlanta Constitution*, February 4, 1922, 4.

89. "Teachers' Term to Be Permanent," *Chicago Daily Tribune*, February 24, 1902, 9.

90. Ellwood Cubberly, "Appointment, Tenure, Pay, and Pensions," in *State School Administration: A Textbook of Principals* (Boston: Houghton Mifflin, 1927), 643.

91. E. C. Broome, "Advantages and Disadvantages of the Permanent Tenure Law in New Jersey," in *Ninth Annual Schoolmen's Week Proceedings, April 20-22, 1922* (Philadelphia: The Press of the University of Pennsylvania, 1922), 226.

92. "Court Cases Affecting Teacher Tenure," *Research Bulletin* (Washington, DC: Research Division of the National Education Association of the United States, 1925), 156.

93. "Court Cases Affecting Teacher Tenure," 147-169; Joseph Brady, "Tenure of Teachers: Tenure Laws in the United States," in *Ninth Annual Schoolmen's Week Proceedings, April 20-22*, 1922, 215-220.

94. Broome, "Advantages and Disadvantages of the Permanent Tenure Law," 226-227.

95. "Asks for Removal of Unfit Teachers," *New York Times*, December 23, 1917, 12.

96. Joseph Adna Hill, U.S. Bureau of the Census, *Statistics of Women at Work: Based on Unpublished Information Derived from the Schedules of the Twelfth Census: 1900* (Washington, DC: Government Printing Office, 1907), 36.

97. U.S. Bureau of the Census, *Statistics of Women at Work*, 109.

98. Frances M. Abbott, "A Generation of College Women," *The Forum*, November 1895, 377-384; Charles Thwing, "What Becomes of College Women," *The North American Review*, November 1895, 546-553.

99. 봉급과 시민권 보유 사이의 관계에 대한 연구는 다음 자료를 참고 바란다. Diana D'Amico, "An Uneasy Union: Women Teachers, Organized Labor, and the Contested Ideology of Profession during the Progressive Era," *LABOR: Studies in Working-Class History of the Americas* 14, no. 3 (September 2017): 35-54; Alice KesslerHarris, *In Pursuit of Equity: Women, Men, and the Quest for Economic Citizenship in 20th Century America* (New York: Oxford University Press, 2001), 4; Lara Vapnek, *Breadwinners: Working Women and Economic Independence, 1865-1920* (Champaign: University of Illinois Press, 2009).

100. E. R. S., "Married Women as Teachers," *California Blue Bulletin* 3 (March 1917): 6-7.

101. Annie Nathan Meyer, "Married School Teachers: Cannot Properly Perform Their Duties as Mothers," *New York Times*, October 11, 1913, 14.

102. "Married Teachers Not Wanted Here," *New York Times*, June 23, 1913, 1.

103. "Mothers as Teachers," *Washington Post*, May 30, 1913, 6.

104. Jackie M. Blount, "Spinsters, Bachelors, and Other Gender Transgressors in School Employment, 1850-1990," *Review of Educational Research* 70, no. 1 (2000): 83-101; Jackie M. Blount, *Fit to Teach: Same-Sex Desire, Gender, and School Work in the Twentieth Century* (Albany: State University of New York Press, 2004).

105. Kate Gannett Wells, "Why More Girls Do Not Marry," *The North American Review*, February 1891, 175-181.

106. Patricia Anne Carter, *"Everybody's Paid but the Teacher": The Teaching Profession and the Women's Movement* (New York: Teachers College Press, 2002).

107. "Teacher-Mothers' Ally," *New York Times*, November 14, 1914, 11.

108. Blount, *Fit to Teach*, 75.

109. "Asks Repeal of Rule 45," *Washington Post*, April 4, 1915, 15.

110. "Concealed Marriages of Women Teachers," *New York Times*, March 23, 1913, C6.

111. "Hunt for Teachers Newly Married," *New York Times*, October 10, 1913, 2.

112. "Dismiss Women Teachers," *New York Times*, December 28, 1911, 3.

113. "Epidemic of Marriage Robs Schools of Their Teachers," *Chicago Daily Tribune*, December 4, 1904, G4.

114. E. R. S., "Married Women as Teachers," 6-7.

115. David M. Donahue, "Rhode Island's Last Holdout: Tenure and Married Women Teachers at the Brink of the Women's Movement," *History of Education Quarterly* 42, no. 1 (Spring 2002): 50-74.

116. William H. Maxwell, *17th Annual Report of the City Superintendent of Schools for the Year Ending July 31, 1915*, series 401, Municipal Archives.

117. Henrietta Rodman, "Sporting Note," *New York Tribune*, November 10, 1914, 8; for more on Rodman, refer to Patricia A. Carter, "From Single to Married: Feminist Teachers' Response to Family/Work Conflict in Early TwentiethCentury New York City," *History of Education Quarterly* 56, no. 1 (2016): 36-60; June Sochen, "Henrietta Rodman and the Feminist Alliance: 1914-1917," *Journal of Popular Culture* 4, no. 1 (1970): 57-65; and Julie C. Laible, "Henrietta Rodman and Other Modern Feminists: Redefining the New Professional Teacher," *Journal of the Midwest History of Education Society* 22 (1955): 229-239.

118. "Dismissal of the Appeal of Henrietta Rodman De Fremery," *School and Society*, June 26, 1915, 924-925.

119. "The Teacher-Mother Question in New York," *Educational Review*, March 1915, 285-294.

120. "Teacher to Appeal Motherhood Case," *New York Times*, May 29, 1913.

121. I. N. Edwards, "Marriage as a Legal Cause for Dismissal of Women Teachers," *Elementary School Journal* 25, no. 9 (May 1925): 692-695.

122. "The Case of the Teacher Mothers," *The Outlook*, December 6, 1913, 729-730.

123. "The Teacher-Mother Question in New York," 285-294.

124. Marjorie Murphy, *Blackboard Unions: The AFT and the NEA, 1900-1980* (Ithaca, NY: Cornell University Press, 1992).

125. Letter from Henry Linville to Sullivan, April 10, 1912, Henry Linville Collection, box 2, folder 1912, Walter P. Reuther Library, Archives of Labor and Urban Affairs, Wayne State University, Detroit, MI (hereafter Reuther Library).

126. "The Indignity of Teaching," *American Teacher*, October 1918, 161.

127. "Questionnaire," *American Teacher*, November 1916, 152.

128. "What Is the Teachers Union Going to Do?," January 20, 1917, series VI, box 1, AFT Collection, Reuther Library.

129. American Association of University Professors, "Declaration of Principles," *AAUP Bulletin*, December 1915.

130. "Teacher Tenure," *American Teacher*, October 1926, 14-15.

131. "Board Will Hear Accused Teachers," *New York Times*, November 18, 1917, 4.

132. "Board Will Hear Accused Teachers," 4.

133. "Why the De Witt Clinton Teachers Were Dismissed," *American Teacher*, January 1918, 12-14.

134. Thomas Mufson, *The Trial of the Three Suspended Teachers of the De Witt Clinton High School* (New York: Teachers Defense Fund, 1918), 44-47.

135. "Charges out in Case of Ousted Teachers," *New York Times*, November 20, 1917, 6.

136. "Teachers Guilty in Disloyalty Trial," *New York Times*, December 11, 1917, 15; "Dismiss Teachers after Hot Debate," *New York Times*, December 20, 1917, 1.

137. "Teachers Lose Appeal," *New York Times*, November 5, 1918, 12.

138. "Drop Two Teachers for Views on War," *New York Times*, June 20, 1918, 24; "The Union 'Literature' That Stirred New York School Authorities to Action: Terrorism in Our Public Schools," *American Teacher*, April 1919, 90-91.

139. "Fight to Reinstate Glassberg in School," *New York Times*, December 8, 1924, 19.

140. "Teachers Uphold Demands of Union," *New York Times*, April 13, 1919.

141. Correspondence, 1920, folder 2, box 42, collection 5015, Kheel Center, Catherwood Library, Cornell University (hereafter Kheel Center).

142. "A Proposal to Establish an Experimental School," 1924, folder 3, box 50, collection 5015, Kheel Center.

143. "Dr. Finley Urges Loyalty in Schools," *New York Times*, November 25, 1917, 7.

144. "Academic Freedom," *Detroit Educational Bulletin*, December 1921, 1.

145. *Proceedings Americanization Conference*, 127.

146. "Attack Disloyalty at Teachers' Rally," *New York Times*, November 28, 1917, 6.

147. "Wilcox in Loyalty Talk," *New York Times*, November 9, 1917, 8.

148. "Attack Disloyalty at Teachers' Rally," 6.

149. "Disloyal Teachers Must Go, Says Wade,"*New York Times*, November 21, 1917.

150. "Attack Disloyalty at Teachers' Rally," 6.

151. "Will Union Be Barred," *American Teacher*, April 1919, 91.

152. New Jersey State Board of Education, *Annual Report of the State Board of Education and the Commissioner of Education of New Jersey with Accompanying Documents for the School Year Ending June 30, 1917* (Union Hill, NJ: Hudson Printing Company, 1918), 20-24.

153. "Governor Approves Two Loyalty Bills," New York Times, May 10, 1921, 5; "The Lusk Bills," *The Outlook*, March 21, 1923, 523.

[제3장] 교사교육과 '국부': 대공황 시기 전문가 교사 양성, 인성, 그리고 계층

1. "Hits Teachers' Incompetency," *Daily Boston Globe*, November 7, 1937, A2.

2. Claude C. Crawford, Louis P. Thorpe, and Fay Adams, *The Problems of Education: A First Course for the Orientation of Prospective Teachers* (Los Angeles: Southern California School Book Depository, 1938), 67.

3. Dennis H. Cooke, *Problems of the Teaching Personnel* (New York: Longmans, Green, 1933).

4. *National Survey of the Education of Teachers: Bulletin 1933, No. 10, vol. 1, Selected Bibliography on the Education of Teachers*, compiled by Gilbert Betts, Benjamin W. Frazier, and Guy C. Gamble (Washington, DC: Government Printing Office, 1932), ix.

5. *National Survey of the Education of Teachers: Bulletin 1933, No. 10, vol. 2, Teacher Personnel in the United States*, compiled by Edward S. Evenden, Guy C. Gamble, and Harold G. Blue (Washington, DC: Government Printing Office, 1935), 63.

6. *National Survey of the Education of Teachers: Bulletin 1933, No. 10, vol. 3, Teacher Education Curricula*, compiled by Earle U. Rugg, Wesley E. Peik, Frank K. Foster, Walton C. John, and Robert B. Raup (Washington, DC: Government Printing Office, 1935), xii.

7. Rugg et al., *National Survey of the Education of Teachers: Bulletin 1933, No. 10*, vol. 3, *Teacher Education Curricula*, xii.

8. "Lehman Stresses Teacher Training," *New York Times*, October 19, 1934, 24.

9. Christine A. Ogren, *The American State Normal School: An Instrument of Great Good* (New York: Macmillan, 2005); Christine Ogren, "The History and Historiography of Teacher Preparation in the United States: A Synthesis, Analysis, and Potential Contributions to Higher Education History," in *Higher Education: Handbook of Theory and Research*, ed. Michael B. Paulson, vol. 28 (Dordrecht: Springer, 2013), 405-458; James W. Fraser, *Preparing America's Teachers: A History* (New York: Teachers College Press, 2007).

10. Ogren, *The American State Normal School*, 202-203.

11. Christopher Jencks and David Riesman, *The Academic Revolution* (Garden City, NY: Doubleday, 1968), 232.

12. 허브스트는 이런 변혁(의 과정)을 "가르침에서 반역적으로 후퇴하는 것"이라고 기술하고 있다. 다음 자료 참조. Jurgen Herbst, "Teacher Preparation in the Nineteenth Century: Institutions and Purposes," in *American Teachers: Histories of a Profession at Work*, ed. Donald R. Warren (New York: Macmillan, 1989), 231. Refer also to Herbst, *And Sadly Teach: Teacher Education and Professionalization in American Culture* (Madison: University of Wisconsin Press, 1989). 클리퍼드와 거스리(Geraldine Clifford & James Guthrie)도 이와 비슷한 내용으로 논평하고 있다. Geraldine Jonçich Clifford and James W. Guthrie, *Ed School: A Brief for Professional Education* (Chicago: University of Chicago

Press, 1990).

13. 연구자들은 서로 다른 정도로 교사교육에 시장의 압력, (교육 바깥의) 정책 영향, 성차별적인 인식을 내세우고 있었다. 그러나 이 서로 다른 요인들 간의 상호 교차적인 작용이 어떠했는지, 이들이 어떻게 성공적으로 교사 전문성 훈련 교육과정을 바꿔 냈는지 잘 살펴봐야 한다. 다음 자료들을 참조하기 바란다. David Angus, *Professionalism and the Public Good: A Brief History of Teacher Certification*, ed. Jeffrey E. Mirel (Washington, DC: Thomas Fordham Foundation, 2001); Jo Anne Preston, "Gender and the Formation of a Women's Profession: The Case of Public School Teaching," in *Gender Inequality at Work*, ed. Jerry Jacobs (Thousand Oaks, CA: Sage, 1995), 379-407; David F. Labaree, *Trouble with Ed Schools* (New Haven, CT: Yale University Press, 2004); Linda Eisenmann, "The Influence of Bureaucracy and Markets: Teacher Education in Pennsylvania," in *Places Where Teachers Are Taught*, ed. John I. Goodlad, Roger Soder, and Kenneth A. Sirotnik (San Francisco: Jossey-Bass, 1990), 287-329; John I. Goodlad, "Connecting the Past to the Present," in Goodlad, Soder, and Sirotnik, *Places Where Teachers Are Taught*, 3-39; Fraser, *Preparing America's Teachers; and Herbst, And Sadly Teach*.

14. "New-York Normal College," *New York Times*, July 11, 1870.

15. *Catalogue and Course of Study of the Normal College of the City of New York*, 1913, box 1, folder 1, Archive and Special Collections, Hunter College Library (hereafter Hunter College Archives).

16. Report by James Kieran to George Davis, 1912, box 1, folder 1, Hunter College Archives.

17. *Annual Report of the President of Hunter College of the City of New York*, 1914, 11, box 7, folder 3, Hunter College Archives.

18. 티처스칼리지는 1880년 키친가든협회(Kitchen Garden Association)라는 이름으로 설립되었다. 1892년에 티처스칼리지로 이름을 바꾸게 된다. 1898년이 되어서야 티처스칼리지는 컬럼비아대학교 소속 단과대학이 된다. 티처스칼리지 역사에 대한 더 자세한 논의는 다음 자료들을 참고하기 바란다. Lawrence A. Cremin, *A History of Teachers College, Columbia University: The Bicentennial History of Columbia University* (New York: Columbia University Press, 1954). 뉴욕대학교 교육대학의 역사에 대한 더 자세한 이야기는 다음 자료를 참고하기 바란다. John Payne and Elsie Hug, *Response to Change: The School of Education, Health, Nursing and Arts Professions of New York University, 1890-1980* (New York: Priority Press, 1981).

19. *New York University School of Pedagogy Bulletin*, 1912-1913, New York University Archives, New York University (hereafter NYU Archives).

20. *New York University School of Pedagogy Bulletin*, 1900, NYU Archives; *Teachers College Bulletin: School of Practical Arts Announcement, 1916-1917* (New York: Teachers College, Columbia University, 1917), Gottesman Libraries, Teachers College, Columbia University (hereafter Gottesman Libraries).

21. *New York University School of Pedagogy Bulletin*, 1900, NYU Archives.

22. The Graduate School of Education, *Reports of the President and the Treasurer of Harvard College, 1920-1921*, 177, Harvard University Archives.

23. Edward R. Shaw, "The University Professional Training of Teachers," *The Outlook*, May 23, 1896, 932-933.

24. Fraser, *Preparing America's Teachers*, 159; Katherina Kroo Grunfeld, "Purpose and Ambiguity: The Feminine World of Hunter College, 1869-1945" (EdD diss., Teachers College, Columbia University, 1991), 68-69.

25. *New York University School of Pedagogy Bulletin*, 1900 and 1903, NYU Archives.

26. Teachers College, School of Education, School of Practical Arts Announcement, 1916-1917.

27. *Catalogue and Course of Study of the Normal College of the City of New York*, 1913, Hunter College Archives.

28. Teachers College, School of Education, School of Practical Arts Announcement, 1916-1917.

29. Letter from James Russell to George Ryan, March 3, 1919, James Earl Russell Papers, series 6, box 25, folder 426A, Gottesman Libraries (hereafter James Earl Russell Papers).

30. *Report of Teachers College, Columbia University*, 1924, Gottesman Libraries.

31. Paul Monroe, *Reflections of Twenty-Five Years at Teachers College*, 1922, Gottesman Libraries.

32. William H. Maxwell, *17th Annual Report of the City Superintendent of Schools for the Year Ending July 31, 1915*, series 401, New York City Board of Education Collection, Municipal Archives, New York City Department of Records (hereafter Municipal Archives).

33. George Ryan to James Russell, March 12, 1920, James Earl Russell Papers.

34. James Russell to George Ryan, March 19, 1920, James Earl Russell Papers.

35. James E. Russell, *Confidential Report to the Trustees of Teachers College* (New York: Teachers College, 1912), 14.

36. Barbara M. Solomon, *In the Company of Educated Women: A History of Women and Higher Education in America* (New Haven, CT: Yale University Press, 1985).

37. James E. Russell, *Confidential Report to the Trustees of Teachers College*, Appendix A.

38. Maxwell, *17th Annual Report of the City Superintendent of Schools for the Year Ending July 31*, 1915, table V.

39. *New York University School of Pedagogy Bulletin, 1909-1910*, NYU Archives.

40. *Teachers College Bulletin: School of Practical Arts Announcement, 1915-1916* (New York: Teachers College, Columbia University, 1916), Gottesman Libraries.

41. *Teachers College Bulletin: School of Practical Arts Announcement, 1915-1916*.

42. The Graduate School of Education, *Reports of the President and the Treasurer of Harvard College, 1920-1921*, 179, Harvard University Archives.

43. James E. Russell, *Confidential Report to the Trustees of Teachers College* (New York: Teachers College, 1912), 6.

44. *Report of the Dean of the School of Pedagogy for the Years 1918-1919*, in *NYU Report of Officers*, 131-132, NYU Archives.

45. *Teachers College Bulletin, Teachers College Report of the Dean for the Year Ending June, 1921* (New York: Teachers College, Columbia University, 1921); *Teachers College Bulletin, Teachers College Report of the Dean for the Year Ending June, 1922* (New York: Teachers College, Columbia University, 1922), Gottesman Libraries.

46. The Graduate School of Education, *Reports of the President and the Treasurer of Harvard College*, 1922-1923, 161, Harvard University Archives.

47. *Teachers College Report of the Dean for the Year Ending June 1928* (New York: Teachers College, Columbia University, 1928), 10, Gottesman Libraries.

48. *Teachers College Bulletin: School of Practical Arts Announcement, 1915-1916*.

49. "Teachers Tell Board to Pay Up or Get Out," *Chicago Daily Tribune*, June 16, 1931, 3; "Teachers' Pay Raise to Wait," *Los Angeles Times*, June 5, 1931; "Lost Pay of Teachers," *Atlanta Constitution*, June 5, 1931, 10; "School Pay Kept Up Despite Hard Times," *New York Times*, December 27, 1931.

50. *32nd Annual Report of the Superintendent of the Schools of the Board of Education of the City of New York, Year Ending July 31, 1930*, 180, series 401, Municipal Archives.

51. *Selection and Appointment of Teachers in America's High Schools: Special Release of the National Survey of Secondary Education*, March 18, 1935, United Federation of Teachers Collection, WAG 022, box 10, the Tamiment Library/ Robert F. Wagner Labor Archives, New York University (hereafter Tamiment).

52. Evenden, Gamble, and Blue, *National Survey of the Education of Teachers: Bulletin 1933, No. 10*, vol. 2, *Teacher Personnel in the United States*, 105.

53. Evenden, Gamble, and Blue, *National Survey of the Education of Teachers: Bulletin 1933, No. 10*, vol. 2, *Teacher Personnel in the United States*, ix.

54. Board of Education of the City of New York, *Supervision in the Elementary Schools*, 1938, collection 5279, box 6, folder 11, Kheel Center, Catherwood Library, Cornell University (hereafter Kheel Center).

55. Board of Education of the City of New York, *Supervision in the Elementary Schools*.

56. Evenden, Gamble, and Blue, *National Survey of the Education of Teachers: Bulletin 1933, No. 10*, vol. 2, *Teacher Personnel in the United States*, 40, 103.

57. Christopher J. Lucas, *American Higher Education: A History*, 2nd ed. (New York: Palgrave Macmillan, 2006), 185-223. Similarly, Ludmerer contends that the "goal of medical training was to foster critical thinking": Kenneth M.

Ludmerer, *Learning to Heal: The Development of American Medical Education* (Baltimore: Johns Hopkins University Press, 1996), 5.

58. 교사 전문직화에 대한 뉴욕주의 역할에 대한 연구는 다음 자료를 참고하기 바란다. Preston, "Gender and the Formation of a Women's Profession." Also refer to Barbara Beatty, "Teaching Teachers in Private Universities," in Goodlad, Soder, and Sirotnik, *Places Where Teachers Are Taught*, 224.

59. William G. Rothstein, *American Medical Schools and the Practice of Medicine* (New York: Oxford University Press, 1987), 140; Jerold S. Auerbach, *Unequal Justice: Lawyers and Social Change in Modern America*, 2nd ed. (New York: Oxford University Press, 1977); Robert Stevens, *Law School: Legal Education in America from the 1850s to the 1980s* (Chapel Hill: University of North Carolina Press, 1983), 176-177, 192-199; Alfred S. Konefsky and John Henry Schlegel, "Mirror, Mirror on the Wall: Histories of American Law Schools," *Harvard Law Review* 95, no. 4 (February 1982): 833; William R. Johnson, *Schooled Lawyers: A Study in the Clash of Professional Cultures* (New York: New York University Press, 1978), 154-179.

60. Rakesh Khurana, *From Higher Aims to Hired Hands: The Social Transformation of American Business Schools and the Unfulfilled Promise of Management as a Profession* (Princeton, NJ: Princeton University Press, 2010). For examples from other fields, refer to Ludmerer, *Learning to Heal; Rothstein, American Medical Schools and the Practice of Medicine*, 107, 143; Konefsky and Schlegel, "Mirror, Mirror on the Wall," 833-851; Johnson, *Schooled Lawyers*, 121; and Stevens, *Law School*, 176.

61. 전문직의 형성 및 자질에서 자기결정성이 얼마나 중요한지를 다룬 다음 연구를 참고하기 바란다. Andrew Abbott, *The System of Professions: An Essay on the Division of Expert Labor* (Chicago: University of Chicago Press, 1988); Eliot Freidson, *Professionalism: The Third Logic* (Chicago: University of Chicago Press, 2001). 폭스(Daniel M. Fox)는 외부 정책가가 아닌 대학의 교수진이 의사들의 전문가적 교육이 어떠해야 하는지를 결정하고 만들어 왔다고 주장했다. Daniel M. Fox, "The New Historiography of Medical Education," *History of Education Quarterly* 26, no. 1 (Spring 1986): 117-124. 이와 유사하게, 쿠라나(Khurana)는 경영대학고등학술원(Association to Advance Collegiate Schools of Business) 같은 기관이 해당 분야(경영학)의 전문가양성과정이 지닌 특성을 결정하고 만들었으며, 이런 단체의 회원은 주로 대학교수나 해당 직업에 종사하는 사람들이었다고 주장한다. Khurana, *From Higher Aims to Hired Hands*. 의학 및 법학 관련 전문성에 대한 더 자세한 논의는 다음 자료를 참고하기 바란다. Martin Kaufman, *American Medical Education: The Formative Years, 1765-1910* (Westport, CT: Greenwood Press, 1976), 150-151; Stevens, Law School; Ludmerer, Learning to Heal, 207-218; and Rothstein, *American Medical Schools and the Practice of Medicine*, 120.

62. Johnson, *Schooled Lawyers*, 154. Stevens also discusses the process of using university-based programs to make law an "intellectual profession": Stevens,

Law School, 199. On medical education, Ludmerer argues that by the 1920s medical schools "served an educational rather than egalitarian role": Ludmerer, *Learning to Heal*, 255.

63. *Teachers College Report of the Dean for the Year Ending June 1932* (New York: Teachers College, Columbia University, 1932), Gottesman Libraries; Cremin, *A History of Teachers College*, 142.

64. Payne and Hug, *Response to Change*, 45.

65. Speech by Dr. Swift, Inauguration of James Michael Kieran as Third President of Hunter College of the City of New York, March 26, 1929, box 128, Division of Programs in Education Collection, Hunter College Archives.

66. Education Survey, 1931–1932, 8, Collection of New York University Surveys, NYU Archives.

67. U.S. Bureau of the Census, *Fifteenth Census of the United States: Occupations, by States* (Washington, DC: Government Printing Office, 1933), 1100.

68. U.S. Bureau of the Census, *Fifteenth Census of the United States*, 1100.

69. Clyde Miller, *Bureau of Educational Services: Report of the Director, in Teachers College Report of the Dean for the Year Ending June 1932*, 104, Gottesman Libraries.

70. May B. Van Arsdale, *Introducing Teachers College: Some Notes and Recollections* (New York: Bureau of Publication at Teachers College, 1948).

71. Committee on Teacher Education, *Report to the Dean and Faculty of Teachers College*, Columbia University, May 1936, Gottesman Libraries.

72. *Summer in New York, 1941*, Papers of Chancellor Harry Woodburn Chase, box 38, folder 2, NYU Archives.

73. *NYU Summer School Bulletin*, 1939, NYU Archives.

74. Rugg et al., *National Survey of the Education of Teachers: Bulletin 1933*, No. 10, vol. 3, *Teacher Education Curricula*, 436–440.

75. *New York University School of Pedagogy Bulletin*, 1900, NYU Archives.

76. *New York University Summer School Bulletin*, 1932, NYU Archives.

77. Lucas, *American Higher Education*.

78. *NYU Summer School Bulletin*, 1939, NYU Archives.

79. Forrest E. Long, Memorandum to Prospective Students in the Department of Secondary Education, May 1, 1941, Papers of Chancellor Harry Woodburn Chase, box 38, folder 2, NYU Archives.

80. Long, Memorandum to Prospective Students.

81. *Teachers College Report of the Dean for the Year Ending June 1932*, 52.

82. *Teachers College Report of the Dean, 1938* (New York: Teachers College, Columbia University, 1938), 9, Gottesman Libraries.

83. *Teachers College Report of the Dean for the Year Ending June 1932*, 8.

84. U.S. Bureau of the Census, *Fifteenth Census of the United States*, 1100.

85. Solomon, *In the Company of Educated Women*, 63.

86. George Shuster, Hunter College Presidential Inaugural Address, October 10, 1940, Alumni Association Collection, box 181, folder 4, Hunter College Archives.

87. Clyde Miller, "Be Good-Looking, and Let Who Will Be Clever," *Newsweek*, August 3, 1935, 35, as quoted in Jonna Perrillo, *Uncivil Rights: Teachers, Unions, and Race in the Battle for School Equity* (Chicago: University of Chicago Press, 2012), 28.

88. Jackie M. Blount, *Fit to Teach: Same-Sex Desire, Gender, and School Work in the Twentieth Century* (Albany: State University of New York Press, 2004), 59-79.

89. Committee on Teacher Education, *Report to the Dean and Faculty of Teachers College*.

90. R. Freeman Butts, *New College for the Education of Teachers in Teachers College, Columbia University: Educational Plan and Announcement, 1937-1939* (New York: Teachers College, Columbia University, 1939), Gottesman Libraries.

91. *New College for the Education of Teachers in Teachers College*, 7.

92. *New College for the Education of Teachers in Teachers College*, 10, 26.

93. 1936년 교육대학의 교육학 박사과정 중 Ph.D. 프로그램에는 415명, Ed.D 프로그램에는 314명이 등록되어 있었다. "Statement of Registration Showing Student Classification for the Year 1936-1937—School of Education," in *RG3 Report of the Chancellor*, 52, NYU Archives.

94. Minutes of Subcommittee on Higher Degree, New York University School of Education, October 17, 1934-November 18, 1935, NYU Archives; Payne and Hug, *Response to Change*, 61.

95. Committee on Teacher Education, *Report to the Dean and Faculty of Teachers College*, 24.

96. *Teachers College Report of the Dean for the Year Ending June 1936* (New York: Teachers College, Columbia University, 1936), 7, Gottesman Libraries.

97. *Announcement of Teachers College, School of Education, School of Practical Arts, for the Winter and Spring Sessions, 1934-1935*, 71, Gottesman Libraries.

98. P. W. Wilson, "Educators Are Divided over Plan for New Teacher Requirements," *New York Times*, October 18, 1936, N5.

99. "Teachers Attack New License Plan," *New York Times*, October 7, 1936, 30.

100. "Asks National Study of Teacher Training," *New York Times*, November 23, 1936, 5.

101. "Hawkes Reports Teacher Plan," *New York Times*, October 29, 1939, D5.

102. Correspondence between Dean Baer and F. C. Borgeson, October 25, 1935-January 22, 1936, Archives H, School of Education, NYU Archives.

103. Payne and Hug, *Response to Change*, 45.

104. *Teachers College Report of the Dean, 1938*, 114; *Teachers College Report of the Dean for the the Year Ending June, 1930* (New York: Teachers College, Columbia University, 1930), 82, Gottesman Libraries.

105. Committee on Teacher Education, *Report to the Dean and Faculty of Teachers College*, 114.

106. *Teachers College Report of the Dean for the Year Ending June 1932*, 13.

107. Committee on Teacher Education, *Report to the Dean and Faculty of Teachers College*, 10.

108. Committee on Teacher Education, *Report to the Dean and Faculty of Teachers College*, 14.

109. *Annual Report of the Assistant Superintendents on Schools, School Year 1937-1938* (New York: Board of Education, 1938), 51.

110. *Annual Report of the Assistant Superintendents on Schools*, 14.

111. *Annual Report of the Assistant Superintendents on Schools*, 16, 17, 22, 25.

112. *Annual Report of the Assistant Superintendents on Schools*, 26.

113. Debate between Dr. Lefkowitz and Mr. Reigelman, March 26, 1936, collection 5279, box 6, folder 16, Kheel Center.

114. Rubin Maloff, Statement on Teachers' Salaries, December 20, 1948, collection 5279, box 6, folder 19, Kheel Center.

115. Charles Eichel, *The Principal and the Problems of Teacher Personnel*, 1938, collection 5279, box 6, Kheel Center.

116. Charles Linville to George Ryan, January 23, 1936, United Federation of Teachers Records, WAG 022, box 4, Tamiment.

117. Teachers Guild, *Teachers Stand in Line: Analysis and Forecast of Teacher Unemployment in the New York City School System*, ca. 1935,United Federation of Teachers Records, WAG 022, box 11, folder 4, Tamiment.

118. William Woolfson, Teachers Guild Sponsored Radio Speech, February 24, ca. early 1940s, United Federation of Teachers Records, WAG 022, box 8, folder 31, Tamiment.

119. Teachers Guild, Guild Song Sheet, ca. 1942, United Federation of Teachers Records, WAG 022, box 9, folder 29, Tamiment.

120. Executive Board Minutes, February 14, 1931, collection 5915, box 40, folder 8, Kheel Center.

121. Teachers Union, *The Situation in Local 5*, New York, August 26, 1935, collection 5015, box 25, folder 6, Kheel Center.

122. Lois Scharf, *To Work and to Wed: Female Employment, Feminism, and the Great Depression* (Westport, CT: Greenwood Press, 1980); Ruth Milkman, "Women's Work and the Economic Crisis: Some Lessons of the Great Depression," *Review of Radical Political Economics* 8, no. 1 (April 1976), 73-97; Winifred D. Wandersee Bolin, "The Economics of Middle Income Family Life: Working Women during the Great Depression," *Journal of American History* 65, no. 1 (June 1978), 60-74; Laura Hapke, *Daughters of the Great Depression: Women, Work, and Fiction in the American 1930s* (Athens: University of Georgia Press, 1995).

123. Scharf, *To Work and to Wed*, x.

124. Marjorie Murphy, *Blackboard Unions: The AFT and the NEA, 1900-1980* (Ithaca, NY: Cornell University Press, 1992), 131.

125. Henry Linville, *The History of Local 5's Factional Difficulties, The Situation in Local 5*, New York, August 26, 1935, United Federation of Teachers Records, WAG 022, box 15, folder 22, Tamiment.

126. Neill S. Rosenfeld, *The United Federation of Teachers: 50 Years* (New York: United Federation of Teachers, 2010). For more on the Union-Guild split, refer to Murphy, *Blackboard Unions*, and Perrillo, *Uncivil Rights*.

127. *100 Percent Americanism, Guild Delegate Assembly Minutes*, May 10, 1939, United Federation of Teachers Records, WAG 022, box 1, folder 4, Tamiment.

128. Teachers Guild, *Community Singing*, 1942, United Federation of Teachers Records, WAG 022, box 8, folder 31, Tamiment.

129. Gary Gerstle, "The Protean Character of American Liberalism," *American Historical Review* 99, no. 4 (October 1994): 1043-1073.

130. Diana D'Amico, "An Uneasy Union: Women Teachers, Organized Labor, and the Contested Ideology of Profession during the Progressive Era," *LABOR: Studies in Working-Class History of the Americas* 14, no. 3 (September 2017): 35-54; Nancy F. Cott, *The Grounding of Modern Feminism* (New Haven, CT: Yale University Press, 1987).

131. Teachers Guild, *Community Singing*.

132. Blount, *Fit to Teach*; John L. Rury, "Who Became Teachers? The Social Characteristics of Teachers in American History," in Warren, *American Teachers*, 9-48.

133. Evenden, Gamble, and Blue, *National Survey of the Education of Teachers: Bulletin 1933, No. 10*, vol. 2, *Teacher Personnel in the United States*, 62.

134. H. M. Lafferty, "Young Men Wanted," *Phi Delta Kappan* 21, no. 3 (November 1938): 91-92, 100-101; Edwin Lee, "Selecting Young Men," *Phi Delta Kappan* 21, no. 3 (November 1938): 65; E. A. Collins, "Young Men for the Profession," *Phi Delta Kappan* 20, no. 5 (January 1938): 149.

135. Edwin A. Lee, *Teaching as a Man's Job* (Homewood, IL: Phi Delta Kappa, 1939), 8.

136. "Married Teachers Held Inferior by Medical Examiner of Schools," *New York Times*, January 9, 1938.

137. Jackie M. Blount, "Spinsters, Bachelors, and Other Gender Transgressors in School Employment, 1850-1990," *Review of Educational Research* 70, no. 1 (Spring 2000): 83-101.

138. Cheryl Lynn Greenberg, *To Ask for an Equal Chance: African Americans in the Great Depression* (Lanham, Md.: Rowman & Littlefield, 2010).

139. W. N. Huggins, "The Negro Teacher and the Student Go to School," *New York Amsterdam News*, December 22, 1934, A7.

140. "Backs Opposition to Negro Teachers," *New York Times*, January 22, 1939, 18.

141. "Westchester Has Its First Negro Teacher," *New York Amsterdam News*, July 16, 1938, 4.

142. *Annual Report of the Assistant Superintendents on Schools*, 102, 101, 109–110, 117.

143. John Dewey, "Those Who Aspire to the Profession of Teacher," in *The Later Works of John Dewey, 1925-1953: vol. 13, 1938-1939*, ed. Jo Ann Boydston (Carbondale: Southern Illinois University Press, 1988), 342–346.

144. *Annual Report of the Assistant Superintendents on Schools*, 92.

145. Elsa Becker, "The High School Turns Parents," *Bulletin of High Points in the Work of the High Schools of New York City* (hereafter cited as High Points), February 1935, 5.

146. Alfred Vogel, "The Role of Education in Reconstructing Society," *High Points*, April 1933, 15.

147. Vogel, "The Role of Education in Reconstructing Society," 15.

148. Daniel Krane, "The Parent-Teacher Relationship," *High Points*, April 1931, 7.

149. Helen Fried, "Character Training," *High Points*, January 1933, 24.

150. Educational Policies Committee, Teachers Guild, *Report on Working Conditions and Teacher Morale, 1945*, United Federation of Teachers Records, WAG 022, box 246, folder 38, Tamiment.

151. Andre Fontaine, "An Address to Parents," *High Points* December 1933, 35.

152. Krane, "The Parent-Teacher Relationship," 7.

153. H. G. Shapiro, "Social Education in the New York City High School," *High Points*, May 1933, 40–43.

154. Becker, "The High School Turns Parents," 5.

155. Becker, "The High School Turns Parents," 5.

156. Shapiro, "Social Education in the New York City High School," 41.

157. Fried, "Character Training," 24.

158. Shapiro, "Social Education in the New York City High School," 40.

159. Vogel, "The Role of Education in Reconstructing Society," 19.

160. Shapiro, "Social Education in the New York City High School," 41.

161. Krane, "The Parent-Teacher Relationship," 7.

162. Mary Denson, "Pupil-Teacher Relationships," *High Points*, October 1933, 67.

163. Amy M. Gardin, "Shorthand and Americanization," *High Points* (February 1932): 63.

164. Teachers Guild, *Are We Orchids or Vegetables?*, ca. early 1940s, United Federation of Teachers Records, WAG 022, box 13, folder 52, Tamiment.

165. *Public Opinion Is in Overalls*, Teachers Guild, ca. early 1940s, United Federation of Teachers Records, WAG 022, box 13, folder 52, Tamiment.

166. Teachers Guild, *Are We Orchids or Vegetables?*

167. Teachers Guild, *There's No Madness in our Methods*, c. early 1940s, United Federation of Teachers Records, WAG 022, box 13, folder 52, Tamiment.

168. The Guild Teacher, December 4, 1936, United Federation of Teachers Records, WAG 022, box 5, folder 23, Tamiment.

169. *Guild Book of Fun*, c. 1942, United Federation of Teachers Records, WAG 022, box 9, folder 29, Tamiment.

170. Teachers Guild, Invitation, ca. 1939, collection 5279, box 3, folder 20, Kheel Center.

171. Teachers Guild Social Committee, *Representative Tea Party*, February 17, 1942, United Federation of Teachers Records, WAG 022, box 9, folder 29, Tamiment.

172. *William C. Chase, The American Law School and the Rise of Administrative Government* (Madison: University of Wisconsin Press, 1982), 143.

[제4장] 보다 나은 교사의 채용: 2차 세계대전 이후 교사 부족 사태에 대한 대응

1. Earl James McGrath, *Annual Report of the Federal Security Agency, 1949— Office of Education* (Washington, DC: U.S. Government Printing Office, 1949), 1-2.

2. Benjamin Fine, "Teacher Shortage Imperils Our Public School System," *New York Times*, February 10, 1947, 1.

3. Grace E. Storm, "Educational News and Editorial Comment," *The Elementary School Journal* 49, no. 1 (September 1948): 8-9.

4. Benjamin Fine, "Education Review: New York City School System, for the First Time in Many Years, Has a Serious Teacher Shortage," *New York Times*, March 18, 1945.

5. Ernest O. Melby, "We Must Have More and Better Teachers," *New York Times*, May 12, 1946, 92.

6. Benjamin Fine, "School Reopening Emphasizes Crisis," *New York Times*, September 13, 1954, 17.

7. "Attracting New Teachers," *School Life* 31, no. 1 (October 1948): 1-2.

8. Grace E. Storm, "Educational News and Editorial Comment," *The Elementary School Journal* 49, no. 1 (September 1948): 8; Clyde V. Martin, "Teacher Shortage Again!," *Journal of Teacher Education* 8, no. 2 (June 1957): 198-200.

9. Andrew Hartman, *Education and the Cold War: The Battle for the American School* (New York: Palgrave Macmillan, 2008); Ellen Schrecker, *Many Are the Crimes: McCarthyism in America* (Boston: Little, Brown, 1998).

10. James Wallace, "Negro Migrants: Lured by Jobs, Schools, Negroes Flock North; Tension Speeds Move," *Wall Street Journal, July 26, 1956, 1. Also refer to Nicholas Lemann, The Promised Land: The Great Black Migration and How It Changed America* (New York: Vintage Books, 1992).

11. Nathan Glazer and Daniel P. Moynihan, *Beyond the Melting Pot: the Negroes,*

Puerto Ricans, Jews, Italians, and Irish of New York City (Cambridge, MA: MIT Press, 1970), 93.

12. Ansely Erickson, *Making the Unequal Metropolis: School Desegregation and Its Limit* (Chicago: University of Chicago Press, 2017); Kevin Michael Kruse, *White Flight: Atlanta and the Making of Modern Conservatism* (Princeton, NJ: Princeton University Press, 2005); Kevin M. Kruse and Thomas J. Sugrue, eds., *The New Suburban History* (Chicago: University of Chicago Press, 2006); Jim Cullen, *The American Dream: A Short History of an Idea that Shaped a Nation* (Oxford: Oxford University Press, 2003); Elaine Tyler May, *Homeward Bound: American Families in the Cold War Era* (New York: Basic Books, 2008); Kenneth T. Jackson, *Crabgrass Frontier: The Suburbanization of the United States* (New York: Oxford University Press, 1985).

13. Glazer and Moynihan, *Beyond the Melting Pot*, 25.

14. Benjamin Fine, "School Woes Laid to Puerto Ricans," *New York Times*, March 3, 1954, 15.

15. Lee Bobker and Lester Becker, *Crisis in Levittown, PA* (Dynamic Films, 1957), https://archive.org/details/crisis in_levittown_1957.

16. Earl James McGrath, "Crucial National Problems in Education," *School Life* 35, no. 7 (April 1953): 99.

17. *Statement by Dr. Abraham Lefkowitz at the Delegate Assembly of the New York Teachers Guild on Wednesday Afternoon, September 17, 1947*, United Federation of Teachers Collection, WAG 022, box 10, the Tamiment Library/ Robert F. Wagner Labor Archives, New York University (hereafter Tamiment).

18. "The 1957 Teacher Supply and Demand Report: Research Division National Education Association," *Journal of Teacher Education* 8, no. 1 (March 1957): 17-31.

19. *Teacher! Are These Your Children?* (New York: Board of Education of the City of New York, 1946), vii.

20. Joanne Brown, "A Is for Atom, B Is for Bomb: Civil Defense in American Public Education, 1948-1963," *Journal of American Public Education* 75, no. 1 (June 1988): 68-90; Paul S. Boyer, *By the Bomb's Early Light: American Thought and Culture at the Dawn of the Atomic Age* (Chapel Hill: University of North Carolina Press, 1994).

21. Lester Kirkendall, Irvin R. Kuenzli, and Floyd W. Reeves, *Goals for American Education* (Chicago: American Federation of Teachers, 1948), ix.

22. Willard Elsbree, "Next Steps for the Teaching Profession," *Teachers College Record* 47, no. 4 (January 1946): 247.

23. Dorothea Blyler, "Certification of Elementary-School Teachers in the United States," *The Elementary School Journal* 45, no. 10 (June 1945): 578.

24. Fund for the Advancement of Education, *Teachers for Tomorrow* (New York: Fund for the Advancement of Education, 1955), 4.

25. Melby, "We Must Have More and Better Teachers," 92.

26. Benjamin Fine, "Teacher Shortage Biggest on Record," *New York Times*, June 29, 1946, 22.

27. Fine, "Teacher Shortage Imperils Our Public School System," 1.

28. "Million Teachers Needed," *School Life* 31, no. 3 (December 1948): 2.

29. McGrath, *Annual Report of the Federal Security Agency, 1949*, 2.

30. Fund for the Advancement of Education, *Teachers for Tomorrow*, 4.

31. "Ideas for Teacher Recruitment," *New York Times*, November 27, 1955, 221.

32. "Attracting New Teachers," *School Life* 31, no. 1 (October 1948): 1.

33. Fund for the Advancement of Education, *Teachers for Tomorrow*, 27.

34. McGrath, *Annual Report of the Federal Security Agency, 1949*, 4.

35. U.S. Office of Education, Federal Security Agency, *Statistical Summary of Education, 1943-44* (Washington, DC: United States Government Printing Office, 1949), 27.

36. Fund for the Advancement of Education, *Teachers for Tomorrow*, 21.

37. "The 1957 Teacher Supply and Demand Report," 17-31.

38. Dorothea Blyler, "Emergency Teaching Permits for Elementary-School Teachers," *The Elementary School Journal* 46, no. 4 (December 1945): 209.

39. McGrath, *Annual Report of the Federal Security Agency, 1949*, 3.

40. Charles Cogen, *Educational Policies Committee Report on Working Conditions and Teacher Morale*, 1945, 1, UFT Collection, box 246, folder 38, Tamiment.

41. Leonard Buder, "Nonwhite Pupils Increase in City," *New York Times*, May 11, 1961, 39.

42. *Teacher! Are These Your Children?*, vii, 43.

43. U.S. Bureau of the Census, U.S. *Census of Population: 1950*, vol. 6, *Special Reports*, part 1, chapter B, "Occupational Characteristics" (Washington, DC: U.S. Government Printing Office, 1956), 335-337.

44. 이에 대해 더 자세한 배경과 맥락에 대해서는 다음 자료를 참고하기 바란다. James D. Anderson, *The Education of Blacks in the South, 1860-1935* (Chapel Hill: University of North Carolina Press, 1988); Vanessa Siddle Walker, *Their Highest Potential: An African American School Community in the Segregated South* (Chapel Hill: University of North Carolina Press, 1996).

45. Adam Fairclough, "The Costs of *Brown*: Black Teacher and School Integration," *Journal of American History* 91, no. 1 (2004): 43-55; Michael Fultz, "The Displacement of Black Educators Post-*Brown*: An Overview and Analysis," *History of Education Quarterly* 44, no. 1 (April 1, 2004): 11-45; Linda C. Tillman, "(Un)Intended Consequences? The Impact of the *Brown v. Board of Education* Decision on the Employment Status of Black Educators," *Education and Urban Society* 36, no. 3 (May 2004): 280-303; Sonya Douglass Horsford and Kathryn Bell McKenzie, "'Sometimes I Feel like the Problems Started with Desegregation': Exploring Black Superintendent Perspectives on Desegregation

Policy," *International Journal of Qualitative Studies in Education* 21, no. 5 (September 1, 2008): 443-455.

46. Samuel McClelland, *Analysis of Teacher Salaries and Schedules: New York Metropolitan Area*, Board of Education of the City of New York, publication 158, 1960-1961, New York City Board of Education Collection, Municipal Archives, New York City Department of Records (hereafter Municipal Archives).

47. Board of Education of the City of New York, *Staffing Our Schools Today and Tomorrow*, 1961, 16, folder 27, box 98, Administrative Files of the Dean of the School of Education, Daniel E. Griffiths, New York University Archives.

48. An Experienced Teacher, "Are Low Salaries or Poor Working Conditions the Main Reasons for the Teacher Shortage?," *American Teacher*, April 1946, 14.

49. Cogen, *Educational Policies Committee Report on Working Conditions and Teacher Morale*, 1-2.

50. Board of Education of the City of New York, "Chapter 3: Viewpoints about the Teaching Profession," in *Staffing Our Schools Today and Tomorrow*.

51. "Teachers Advised to Stop Self-Pity," *New York Times*, March 19, 1950, 38.

52. John White, "A Reconsideration of the Role of the Teacher in American Society," *Journal of Teacher Education* 7, no. 3 (September 1956): 223-224.

53. Elsbree, "Next Steps for the Teaching Profession," 246.

54. George Gould, *The Teacher and His Work: A First Course in Education* (New York: Ronald Press, 1947), 26.

55. Benjamin Fine, "Teacher Training in Need of Revision," *New York Times*, February 17, 1947, 21.

56. Paul Woodring, *New Directions in Teacher Education: An Interim Report of the Work of the Fund for the Advancement of Education in the Areas of Teacher Education and Recruitment* (New York: Fund for the Advancement of Education, 1957), 13-14, vii.

57. Fine, "Teacher Training in Need of Revision," 21.

58. Blyler, "Certification of Elementary-School Teachers," 578.

59. Daniel Davies, "The Teacher Crisis and Teacher Education," *Teachers College Record* 48, no. 8 (May 1947): 505.

60. 능력(merit)을 둘러싼 논쟁에 대해서는 다음 자료를 참고하기 바란다. Joseph F. Kett, *Merit: The History of a Founding Ideal from the American Revolution to the Twenty-First Century* (Ithaca, NY: Cornell University Press, 2012); Lani Guinier, *The Tyranny of the Meritocracy: Democratizing Higher Education in America* (Boston: Beacon Press, 2015).

61. Fine, "Teacher Shortage Imperils Our Public School System," 1.

62. Edgar Dale, "Don't Feel Sorry for Teachers," *American Teacher*, April 1947, 11.

63. Benjamin Fine, "School Body Head Lauds Examiners," *New York Times*, October 13, 1954, 33.

64. State Board of Education, *Florida Requirements for Teacher Education and Certification* (Tallahassee, FL: State Department of Education, 1949), 7.

65. Blyler, "Certification of Elementary-School Teachers," 579.

66. Benjamin Frazier, *Relief of Teacher Shortages by State Departments of Education* (Washington, DC: U.S. Office of Education, 1943), 3.

67. Blyler, "Certification of Elementary-School Teachers," 580-587.

68. James C. Stone, "Seven Cardinal Principles of Certification," *Journal of Teacher Education* 7, no. 2 (June 1956): 155-157.

69. *New York Legislative Documents, One Hundred and Seventy-Third Session, 1950* (Albany, NY: Williams Press, 1951); William Viall, "Teacher Certification Reciprocity: A National Plan Is Needed," *Journal of Teacher Education* 9, no. 1 (March 1958): 33-36.

70. Letter from Charles Cogen to Max Rubin, May 7, 1963, UFT Collection, box 19, folder 50, Tamiment.

71. Press release, United Federation of Teachers, June 12, 1963, UFT Collection, box 19, folder 50, Tamiment.

72. "The Substitute Teacher Problem," *American Teacher*, March 1945, 10-11.

73. "Working Conditions," *American Teacher*, November 1946, 18.

74. "For a Better Teacher Examination System, the Guild Recommends…," October 1946, UFT Collection, box 4, folder 33, Tamiment.

75. Harry B. Gilbert, "Discussion Comments in Response to 'Some Notes on the Measurement and Prediction of Teacher Effectiveness' by David G. Ryans," November 1, 1958, Educational Testing Services Invitational Conference, UFT Collection, box 8, folder 23, Tamiment.

76. "Schools Need 1,000 Who Speak Spanish," *New York Times*, June 11, 1951, 27.

77. Fine, "School Woes Laid to Puerto Ricans," 15.

78. Department of Education, *Annual Report, 1946-1947*, folder 2, box 1, Division of Programs in Education, Archive and Special Collections, Hunter College Library (hereafter Hunter College Archives).

79. *For a Better Teacher Examination System: Report of the Committee on Teacher Examinations of the New York Guild*, April 1946, 2, folder 1, box 8, collection 5279, Kheel Center, Catherwood Library, Cornell University (hereafter Kheel Center); Christina Collins, "'Ethnically Qualified': A History of New York City Public School Teachers, 1920-1980" (PhD diss., University of Pennsylvania, 2006), 88, Penn Libraries, University of Pennsylvania, https://repository.upenn.edu/dissertations/AAI3225443.

80. Daniel Griffiths, *Teacher Mobility in New York City: A Study of the Recruitment, Selection, Appointment and Promotion of Teachers in the New York City Public Schools* (New York: New York University Press, 1963).

81. Diana D'Amico, "Teachers' Rights versus Students' Rights: Race and

Professional Authority in the New York City Public Schools, 1960-1986," *American Educational Research Journal* 53, no. 3 (2016): 541-573.

82. Letter from Samuel Moskowitz to Jacob Greenberg, June 12, 1956, Division of Personnel Collection, series 672, box 3, folder 2, Municipal Archives.

83. Interview with David Selden, 1986, United Federation of Teachers Oral History Collection OH 009, Tamiment.

84. Max Kline, "Preparing for an Oral?," *Guild Spring Conference Journal*, 1954, collection 5279, box 3, folder 26, Kheel Center.

85. Dr. George Friedlander, "Lecture-Demonstration in Preparation for Oral Interview—Elementary and Early Childhood," 1960, UFT Collection, box 6A, folder 32, Tamiment.

86. "Teacher Eligibles Scorn Job Offers," *New York Times*, February 28, 1945, 23.

87. Benjamin Fine, "Search Nation for New Blood in City Schools," *New York Times*, August 3, 1941, D4.

88. John R. Thomson, "Schools Here Act to Attract New Teachers," *Chicago Daily Tribune*, December 7, 1948, 19.

89. Office of Informational Services, Advertisement, February 13, 1959, Public Relations, series 565, box 25, folder 8, Municipal Archives.

90. Board of Education of the City of New York, "Teach in New York City—Cultural Center of the World," in *New York City's Expanded Recruitment Program*, 1963, UFT Collection, box 22, folder 5, Tamiment. Refer also to Board of Education of the City of New York, *Career for You in New York City Public Schools; Teacher! Teacher!;* and *The Future Teacher*, 1960, Municipal Archives.

91. Harold C. Hodgkinson, *Educational Decisions: A Casebook* (Englewood Cliffs, NJ: Prentice-Hall, 1963), 85.

92. 빨간색 미끼와 「파인버그법(Feinberg Law)」에 대해서는 다음 자료를 참고하기 바란다. Marjorie Murphy, *Blackboard Unions: The AFT and the NEA, 1900-1980* (Ithaca, NY: Cornell University Press, 1992); "The Feinberg Law," *Harvard Crimson*, March 8, 1952; Hartman, *Education and the Cold War*; Schrecker, *Many Are the Crimes*.

93. Murphy, *Blackboard Unions*, 175-195.

94. Michael Young, *The Rise of Meritocracy, 1870-2023: An Essay on Education and Equality* (Baltimore: Penguin, 1968).

95. Abraham Lefkowitz, "Analysis of the New Salary Law," March 14, 1947, UFT Collection, box 8, folder 22, Tamiment.

96. U.S. Bureau of the Census, *1950 Census of Population*, 335-337.

97. "Single Salary: A Dozen Reasons Why," ca. 1957, collection 5279, box 7, Kheel Center.

98. Advance on talk of Mrs. Rebecca Simonson, President, New York Teachers Guild, Local 2, American Federation of Teachers, at meeting of the League for

Industrial Democracy, Tuesday evening, March 24, 1942, UFT Collection, box 9, folder 9, Tamiment.

99. 예를 들어, 다음 자료 참고. "Teacher Union Urges Raising of Salaries," *Chicago Daily Tribune*, August 21, 1956, 17; "Action Is Urged to End Education 'Mediocrity,'" *Washington Post and Times Herald*, August 21, 1956, 32; "Teachers' Fight Urged on School Mediocrity," *Los Angeles Times*, August 21, 1956, 12.

100. High School Teachers Association, *Crisis in New York City Public High Schools*, 1956, series 672, box 1, folder 1, Municipal Archives.

101. Benjamin Fine, "Education in Review," *New York Times*, April 30, 1950, E9.

102. High School Teachers Association, *Crisis in New York City Public High Schools*.

103. Mary Handy, "Boston School Budget Rises: Single Salary Rejected for Teachers," *Christian Science Monitor*, April 3, 1956, 6.

104. Michael Glassman, *Report on the National Education Association*, 1944, box 7, folder 4, Tamiment.

105. Letter from Rebecca Simonson to John Wade, January 18, 1946, UFT Collection, box 11, folder 17, Tamiment.

106. Letter from Jacob Greenberg to Rebecca Simonson, January 25, 1946, UFT Collection, box 11, folder 17, Tamiment.

107. "He Made Men… Out of Boys!," *American Teacher*, January 1946, 31.

108. Irvin Kuenzli, "Veterans as Teachers," *American Teacher*, February 1946, 10; Louis Kaplan, "More Men for Elementary Schools!," *Phi Delta Kappan* 29, no. 7 (1948): 299-302.

109. Kaplan, "More Men for Elementary Schools!"

110. Francis H. Horn, "Eat Your Cake, and Have It Too? What Stand Should We Take?," *Phi Delta Kappan* 31, no. 3 (October 1949): 82-85.

111. *March 4, 1947: An Act to Amend the Education Law in Relation to Teachers' Salaries. Article 33 B—Salaries of Teachers and Supervisors* [the Feinberg Law], Schenectady Federation of Teachers, reel 5, University at Albany, State University of New York, Special Collections.

112. "Teacher Standard Set Up in Report," *New York Times*, June 27, 1947, 23.

113. "Educators Debate Merit Pay Clause," *New York Times*, October 30, 1948, 21.

114. "Teacher Standard Set Up in Report," 23.

115. Wendall Wilson, "The Merit Rating Phobia," *High School Journal* 43, no. 8 (May 1960): 433-436.

116. A. S. Barr, "Merit Pay for Teachers?," *Phi Delta Kappan* 31, no. 1 (September 1949): 5-7.

117. Terrel Bell, *Effective Teaching: How to Recognize and Reward Competence* (New York: Exposition Press, 1962).

118. Wilson, "The Merit Rating Phobia."

119. Bell, *Effective Teaching*, 14.

120. W. L. Gragg, "The Controversy over Merit Pay for Teachers," *High School Journal* 43, no. 8 (May 1960): 411.

121. 예를 들어, 다음 자료 참고. American Federation of Teachers, "Two Vital Issues," ca. 1958 UFT Collection, box 8, folder 23, Tamiment; Carl J. Megel, *Merit Rating Statement on the Christopher King Sounding Board National Radio Program*, 1957, box 8.23, Tamiment; Mary Herrick, *Merit Rating: Dangerous Mirage or Master Plan* (Chicago: American Federation of Teachers, 1958); Mary Herrick, *Merit Rating: A Dangerous Mirage* (Chicago: American Federation of Teachers, 1957), box 8.23, Tamiment.

122. Mary Herrick, "Subjective Rating of Teachers," *American Teacher*, April 1948, 9.

123. Herrick, *Merit Rating: Dangerous Mirage or Master Plan*, 11-12.

124. Megel, *Merit Rating Statement on the Christopher King Sounding Board*.

125. Herrick, "Subjective Rating of Teachers," 9.

126. *AFL Resolution and Statement against Basing Teachers' Salaries on Rating Scales*, October 1947, UFT Collection, box 8, folder 22, Tamiment.

127. John Eklund, "Promotion—The 'Super-Rating," *American Teacher*, April 1948, 12.

128. Rebecca Simonson, "Teacher Rating and Teacher Morale," *American Teacher*, April 1948, 8.

129. "If I Knew You Were Coming I'd a Made a Plan," *High Points* 32, no. 6 (June 1950).

130. Daniel R. Hodgon, "'Merit' System for Teachers," *Clearing House*, April 1948, UFT Collection, box 8, folder 22, Tamiment.

131. Herrick, *Merit Rating: A Dangerous Mirage*, 23, 3-4, 6.

132. Megel, *Merit Rating Statement on the Christopher King Sounding Board*.

133. Jay Belmock, "Why Teachers Fear Merit Rating," *Clearing House* 32, no. 1 (September 1957): 17-18.

134. Margaret Walsh and Harriet Pease, "'Merit' Rating—What's Wrong with It? New York's AFT Members Give the Answer," *American Teacher*, April 1948, 7-8.

135. "Report of Committee A" (ca. 1948), Schenectady Federation of Teachers, reel 5, University at Albany, State University of New York, Special Collections.

136. Belmock, "Why Teachers Fear Merit Rating," 17-18.

137. Herrick, *Merit Rating: Dangerous Mirage or Master Plan*, 39.

138. Herrick, *Merit Rating: A Dangerous Mirage*, 23, 6.

139. Schenectady Federation of Teachers, *The Story of Merit Rating in Schenectady, New York*, March 4, 1952, Schenectady Federation of Teachers, reel 5, University at Albany, State University of New York, Special Collections.

140. Schenectady Federation of Teachers, *Special Bulletin*, August 17, 1951, reel 5, University at Albany, State University of New York, Special Collections, 324.

141. Schenectady Federation of Teachers, *803 Board of Directors' Meeting,*

October 17, 1951—News Bulletin, reel 5, University at Albany, State University of New York, Special Collections.

142. *Resolutions from Schenectady Federation of Labor Subject: Teacher Merit Rating*, October 2, 1951, UFT Collection, box 8, folder 23, Tamiment.

143. "News Item for Immediate Release by Secretary, Schenectady Federation of Labor," October 1951, UFT Collection, box 8, folder 23, Tamiment.

144. William J. Schoomaker, lawyer for SFT, writes to Mrs. Frank Zoller, president of the Schenectady Board of Education, November 1, 1951, reel 5, University at Albany, State University of New York, Special Collections, 345 (Schoomaker's oral argument is contained in the letter).

145. Department of Education, "Teacher Evaluation," Schenectady, NY, 1948, reel 5, University at Albany, State University of New York, Special Collections.

146. Schenectady Federation of Teachers, *The Story of Merit Rating in Schenectady, New York*, 6.

147. William J. Schoomaker, lawyer for SFT, writes to Mrs. Frank Zoller, president of the Schenectady Board of Education.

148. "Board Drops Merit Rating as Pay Raise Basis," *Schenectady Union Star*, February 27, 1952, reel 5, University at Albany, State University of New York, Special Collections.

149. John Theobald to Charles Cogen, October 14, 1958, UFT Collection, box 8, folder 23, Tamiment.

150. Telegram from Charles Cogen to John Theobald, October 20, 1958, UFT Collection, box 8, folder 23, Tamiment.

151. New York Teachers Guild, "News," October 21, 1958, UFT Collection, box 8, folder 23, Tamiment.

152. Charles Cogen, Letter to the Editor of the *New York Times*, October 22, 1958, UFT Collection, box 8, folder 23, Tamiment; Charles Cogen, "Teachers' Salary Program: Merit Rating Opposed as Adding to Demoralization," *New York Times*, October 27, 1958, 26.

153. Letter from Charles Cogen to Harry Van Arsdale Jr., October 23, 1958, UFT Collection, box 8, folder 23, Tamiment.

154. Letter from John Theobald to Charles Cogen, October 27, 1958, UFT Collection, box 8, folder 23, Tamiment.

155. Letter from Charles Cogen to John Theobald, November 5, 1958, UFT Collection, box 8, folder 23, Tamiment.

156. Letter from John Theobald to Charles Cogen, November 12, 1958, UFT Collection, box 8, folder 23, Tamiment.

157. Arthur Bestor, "How Should America's Teachers Be Educated?," *Teachers College Record*, October 1954, 16-19.

158. Paul Woodring, "The Ford Foundation and Teacher Education," *Teachers College Record*, December 1960, 224-231.

159. Woodring, *New Directions in Teacher Education*.

160. Woodring, *New Directions in Teacher Education*.

161. "Teacher Training Is Held Neglected," *New York Times*, October 28, 1949, 15.

162. *The Inauguration of Hollis Leland Caswell as President of Teachers College, Columbia University* (New York: Teachers College, Columbia University, November 21 and 22, 1955).

163. Alonzo F. Myers, *The Outlook for the School of Education*, March 1945, included with a letter from Myers to Chancellor Chase, March 5, 1945, folder 3, box 38, New York University Archives.

164. Van Cleve Morris, "Grades for Teachers," *Journal of Teacher Education* 7, no. 3 (September 1956): 246.

165. *Teachers College Dean's Report* (New York: Columbia University in the City of New York, 1947); Lawrence A. Cremin, *A History of Teachers College, Columbia University: The Bicentennial History of Columbia University* (New York: Columbia University Press, 1954), 213.

166. "NYU Dean Critical of Teacher Training," *New York Times*, September 18, 1947, 17.

167. Merle Borrowman, "The Quest for a Discipline of Teacher Education," *Teachers College Record* 55, no. 6 (March 1954): 329.

168. Karl W. Bigelow, "How Should America's Teachers Be Educated?," *Teachers College Record* 56, no. 1 (October 1954): 21.

169. *The Inauguration of Hollis Leland Caswell*, 33.

170. "Hunter College Faculty Survey," 1954, 26-27, Division of Programs in Education, box 6, folder 1, Hunter College Archives.

171. Myers, "The Outlook for the School of Education"; Bigelow, "How Should America's Teachers Be Educated?," 20-24.

172. "Recruitment of Teachers for New York City's Public Schools, 1958-1959: A Report of the Committee on Teacher Recruitment, Board of Education," Public Relations, series 565, box 25, folder 9, Municipal Archives.

173. "A Guide for School and College Personnel: Student Teaching in the Elementary Schools," Division of Elementary Schools, New York City, Board of Education, 1954, series 672, box 5, folder 5, Municipal Archives.

174. Marjorie B. Smiley and Arthur Sprague, "Professional Difficulties of Beginning Elementary School Teachers as Seen by Elementary School Principals," November 1957, Office of Institutional Research, folder 10, box 4, Division of Programs in Education, Hunter College Archives.

175. Office of Education, *Proposed Minimum Standards for State Approval of Teacher Preparing Institutions*, circular No. 351 (Washington, DC: United States Printing Office, 1952), vi, 6.

176. W. Earl Armstrong, "#27: Education for the Professions," in United States Office of Education, *Education for the Professions*, ed. L. Blauch (Washington,

DC, 1955), 226.

177. National Council for the Accreditation of Teacher Education (NCATE), *Standards and Guide for Accreditation of Teacher Education* (Washington, DC: NCATE, 1957).

178. "The 1957 Teacher Supply and Demand Report," 22.

[제5장] 용감한 새로운 부류의 교사들: 교사 권력과 고립, 1960~1980

1. Albert Shanker, transcript of speech delivered at Syracuse University, 1971, United Federation of Teachers Collection (hereafter UFT Collection), WAG 022, box 91, folder 45, the Tamiment Library/Robert F. Wagner Labor Archives, New York University (hereafter Tamiment).

2. *The People Who Serve Education: A Report on the State of the Education Professions by Harold Howe II, U.S. Commissioner of Education* (Washington, DC: Government Printing Office, 1968), 1-2.

3. Neil Cowan, "Albert Shanker Oral History—Interviewed in Preparation for the UFT's 25th Anniversary Booklet," 1985, American Federation of Teachers Presidential Files (hereafter AFT Presidential Files), Shanker Collection, box 10, folder 11, Walter P. Reuther Library, Archives of Labor and Urban Affairs, Wayne State University, Detroit, MI (hereafter Reuther Library).

4. Martin Mayer, "Close to Midnight for the New York Schools," *New York Times*, May 2, 1965, SM34.

5. J. H. Duffy, "Radicalizing Education in New York City," *New York Times*, September 6, 1975, 19.

6. Abraham H. Lass, "A Spoiled Apple for the Teacher," *New York Times*, May 25, 1976, 28.

7. Board of Education of the City of New York, *Facts and Figures*, 1969-1970, UFT Collection, box 31, folder "BoE Pubs," Tamiment.

8. Mayer, "Close to Midnight for the New York Schools."

9. Marjorie Murphy, *Blackboard Unions: The AFT and the NEA, 1900-1980* (Ithaca, NY: Cornell University Press, 1992); Jon Shelton, *Teacher Strike! Public Education and the Making of a New American Political Order* (Urbana: University of Illinois Press, 2017).

10. Board of Education of the City of New York, "Salary Schedule," 1935, collection 5279, box 6, folder 16, Kheel Center, Catherwood Library, Cornell University (hereafter Kheel Center).

11. Teachers Guild, "What the Shouting's All About," 1950, collection 5279, box 7, folder 9, Kheel Center.

12. Benjamin Fine, "Teacher Boycott to Be Tightened," *New York Times*, February 7, 1956, 34.

13. High School Teachers Association, "Crisis in the New York City Public Schools," 1956, Series 672—Division of Personnel, box 1, folder 1, New

York City Board of Education Collection, Municipal Archives, New York City Department of Records (hereafter Municipal Archives).

14. Rebecca Schneider, Letter to the Editor, *High School Teacher*, December 1956, quoted in letter from Schneider to Teachers Guild, January 1957, UFT Collection, WAG 022, box 3, folder 30, Tamiment.

15. High School Teachers Association, "Crisis in the New York City Public Schools."

16. Letter from David Selden to Sanford Gelernter, March 16, 1959, UFT Collection, WAG 022, box 6a, folder 44, Tamiment.

17. Letter from Emil Tron to Charles Cogen, May 14, 1959, UFT Collection, WAG 022, box 6a, folder 44, Tamiment.

18. Teachers Guild, "Elementary School Teacher: Newsletter," May 1959, UFT Collection, WAG 022, box 4, folder "Elementary School Committee," Tamiment.

19. Newspaper clipping, "Comment Phones to Helen Emory World Telegram," 1959, UFT Collection, WAG 022, box 6a, folder 44, Tamiment.

20. Letter from Rebecca Simonson to Charles Cogen, 1959, UFT Collection, WAG 022, box 6a, folder 44, Tamiment.

21. "UFT Is Moving," 1959, UFT Collection, WAG 022, box 6a, folder 44, Tamiment.

22. "Significance of the Promotional Increment," 1961, UFT Collection, WAG 022, box 21, folder 22, Tamiment.

23. "The United Federation of Teachers Presents: A Professional Approach to the Single Salary vs. Differential Dispute," 1960, UFT Collection, WAG 022, box 21, folder 22, Tamiment.

24. 더 자세한 논의를 위해서는 다음 자료 참조. Murphy, *Blackboard Unions*; Jonna Perrillo, *Uncivil Rights: Teachers, Unions, and Race in the Battle for School Equity* (Chicago: University of Chicago Press, 2012).

25. Stephen E. Nordlinger, "Teachers Union Says Board Ignores Groups on Policy," *The Sun*, August 28, 1960, 24.

26. Fred Hechinger, "High Stakes Angry Teachers," *New York Times*, November 15, 1964, E7; Leonard Buder, "New Weapon for Teachers," *New York Times*, June 11, 1967, 205.

27. Richard Leger, "Militant Educators," *Wall Street Journal*, June 14, 1965, 1.

28. Gene Oishi, "Teachers Union Drive Snagged," *The Sun*, December 10, 1966, B18.

29. John F. Lyons, "American Federation of Teachers," in *Encyclopedia of U.S. Labor and Working-Class History*, ed. Eric Arnesen (New York: Routledge, 2007), 89.

30. Jerry Hart, *Collective Negotiations: A New Outlook in 1966* (Athens: Center for Educational Research and Service, Ohio University, 1966).

31. *The People Who Serve Education*, 1.

32. Dick Turpin, "School Strikes," *Los Angeles Times*, August 24, 1965.

33. Damon Stetson, "Teacher Union Loses Dues-Checkoff Right as a Strike Penalty," *New York Times*, October 14, 1976, 77; Leslie Maitland, "Teachers Union Is Fined $50,000 for Illegal New York City Public School Strike in 1975," *New York Times*, July 21, 1977, 21.

34. Richard Leger, "Militant Educators," *Wall Street Journal*, June 14, 1965, 1.

35. Charles Cogen, "The Impact of Collective Bargaining on Teachers," speech delivered at the Junior High School Principals' Association, March 23, 1963, UFT Collection, WAG 022, box 16, folder 49, Tamiment.

36. Letter from May Itkin to Charles Cogen, May 31, 1962, UFT Collection, WAG 022, box 21, folder 23, Tamiment.

37. Letter from Charles Cogen to May Itkin, June 22, 1962, UFT Collection, WAG 022, box 21, folder 23, Tamiment.

38. UFT Membership Committee, Minutes, June 14, 1962, UFT Collection, WAG 022, box 20, folder 2, Tamiment.

39. United Federation of Teachers, Spring Conference Journal, 1964, UFT Collection, WAG 022, box 21, folder 42, Tamiment.

40. Cogen, "The Impact of Collective Bargaining on Teachers."

41. Samuel Hochberg, "The Way to Achieve Professional Status," *United Teacher*, October 1961, UFT Collection, WAG 022, box 22, folder 26, Tamiment.

42. Interview with David Selden, 1986, United Federation of Teachers Oral History Collection OH 009, Tamiment.

43. Charles Cogen, "For Teachers Too: Collective Bargaining Works," October 1963, UFT Collection, WAG 022, box 16, folder 47, Tamiment.

44. Interview with Charles Cogen, 1985, United Federation of Teachers Oral History Collection OH 009, Tamiment.

45. Diana D'Amico, "An Uneasy Union: Women Teachers, Organized Labor, and the Contested Ideology of Profession during the Progressive Era," *LABOR: Studies in Working-Class History of the Americas* 14, no. 3 (September 2017): 35-54.

46. Interview with Charles Cogen, 1985.

47. Rene Epstein, interview with Rebecca Simonson, 1985, United Federation of Teachers Oral History Collection OH 009, Tamiment.

48. UFT Flyer, *UFT Is Moving!!!* (ca. 1959), UFT Collection, box 6a, folder "Merger with HSTA," Tamiment.

49. United Federation of Teachers and AFT-CIO, *The UFT Story*, 1966, UFT Collection, WAG 022, Tamiment.

50. United Federation of Teachers, *Spring Conference Journal*, 1963, UFT Collection, WAG 022, box 21, folder 41, Tamiment.

51. Cogen, "For Teachers Too."

52. Charles Cogen, "Denver Address: The Collective Bargaining Story in New

York City," September, 1962, UFT Collection, WAG 022, box 16, folder 48, Tamiment.

53. Frederick Shaw, "How Teachers Get Injured," *High Points* 45, no. 7 (October 1963): 53-58.

54. Rebecca Simonson, talk delivered to the League for Industrial Democracy, March 24, 1942, UFT Collection, WAG 022, box 9, folder 9, Tamiment.

55. Eleanor Capson, "Seek and Ye Shall Find," *High Points* 42, no. 9 (December 1961): 43-45.

56. Irving Gerber, "In Defense of a Merit System," *High Points* 40, no. 3 (March 1963): 62-64.

57. James Cunningham, "The Best Teacher I Ever Had," *High Points* 40, no. 4 (April 1963): 58-59.

58. Letter from Charles Cogen to Michael Quill, August 8, 1963, UFT Collection, WAG 022, box 16, folder 31, Tamiment.

59. Letter from Charles Cogen to Genevieve Gideon, April 4, 1962, UFT Collection, WAG 022, box 18, folder 19, Tamiment.

60. Program transcript, April 7, 1962, UFT Collection, WAG 022, box 17, folder 1, Tamiment.

61. Letter from Joseph Giacobbe to Charles Cogen, April 18, 1963, UFT Collection, WAG 022, box 16, folder 31, Tamiment.

62. Letter from Charles Cogen to Joseph Giacobbe, April 25, 1963, UFT Collection, WAG 022, box 16, folder 31, Tamiment.

63. "Labor and the Intelligentsia," *United Teacher*, September 1961, 2, UFT Collection, WAG 022, box 22, folder 26, Tamiment.

64. Cogen, "For Teachers Too."

65. Lucia Mouat, "Teachers on the March," *Christian Science Monitor*, August 6, 1965, 1.

66. Administrative Committee minutes, October 1960, UFT Collection, WAG 022, box 16, folder 3, Tamiment; "Summary of Officers," *Spring Conference Journal*, 1964, UFT Collection, WAG 022, box 18, folder 42, Tamiment.

67. United Federation of Teachers, "Memorandum," December 21, 1960, UFT Collection, WAG 022, box 16, folder 3, Tamiment.

68. United Federation of Teachers, interview with Alice Marsh, 1985, United Federation of Teachers Oral History Collection OH 009, box 2, folder 12, Tamiment.

69. United Federation of Teachers, *Spring Conference Journal*, 1962, UFT Collection, WAG 022, box 21, folder 40, Tamiment.

70. George Gallup and Evan Hill, "The American Woman," *Saturday Evening Post*, December 22, 1962.

71. United Federation of Teachers, *Spring Conference Journal*, various years, UFT Collection, WAG 022, box 9, folder 42, Tamiment.

72. U.S. Bureau of the Census, *1960 Census of the Population, Classified Index of Occupations and Industries* (Washington, DC: Government Printing Office, 1960).

73. Board of Education, *Annual Report of the Superintendent of Schools, 1959–1960* (New York: Public Schools of the City of New York, 1960), Municipal Archives.

74. U.S. Bureau of the Census, *1970 Census of Population* (Washington, DC: Government Printing Office, 1971), table 171.

75. U.S. Bureau of the Census, *Classified Index of Occupations and Industries*; United Federation of Teachers, "District Chairmen," November 1, 1960, UFT Collection, WAG 022, box 20, folder 37, Tamiment.

76. Charles Cogen, TV program transcript, 1962, UFT Collection, WAG 022, box 17, folder 1, Tamiment.

77. Program transcript, August 25, 1963, UFT Collection, WAG 022, box 17, folder 1, Tamiment.

78. Nathan Levine et al., "A Program to Reestablish Teacher Morale," *High Points* 44, no. 8 (November 1962): 18.

79. United Federation of Teachers, Legislative Memo, January 28, 1963, UFT Collection, WAG 022, box 20, folder 38, Tamiment.

80. Quoted in Murphy, *Blackboard Unions*.

81. Letter from Patricia Halpin to Albert Shanker, October 23, 1975, AFT Presidential Files, Shanker Collection, box 13, folder 1, Reuther Library.

82. American Federation of Teachers, "Women's Rights Resolutions," 1981, AFT Presidential Files, Shanker Collection, box 10, folder 9, Reuther Library.

83. Charles Cogen, "A Professional Organization's Vision and Mandate," *Spring Conference Journal*, 1962, UFT Collection, WAG 022, box 21, folder 40, Tamiment.

84. Cogen, "The Impact of Collective Bargaining on Teachers."

85. United Federation of Teachers, "Recommendations for Recruiting and Retaining Teachers in the NYC System," 1963, UFT Collection, WAG 022, box 22, folder 5, Tamiment.

86. "Agreement between the Board of Education of the City of New York and the United Federation of Teachers Covering Classroom Teachers," January 6, 1964, UFT Collection, WAG 022, box 29, folder 7, Tamiment.

87. Charles Cogen, Graduation Address, June 19, 1962, UFT Collection, WAG 022, box 16, folder 2, Tamiment.

88. Interview with Charles Cogen, 1985.

89. Charles Cogen, "A Challenge to Administrators," speech delivered at the Experimental Society, November 1, 1962, UFT Collection, WAG 022, box 16, folder 48, Tamiment.

90. David Selden, "What Teachers Want," 1962, UFT Collection, WAG 022, box 21, folder 32, Tamiment.

91. *United Action*, June 1962, col. 11, no. 5, UFT Collection, WAG 022, box 22, folder 21, Tamiment.

92. United Federation of Teachers, "The Art of Shortchanging," 1961, UFT Collection, box 17, folder 7, Tamiment.

93. Albert Shanker, "Forty Years in the Profession," March 20, 1991, AFT Presidential Files, Shanker Collection, box 10, folder 15, Reuther Library.

94. United Federation of Teachers memorandum, "Supervision in the High Schools," ca. 1963, UFT Collection, box 16, folder 10, Tamiment.

95. United Federation of Teachers, "Theobald versus the Facts," October, 1960, UFT Collection, box 21, folder 37, Tamiment.

96. Charles Cogen, "The Teacher's Year of Decision," *Spring Conference Journal*, 1960, UFT Collection, box 9, folder 42, Tamiment.

97. Mouat, "Teachers on the March."

98. Albert Shanker, "The Making of a Profession," April 1985, 12, AFT Presidential Files, Shanker Collection, box 59, folder 34, Reuther Library.

99. Shanker, speech delivered at Syracuse University.

100. United Federation of Teachers statement on decentralization, ca. 1969, UFT Collection, box 57, folder 21, Tamiment.

101. Albert Shanker, speech delivered at Albion College, ca. 1964-1965, AFT-State Federations Collection, Shanker Collection, box 15, folder 25, Reuther Library.

102. Shanker, speech delivered at Syracuse University.

103. Shanker, "The Making of a Profession."

104. Shanker, "The Making of a Profession."

105. Letter from Roger Parente to Charles Cogen, January 20, 1961, UFT Collection, box 16, folder 10, Tamiment.

106. Letter from Albert Shanker to Murray Macy, January 4, 1965, UFT Collection, box 16, folder "American Federation of School Admin," Tamiment.

107. Mouat, "Teachers on the March."

108. Harry Bernstein, "Teachers Union Warns of Strike over Bargaining," *Los Angeles Times*, May 24, 1965, A1.

109. Jerry Hart, *Collective Negotiations: A New Outlook in 1966* (Athens: Center for Educational Research and Service, Ohio University, 1966).

110. "Union Hears Negotiator," *The Sun*, March 27, 1966, 18.

111. Board of Examiners of the City of New York, "Progress Report of the Board of Examiners," May 8, 1963, UFT Collection, box 32, Folder "BoExam," 62-63, Tamiment.

112. E. Blum, UFT memorandum on contract negotiations, June 22, 1967, UFT Collection, box 42, folder 2, Tamiment; Diana D'Amico, "Teachers' Rights versus Students' Rights: Race and Professional Authority in the New York City Public Schools, 1960-1986," *American Educational Research Journal* 53, no. 3

(2016): 541-572.

113. Marcia Reecer, interview with Albert Shanker, ca. 1980, box 10, folder 13, Shanker Personal Collection, Reuther Library.

114. "Donovan Charges City Teachers Lack Dedication," *New York Times*, October 25, 1967, 34.

115. D'Amico, "Teachers' Rights versus Students' Rights."

116. Preston R. Wilcox, "Teacher Attitudes and Student Achievement," *Teachers College Record 68* (February 1967): 371-379, cited in D'Amico, "Teachers' Rights versus Students' Rights."

117. Heather Lewis, *New York City Public Schools from Brownsville to Bloomberg: Community Control and Its Legacy* (New York: Teachers College Press, 2013); Daniel H. Perlstein, *Justice, Justice: School Politics and the Eclipse of Liberalism* (New York: Peter Lang, 2004); Jerald E. Podair, *The Strike That Changed New York: Blacks, Whites, and the Ocean Hill-Brownsville Crisis* (New Haven, CT: Yale University Press, 2004).

118. As cited in D'Amico, "Teachers' Rights versus Students' Rights," 556.

119. D'Amico, "Teachers' Rights versus Students' Rights."

120. "School Muddle Thickens in Brownsville-Ocean Hill," *New York Amsterdam News*, June 22, 1968.

121. "Black Teachers to Stage Protest Rally at City Hall," *New York Amsterdam News*, October 15, 1975, A1.

122. "The New Teacher-Integration Plan," *Los Angeles Times*, January 8, 1975, C6.

123. Z. J. Browne, "U.S. Accuses NYC School System of Bias," *New York Amsterdam News*, November 13, 1976, A1.

124. A. Shanker, "Where We Stand: Last Gasp of Lame-Duck Bureaucrats," *New York Times*, November 14, 1976, 179.

125. A. Goldman, "New York's Schools in Accord with US on Minority Hiring," *New York Times*, September 7, 1977, 57. For more on the creation of this hiring plan and its consequences, refer to Diana D'Amico Pawlewicz, Sonya D. Hosford, and Andrea Guiden, "In Search of Black Teachers: The Irony of Recruitment and Hiring Policies Post-*Brown*," in *AERA Handbook on Teachers of Color* (Washington, DC: American Educational Research Association, forthcoming).

126. W. J. Dawkins, "Hi Moynihan's Policy on Teachers," *New York Amsterdam News*, October 29, 1977, B1.

127. Edward Burks, "Moynihan Decries Plan to Assign New York City Teachers by Race," *New York Times*, September 24, 1977, 9.

128. "Shanker Alleges Some Teachers Hired by Boards Are Illiterate," *New York Times*, December 5, 1977, 45.

129. "Shanker Alleges Some Teachers Hired by Boards Are Illiterate."

130. A. Goldman, "HEW Weighs Suit to Affect Assigning of Teachers by City,"

New York Times, April 8, 1978, 21.

131. James Koerner, "How Not to Teach Teachers," reprint from *The Atlantic*, February 1963, UFT Collection, box 22, folder 10, Tamiment.

132. "Conant Sees Shoddiness in Training of Teachers," *New York Times*, February 20, 1964, 31.

133. Fred Hechinger, "Wisconsin Revolt over Education," *New York Times*, December 13, 1962, 6.

134. "Educator Finds an Era Is Passing," *New York Times*, February 14, 1963, 7.

135. National Council for the Accreditation of Teacher Education (NCATE), *Standards for the Accreditation of Teacher Education* (Washington, DC: NCATE, 1970), 2.

136. *The People Who Serve Education*, 2.

137. *Higher Education Amendments of 1967: Hearings before the Special Subcommittee on Education of the Committee on Education and Labor, House of Representatives, Part 1* (Washington DC: U.S. Government Printing Office, 1967), 28.

138. Education Professions Development Act, 1967, 90th Congress, Public Law 90-35, H.R 10943, June 29, 1967.

139. Shanker, "The Making of a Profession," 20.

140. Letter from Nathan Brown to Albert Shanker, August 14, 1969, UFT Collection, box 29, folder 1, Tamiment.

141. Albert Shanker, "The Meaning of Accountability," UFT Collection, box 28, folder "BoE Accountability," Tamiment.

142. Shanker, speech delivered at Syracuse University.

143. American Federation of Teachers, "An Open Letter to the Deans of Teacher Education and Directors of Teacher Certification," 1974, UFT Collection, box 142, folder 17, Tamiment.

144. American Federation of Teachers, *Professionalism: It Should Be More than a Dream. It Should Be a Reality* (Washington, DC: American Federation of Teachers, AFL-CIO, ca. 1980).

145. Letter from Joseph Grannis to Albert Shanker, February 1, 1968, UFT Collection, box 44, folder 14, Tamiment.

146. Muriel Cohen, "New Harvard Dean Wants Changes," *Boston Globe*, February 25, 1973, 50.

147. Letter from Sandra Feldman to Max Rubin, June 15, 1972, Administrative Files of the Dean of the School of Education, Daniel E. Griffiths (hereafter Administrative Files), box 55, folder 10, New York University Archives (hereafter NYU Archives).

148. Letter from Daniel Griffiths to Eugenia Kemble, July 13, 1973, Administrative Files, box 55, folder 10, NYU Archives.

149. Frederick Rodgers, Memorandum Re: Financial and Program Progress

Report of the New York University Teacher Corps Project, September 25, 1968, Administrative Files, box 99, folder 1, NYU Archives.

150. Letter from Arnold Spinner to Frank Arricale, June 6, 1978, Administrative Files, box 16, folder 8, NYU Archives.

151. Letter from Monica Blum to Daniel Griffiths, June 25, 1980, Administrative Files, box 16, folder 8, NYU Archives.

152. Mary Jordan, "U-Va to Offer 'Warranty' on Its New Teachers," *Washington Post*, September 26, 1984, C4.

153. School of Education, Health, Nursing, and Arts Professions (SEHNAP), "Futures Report," July 1980, Administrative Files, box 1, folder 28, NYU Archives.

154. Scott Moore, "Cal State to Merge School of Education," *Los Angeles Times*, July 1, 1971, C9.

155. National Center for Education Statistics, *The State of Teacher Education, 1977* (Washington, DC: National Center for Education Statistics, 1978).

156. United Federation of Teachers, "Proposal for a UFT Teacher Center," June 1973, Administrative Files, box 55, folder 10, NYU Archives.

157. Fred Hechinger, "Centers to Aid Teachers Imperiled," *New York Times*, March 30, 1982, C1.

158. AFT Advisory Group, *Teachers' Centers: A New Voice for Teachers in Teacher Education Reform* (Washington, DC: American Federation of Teachers, 1977).

159. Roy A. Edelfelt et al., *Lessons from the Teacher Corps* (Washington, DC: National Education Association, 1974), 393.

160. Cowan, "Albert Shanker Oral History."

161. Shanker, speech delivered at Albion College.

162. Richard D. Kahlenberg, *Tough Liberal: Albert Shanker and the Battles over Schools, Unions, Race, and Democracy* (New York: Columbia University Press, 2007), 2.

163. Duncan, "Elevating the Teaching Profession," *American Educator*, Winter 2009-2010, 3.

164. 칼렌버그(Richard Kahlenberg)가 쓴 샨커의 자서전을 보면, 샨커는 미국 민주주의를 이끈 노조 지도자로 점철되어 있다. 이런 그의 이미지는 다른 사람들이 제대로 따라 주지 않아 그의 이상이 실현되지 않았다는 느낌을 준다. 칼렌버그는 샨커가 자신이 생각하는 민주주의를 좀 더 광범위하게 다른 동료 자유주의자들에게 확신하고 설득하는 데 실패했다고 보는데, 〈터프 리버럴(Tough Liberal)〉에 쓴 글에서 "샨커는 이런 질문을 우리에게 남겨두었다. '우리가 애써 노력했다면 우리 사회는 어떻게 바뀌었을까?'" 이 책에서 재발견된 역사가 우리에게 보여 주는 것은 이런 화법의 다른 측면이다. 즉, 민주적 행동이라는 샨커의 핵심 비전은 오로지 노조 권력을 위한 싸움 내에서만 의미 있는 것으로, 개혁을 외치는 그의 행동은 위계적 권력 구조 단위인 노조의 성장과 보호를 둘러싼 이해관계와 떼려야 뗄 수 없는 것이었다. 민주적 거버넌스를 지향한 샨커의 비전에는 인종차별적이고 성차별적인 이념에 토대한 가부장주의가 깊

숙이 내재해 있었다.

165. Shanker, "Forty Years in the Profession."

166. Cowan, "Albert Shanker Oral History."

167. Albert Shanker, "A Call for Professionalism," National Press Club speech, January 29, 1985, AFT Presidential Files, Shanker Collection, box 10, folder 18, Reuther Library.

168. Reecer, interview with Shanker; Shanker, "Forty Years in the Profession."

169. Shanker, "The Making of a Profession."

170. Reecer, interview with Shanker.

171. Cowan, "Albert Shanker Oral History."

172. Shanker, "The Making of a Profession."

173. Cowan, "Albert Shanker Oral History."

174. United Federation of Teachers, "In-Service Education for Teachers," 1968, UFT Collection, box 29, folder 1, Tamiment.

175. Shanker, speech delivered at Albion College.

176. Shanker, "The Making of a Profession," 24.

177. Letter from "Former Admirers and Soon to Be X-Union Teachers and Secretaries" to Albert Shanker, September 29, 1967, UFT Collection, box 43, folder "Contract Neg 67/69 Contact Work Stoppage," Tamiment.

178. Letter from Albert Shanker to UFT members, September 1967, UFT Collection, box 43, folder "Contract Neg 67/69 Contact Work Stoppage," Tamiment.

179. Telegram from Seymour Samuels to Albert Shanker, September 1967, UFT Collection, box 43, folder "Contract Neg 67/69 Contact Work Stoppage," Tamiment.

180. Telegram from Lilian Marks and Frances Rose to Albert Shanker, September 1967, UFT Collection, box 43, folder "Contract Neg 67/69 Contact Work Stoppage," Tamiment.

181. Letter from Mark Durbin to Albert Shanker, 1975, UFT Collection, box 43, folder "Contract Neg—Strike 1975 Correspondence," Tamiment.

182. 예를 들어 다음 자료를 참고할 것. letter from Walter and Rhoda Burd to Albert Shanker, August 25, 1975, UFT Collection, box 43, folder "Contract Neg—Strike 1975 Correspondence," Tamiment.

183. Letter from James Friedman to "Mr. Al Sell-Out Shanker," September 16, 1975, UFT Collection, box 43, folder "Contract Neg—Strike 1975 Correspondence," Tamiment.

184. UFT form letter from Ned Hopkins, 1975, UFT Collection, box 43, folder 15, Tamiment.

185. Board of Education of the City of New York, *Facts and Figures, 1969-1970.*

[후기]

1. Dan C. Lortie, *Schoolteacher* (Chicago: University of Chicago Press, 1975), xvii.
2. Lortie, *Schoolteacher; Amitai Etzioni, The Semi-Professions and Their Organization: Teachers, Nurses, Social Workers* (New York: Free Press, 1969); Richard Ingersoll and Gregory J. Collins, "The Status of Teaching as a Profession," in *Schools and Society: A Sociological Approach to Education*, ed. Jeanne H. Ballantine, Joan Z. Spade, and Jenny M. Stuver, 6th ed. (Los Angeles: Sage, 2018), 199-213.
3. Lortie, *Schoolteacher*, 236.
4. Lortie, *Schoolteacher*, 244.
5. U.S. Department of Education, "Working toward 'Wow': A Vision for a New Teaching Profession, Remarks of Arne Duncan, National Board of Professional Teaching Standards," July 29, 2011, https://www.ed.gov/news/speeches/working-toward-wow-vision-new-teaching-profession.
6. Jo Guildi and David Armitage, *The History Manifesto* (Cambridge: Cambridge University Press, 2014); Sonya Douglass Horsford and Diana D'Amico, "The Past as More than Prologue: A Call for Historical Research," *International Journal of Educational Management* 29, no. 7 (2015): 863-873; Michel-Rolph Trouillot, *Silencing the Past: Power and the Production of History* (Boston: Beacon Press, 2015).
7. United Federation of Teachers, "UFT Responds to Janus Decision," June 27, 2018, http://www.uft.org/press-releases/uft-responds-janus-decision.
8. Pearson Assessments, "edTPA," July 25, 2018, https://www.pearsonassessments.com/teacherlicensure/edtpa.html.
9. Diana D'Amico et al., "Where Are All the Black Teachers? Discrimination in the Teacher Labor Market," *Harvard Education Review* 87, no. 1 (Spring 2017): 26-49.

삶의 행복을 꿈꾸는 교육은 어디에서 오는가?

● **교육혁명을 앞당기는 배움책 이야기** 혁신교육의 철학과 잉걸진 미래를 만나다!

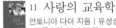

● **비고츠키 선집** 발달과 협력의 교육학 어떻게 읽을 것인가?

 생각과 말
레프 세묘노비치 비고츠키 지음
배희철·김용호·D. 켈로그 옮김 | 690쪽 | 값 33,000원

 성장과 분화
L.S. 비고츠키 지음 | 비고츠키 연구회 옮김
308쪽 | 값 15,000원

 도구와 기호
비고츠키·루리야 지음 | 비고츠키 연구회 옮김
336쪽 | 값 16,000원

 연령과 위기
L.S. 비고츠키 지음 | 비고츠키 연구회 옮김
336쪽 | 값 17,000원

 어린이 자기행동숙달의 역사와 발달 I
L.S. 비고츠키 지음 | 비고츠키 연구회 옮김
564쪽 | 값 28,000원

 의식과 숙달
L.S. 비고츠키 지음 | 비고츠키 연구회 옮김
348쪽 | 값 17,000원

 어린이 자기행동숙달의 역사와 발달 II
L.S. 비고츠키 지음 | 비고츠키 연구회 옮김
552쪽 | 값 28,000원

 분열과 사랑
L.S. 비고츠키 지음 | 비고츠키 연구회 옮김
260쪽 | 값 16,000원

 어린이의 상상과 창조
L.S. 비고츠키 지음 | 비고츠키 연구회 옮김
280쪽 | 값 15,000원

 성애와 갈등
L.S. 비고츠키 지음 | 비고츠키 연구회 옮김
268쪽 | 값 17,000원

 비고츠키와 인지 발달의 비밀
A.R. 루리야 지음 | 배희철 옮김 | 280쪽 | 값 15,000원

 흥미와 개념
L.S. 비고츠키 지음 | 비고츠키 연구회 옮김
408쪽 | 값 21,000원

 정서학설 I
L.S. 비고츠키 지음 | 비고츠키 연구회 옮김
584쪽 | 값 35,000원

 정서학설 II
L.S. 비고츠키 지음 | 비고츠키 연구회 옮김
480쪽 | 값 35,000원

 수업과 수업 사이
비고츠키 연구회 지음 | 196쪽 | 값 12,000원

 관계의 교육학, 비고츠키
진보교육연구소 비고츠키교육학실천연구모임 지음
300쪽 | 값 15,000원

 비고츠키의 발달교육이란 무엇인가?
비고츠키교육학실천연구모임 지음 | 412쪽 | 값 21,000원

 비고츠키 생각과 말 쉽게 읽기
진보교육연구소 비고츠키교육학실천연구모임 지음
316쪽 | 값 15,000원

비고츠키 철학으로 본 핀란드 교육과정
배희철 지음 | 456쪽 | 값 23,000원

 교사와 부모를 위한 비고츠키 교육학
카르포프 지음 | 실천교사번역팀 옮김
308쪽 | 값 15,000원

 비고츠키와 마르크스
앤디 블런던 외 지음 | 이성우 옮김 | 388쪽 | 값 19,000원

 혁신학교
성열관·이순철 지음 | 224쪽 | 값 12,000원

 대한민국 교사, 어떻게 가르칠 것인가?
윤성관 지음 | 320쪽 | 값 15,000원

 행복한 혁신학교 만들기
초등교육과정연구모임 지음 | 264쪽 | 값 13,000원

 아이들을 어떻게 가르칠 것인가
사토 마나부 지음 | 박찬영 옮김 | 232쪽 | 값 13,000원

 서울형 혁신학교 이야기
이부영 지음 | 320쪽 | 값 15,000원

 모두를 위한 국제이해교육
한국국제이해교육학회 지음 | 364쪽 | 값 16,000원

혁신교육, 철학을 만나다
브렌트 데이비스·데니스 수마라 지음
현인철·서용선 옮김 | 304쪽 | 값 15,000원

 혁신교육 존 듀이에게 묻다
서용선 지음 | 292쪽 | 값 16,000원

 다시 읽는 조선 교육사
이만규 지음 | 750쪽 | 값 33,000원

 대한민국 교육혁명
교육혁명공동행동 연구위원회 지음
224쪽 | 값 12,000원

 경쟁을 넘어 발달 교육으로
현광일 지음 | 288쪽 | 값 14,000원

 핀란드 교육의 기적
한넬레 니에미 외 엮음 | 장수명 외 옮김
456쪽 | 값 23,000원

 한국 교육의 현실과 전망
심성보 지음 | 724쪽 | 값 35,000원

 독일의 학교교육
정기섭 지음 | 536쪽 | 값 29,000원

● **경쟁과 차별을 넘어 평등과 협력으로 미래를 열어가는 교육 대전환!** 혁신교육 현장 필독서

 교실 속으로 간 이해중심 교육과정
온정덕 외 지음 | 224쪽 | 값 13,000원

 포스트 코로나 시대의 교육
성열관 외 지음 | 224쪽 | 값 15,000원

 내일 수업 어떻게 하지?
아이함께 지음 | 300쪽 | 값 15,000원

 **학교의 미래,
전문적 학습공동체로 열다**
새로운학교네트워크·오윤주 외 지음 | 276쪽 | 값 16,000원

 **마을교육공동체
생태적 의미와 실천**
김용련 지음 | 256쪽 | 값 15,000원

 학교폭력, 멈춰!
문재현 외 지음 | 348쪽 | 값 15,000원

 학교를 살리는 회복적 생활교육
김민자·이순영·정선영 지음 | 256쪽 | 값 15,000원

 삶의 시간을 잇는 문화예술교육
고영직 지음 | 292쪽 | 값 16,000원

 **미래교육을 디자인하는
학교교육과정**
박승열 외 지음 | 348쪽 | 값 18,000원

 아이들을 어떻게 가르칠 것인가
사토 마나부 지음 | 박찬영 옮김 | 232쪽 | 값 13,000원

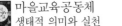

 교실 속으로 간 이해중심 통합교육과정
온정덕 외 지음 | 224쪽 | 값 15,000원

 **초등 백워드 교육과정
설계와 실천 이야기**
김병일 외 지음 | 352쪽 | 값 19,000원

 **학습격차 해소를 위한 새로운 도전
보편적 학습설계 수업**
조윤정 외 지음 | 240쪽 | 값 15,000원

 마을교육공동체란 무엇인가?
서용선 외 지음 | 360쪽 | 값 17,000원

 강화도의 기억을 걷다
최보길 지음 | 276쪽 | 값 14,000원

 체육 교사, 수업을 말하다
전용진 지음 | 304쪽 | 값 15,000원

 평화의 교육과정 섬김의 리더십
이준원·이형빈 지음 | 292쪽 | 값 16,000원

 마을교육과정을 그리다
백윤애 외 지음 | 336쪽 | 값 16,000원

 **혁신교육지구와 마을교육공동체는
어떻게 만들어지는가?**
김태정 지음 | 376쪽 | 값 18,000원

 서울대 10개 만들기
김종영 지음 | 348쪽 | 값 18,000원

코로나 시대,
마을교육공동체운동과 생태적 교육학
심성보 지음 | 280쪽 | 값 17,000원

 혐오, 교실에 들어오다
이혜정 외 지음 | 232쪽 | 값 15,000원

 수업, 슬로리딩과 함께
박경숙 외 지음 | 268쪽 | 값 15,000원

 물질과의 새로운 만남
베로니카 파치니-케처바우 외 지음 | 240쪽 | 값 15,000원

 그림책으로 만나는 인권교육
강진미 외 지음 | 272쪽 | 값 18,000원

 수업 고수들
수업·교육과정·평가를 말하다
박현숙 외 지음 | 368쪽 | 값 17,000원

 아이들의 배움은 어떻게 깊어지는가
이시이 준지 지음 | 방지현·이창희 옮김
200쪽 | 값 11,000원

 미래, 공생교육
김환희 지음 | 244쪽 | 값 15,000원

 들뢰즈와 가타리를 통해 유아교육 읽기
리세롯 마리엣 올슨 지음 | 이연선 외 옮김
328쪽 | 값 17,000원

 혁신고등학교, 무엇이 다른가?
김현자 외 지음 | 344쪽 | 값 18,000원

 시민이 만드는 교육 대전환
심성보·김태정 지음 | 248쪽 | 값 15,000원

 평화교육
과거, 현재 그리고 미래를 그리다
모니샤 바자즈 외 지음 | 권순정 외 옮김
268쪽 | 값 18,000원

대전환 시대 변혁의 교육학
진보교육연구소 교육과정연구모임 지음
400쪽 | 값 23,000원

 교육의 미래와 학교혁신
마크 터커 지음 | 전국교원양성대학교 총장협의회 옮김
332쪽 | 값 19,000원

 남도 임진의병의 기억을 걷다
김남철 지음 | 288쪽 | 값 18,000원

 프레이리에게 변혁의 길을 묻다
심성보 지음 | 672쪽 | 값 33,000원

 선생님, 통일이 뭐예요?
정경호 지음 | 252쪽 | 값 13,000원

 함께 배움
학생 주도 배움 중심 수업 이렇게 한다
니시카와 준 지음 | 백경석 옮김 | 280쪽 | 값 15,000원

 다정한 교실에서 20,000시간
강정희 지음 | 296쪽 | 값 16,000원

 즐거운 세계사 수업
김은석 지음 | 328쪽 | 값 13,000원

 밥상혁명
강양구·강이현 지음 | 298쪽 | 값 13,800원

 학교를 개선하는 교장
지속가능한 학교 혁신을 위한 실천 전략
마이클 풀란 지음 | 서동연·정효준 옮김 | 216쪽 | 값 13,000원

 선생님, 민주시민교육이 뭐예요?
염경미 지음 | 244쪽 | 값 15,000원

 교육혁신의 시대
배움의 공간을 상상하다
함영기 외 지음 | 264쪽 | 값 17,000원

 도덕 수업, 책으로 묻고 윤리로 답하다
울산도덕교사모임 지음 | 320쪽 | 값 15,000원

 교육과 민주주의
필라르 오카디즈 외 지음 | 유성상 옮김
420쪽 | 값 25,000원

 교육회복과 적극적 시민교육
강순원 지음 | 228쪽 | 값 15,000원

 비판적 미디어 리터러시 가이드
더글러스 켈너·제프 셰어 지음 | 여은호·원숙경 옮김
252쪽 | 값 18,000원

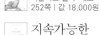 지속가능한
마을, 교육, 공동체를 위하여
강영택 지음 | 328쪽 | 값 18,000원

 백워드로 설계하고 피드백으로 완성하는
성장중심평가
이형빈·김성수 지음 | 356쪽 | 값 19,000원

 우리 교육, 거장에게 묻다
표혜빈 외 지음 | 272쪽 | 값 17,000원

 교사에게 강요된 침묵
설진성 지음 | 296쪽 | 값 18,000원

참된 삶과 교육에 관한
생각 줍기